저성장 시대의

경제**정의**와 **복지**정책

Economic

Justice and

Welfare

Policy

저성장 시대의
경제**정의**와
복지정책

김용하

이미지북

저성장 시대, 국민 선택이 미래를 바꾼다

광복 70년, 한민족이 일본으로부터 독립된 지 70년이 되는 해다. 해방이 되자마자 좌우가 대립하더니 마침내 한국전쟁으로 남북이 분단되고 잿더미로 변했다. 그리고 4·19와 5·16을 넘어서 한강의 기적을 이뤄 오늘날의 자랑스런 대한민국이 우뚝 섰다. 경제 및 무역 규모로는 세계 10위권 국가에 1인당 국민총생산이 3만 달러에 이르는 나라가 되었다. 이제 경제적으로는 선진국, 선진 국민의 반열에 들어갔다. 지난 1700여 년 전 고구려 광개토태왕이 만주를 호령한 이래 한민족이 이렇게 융성한 적은 없었다.

1970년대 두 차례의 석유파동, 1997년의 금융위기, 2008년의 글로벌 금융위기를 슬기롭게 극복한 대한민국 도약의 발걸음이 어느 사이에 무거워지기 시작했다. 무엇보다 물질적인 풍요에도 불구하고 대한민국 국민은 그리 행복한 것 같지 않다. 최근 경제성장률이 하락해서일까? 경제적인 괄목 성장에도 불구하고 10만㎢의 좁은 국토면적에 5000여 만 명이 살기에는 쉽지 않을 것이다. 빈부 갈등, 노사 갈등, 지역 갈등에 세대 갈등까지 더해져 온 나라가 이리저리 찢겨져서 다투다보니 조용한 것이 오히려 이상할 정도가 되었다. 사회 갈등 비용이 몇 백조 원에 이른다는 연구 결과를 굳이 인용하지 않더라도, 이런 추세가 계속된다면 대한민국호의 엔진은 멈출 수밖에 없다.

더욱이 세계는 엄청난 변화의 소용돌이 속으로 빠져들고 있다. 귀에 못이 박히도록 자주 들어서 둔감해 있지만, 최근 200년 동안 지구의 온난화가 빠르게 진행되고 있다. 사람도 체온이 2도가 올라가면 정신을 못 차리는데 우리 인간 때문에 지구 평균기온이 2도나 올랐다. 그런데도 문제의 심각성을 주장하는 사람들 목소리가 오히려 힘을 잃고 있는 상황이다. 세계 경제의 판도도 바뀌고 있다. 중국과 인도 등이 거대국가로 부상하고 있는 가운데 미국과 일본이 반격을 서두르고 있고, 전통적인 선진국이었던 유럽 국가들은 서서히 가라앉고 있다. 한 치 앞도 내다 볼 수 없는 국제 경제 환경 속에서 대한민국의 국가 경쟁력은 조금씩 하락하고 있다.

무엇보다도 저성장 기조가 고착되어가고 있다. 1997년 경제위기 이후 경제성장률 하락 트렌드가 이어지고 있다. 우리 경제도 이제 선진국 수준에 이르렀기 때문에 과거와 같은 고도성장을 기대하는 것 자체가 과욕이지만, 현재의 3%대 성장률에서 향후에는 1%대 성장률로 이행될 것이라는 암울한 전망이 나오고 있지만 별 대책이 없는 것이 현실이다.

저성장 원인 중 하나는 인구구조의 고령화라고 할 수 있다. 현재는 노인인구비율이 13% 수준이지만, 2050년이 되면 40% 수준으로 높아질 전망이다. 이렇게 되면 우리나라는 일본과 1, 2위를 다투는 초고령국가가 된다. 평균수명의 연장은 축복이라고 할 수 있지만 세계 최저 수준의 저출산이 문제가 된다. 저출산은 최고 수준의 자살률과 함께 우리나라 국민 행복의 심각성을 알리는 핵심지표가 된다. 여기에 교통사고 산재발생률 등 안전지표도 최악이어서 고도성장 상태의 회복보다 더 급한 것이 삶의 질의 선진화라는 것을 알 수 있다.

이러한 사회적 욕구가 2010년 이후의 복지 논쟁과 경제 민주화 바람을 불러왔다. 백가쟁명식 복지 담론과 몇 차례 선거를 거치면서 우리나라 복지 수준도 빠르게 높아지고 있지만 선진 복지국가와 비교할 때는 여전히 미흡한 상황이다. 더욱이 복지가 제대로 확대되기도 전에 복지에 필요한 재원을 조달하는데 한계 상황을 보이고 있다. 김대중 정부 이후 지금까지 적자 재정 상황을 벗어나지 못하고 있는 가운데 국가 채무가 급속하게 증가하고 있다. 증세를 하려고 해도 국민이 부담하기도 어려울 뿐 아니라 원하지도 않는 상태에서 복지 욕구는 커지기만 하는 진퇴양난의 상황이 연출되고 있다. 한국 경제와 사회를 지배하고 있는 패러다임의 수정없이는 지속적인 경제사회 발전이 한계에 이를 것이라는 위기감이 팽배해 있다.

그렇지만 우리에게는 아직 기회는 있다. 현재의 고도성장 시대에 통했던 패러다임을 과감히 벗어던지고 저성장 시대에 적합한 패러다임으로 전환할 수만 있다면 과거와 같은 고도 경제성장이 아니더라도 우리 모두가 지금 보다는 좀 더 행복하여질 수 있는 길은 있다. 본 서는 바로 이러한 대한민국이 공존·공영·공생의 길을 가기 위한 선택의 방향을 조심스럽게 제안하고 있다.

복지 논쟁이 활발했던 지난 5년간 경제·복지의 주요 현안에 대해서 저자가 기고했던 글들을 모아 다시 정리한 것이다. 이 기간은 우리나라가 선진국으로 진입하는 입구에 서 있던 시기로 경제·복지와 관련하여 가장 치열했던 시대였다고 할 수 있다. 쟁점이 되었던 많은 사안들이 아직도 해결되어야 할 과제로 남아 있다는 점에서 현재와 미래의 경제 및 복지 문제를 해결하는 중요한 열쇠가 될 수 있는 내용의 글들이 함축되어 있다. 아무쪼록 졸저가 한국에서의 경제 정의를 밝히고 온 국민이 행복한 사회를 만드는데 작은 밀알이 되기를 희망한다.

2015년 뜨거운 여름 淡淡亭 연구실에서

김용하 씀

Chapter 1
초고령사회의 적정 인구

Chapter 2
글로벌 위기와 경제 해법

Chapter 3
저성장 시대의 경세제민

Chapter 4
격차사회와 균형 복지

Chapter 5

세대 갈등과 상생연금

Chapter 6
100세 사회의 건강 국민

Chapter 1

초고령**사회**의
적정인구

세계 인구 70억의 경고

유엔인구기금(UNFPA)의 통계에 따르면, 세계 인구는 2011년 11월을 기점으로 70억 명을 넘어섰다고 한다. 10억에서 20억까지 증가하는데 100여 년이 걸렸고, 20억에서 30억까지 증가하는데 32년이 걸렸으며, 1987년부터는 매 12년마다 10억 명씩 증가하고 있다. 지금도 전 세계에서 1초에 2.5명, 1분에 150명씩 새로운 생명이 태어나고 있어 이런 추세라면 2050년쯤이면 100억 명에 다다를 것으로 전망된다.

인구는 기하급수적으로 증가하는 반면 식량은 산술급수적으로 증가해 식량위기가 올 것이라고 주장한 맬더스의 주장은 잘못된 것으로 결론이 났지만, 로마클럽 보고서 등에서는 지구상의 식량, 자원, 에너지, 물 등의 위기를 수시로 경고하고 있다. 지구의 한계를 알리는 메시지는 농지면적의 확대, 기술의 발전, 새로운 자원의 발견 및 개발과 같은 긍정적인 노력으로 극복되기도 했고, 1·2차 세계대전과 같이 전쟁을 통한 살육으로 완화되기도 했다. 하지만 향후에도 이러한 해법들이 유효할 것인지 여부는 불분명하다. 특히 인구 증가에 따른 인류의 생존을 위한 무차별한 개발은 지구환경을 극단적으로 악화시켰고, 지구상 동식물의 3분의 1이 2080년까지 소멸하게 된다는 연구 결과는 충격적이다.

인구 수는 국력을 의미하기도 한다. 현재 국가별 인구는 중국 13.4억, 인도 12억, 미국 3.1억, 인도네시아 2.5억, 브라질 2.0억, 파키스탄 1.9억, 방글라데시 1.6억, 나이지리아 1.6억, 러시아 1.4억, 일본 1.3억 명이다. 과거 선진국이었던 유럽 인구는 정체 내지 감소 추세에 있는 반면 신흥국의 강세가 뚜렷하다. 따라서 미래 지구의 주역은 백인에서 유색인종으로 급속히 바뀔 것으로 전망된다.

그렇지만 무책임한 인구 증가는 또 다른 문제를 양산한다. 세계 인구 중 10억 명

이상이 하루 1.24달러 이하의 빈곤선 아래 있다는 사실이다. 자연에서 준비되지 않은 출산은 생존 가능한 개체 수만큼만 살아남음으로써 자연적으로 조절되지만, 존엄하게 태어난 인간임에도 5초에 1명씩, 하루에 1만 8000명이 굶주림으로 죽어가고 있는 것이다. 반기문 유엔사무총장이 2015년까지 전 세계의 빈곤인구를 절반으로 줄이자는 '유엔 새천년 개발 목표(MDG)' 달성을 위한 협조를 제안한 만큼 빈곤 퇴치를 위해서는 국제 공조가 요구된다.

한편 우리나라가 직면하고 있는 인구 문제는 이러한 세계적인 인구 문제와 다소 상이하다. 우리나라도 아직은 인구가 증가하고 있지만, 한때 100만 명이 넘었던 신생아가 지금은 50만 명 미만으로 떨어졌다. 큰 이변이 없는 한 총인구는 2020년쯤 5000만 명을 정점으로 기약 없는 감소세가 이어질 것으로 전망된다. 자원도 에너지도 빈곤하고 국토면적도 좁은 한국 땅에서 너무 많은 사람이 사는 것도 문제지만, 인구가 계속 줄어드는 것은 더 큰 문제라고 할 수 있다. 경제협력개발기구(OECD) 국가 중 노인자살률 1등, 합계출산율 30등을 기록하고 있는 우리 현실이 무엇을 의미하는지에 대한 심사숙고가 필요하다.

우리나라의 경우 총인구 수보다 더 문제가 되는 것은 노인인구비율이 2050년이 되면 세계 1, 2위를 다투게 된다는 사실이다. 다른 조건이 동일하다면 노인인구비율이 높은 나라는 낮은 나라와 경쟁에서 승리하기 힘들다. 남부 유럽의 몇 개국과 같이 미래 대비 실패 징후를 보이는 국가도 있지만, 영국·프랑스·스웨덴 등의 국가처럼 초고령사회 문제에 대한 해답을 미리 찾아서 미래사회에 대응하고 있는 국가도 있다. 이들 국가는 저출산을 극복해 인구가 안정적으로 유지될 수 있도록 경제사회시스템을 재구성하는데 성공했다. 즉 장수에 따른 평균수명 연장으로 생기는 고령화 요인 외의 저출산에 따른 고령화 요인을 적절하게 통제함으로써 안정적 미래 성장기반을 구축한 것이다.

인간은 한 치 앞도 미리 내다볼 수 없지만 인구 변화라는 큰 트렌드를 읽으면 미래의 큰 흐름은 예측할 수 있고 그 자체가 경쟁력이 될 수 있다. 비록 인구 급증으로 인류의 근심과 걱정은 커지고 있지만, 우리가 문제의 심각성을 충분히 인식하고 공유한다면 해결 방안은 반드시 찾을 수 있을 것이다.

인구 5000만 시대의 도전

지난해 10월 세계 인구가 70억 명을 돌파했을 때처럼, 최근 우리나라 인구가 5000만 명을 넘어섰다는 뉴스에 나라 안이 떠들썩하다.

지난 2006년 통계청에서 인구 전망을 할 때는 5000만 명에 이르지 못할 것으로 전망했지만, 2010년 인구센서스에 기초한 신인구 전망에서는 2030년 5216만 명을 정점으로 감소, 2045년부터 5000만 명 이하로 줄어들 것으로 예측했다.

이렇게 전망이 바뀐 것은 주로 외국인 요인에 의한 것이다. 2006년 전망에서는 외국인의 유입이 거의 없는 것으로 내다봤지만, 최근 5년간 외국인이 꾸준히 증가해 현재 외국인 근로자만 60여 만 명이고, 북한 이탈 주민(2만 명), 결혼이민자(14만 명) 등을 포함해 140만 명이 체류하고 있다. 따라서 혈통이 한국인인 인구는 2006년 전망과 달라진 것이 거의 없다. 다시 말하면 인구 3% 규모의 외국인 증가가 5000만 명 돌파의 일등공신인 셈이다.

한편 전 세계에서 일곱 번째로 1인당 연소득 2만 달러에 인구 5000만 명을 갖춘 '20-50 클럽'에 가입하게 되었다는 것도 대서특필됐다. 경제성장률이 하락하고 경기가 침체되어 어깨 힘이 빠진 우리 국민들에게 자부심을 주는 듯해서 반갑다. 일부 전문가들은 1인당 국내총생산(GDP)이 2만 달러를 초과한 만큼 3만 달러에 도달해야 한다고 부추긴다. 하지만 물가지수 등 구매력을 감안한 구매력평가지수(PPP) 기준 1인당 GDP는 2011년에 이미 3만 달러를 넘었다. 대한민국은 '20-50 클럽'에 가입한 것이 아니라 '30-50 클럽'에 가입한 것이다.

북한 지역을 제외하면 한국의 실질적인 영토는 10만㎢에 불과하다. 산아제한정책이 본격적으로 시작됐던 1967년의 한국 인구는 3000만 명에 불과했다. 그 당시만 해도 인구가 많다고 걱정해 인구 증가를 우려했는데 5000만 명이 넘어선 것은 예삿일이 아니다. 많은 사람들이 인구 규모 5000만 명을 유지해야 한다고 걱정하지만, 도시국가를 제외하고는 방글라데시 다음으로 높은 인구밀도를 생각하면 조심스럽다. 중국·인도·브라질 등 세계 경제의 새로운 주역 국가들은 인구도 많지만 자원과 에너지가 풍부하고 국토면적이 넓은 국가들이다. 우리나라처럼 자원·에너지·식량이 부족한 국가에서는 적정인구 규모에 대한 깊은 성찰이 필요하다.

2016년부터 생산가능인구 감소를 우려하는 목소리도 있다. 실업률은 3% 내외로 낮지만 경제협력개발기구(OECD) 국가 중에서 고용률이 가장 낮은 국가군에 포함되어 있음을 인식할 필요가 있다. 높은 청년실업률, 여성의 낮은 경제활동참가율, 중고령 남성들의 일자리 부족 등을 감안하면 현재의 한국은 노동력 과잉국가다. 생산가능인구의 감소는 당분간 노동시장의 미스매치를 오히려 완화시키는 기능을 할 가능성이 높다. 정작 걱정되는 시점은 출산력이 50만 명 수준으로 하락한 최근 10여 년간 인구계층이 노동시장에 투입되고 베이비 붐 세대가 노동시장에서 완전히 빠져나가는 2030년 이후부터다. 이때가 되면 노동력 규모가 잠재경제성장률에 본격적으로 영향을 미칠 것으로 전망된다.

그러나 보다 중요한 것은 인구 규모가 아니라 인구의 질이다. 인구의 질을 결정 짓는 것은 교육 수준과 노인인구비율인데, 우리나라의 경우 교육 수준은 이미 세계 최고 수준이다. 노인인구비율이 2050년대에는 40% 수준에 도달하게 되어 인구 정책에 성공한 유럽 국가들의 예상 노인인구비율(25%)에 비하면 매우 심각한 세계 최고령 국가가 되는 것이 큰 문제다. 따라서 출산율을 높이는 적극적 인구 정책이 필요한 것은 단순히 인구의 양적 규모를 확대하는 것에 포인트가 있는 것이 아니고, 인구의 생산성을 유지해야 한다는 차원이 더 중요하다.

우리 국가가 관리해야 할 미래 리스크는 다양하지만 인구 변동 리스크는 가장 심각하고 거대한 리스크라고 할 수 있다. 인구 변동 리스크의 대응에는 오랜 기간이 요구되지만 미리 준비하면 충분히 극복 가능한 리스크이기도 하다. 중장기적인 치밀한 인구 전략 수립이 필요한 이유도 여기에 있다.

인구 문제, 희망이 보인다

　지난해 하반기 이후 월별 출생아 수가 조금씩 증가해 2010년 합계출산율은 1.22를 기록, 전년도의 1.15보다는 높아졌다. 올해 들어서도 출생아 수가 늘어나 지난 3월 말 통계로는 전년 동기 대비 5.6%가 늘어났다. 거의 불가능하게 보였던 하향 추세가 반전된 것이어서 일단 다행스럽다.

　물론 이러한 변화가 일시적인 것이지 아니면 하향 추세가 바뀐 것인지는 좀 더 추이를 지켜보아야 하고 심층적인 분석이 더 필요하다. 2008년 글로벌 경제위기의 여파로 2009년에는 소비 지출이 감소되는 등 출생아 수가 감소되었으나 2010년에는 경기가 회복되면서 미루었던 출산이 이루어진 것으로 일단 해석할 수 있다. 그럼에도 불구하고 단기적이든 구조적이든 바닥을 확인하고 있다는 점은 명확하다.

　구조적으로 보면 출산율 하락을 주도해 왔던 만혼화가 점차 둔화되는 모습을 보이고 있다. 학업과 취업이 지연되는 과정에서 남녀 모두 결혼을 늦추면서 출산율이 전반적으로 떨어졌지만, 이제 그러한 진행이 정점에 이르고 있는 모습을 보이고 있다. 또한 지난해 통계청이 주최한 인구 정책 세미나에서 미국의 필립 모건 교수는, 한국의 출산율이 지금 극단적으로 낮지만 결혼한 사람을 기준으로 한 출생아 수는 1.5명 정도로 출산율만큼 낮지 않음을 제시하였다. 즉 만혼화로 인한 출산율 저하 현상인 템포 효과(tempo effect)가 정점에 이르면 해소되므로 합계출산율이 1.5까지는 반등할 가능성이 존재한다. 그렇지만 합계출산율 1.5 역시 희망적 수치는 아니다. 출산율은 1.8 정도로만 회복하면 된다는 사람도 있지만, 이는 지금 너무 낮으니까 이 정도라도 회복됐으면 좋겠다는 바람으로 출산율이 1.8이 되어도 인구가 감소되기는 마찬가지다. 1.2나 1.8이나 속도의 차이만 있을 뿐 미래 희망이 없는 것은 마찬가지다. 궁극적으로는 2.1로 회복되어야 인구는 구조적으로 안정이 될 수 있다는 점에서 더욱 적극적인 정책이 필요하다.

이와 관련해 우리나라에서 출산율은 예산을 투입한다고 단기적으로 해결될 수 있는 성격의 것이 아니기 때문에 다른 쓸 것도 많은 현실에서 낭비라는 시각이 있다. 그렇지만 이는 매우 위험한 반경제 성장적 생각이 될 수 있다. 우리나라 노인인구비율은 2010년 11% 수준이지만, 2050년에는 38.2%가 된다는 것이 통계청의 전망이다. 이에 비해 복지국가의 전형이라는 스웨덴은 2010년 18% 수준에서 2050년에는 23.6%에 불과하다. 단적으로 말하면 출산율이 2.0 수준에 이른 스웨덴은 2050년에는 지금보다는 늙은 국가이다. 하지만 다른 국가에 비하면, 특히 한국에 비하면 가장 젊은 국가로 변모한다.

노인이 되어도 일 잘할 수 있다는 것은, 할 수 있다는 것이지 청장년층보다 잘한다는 것은 아니다. 인구 규모가 크다고 반드시 중요한 것은 아니지만, 인구구조는 그 나라의 경제·사회적 생산성에 결정적으로 영향을 미친다는 점에서 중요하다. 따라서 인구구조를 젊게 유지하는 것은 단순한 인구 정책이 아니라 가장 중요한 경제성장 정책이다. 1955년부터 1974년까지 태어난 베이비 붐 세대가 2010년대부터 노동시장에서 이탈이 시작되지만, 2030년대 말이면 노년인구로 모두 이동한다. 따라서 우리나라 인구가 가장 위기에 처하는 시기는 2040년에서 2060년 기간이고, 이 시기에 인구구조를 건전화시키기 위해서는 지금부터 출산율을 높여 나가야 한다. 2040년까지는 여성, 청소년, 중고령층의 경제활동참여율을 높이면 당면한 노동력 부족은 어느 정도 해소가 가능하다. 하지만 그 이후는 지금부터의 출생아 수로 해결해야 한다. 지금 태어난 인력이 2040년 가까이에 노동시장에 투입되기 때문이다.

돈만으로는 출산율을 높일 수는 없지만 젊은 부부들의 과다한 보육 및 교육 비용을 줄여주는 것은 우리 경제가 지금 할 수 있는 최소한의 일이다. 그리고 여성의 사회 참여 및 자아 실현이 출산과 육아와 대체 관계가 되지 않도록 남성이 가정과 사회에서 할 일을 했을 때 우리나라의 저출산 문제는 해결 가능하고 고령화 문제도 사전 예방 가능하다. 그리고 지속적인 경제 성장도 가능해진다.

저출산 대책 논란의 명암

　정부는 최근 제2차 저출산 고령사회 기본 계획안을 발표했다. 저출산과 관련해서는 일과 가정의 양립 환경 조성, 결혼·출산·양육 부담 경감 등이 포함되었고, 고령사회와 관련해서는 베이비 붐 세대의 고령화 대응체계 구축이 주요 내용이다. 이번 계획은 2011년부터 5년간 시행될 계획이며, 제1차 계획은 5년 전인 2005년에 발표된 바 있다.

　1차 계획에서 저출산 영역은 보육료 지원 예산이 대폭적으로 증액되었음에도 불구하고 출산율은 개선되지 않았다. 2006년과 2007년에 반짝 개선 기미를 보이다가 2009년에는 합계출산율이 1.15를 기록했다. 인구를 유지하기 위한 대체출산율이 2.1인 점을 고려하면 매우 우려할만한 출산율 수준이다.

　저출산 대응 정책의 실패 요인에 대해서는 의견이 분분하지만, 저출산의 원인은 자녀를 키우기에는 너무 과다한 보육비와 교육비를 제1의 요인으로 꼽는다. 그리고 여성이 출산하고 아이를 키우기에는 열악한 직장과 가정의 환경을 제2의 요인으로 꼽는다. 제1차 계획 기간 동안에는 보육비와 교육비에 대한 정부 지원이 있었지만 부족했고, 두번째 요인은 여성의 일과 가정의 양립 환경 조성이 제대로 이루어지지 않았다는 지적이 있다.

　2차 계획안에서는 이런 문제점을 보완하기 위해 일과 가정의 양립 환경 조성에 방점이 주어졌으나, 2차 계획안이 발표되자 안심하고 맡길 수 있는 보육시설 확충이 미흡하다는 지적이 많았다. 보육시설 확충 문제는 단순하지 않다. 무엇보다도 보육시설의 과부족에 대한 현상 인식부터가 상이하다. 총량적으로 보육시설의 과부족을 산정해 보면 우리나라의 보육시설은 부족하지 않다.

그러나 선호도가 높은 국공립 보육시설은 전체 보육시설의 5.4%에 불과하고 아동의 9.9%를 담당하고 있을 뿐이다. 국공립 보육시설은 대기자가 너무 많아 보통사람이 아이를 맡기기에는 불가능에 가깝다.

일반적으로는 민간시설이 좋기 마련인데 보육시설이 그 반대인 이유는, 국공립 보육시설에 비해 민간시설에 대한 정부 지원이 적고 보육료에 대한 정부 규제 때문이다. 국공립 보육시설을 더 짓자면 예산도 예산이거니와 민간 보육시설의 거친 반대를 넘어서야 한다.

정부는 제2차 계획에서는 보육시설이 부족한 농어촌 지역에는 국공립 보육시설을 추가적으로 건립하고 보육료 자율화도 시범적으로 실시하겠다는 보완책을 제시했지만 국가 책임 강화의 목소리가 높았다. 이런 와중에 정부는 2차 계획안에 없었던 보육료 지원 대상의 중상층 확대와 양육수당 지원 확대를 2011년 예산에 반영하겠다고 최근 전격적으로 발표했다. 기존의 보육 정책의 틀을 유지하면서 보육에 대한 국가 책임을 강화하는 쪽으로 방향을 잡았다. 대체로 2차 계획의 큰 틀이 잡혀진 느낌이다.

우리나라의 경제사회시스템도 이제는 쉽게 만들고 쉽게 바꿀 수 있는 시대는 지났다고 본다. 많은 이해 관계자가 존재하고 고려해야 할 요소도 많아졌다. 저출산 문제에 대한 해법도 단순한 공리공론으로는 해결되기 어려운 상황이다. 저출산 문제 역시 한 방의 개혁이 아닌 국민 합의에 기초한 꾸준한 개선 노력을 통해 한 걸음씩 나아갈 수밖에 없다는 점을 인식해야 한다.

30년 전 남초현상, 결혼 대란 가져오나?

통계청의 장래인구추계에 의하면, 결혼 적령기의 남녀 성비(여성 100명당 남성 인구)는 금년에 110.8명에서 2015년 120.0명으로 상승한 뒤 2031년에는 128.3명까지 높아져 부족한 신붓감이 51만 명에 이른다고 한다. 결혼 대란을 우려하는 목소리가 나오지만, 이들 세대는 태어나서 어린이집, 초등학교, 중·고등학교를 거쳐 대학교에 이르기까지 이미 짝 없는 남자의 외로움을 몸소 보고 체험하여 왔기 때문에 새삼스런 것이 아니다.

1990년 전후에 있었던 심각한 남아선호와 저출산이 빚어낸 남초현상이 향후 어떠한 부작용을 만들지는 알 수 없지만 남녀 성비는 중요한 사회 문제가 될 수 있다. 지금은 혼인 적령기의 남녀 성비에 대한 걱정이 있지만 노령계층의 남녀 성비는 오래된 숙제이다.

2010년 기준으로 65세 이상 노인의 성비는 69.0명으로 여성이 훨씬 많다. 이는 평균수명이 여성은 84.1세인 반면 남성은 77.2세로 여성이 약 7년 오래 살기 때문이다. 그렇지만 결혼하는 남녀 연령 차이가 평균적으로 남성이 3세가 더 많은 것을 감안하면 여성은 10년을 홀몸으로 살아야 한다. 요즘 사회 문제가 되고 있는 독거노인 다수가 여성인 것을 고려하면 고령기의 여초현상도 심각한 문제이다.

대부분의 사람들은 인식하지 못하고 있지만 2015년이 되면 남녀 성비에 있어서 대전환이 일어난다. 우리나라의 2015년 인구는 남성이 2530만 3000명이고, 여성은 2531만 5000명으로 여성인구가 남성인구를 추월한다. 그리고 장래에는 특별한 이변이 없는 한 남성 수가 여성 수를 넘어서는 일은 없을 전망이다. 결혼 적령기로 보면 남초가 문제되지만 전체 인구로 보면 남초가 남녀 성비 격차를 완화시켜 주는 결과를 가져오는 것이다. 인구는 그 자체가 생물로 자연스런 변화를 인간의 이성으로 모두 헤아리기 어렵다는 것을 다시금 생각하게 만든다.

남녀 성비 격차도 문제지만 만혼화 경향은 더 문제이다. 통계청이 발표한 2011년 결혼·이혼 통계에 따르면, 평균 초혼연령으로 남성은 31.9세, 여성은 29.1세로 나타났다. 30대 미혼율은 1980년 3.3%에서 1990년 6.8%, 2000년 13.4%, 2010년엔 29.2%로 가파르게 오르고 있다. 이러한 현상은 남녀 성비 격차가 그리 심각하지 않았던 40대에도 일어나고 있다. 1985년 1.4%였던 남성 40세 미혼율은 2010년 14.8%로 증가했고, 1985년 0.2%였던 45세 미혼율은 2010년 7.7%로 증가했으며, 49세 남성 미혼율도 같은 시기 0.3%에서 4.4%로 증가했다.

취업난과 높은 결혼 비용 등 만혼화의 원인은 다양하지만 적령기를 지나 늦게까지 결혼하지 않고 사는 이유는 남녀가 좀 다르다. 한국노동연구원의 연구 결과에 따르면, 남성 만혼화는 저학력의 문제이고 여성 만혼화는 고학력의 문제라고 한다. 남성 고졸 미만의 미혼자 비중은 22%이지만 남성 대졸 이상의 미혼자 비중은 4.3%로 약 1/5에 불과하고, 여성 고졸 미만 중 미혼자 비중은 2.4%이지만 대졸 이상의 미혼자 비중은 6.9%로 두 배 이상 높다는 것이다.

결혼하지 않는 것은 출산율을 저하시켜 인구 고령화를 부추겨 문제이지만, 사회 불안을 증폭시킬 수도 있기 때문에 국가적인 대책이 필요하다. 결혼은 개인의 선택이기 때문에 정부가 나서서 간섭하기도 어렵고, 한다고 해서 효과가 반드시 있는 것도 아니기 때문에 조심스런 정책 과제라고 할 수 있다. 결혼문화는 외형적으로 보면 종교와 전통 등에 따르는 것이지만, 장기적으로 보면 그 나라의 인구·사회·경제 환경에 따라서 변화한다.

지금까지는 연상남·연하녀 커플이 더 자연스럽게 보이지만 미래에는 이러한 고정관념이 사라질 것이다. 연상녀·연하남 커플이 백년해로로 보더라도 합리적이지만, 여성의 경제활동 참여가 빠르게 늘어나면서 남성 중심의 가정 경제권이 무너지면 여성도 더 이상 연상남을 선호하지 않을 수 있기 때문이다. 또한 번거롭고 돈 많이 드는 결혼문화도 점차 변화될 것으로 전망된다.

고학력 여성의 미혼율이 높은 것은 개인 스스로가 해결할 수밖에 없지만, 혼인 적령기를 지난 남성 중 저학력이나 불완전한 취업 등으로 결혼하지 못하는 현상은 정부가 수수방관하고 있을 일은 아니다.

최근 수년 동안 우리나라 남성과 외국인 여성의 결혼으로 이러한 문제가 부분적으로 완화되고 있지만, 취약한 생활 여건은 다문화 가정의 행복을 위협할 수 있다. 또 다른 소외와 사회 불안을 예방하기 위해서라도 다문화 가정이 처음 결혼하는 과정에서부터 자녀를 출산하고 양육하는 과정에 이르기까지 정부와 지역사회가 사회 통합 차원에서 세심하게 배려하고 도와주어야 한다.

농촌인구 환류 위한 생활 인프라 강화 필요

통계청이 발표한 '농업통계의 과거, 현재 그리고 미래' 자료에 따르면, 우리나라 농가수는 1970년 248만 가구에서 2009년 120만 가구로 줄었다고 한다. 농가인구는 2009년 312만 명으로 1970년 1442만 명의 4분의 1이 줄어 인구비중은 1970년의 44.7%에서 6.4%로 줄었다.

2009년 농림수산식품 수출액은 46억 달러로 1980년보다 27억 달러 증가했고, 수입액은 198억 달러로 1980년보다 158억 달러 늘었다. 국내 총부가가치 대비 농림어업이 차지하는 비중도 1970년 29.1%였으나 제조업·서비스업 등의 발전으로 2009년 2.6%로 감소했다. 그나마 쌀 생산량은 경작면적의 감소에도 492만 톤으로 1971년 400만 톤에 비해 오히려 23% 증가했다.

한편 젊은 연령층의 도시 전출과 출생아 수 감소, 고령화 등으로 30~50대 연령층이 지속적으로 감소한 반면, 65세 이상의 농가인구 고령화율은 34.2%에 달한다. 이는 농업은 산업화 이후 계속 비중과 역할이 감소되어 왔지만 미래는 더욱 어두울 것이라는 점을 암시해 준다.

세계는 자유로운 국제무역을 통해 인류 역사상 최고의 경제적 성과를 이룩했고, 우리나라도 경제성장을 통해 물질적인 풍요를 일구었다. 산업화·도시화 과정에서 농어가 인구가 감소하고 농림어업의 취업자 비중이 줄었지만, 농림축산어업의 생산량 자체는 많이 감소한 것이 아니라는 점에 주목할 필요가 있다. 인구 증가와 1인당 농산물 소비량의 급증에 따른 수요 증가분을 대부분 수입에 의존한 것이 아쉽지만, 지난 60년간의 개발과정은 비교적 성공적이었다고 생각된다.

문제는 현재까지 성공한 성장 모델이 앞으로도 지속 가능할 것이냐는 점이다. 세계는 미국·일본·유럽연합(EU) 중심의 경제축이 중국·인도·브라질·러시아 등으로 이동하고 있고, 멕시코·인도네시아·남아공·베트남도 새롭게 부상하고 있다. 이들 국가는 자원 및 에너지 부국이라는 공통점을 가지고 있다. 여기에 더해 기후 변화 등으로 물과 식량 부족 문제가 심각해질 전망이다. 우리나라는 자원·에너지 빈곤국이지만, 식량 확보도 우려스러운 대목으로 지적되어 농업의 성장력 제고와 함께 녹색소비의 필요성이 강력히 제기된다.

따라서 농업에서도 단순한 현상 유지 정책이 아니라 성장 정책으로 선회하기 위한 전략 수립이 절실하다. 평상시의 농산물 생산 및 소비와 별도로 비상시의 생산과 소비 계획을 수립하고, 이에 필요한 준비를 착실히 해두는 것이 유비무환이다. 국민 생존에 필요한 농산물 확보를 위한 생산기반 강화와 비축 대책, 그리고 이를 위한 적극적인 지원 대책이 마련되어야 할 것이다. 또 경쟁력 있는 농산물 생산체계와는 별도로 가족 혹은 마을 단위의 자족적 소비를 위한 생산체계를 구축, 인구 구조의 고령화에 대응하는 방안도 검토할 필요가 있다.

젊은 농업인은 시장에 내다 팔 수 있는 농산물을 생산할 수 있도록 하고, 노년인구는 스스로 생활에 필요한 농산물의 자족적 생산 여건을 마련해 주는 방안이 연구되어야 한다.

우리 국토는 좁지만 5000만 국민이 도시에만 살아야 할 만큼 좁지는 않다. 농촌에 인구가 환류되기 위해서는 보건복지 및 문화·체육 등 생활 인프라를 강화해 농촌의 자연 친화적 삶의 질이 경쟁력을 가질 수 있도록 정부의 선제적 투자가 필요하다.

인구구조 변화와 전세 대책

치솟는 전세 가격의 대책으로 정부는 전세 수요의 매매 수요 전환, 공공 및 민간 임대시장 활성화로 전·월세 공급을 확대, 전·월세 금융과 세제 지원 강화 등의 대책을 마련 중이라고 한다. 그렇지만 벌써부터 '새로운 것이 없다, 효과가 없을 것이다, 취득세를 낮추면 지자체 재정은 어떻게 할 것이냐'는 등의 부정적 여론만 비등하고 있다.

사실 정부의 부동산 정책에 대한 신뢰성은 별로 높지 않다. 노무현 정부에서는 부동산 가격 폭등을 잡으려고 했으나 매번 실패했고, 이명박 정부는 침체된 부동산을 살리려고 했으나 백약이 무효였다. 박근혜 정부의 4·1 종합 대책도 5개월도 되지 않아 약발이 없어지고 있다. 이들 실패한 정책의 공통점은 시장 흐름을 무시하고 각종 세금과 규제로 부동산을 잡으려 했다는 점이다.

현재 전세 가격 폭등은 구조적 수급 요인에 있다는 것에는 대체로 동의하고 있다. 부동산 불패시대에 존재했던 전세제도는 용도 폐기되고, 중장기적으로 자가와 월세로 재편될 것으로 보는 시각이 지배적이다. 주택 소유자의 전세에서 월세 전환이 장기적으로 계속 이뤄지고, 수요자의 전세 선호가 계속되면 전세 가격 상승은 지속될 수밖에 없다. 그런데 이런 불균형이 인구구조적 요인에 의한 것이라면 현 상황은 시작에 불과할 수 있다는 것이 더 큰 문제다.

베이비 붐 세대의 은퇴가 본격화하고 있고, 베이비 붐 세대의 자녀(에코 세대)가 혼인 적령기에 접어들고 있다. 에코 세대가 결혼으로 분가하면 자연적으로 주택 수요가 늘어나지만, 에코세대 입장에서는 집을 반드시 구입할 필요가 없다는 것에 주목할 필요가 있다. 부동산시장이 침체라고 하지만 아파트 값은 여전히 비싼 데다 부모 세대가 소유한 주택을 어차피 상속 혹은 증여받을 수 있기 때문이다. 더욱이 부동산 가격이 상승할 전망이 없으면 투기적 부동산 수요도 없다.

그렇지만 대부분 월급 생활자인 에코 세대는 매월 임대료가 부담되기 때문에 부모 입장에서나 에코 세대 입장에서나 전세가 최적 대안이 되는 상황에서 전세 선호는 계속될 수 있다. 반대로 베이비 붐 세대 입장에서는 퇴직 시 가지고 있던 목돈으로 사업하기는 위험하고 은행 이자는 너무 낮아 전세를 월세로 전환하는 것이 대안이다. 아마도 베이비 붐 세대가 본격 사망하는 2030년대가 되어야 이러한 인구구조적 요인에 의한 주택 불균형은 해소될 수 있을 것이다.

전세 공급 감소가 장기적 추세라면 전세 수요도 주택 구입 혹은 월세로 전환해야 하는데, 현 상황에서 주택 구입으로의 전환은 한계가 있기 때문에 월세로 전환되는 것이 자연스럽다. 그러나 월세로 전환을 가능하기 위해서는 월세가 시장이자율에 비해 너무 높은 점을 국가적으로 해결해야 한다. 물론 전세에서 월세로 전환이 빠르게 이뤄지고 있기 때문에 월세 가격도 자연적으로 낮아질 수밖에 없다. 그러나 1, 2인 가구 증가 속도가 너무 빠르기 때문에 장기적 주택 수급을 감안해 신축적으로 임대주택 공급을 빠르게 늘려야 하고 이는 정부가 주도할 수밖에 없다.

이를 위해서는 대규모 투자 재원이 필요하지만 시장이자율이 보장된다면 모을 수 있는 시중 자금은 여유가 있는 것으로 판단된다. 보금자리주택에 이어 행복주택 공급도 분양에서 임대로 전환하는 것은 당연한 정책 선택이다. 민간 임대주택 활성화를 위한 정책도 적극적으로 검토해야 할 것이다. 정부가 모두 공급하는 것은 재원도 문제지만 효율성도 문제이기 때문이다. 다만 민간이 임대시장에 참여할 수 있는 환경을 조성하는 것도 필요하고, 과거 민간 임대주택의 문제점이 발생하지 않도록 하는 디테일도 필요하다.

가족 형태의 변화 너무 빠르다

통계청의 2010년 인구센서스 결과에 따르면, 1인 가구 비중이 23.4%, 2인 가구 비중은 24.1%로 전체 가구의 절반가량이 2인 이하 가구로 조사되었다. 5년 전보다 23%나 증가된 수치로 핵가족화를 지나 나홀로 가족화가 급속히 진행되고 있는 것으로 보인다. 2인 이하 가구 증가의 가장 큰 원인은 인구 고령화로 인해 부부 및 독신 노인가구가 급속히 증가하는데 있다. 특히 여성의 경우 평균수명이 길고 혼인연령이 남성보다 평균 3세 정도 낮아 독신 노인가구 중 여성 노인가구의 비중이 높은 것으로 나타나고 있다. 한편 진학 혹은 취업을 위해 상경한 전통적 형태의 청소년 독신가구 외에도 기러기 아빠로 통칭되는 홀로 사는 중년 남성, 골드미스 중년 여성, 만혼화에 따른 독신, 청년 독신가구, 경제적 이유 등으로 집을 나와 생활하는 홈리스 등 새로운 형태의 독신가구 유형이 증가하고 있다. 그런가 하면 사별이나 이혼 등으로 한부모 가정을 이루는 가구를 포함해 위기에 처한 2인 가구도 존재하고 있다. 최근 30대 미혼 여성이 증가하고 있는 것도 이러한 현상과 무관하지 않다.

이렇게 볼 때 2인 이하 가구의 증가는 자연스러운 측면이 존재한다. 산업화되고 도시화된 현대사회에서는 보통사람들의 인생주기상으로 보면 양부모가 있는 가구에서 태어나 대학 진학 혹은 취업 시 다른 지역으로 이동할 경우 결혼할 때까지 1인 가구로 존재할 수 있고 결혼하면 2인 가구로, 자녀를 출산하면 3, 4인 가구로, 자녀가 분가하면 2인 가구로, 배우자가 사망하면 1인 가구로 바뀐다. 이처럼 많은 사람이 인생주기상 1인 가구 혹은 2인 가구를 경험하게 된다. 따라서 2인 미만 가구의 존재 자체가 사회 문제가 되는 것은 아니다.

더욱이 1인 혹은 2인 가구로 조사되었다고 해도 그 사람에게 경제적으로 부양 관계가 있는 가족이 있다면 따로 산다 해도 문제될 것은 없다. 어떻게 보면 상당수의 2인 이하 가구는 학업 혹은 직업 그리고 여러 가지 편의성 측면에서 거주 개념의 1, 2인 가구일 뿐이지 사고무친(四顧無親) 개념이 아니면 큰 문제가 될 수 없다. 어떻게 보면 삶의 다양성 측면에서 이해될 수 있는 사회적 현상이다.

그러나 고령화·만혼화 혹은 결혼 기피로 인생주기상 2인 이하 가구로 존재하는 기간이 사회 전반적으로 길어지는 과정에서 발생할 수 있는 각종 사회적 위험에 대해 경제·사회적인 부문에서 대응이 이루어지고 있느냐는 중요하다. 사실 소비재 시장에서는 1, 2인 가구 증가에 적합한 상품들이 출시되고 있다. 3, 4인 가구가 주류인 상품시장과 1, 2인 가구가 주류가 되는 상품시장은 소비 패턴이 기본적으로 다르겠지만 시장은 빠르게 적응하고 있는 것으로 판단된다. 반면 민간시장이라고 하더라도 주택시장은 다를 수 있다. 최근 작은 면적의 아파트 전·월세가 부족해 가격이 높아지고 있지만 주택시장의 특성상 즉각적으로 대응하지 못하고 있다.

2인 이하 가구 증가는 필연적으로 사회적 위험의 증가를 가져온다. 가족의 생성 과정에서 나타나는 1, 2인 가구는 큰 문제가 없지만, 가족 해체과정에서 나타나는 1, 2인 가구에 대해서는 국가와 사회의 개입이 요구된다. 특히 100만 명이 넘어서고 있는 나 홀로 사는 노인가구을 위한 특별한 복지 서비스가 제공되어야 하고, 홈리스·쪽방촌 거주자 등 주거 취약자 대책도 이뤄져야 한다. 또한 3, 4인 가구라 해서 가족 문제가 없는 것은 아니기에 가족의 전반적인 문제에 대한 총체적 점검이 필요하다.

가족 혹은 가구 형태의 변화는 자연스러운 현상이지만 우리의 경제 정책 혹은 사회 정책이 이러한 변화에 대해 얼마나 중립적인지는 검토가 필요하다. 예를 들면 건강보험료는 직장가입자의 경우 피부양가족이 많은 가입자가 유리한 반면 지역가입자는 그렇지 못하다. 각종 세금도 가족 수에 따라서 이해가 다르다. 더 나아가 정부의 가족 정책이 이러한 가구 형태의 변화에 적극적으로 대응해야 하는지, 소극적으로 대응해야 하는지도 명확하지 않다. 가족 가구의 다양성 확대는 유럽 등 선진국에서는 이미 경험한 것이지만 우리나라에서는 그 속도가 급격하다는 점, 그리고 전통적 가족 개념에 대한 한국인의 애착 정도가 남다르다는 점 등에 대해 국민의 의식적인 고민이 필요한 시점이다.

위기의 가족, 국가가 나서야 할 때다

신경숙 씨의 소설 『엄마를 부탁해』가 미국 독자들로부터 관심을 끌고 있다고 한다. 한국적 정서의 엄마 이미지는 미국인의 마더(Mother)와는 다를 것 같은데, 미국에서도 높은 공감을 얻고 있다 하니 엄마에 대한 감정은 세계 어디 나라에서나 한가지인 것 같다.

어린이날, 어버이날 등이 연거푸 지나가는 5월은 가족의 의미를 되새기게 하는 달이다. '가족'은 인간생활의 최소 단위라고 할 수 있다. 농경사회에서의 가족은 논밭을 갈고 씨앗을 뿌리고 소를 치고 추수하는 모든 과정이 생산 공동체의 기반인 동시에, 아침·점심·저녁 세 끼 식사를 한솥밥에 해 먹고 한지붕 밑에서 옹기종기 사는 소비 공동체이기도 했다. 좀 더 크게 보면 형제 간 뿐 아니라 사촌·팔촌까지 이웃에 살며 관혼상제 대소사를 함께 했던 대가족은 환난상휼(患難相恤)의 위험 대응 공동체이기도 했다.

3세대, 4세대를 끈끈하게 연결해 주었던 대가족제는 산업화와 도시화의 시대적 흐름 속에서 조금씩 느슨해지더니, 이제는 설이나 한가위에 고향을 찾는 긴 귀성 행렬을 통해서 잊혀져가는 추억이 되살아 날 뿐이니 참으로 한국사회는 빠르게 변해가고 있음을 느낀다.

실제로 통계청이 작년에 조사한 2010년 인구센서스 결과에 따르면, 1인 가구의 비중이 23.4%이고, 2인 가구의 비중은 24.1%로 전체 가구의 절반가량이 2인 이하 가구로 조사되었다. 이는 5년 전보다 23%나 증가된 수치로 핵가족화를 지나 나 홀로 가족화가 급속히 진행되고 있는 것으로 나타났다. 혼자 살게 되면 더 이상 가족이라 할 사람이 없게 되는 것으로, 극단적으로 말하면 가족의 붕괴 현상이라고까지

할 수 있다.

서로가 의존할 수 있는 가족 개념의 약화는 필연적으로 사회적 위험의 증가로 이어진다. 혼자 살다가 죽은 후 오랫동안 방치된 뒤 발견되었다는 뉴스는 더 이상 새롭지 않다. 특히 젊은 사람보다 각종 위험에 노출되어 있는 홀로 사는 노인이 100만 명을 넘어섰다고 한다. 그렇다고 부부와 자식으로 이루어지는 2세대 핵가족도 위험하지 않은 것은 아니다. 주 소득자가 크게 아프거나 죽기라도 하면 그 가족은 바로 빈곤의 늪으로 빠지게 된다. 이러한 위험의 증가는 출산과 육아의 어려움으로 연결되고 출산율의 급속한 저하라는 결과를 가져온다. 우리나라의 2010년 출산율은 1.22명으로 이미 세계 최저 수준이다.

가족은 결혼을 통해 새롭게 만들어지지만 결혼마저 늦게 하는 만혼화 경향이 뚜렷하다. 영국·프랑스·스웨덴 등 선진국이면서도 출산율이 높은 국가들은 결혼이란 형식을 거치지 않고 동거하면서 아이를 가지는 비율이 50%를 넘어섰다고 한다.

함께 산다는 개념이 서로를 구속하지 않으면서 필요할 때는 함께 살다가 마음이 떠나면 헤어지는 느슨한 개념으로 바뀌고 있는 것이다. 이렇게 되면 헌신과 희생의 개념이 전제가 되는 우리 전통의 가족과는 거리가 멀어지게 된다.

그렇지만 이러한 변화 현상을 무조건 잘못된 것으로 몰아가고 터부시하면 결혼도 하지 않고 아이 낳기도 꺼리는 사회가 되어버릴 우려가 있다. 이제 개인과 가족에게만 전적으로 책임을 돌리는 시대는 끝나고 있다.

느슨한 가족 개념이라 하더라도 함께 사는 것이 따로 사는 것보다는 정서적으로나 경제적으로나 바람직하다. 때문에 국가와 지역사회가 취약한 가족 형태에 적극적으로 개입해서 보다 안전한 삶이 될 수 있도록 도와줘야 한다. 더 이상 가족 단위에서 할 수 없는 위험관리 기능을 국가와 지역사회가 수행함으로써 가족이 지켜지고 사회가 보다 더 행복하게 될 수 있다.

거대 인구 집단 40대의 불안과 희망

베이비 붐 세대는 통상적으로 1955~1963년생 716만 명을 지칭한다. 1964~1974년생은 이 세대보다 200만 명 이상 많은 934만 명의 거대 인구 집단을 형성하고 있지만 잊혀졌던 세대다. 현재 39~49세로 주로 40대에 걸쳐 있는 이 세대는 올 4·11총선에서 막강 파워를 보여준 바 있고, 새로운 한국을 주도할 세대라는 점에서 새롭게 주목받고 있다.

F세대(40대)는 20, 30대와 50, 60대 사이에 낀 세대 혹은 깍두기 세대로 표현된다. 역으로 보면 변화의 중심 세대였다. 경제적으로는 선진화, 정치적으로는 민주화, 사회적으로는 자유화 그리고 글로벌화의 길목에 위치한 세대였지만, 한국적 압축 발전과정에서 존재감이 한참 동안 잊혀졌던 세대라고 할 수 있다.

사실 40대는 가정에서는 부모를 모시면서 자식을 부양해야 하는 가장이고, 기업에서 최고경영진은 아니지만 간부급으로 조직을 리드하는 계층이며, 국가적으로는 소득 수준이 높아 세금을 가장 많이 내는 세대라고 할 수 있다. 따라서 40대의 생각과 행동이 국가 미래의 향방을 결정짓는다. 건물로 비유하자면 기둥과 같은 계층이라고 할 수 있다. 40대가 바로 서야 국가가 바로 선다고 해도 과언이 아니다. 그런데 그 기둥이 흔들리는 조짐이 곳곳에 감지되고 있어 심각한 문제이다.

부동산 침체로 가계 부채 위기

40대 불안의 시작은 주로 부동산 투자에서 발생한 것으로 판단된다. 1차 베이비 붐 세대는 부동산 불패 신화 기간에 저가로 내 집 마련이 비교적 용이했던 반면, 40대 중 상당수는 노무현 대통령 시절 뜀박질하는 부동산 열기 속에 뒤늦게 빚을 내

부동산에 투자했다. 그러나 지난 4년 여 동안 부동산 경기 침체로 팔려 해도 팔 수가 없고, 다달이 다가오는 구입자금에 대한 원리금 상환 부담으로 고생하는 가계 부채 위기의 주 연령계층으로 전락했다.

40대는 사회 중심계층에 진입했지만 상층부는 50대가 여전히 장악하고 있어 계층 상승 스트레스가 누적되고 있는 연령대다. 40대의 견지에서 보면 1차 베이비 붐 세대는 1990년대 말 경제위기에 몰아친 대량 구조조정에서 오히려 재미를 봤다고 생각한다. 반면에 F세대 자신은 50대 계층 장벽을 좀처럼 뚫지도 못하면서 최대로 밀집한 같은 연령 집단 내 경쟁구조에 시달리면서 숨이 막힌다. 더욱이 자녀 사교육비 등 높은 지출 부담에 배우자도 취업전선에 뛰어들어 보지만 퇴직 후 미래 노후 대책도 불안한 실정이다.

40대가 직면하고 있는 문제는 성격상 해결이 쉽지 않다. 부동산은 가격 폭등을 잡기도 어렵지만, 지금처럼 구조적으로 침체된 경우 20여 년 전 일본의 버블 붕괴에서 볼 수 있듯이 백약이 무효다. 우리나라도 정부의 여러 방책에도 해결 기미가 보이고 있지는 않지만 경기 침체와 맞물린 대폭락은 막아야 한다. 이제 이자율도 더 늦지 않게 과감하게 내릴 때가 되었고, 부작용을 우려해 유보했던 부동산 관련 규제 풀기도 과감하게 실행해야 할 것이다. 지체되고 있는 세대 간 권력 교체는 세대 간 이해관계와 인구 고령화 문제가 꼬여 있어 더욱 풀기 어렵다.

지금 당장은 실력과 기다림 이외에는 다른 방법이 없지만, 1차 베이비 붐 세대의 은퇴가 본격적으로 시작되고 있기 때문에 거대한 변화의 기회가 오고 있음은 확실하다. 이러한 측면에서 고령화에 대비한 정부의 정년 연장 대책도 다차원적 접근이 필요하다.

40대는 답답한 현실에서 벗어나기 위해 끊임없이 변화를 꿈꾸는 세대다. 변화를 기대하고 지지했던 김대중·노무현 정부가 저성장의 틀에서 벗어나지 못하자 과감하게 경제성장의 아이콘이었던 이명박 정부에 표를 던졌다. 그러나 현 정부 역시 이유가 어떠했든 저성장의 한계를 극복하지 못하자, 현재의 문제를 단박에 해결해 줄 수 있는 새로운 대안을 찾아 동분서주하고 있다. 이제 과거와 같은 고도성장은 불가능한 것인지, 정치권에서 제시하는 복지 정책이나 경제 민주화가 이루어지면 과연 자신들의 문제가 해결될 수 있을 것인지에 대해 고민하고 있다.

지속 가능한 미래 개척할 F세대

40대의 불안과 고통은 분명히 공감할 만하지만 이를 극복할 주체도 40대일 수밖에 없다. 연령상으로 40대는 보호대상이 될 수 없고, 앞 세대와 뒤 세대를 포용해 국가를 이끌어 가야 하는 주도 계층이다. 모든 문제를 한 방에 해결할 수 있는 리더는 존재하지 않을 뿐 아니라 그렇게 할 수 있다고 주장하는 지도자를 선택해서도 안 된다. 베이비 붐 세대의 부모들이 우리나라를 선진국 문턱까지 올려놓았다면 지속 가능한 행복한 대한민국의 미래를 개척할 세대는 지금의 40대라고 할 수 있다. 지난한 시대적 책무를 과감히 선택하고 완수할 때 40대는 대한민국의 궁극적인 중추 세력으로서 신뢰받는 F세대가 될 것이다.

베이비 부머보다 에코 세대가 행복하다

　베이비 부머의 자녀인 1979~1992년생 954만 명을 지칭하는 에코 세대는 베이비 부머와 연령에서 오는 세대 차 이상의 간극을 갖는다. 에코 세대는 세계관부터 판이하다. 한국군의 베트남전 참전을 경제적 이익에 눈먼 부끄러운 일이라는 유시민 전 의원의 『거꾸로 읽는 세계사』로 세상을 보고, 공지영 작가의 『도가니』를 읽으면서 기존의 잘못된 사회구조에 분노한다. 그렇지만 에코 세대는 일하는 것을 평생의 목표로 하고 산 이전 세대와 달리 즐겁게 소비하기 위하여 일한다. 김정운 교수의 『노는 만큼 성공한다』는 휴테크에 공감한다. 그렇지만 에코 세대는 미래에 대한 불안으로 김난도 교수의 『아프니까 청춘이다』를 읽으면서 위안받는다.

　에코 세대를 취업·신용·주거의 3중고(苦)로 연애·결혼·출산 등 세 가지를 포기하는 '삼포 세대'라고 칭한다. 이들이 은퇴해 노후생활에 들어갈 2060년경에 국민연금이 고갈되기 때문에 노후가 막막하고, 출산율 저하로 인구가 감소해 다음 세대로부터 도움도 못 받는 슬픈 세대다. 과연 에코 세대는 미래가 막막한 불행한 세대인가. 반드시 그렇지는 않다.

일벌레보다 일 통한 만족 추구가 바람직

　에코 세대는 월세로 사는 사람이 많고 자기 집을 마련하기 어려울 것이라 걱정하지만, 20대 나이에 혼자 살면서 자기 소유의 집에 사는 것이 더 이상하다. 보통 형제자매가 둘 이하이니 부모가 살던 집은 이들의 집이 될 가능성이 높을 수도 있다. 국민연금 등 공적연금을 이대로 두면 재정 불안이 있는 것이 사실이지만, 지금도 재정 안정화를 위한 노력을 기울이고 있다. 인구고령화를 앞당길 것인가, 아니면 늦출 것인가는 이제 결혼 및 출산연령에 진입하고 있는 에코 세대 선택에 달려 있다.

에코 세대는 이전 세대가 가지고 있지 못한 희망이 있다. 무엇보다도 정보기술(IT) 시대에 성장한 에코 세대는 21세기 지식공유 시대의 절대 강자가 될 수 있는 자질을 지니고 있다. 이들은 인터넷 공간을 통해 단숨에 지구 반대편에 가는가 하면 수십 년 전 과거도 한순간에 접속한다. 케이팝은 에코 세대의 글로벌 성공 가능성을 보여주는 상징물이다. 30년 전 베이비 부머가 직업전선에 들어설 때는 1인당 국내총생산(GDP)이 1000달러에 불과했지만, 에코 세대는 2만 달러의 경제적 기반 위에서 시작할 수 있다.

그렇지만 취업과 편중된 분배구조의 고착화는 큰 문제다. 청년실업률은 7% 내외로, 10%대의 유럽 국가에 비해서는 양호해 보이지만 실상은 그렇지 못하다. 일할 의사가 있는 사람 중 1주일에 1시간 이상 일하지 못한 사람을 실업이라고 분류하는 현재의 통계로는 졸업하지 않고 취업준비 중인 휴학생도, '알바'로 연연하는 사실상의 실업자도 실업으로 잡지 못한다. 어림잡아 다섯 명 중 한 명은 제대로 된 일자리를 못 구하고 있다.

모든 정치인이 일자리가 가장 큰 문제라는 인식은 공유하고 있지만 시원한 대안을 내놓지 못하고 있다. 사실 30년 전에도 좋은 일자리를 찾는 것은 쉽지 않았지만 그때는 좋든 나쁘든 현실을 수용했다. 지금은 누구나 좋은 일자리를 기대하고 있기 때문에 미스매치(불일치)를 해소하기 쉽지 않다. 그렇지만 희망이 없는 것은 아니다. 일본에서 단카이 세대라고 불리는 베이비 부머가 집중 은퇴할 시기에 청년취업률이 크게 높아졌듯이, 우리나라 역시 베이비 부머의 은퇴가 시작되면서 좋은 일자리가 연쇄적으로 늘어날 것으로 전망된다.

그래도 과거 개념의 좋은 일자리를 더 만드는 것이 어렵다면 어떤 일자리도 좋게 생각될 수 있도록 경제사회 환경을 만들어 나가야 한다. 먼저 좋은 일자리 개념부터 바꿀 필요가 있다. 베이비 부머가 직업을 선택할 때는 생존을 위한 선택을 했지만 에코 세대는 자신의 행복을 위한 선택을 할 수 있다. 권력·재산·명예가 따르는 직업을 가져야 행복할 수 있다는 베이비 부머 부모의 고정관념이 자유로운 선택을 막는다. 개개인이 행복할 수 있는 직업을 선택하는 것이 참다운 의미의 눈높이에 맞춘 일자리 찾기다. 일 자체보다는 일을 통한 만족을 추구하는 것이 바람직하다.

개천에 사는 미꾸라지까지도 행복한 사회

좋은 일자리를 한정하는 경제사회시스템도 개선되어야 한다. 대학을 다니든 안 다니든 어떤 직업을 갖더라도 행복하게 살 수 있는 새로운 국가 비전과 정책을 만드는 것이 필요하다. 유럽 선진국에서 직업에 귀천이 없다는 말이 통하는 근본 이유는 학력 간 임금 차별이 거의 없고 복지 시스템이 확실하기 때문이다. 정규직과 비정규직 간의 임금 차별을 축소하고 비정규직도 안심하고 일할 수 있도록 관련법을 개정함과 아울러, 아이를 낳아서 키우고 가르치는데 소요되는 막대한 비용을 국가가 더 많이 책임짐으로써 출발선상에서 기회 균등을 제고해 가난의 대물림을 완화해 나가야 한다. 개천에서 용 나는 사회를 만드는 것이 아니라, 개천에 사는 미꾸라지까지도 행복한 사회를 만드는 것으로 국가 목표를 수정해야 한다.

청년 일자리 희망은 있다

올 6월 기준 고용동향에 의하면 청년실업률은 10.2%, 고용률은 41.4%를 기록하여 청년층 고용 절벽이 최대 현안이 되고 있다. 경제협력개발기구(OECD) 국가의 평균(50.8%, 2013년)보다 크게 낮을 뿐 아니라, 상위 그룹인 스위스·호주·캐나다 등의 고용률이 70%대 수준이다. 우리나라는 스페인·이탈리아·그리스 등의 국가와 함께 40% 내외의 하위 그룹을 형성하고 있다. 우리나라 청년고용률이 낮은 이유는 선진국에 비해서 높은 70%대의 대학진학률과 군 의무복무에 있지만, 교육 훈련을 받지 않으면서 구직 의욕마저 없는 니트(NEET)족이 늘고 있는 것도 문제다. 니트족 비중은 15.6%로 OECD 평균(8.2%)보다 7.4% 포인트 높다. 과거와 달리 좋은 일자리에 대한 욕심을 가진 청년은 줄고 있다. 청년이 원하는 것은 그냥 안정적인 일자리이다. 기성세대는 청년들에게 눈높이를 낮추라고 하면서 자기 자녀들에게는 그런 직장에 가느니 취업 준비나 더 하라고 한다. 이율배반적이라고 할 수밖에 없다. 부모 세대부터 과한 기대를 버려야 한다.

현재 청년 실업자수는 40만 명으로 집계되지만 외국인 근로자수가 61만 명 정도인 것으로 볼 때, 국내의 절대적 일자리수가 부족한 것은 아니다. 고용노동부 자료에 의하면, 2012년 기준으로 괜찮은 일자리는 605만 개인데 비해 수요자는 1050만 명이다. 빠른 기술 진보로 이러한 현상이 더 심화될 수 있다. 미국 다빈치연구소의 토머스 프레이 소장은, 앞으로 15년 안에 인류 전체 일자리의 50%가 소멸되고 80% 이상의 직업이 없어지거나 진화할 것으로 전망했다. 사람들과의 경쟁도 힘든 차에 기계와도 경쟁해야 하는 것이 미래 청년의 운명이다. 경제성장과 기술발전으로 새로운 일자리도 만들어야겠지만 좋은 일자리가 얼마나 창출될 수 있을 것인가는 알 수 없다.

상황이 이런데도 다른 한쪽에서는 노동력 감소를 걱정하고 있는 것은 앞뒤가 맞지 않다. 우리나라 청년인구는 지금 현재 1000만 명 정도지만, 저출산 영향으로 2020년에는 878만 명, 2030년에는 634만 명, 2040년에는 546만 명, 2050년에는 현재의 거의 절반 수준인 491만 명으로 감소할 전망이다. 향후 암울한 일자리 전망을 볼 때 청년인구 감소가 오히려 다행일 수 있지만, 미스매치가 심각한 향후 10년간 일자리 확충을 위해 청년고용과 임금 인상 억제를 트레이드하는 노사대타협을 적극 검토할 필요가 있다. 이와 함께 기업이 스스로 고용할 수 있는 여건을 만드는 것이 중요하다. 아웃소싱이나 외국으로 나가는 것보다 직접 고용해서 우리나라에서 생산하는 것이 유리하도록 과감한 규제 개혁과 세제 지원 그리고 이를 위한 노사 간의 타협이 필요하다. 특히 중소기업 고용의 최대 부담 요인이 되고 있는 퇴직금과 사회보험료 부담의 획기적인 절감 대책도 내놓아야 한다.

괜찮은 일자리를 늘리기 위해서는 1997년 이후 진행된 고용 유연화 정책에 대해 재평가해야 한다. 이 시기에 청년들이 선망하는 일자리 상당수가 계약직 혹은 임시직으로 바뀌었다. 기업은 인건비를 절감하기 위해 외국에 공장을 건설하거나 아웃소싱 혹은 비정규직 비중을 늘리고, 공공 부문은 예산을 책정할 때 인건비는 묶고 사업비 위주로 편성하다 보니 사업비 예산으로 고용된 인력은 비정규직이 될 수밖에 없었다. 어차피 상시적으로 필요한 인력이라면 정규직화하는 것이 바람직하고, 이를 위해서는 예산 편성 시부터 인건비로 사용되는 사업비는 인건비로 전환하는 것이 적절하다. 한편, 공교육 정상화를 위한 교원 확대, 보건복지 안전 관련 인력 충원과 직업 군인 확대 등은 더 이상 머뭇거릴 필요가 없다.

그러나 일자리를 둘러싼 세대 간 갈등은 경계해야 한다. 베이비 붐 세대의 은퇴가 본격화되면서 정년연장이 추진되고, 임금피크제 도입과 고용 유연성 제고를 통해 청년 일자리를 더 만드는 노동 개혁을 추진하고 있다. 정년 연장과 임금피크제는 패키지로 추진할 수 있겠지만, 이것이 신규 고용 증가로 이어질지는 미지수다. 구조조정이 힘든 현실에서 기업이 베이비 붐 세대의 정년으로 생긴 공석을 재충원하지 않을 가능성도 높기 때문이다. 따라서 노동 개혁의 목적이 청년 일자리를 만드는 데 있다는 논리는 자칫 세대 간 갈등을 증폭시킬 우려가 있다.

베이비 붐 세대 대책이 필요하다

　우리나라는 고령화와 저출산이 동시에 진행되고 있으며, 고령화 속도는 세계에서 유례를 찾아볼 수 없을 정도로 빠른 상황이다. 2000년 노인인구가 전체 인구의 7%를 넘어 이미 고령화사회에 진입했고, 2030년에는 20%를 넘어 초고령사회에 도달할 전망이다.

　2010년 현재 고령화율은 11.0%로 멕시코(5.9%), 터키(6.3%)에 이어 가장 낮은 수준이다. 그러나 2050년이 되면 우리나라 고령화율은 38.2%로 급증하여 일본(39.6%) 다음으로 가장 높게 된다. 현재 우리보다 노인인구 비중이 많은 이탈리아·독일·스페인 등의 나라보다 오히려 더 심각한 수준의 고령화가 예측된다. 따라서 이러한 변화에 선제적으로 대응할 수 있도록 선진국보다 더 적극적인 대응이 필요한 시점이다. 우리나라 초고령화는 심각한 저출산에 기인하고 있는데, 2010년 현재 출산율은 1.22명으로 세계에서 가장 낮은 수준으로 저출산 상황은 앞으로도 지속될 전망이다.

　최근 베이비 붐 세대의 은퇴가 본격화되고, 이들이 곧 노년기에 진입함에 따라 베이비 붐 세대에 대한 집중적인 분석과 대책이 필요한 시점이다. 베이비 붐 세대는 2010년 전체 인구의 33.6%를 차지할 정도로 그 규모가 크지만, 노후 대비 보유자산이 적어 취약계층으로 전락할 가능성이 높으며, 은퇴 후 퇴직금으로 부채를 탕감하고 남는 금융자산이 은퇴 전 연봉에 비해 적어 노후 삶의 질이 하락할 우려가 있다.

　또한 급속한 정치·사회·경제·문화적 변화를 경험해 온 세대로서, 우리 사회의 지속 가능한 성장을 위하여 이들의 차별화된 욕구에 적절히 대응할 수 있는 방안을 시급히 마련해야 한다. 특히 베이비 붐 세대의 은퇴는 다년간 축적된 수련기술과 노하우가 폐기됨으로써 국가적으로 상당한 경쟁력이 소멸된다는 문제가 있다. 따라서 베이비 붐 세대가 소비의 주된 주체가 아닌 생산활동에 참여할 수 있도록 정책적 유도가 필요하다.

저출산 고령화에 따른 인구구조의 변화는 단순히 복지 문제를 넘어서 고용률 하락과 경제성장률 둔화, 막대한 재정 부담 등 여러 문제를 가져올 수 있다. 또한 이러한 변화는 저축률 하락으로 이어져 2010년대 중반 이후 저축률 하락이 본격화 할 것으로 예상되며, 공적연금의 구조적 불균형 문제 역시 저축률 하락을 가속화시킬 것으로 전망된다. 따라서 정부는 우리나라의 저출산·고령화 문제에 대응하기 위해 '제2차 저출산·고령사회 기본계획'을 지난해 수립·확정하고, 최우선적인 국정 과제로서 올해부터 시행에 들어갔다.

동 계획은 베이비 붐 세대로 고령화 정책의 대상을 확대하여 중고령층의 근로 기회 확대 및 퇴직연금 등 노후소득보장 강화 등 베이비 붐 세대의 은퇴 대비책을 마련하고, 인구구조의 고령화로 야기되는 문제에 미리 대응하기 위해 주택·교육·금융·재정 분야별로 제도 개선을 추진하고 있다. 그러나 아직도 미흡하고 개선이 요구되는 부분이 남아 있어 급속한 인구구조의 변화에 따른 미래 대응 전략 마련 및 정책의 지속적인 개선 노력이 더욱 절실하다.

농촌 50대 '어모털 족'을 위하여

우리나라의 베이비 붐 세대는 보통 1955년부터 1964년까지 태어난 연령계층을 통칭한다. 올해는 이들 베이비 붐 세대가 대부분 50대에 속한다. 공자는 50세부터 60세에 이르는 사람을, 지천명(知天命, 50세)하여 이순(耳順, 60세)에 이르는 나이라고 했다. 하늘이 자신에게 준 운명을 알게 되고 생각하는 모든 것이 원만해 무슨 일이든 들으면 곧 이해가 되는 연령에 이르는 완성기이며, 사회적으로나 가정적으로 통상 웃어른이 되는 시기이기도 하다.

연령은 태어난 때로부터 계산하는 나이가 있고, 생물학적 나이가 있는가 하면, 그 외에도 직업적·사회적·가족적 위치가 만들어 주는 나이가 있다. 그렇다면 농촌에서 50세 연령의 의미는 무엇인가? 농촌에서 50대는 농업경영인의 중심 연령대라고 할 수 있다. 실제로 부가가치 높은 농업을 성공적으로 주도하고 있는 농민들 중에서도 50대가 많다. 농촌사회에서 50대는 아직 청년이다. 60대가 되어서도 부모를 모시고 사는 분들이 많아 50대는 어른 축에도 들지 못한다. 가족적으로 봐도 아직 결혼하지 못한 총각이 있는가 하면 자녀가 어린 경우도 많은 가계의 책임자이다.

농촌 50대는 정년도 없고 은퇴도 없다. 월급으로 사는 이른바 샐러리맨들은 은퇴를 대비해 국민연금·퇴직연금·개인연금 등 소위 '3층 노후소득보장 대책'을 설계하며 노후 대책 마련에 부심한다. 그렇지만 농촌 50대는 달랑 국민연금 하나밖에 없는 경우가 허다하고, 60세가 넘어도 적으나마 소득이 발생하기 때문에 은퇴 문제에 대해 덜 고민하는 경우가 많다.

이렇게 볼 때 농촌의 50대는 태어난 해부터 세는 연령과는 다른 직업적·사회적·가족적 나이를 가지고 있는 경우가 많다는 점에서 주민등록상의 나이가 큰 의미가 없는 '어모털 족(Amortal族, 죽을 때까지 나이를 잊고 왕성하게 활동하는 사람들)'이 될 수 있다. 미국 〈타임〉지 편집장 캐서린 메이어는 '10대 후반부터 사망할 때까지 똑같은 방식으로 살아가고. 똑같은 일을 하고. 똑같이 소비하는 사람'을 어모털 족이라 정의하기도 했다. 이런 측면에서 볼 때 농촌의 50대야말로 어모털 족에 가장 가깝다고 보여진다. 넓게 보면 50대 무렵에 귀농·귀촌하는 사람들도 나이로부터 자유롭기 위한 어모털 족이다.

그런데 농촌의 어모털 족이 말 그대로의 어모털이 되는데 가장 부족한 부분이 있다면 바로 건강 문제다. 청년같이 일하고 있지만 몸은 이미 청년이 아니다. 평생 고된 일로 성한 관절이 없을 지경이고, 고혈압이나 지방간·당뇨병 등 각종 만성질환이 상시 경고등을 켜고 있다. 자연과 더불어 살아왔지만 건강은 제대로 챙기지 못한 경우가 많은 것이다. 특히 과다한 음주·흡연 등 건강에 나쁜 생활습관과 일하는 자세, 자외선, 농약 등에 노출된 유해한 환경 등이 문제가 된다.

농사일에 육체노동이 많이 사용된다 해서 운동량이 충분한 것도 아니다. 또 야외에서 일하는 경우가 많기 때문에 눈과 피부 등의 노화가 빨리 오고, 심한 경우 관련 질환이 생기는 경우도 있다. 불가피하게 해야만 하는 농약 살포가 충분한 안전교육 후에 이뤄지는지도 심히 우려된다. 장수시대의 건강은 생활습관을 어떻게 관리하느냐가 관건이라는 점에서 농촌 50대에게 '생애소득 설계' 못지않게 '생애건강 설계'가 매우 중요하다.

농촌 50대가 어모털 족이 되기 위해서는 본인부터가 건강에 더 많은 관심을 가져야 한다. 정부도 농민의 삶의 질 근간에 건강관리가 있다는 점을 깊이 인식하고, 지방자치단체별로 지역 여건에 따라 농업인 맞춤형 종합건강관리계획을 수립하고 실행에 옮겨야 한다. 무엇보다도 근로자에게는 의무화되어 있는 건강검진을 농촌 주민에게도 정기적으로 이루어질 수 있도록 해야 한다. 농업 관련 작업 안전교육 등에 예산과 인력을 보다 적극적으로 투입할 때가 되었다.

노인연령 기준 상향 아직 이르다

기획재정부 중장기전략위원회가 노동력 부족 현상을 해소하고 급증하는 사회보장제도 수혜자 수를 줄이기 위해 노인연령 기준을 65세에서 70세나 75세로 상향 조정할 필요가 있다고 밝혀 논란이 되고 있다.

65세 이상이면 노인이라는 것은 그야말로 통계 기준에 불과하다. 유엔 등 국제기구 문헌에도 우리나라 법령에도 노인은 65세라는 명시적인 표현은 없다. 65세가 되는 시점부터 기초노령연금 등 각종 사회적 급여의 지급이 개시되고 있을 뿐이다. 정책적 필요에 따라 각종 지급개시연령 기준을 조정하는 것이 논리적으로 문제가 될 것은 없다. 그동안 무분별하게 선심성으로 만들어온 각종 사회적 급여를 재정비할 필요성도 있다.

세계에서 가장 빠른 고령화 속도를 자랑하는 우리나라는 2050년이면 노인인구비율이 40% 수준까지 높아져 세계에서 일본 다음으로 최고령 국가가 될 것으로 전망된다. 이런 상황에서 경제적 부담이 되는 노인부양비율(65세 이상 인구를 15세 이상~64세 미만 인구로 나눈 비율)을 낮추는 것이 국가적으로 매우 시급한 일임에는 틀림없다. 그렇지만 노인연령 기준을 낮춘다고 국가적 노인 부양 부담이 완화되는 것은 아니라고 생각한다.

몇 세부터 노인으로 봐야 할 것인가는 여러 가지 기준이 있을 수 있다. 무엇보다 중요한 것은 생체적 기준이다. 지난해 한국보건사회연구원의 조사에 의하면, 65세 이상 노인의 83.7%가 '70세 이상은 되어야 노인으로 본다'고 답변했다. 주관적 기준이기는 하지만 과거에 비해 크게 높아진 것이다. 나이가 들면 체력이 떨어지기 마련이지만 몇 세가 되면 노인으로 접어든다는 절대적 기준은 만들기 어렵다. 동일한 나이에도 사람마다 격차가 너무 크기 때문이다.

다른 하나는 소득활동 기준이다. 과거 농경사회에서는 노인들도 사망 직전까지 할 수 있는 일은 모두 하면서 살았다. 지금도 시골 어르신을 보면 새벽부터 해 떨어질 때까지 일하시는 모습을 쉽게 볼 수 있다. 그러나 산업화가 진전되면서 과거의 평생노동 개념은 없어지고 있다. 기업 근로자는 정년이 되면 일을 그만둬야 한다.

우리나라에서 정년은 공무원, 공기업 직원에게는 비교적 잘 지켜지지만 일반 사기업체에서는 그림의 떡이다. 평균 정년연령이 55세에도 못 미치고, 고령 퇴직자는 특수한 경우를 제외하고는 좋은 일자리 찾기가 어려운 게 현실이다. 우리나라의 소득활동 측면에서 본 노인연령은 고용노동부의 고령자 기준인 55세라고 볼 수 있다. 따라서 노인연령 기준을 상향 조정하기 전에 고령자 일자리 문제부터 해답을 내놓는 것이 순서다. 55세부터 국민연금을 받는 60세까지, 그리고 60세 이후에도 공적 연금 등 마땅한 소득 대책이 없는 사람들이 상당수인 현 시점에서 노인연령 기준을 65세로 조정한다는 것은 현실감이 부족하다.

각종 사회적 급여 지급 기준인 65세를 그 이상으로 높이는 것은 지금 바로 하기에는 문제가 많다. 하지만 중장기적으로는 자연스럽게 조정되어야 할 정책 과제다. 노인연령 조정의 바로미터라고 할 수 있는 국민연금의 노령연금(가입기간 10년 이상)을 탈 수 있는 나이가 60세에서 내년부터는 61세로 늦춰진다. 이후에도 5년에 1세씩 상향 조정되어 2033년부터는 65세가 되어야 노령연금을 받을 수 있다. 노인연령기 준도 이러한 추세에 맞춰 단계적으로 조정하는 것이 바람직하다.

각종 사회적 급여를 지급하는 기준도 획일적으로 정하기보다는 급여의 성격에 따라 또는 개인의 상황에 맞춰 탄력 적용하는 방안을 검토해야 할 것이다. 그리고 연령 기준의 상향 조정과는 별개로 노인에게 지급하는 각종 사회적 혜택도 시대 여건에 맞게 조정할 필요가 있다. 기초노령연금제가 시행되기 전에 비(非)현금적 서비스로 지급하던 전철 무임승차 같은 것은 기초노령연금 수준을 현실화하면서 폐지해야 한다. 이제 우리나라도 노인들에게 사회적으로 보장해야 할 것은 제대로 보장하되 노인들만 받을 수 있는 각종 부대적인 혜택은 과감하게 정리할 때가 되었다.

아버지 정년 연장이냐, 아들 취업이냐?

경제 회복으로 좋아지던 고용시장이 주춤하고 있다. 10억 원 생산이 늘어날 때 유발(誘發)되는 취업자수(취업유발계수)는 2000년 18.1명이었지만 2007년에는 13.9명으로 줄었다. 이러한 현상은 우리나라의 주력인 제조업과 수출 부문에서 더욱 심각해 각각 9.2, 9.6명에 불과하다.

반면 서비스업의 취업유발계수는 18.1명으로 제조업의 두 배 수준에 이른다. 그러나 서비스업의 취업유발계수가 높은 것은 서비스업이 제조업에 비하여 생산성이 낮은 것이 주원인이다. 무조건 서비스업 활성화만 외칠 일이 아니다.

이 시점에서 명확히 해야 할 것은 우리나라가 노동력 부족 국가인지 노동력 잉여 국가인지이다. 고령화·저출산 문제를 이야기할 때는 노동력 부족 국가라는 전제하에서 하고, 청년·여성·중고령층 실업 문제를 논의할 때는 노동력 잉여 국가라는 관점에서 한다면 정책은 중구난방으로 빠질 수 있다. 정부는 우리나라의 적정인구가 얼마가 되어야 하는지, 사람들이 어디에서 어떻게 먹고 살게 할 것인지 등에 대하여 비전을 가지고 대책을 강구해야 한다. 청년층에 필요한 좋은 일자리와 중고령층 등을 위한 생계형 일자리의 우선순위도 고민해야 한다. 경기가 불황일 때는 생계형 일자리 제공이 관건이라면, 경기가 정상화되는 상황에서는 소득이 괜찮고 안정성도 높은 좋은 일자리를 많이 만드는 것이 관건이다.

중장기적으로 보면 지금은 인구가 늘고 있기 때문에 일자리 수도 늘어나야 한다. 그것이 쉽지 않다는 것은 지금 우리가 실감하고 있다. 한 가지 생각해봐야 할 것은 베이비 붐 세대가 노동시장을 빠져나가고 신규 진입층 인구가 감소되는 상황이 온다면 꼭 일자리를 총량(總量)적으로 늘려야 하는 것은 아니라는 사실이다.

2010년은 베이비 붐 세대가 본격적으로 은퇴하기 시작하는 시점이다. 따라서 베이비 붐 세대가 떠난 빈자리에 청년층이 진입할 수만 있다면 청년 실업 문제가 구조적으로 해결될 수 있다. 일본의 경우 베이비 붐 세대가 은퇴하면서 청년 실업 문제가 일시적으로 완화됐었다.

현재 베이비 붐 세대의 정년 연장 등이 논의되고 있으나 베이비 붐 세대가 노동시장에 그대로 머물러 있으면, 그만큼 청년들이 일자리를 얻을 기회가 없어진다는 점을 상기할 필요가 있다. 일자리가 크게 늘어날 수 없다면 결국 선택의 문제가 된다. 다시 말해 아버지 세대의 정년 연장이냐, 아니면 아들 취업이냐를 선택해야 한다는 것이다. 물론 기업들이 베이비 붐 세대가 차지하고 있던 일자리를 비정규직 일자리로 만들어버리면 청년 취업 가능성도 없어진다.

다른 부문과는 달리 최근 고용이 눈에 띄게 증가한 보건복지 서비스 일자리 수요는 앞으로도 당분간 지속될 것으로 판단된다. 그렇지만 이들 일자리의 상당수는 소득이 높지 않아 좋은 일자리가 되기 어렵다. 보건복지 서비스 일자리가 좋은 일자리가 되기 위해서는 무엇보다도 종사자의 임금과 처우를 개선하는 것이 필요하다.

안정적 일자리를 만들고 늘리는 것에 한계가 있다면 국민의 경제적 안정성을 사회 시스템으로 보완하는 것도 대안이다. 예컨대 의료·교육·주거 등 생존과 생활에 필수적인 항목에 대해서는 사회안전망을 공고하게 만들면 노동시장의 유연성이 높아지더라도 국민 불안은 줄일 수 있다. 서구사회가 우리보다 실업률이 두 배 이상 높은데도 불구하고 안정적인 것은 바로 사회 연대(連帶)를 바탕으로 하는 든든한 사회보장제도가 있기 때문이다.

누가 내 부모를 부양할 것인가?

최근 통계청이 발표한 사회동향보고서에 따르면, 자녀가 부모를 부양해야 한다고 생각하는 사람은 1998년 89.9%에서 2010년 36.0%로 줄어 충격을 주고 있다. 2006년 63.4%였던 것을 감안하면 노인 부양 의식이 최근 급속히 변하고 있음을 알 수 있다. 실제로 65세 이상 노령층 가운데 혼자 살거나 부부끼리만 사는 가구의 비율은 61.8%나 된다.

'자녀가 부모 부양해야' 36%로 급감

이를 가족 해체의 전조로 보기는 어렵지만 가족 기능의 변화로 보기에는 큰 무리가 없다. 가족 규모가 3세대 중심의 대가족에서 2세대 중심의 핵가족으로 변했다. 자녀수도 과거 5명 이상에서 이제는 2명 혹은 1명으로 줄고, 심지어 결혼 자체를 기피하는 경향까지 나타난다. 만혼화가 진행되고 이혼율도 증가하는 추세다.

부모 부양이 자녀 책임이 아니라고 답했다고 해서 '부모가 죽든지 살든지 난 모르겠다'는 의미는 아닐 것이다. 가족과 정부, 사회가 함께 부양해야 한다는 비율이 47.4%나 되기 때문이다. 가족 책임이라는 응답은 감소했지만 가족 외에 정부·사회가 함께 부양해야 한다는 공동 책임 답변이 대폭 늘었다. 이는 서유럽 선진국과 같이 부모 부양 책임이 가족에서 정부 혹은 사회로 이동하는 경향성을 보여준다.

국민의식이 가족에서 정부와 사회로 바뀌고 있는 것에 부합되게 우리 정부와 사회가 준비되어 있는지가 문제다. 현재 65세 이상 노인 중 국민연금 등 공적연금을 받고 있는 사람의 비율은 20%가 안 된다. 그나마 기초노령연금제도가 2008년 도입되어 노인 중 70%가 월 9만 원 안팎의 연금을 받아 무(無)연금사태를 겨우 면했을 뿐이다. 더욱이 노인계층으로 진입할 베이비 붐 세대 역시 국민연금을 수급할 수 있는 사람은 30~50%에 불과하다는 조사 결과가 나왔다. 국민연금을 받고 있는 사람의 평균연금액 역시 월 40만 원에 불과해 노후에 필요한 생계비로는 턱없이 부족한 실정이다.

물론 국민연금 등 공적연금만으로는 100세 시대에 대응할 수는 없다. 국가·기업·개인이 적절하게 책임을 나누는 것이 불가피하다. 공적연금, 퇴직연금, 개인연금 혹은 저축을 적절히 배합해 노후를 준비할 수밖에 없다. 서구 복지국가에서는 노후 생계비의 60% 이상을 공적연금에 의존해오다 최근 자기 책임을 강화하는 쪽으로 바뀌고 있다. 하지만 우리의 경우 정부·기업·개인이 각각 책임을 분담해 늘려가야 하는 상황이다.

국가·기업·개인의 분담 비율을 어떻게 조정하는 것이 적절한 것인가는 정답이 없다. 그렇지만 저소득층으로 갈수록 정부 책임이 높아져야 하고, 고소득층으로 갈수록 개인 책임이 높아져야 할 것은 분명하다. 노후에 필요한 생활비를 최저 기준, 적정 기준, 충분 기준으로 나누어 본다면 공적연금은 최저 기준을 보장하고, 기업연금으로 적정 기준에 맞추고, 개인 저축으로 자신의 충분 기준에 맞도록 설계하면 된다. 하지만 이것도 여유 있는 계층에나 적용할 수 있을 뿐 상당수 사람들은 충분하지 않은 국민연금에 의존할 수밖에 없다. 그렇다고 비용 부담의 상당 부분을 미래 세대에게 전가하는 공적연금을 높이자고 할 수도 없다.

연금 세제 혜택 늘려 노후 준비 도와야

국가에서는 연령대별 차별적인 대응 방안이 필요할 것이다. 이미 노인이 된 어르신은 대부분 노후 준비가 되어 있지는 않지만, 소비 수준이 낮고 자녀도 많아 기초노령연금을 중심으로 정부가 조금만 더 지원하면 가능할 것으로 판단된다. 아직 노령기에 진입하지 않은 베이비 붐 세대는 일차적으로 국민연금 가입 기간을 늘릴 수 있도록 일자리 등 여건을 만들고, 퇴직연금과 개인연금을 스스로 늘릴 수 있도록 세제 혜택을 강화해 나가야 한다. 또한 영세 자영업자를 비롯한 저소득층의 사각지대를 줄이기 위한 노력이 함께 이루어져야 할 것이다.

고령화 시대 대비 정답은?

2018년이면 우리나라의 노인인구비율이 14퍼센트를 넘어서고, 2026년에는 20퍼센트가 되어 본격적으로 고령사회에 진입한다. 유럽 선진국의 노인인구비율은 현재 20퍼센트 수준이기 때문에 이들 국가에 비하면 현재 우리나라의 고령화 수준은 절반밖에 되지 않는다. 문제는 2050년이다. 그때가 되면 우리나라 고령화율은 38.2퍼센트 수준으로 급상승하는 반면, 일본을 제외한 다른 선진국의 고령화 수준은 30퍼센트 수준에 머물러 우리나라는 세계에서 가장 심각한 고령국가가 될 전망이다.

평균수명의 연장에 따른 장수사회는 걱정거리이기보다는 인류가 오랫동안 갈망하던 것이 실현되는 것이다. 우리나라도 평균수명이 80세에 근접해 있고 90세 시대, 100세 시대를 향하여 거침없이 나아가고 있다. 그러나 극소수가 아닌 대부분의 사람이 80세 이상 사는 세상은 인류가 이전에 경험하지 못했던 세상이기도 하다. 오래 살 수 있다는 것은 희망이기도 하지만 미래의 불확실성이 더욱 커지는 것이기도 하다.

불확실성의 중심에는 소득과 건강이 있다. 은퇴 후에는 어떻게 살 것인가? 소득은 크게 근로소득, 금융 및 재산 소득, 연금소득, 이전소득 등이 있지만 확실히 믿을 것은 별로 없다. 근로소득을 얻자고 해도 마땅한 일자리 구하기는 그리 쉽지 않다. 대부분의 사람은 자기가 살고 있는 집 이외에는 이자소득이 임대소득을 거둘 자산이 없이 노후를 맞이한다는 것이 최근의 조사 결과이다.

더욱이 나이 들면 건강부터 만만치 않다. 없던 병도 새로 생겨나고 몸의 각 부분에 기능 저하가 불가피하게 일어난다. 젊었을 때는 병원 문앞도 가지 않던 사람도 병원 출입이 잦아지게 된다.

결국 고령화 사회에는 국민연금과 건강보험이 우리가 믿을 수 있는 최후의 보루라고 할 수 있다. 그렇지만 국민연금과 건강보험은 하늘에서 공짜로 떨어지는 것이 아니라 국민의 보험료와 세금으로 이루어진다. 고령화가 진행될수록 급여는 기하급수적으로 증가하지만, 부담은 근로인구 감소 등으로 산술급수적으로 늘어날 수밖에 없기 때문에 재원 조달 문제가 심각해진다.

국민연금과 건강보험 등의 미래 재정 추계는 인생 80세를 가정하고 만들어진 것이다. 만약 인생 90세 시대, 100세 시대가 오면 그 부담은 비례적이 아닌 누적적으로 늘어나게 된다. 인생 80세 가정하에서도 충당하기 어려운 각종 재정 부담 문제는 100세 시대에는 재앙 수준에 이를 수 있다는 것을 감안하면 현재의 복지 선택은 더욱 신중해질 수밖에 없다.

한 치 앞도 모르는 인간이지만 여름과 가을이 가면 겨울이 올 것은 안다. 풍성한 여름에 땀 흘리고 가을걷이를 한 양식을 잘 간직하지 못하면 추운 겨울에는 살 수 없게 된다는 선인들의 지혜를 복지 선택에서 되새겨야 할 시점이다.

Chapter 2

글로벌 **위기**와 **경제** 해법

하이 리스크 월드 대책 필요하다

　새해를 앞두고 한반도 주변의 안보 여건이 불안해지고 있다. 센카쿠 열도를 둘러싼 일본과 중국 간의 갈등, 중국의 과감한 방공식별구역 선포, 북한의 불안한 정변 등 만만치 않은 일들이 터지고 있다. 그렇지만 우리나라의 미래 리스크는 국방과 관련한 리스크만이 문제가 되는 것은 아니다.

　내년도는 올해보다 경제 사정이 조금 나아진다고는 하지만 성장률 하락세는 멈추지 않아 고도성장에 익숙한 우리는 저성장 압박에 시달리고 있다. 수출로 사는 나라는 세계 경제가 순항해야 안심할 수 있는데 글로벌 리스크가 진정되지 않고 있다. 2008년 금융위기가 여전히 진행형인 가운데 미국의 달러화 양적 완화가 작년 이맘때는 불안의 요인이었다. 그런데 막상 양적 완화를 축소한다고 하자 또 세계 경제가 출렁이는 정말 예측 불가능한 경제 현상이 지속되고 있다.

　최근 유가가 다소 안정되어 다행이지만 에너지위기가 언제 어떤 형태로 재발될지는 알 수 없고, 각종 자원도 과학기술의 발전에도 불구하고 무기화되고 있는 상황이다. 이상 한파, 이상 고온 등 극에서 극으로 치닫는 날씨 변화는 지구 온난화가 가져오고 있는 또 하나의 리스크다. 세계 각지에서 나타나는 물 부족이나 식량 안보와 관련된 걱정도 남의 일이 아니다.

　1980년대 말 분출했던 노사 갈등 이상의 극단적인 계층 갈등이 폭발하고 있다. 대기업과 중소기업, 정규직과 비정규직, 수도권과 비수도권 사이에서 불평등한 배분 상태에 대한 분노가 커지고 있다. 내년에는 환태평양경제동반자협정(TPP), 한·중자유무역협정(FTA), 쌀 관세화 협상 등으로 시장 개방에 따른 갈등도 폭발할 것으로 보이고, 민영화 등 경제 개혁에 따른 갈등도 늘어날 것으로 보인다. 더욱이 저출산과 빠른 고령화 현상으로 요약되는 인구 변화 리스크는 우리의 경제적·사회적 지속 가능성을 위협한다.

국가 안보, 저성장, 에너지, 자원, 식량, 기후 변화, 계층 갈등, 인구 변화 등과 같이 국가 존망을 좌우할 수 있는 8대 리스크로 미래를 안심할 수 없는 상황에서 우리 국가는 이러한 리스크를 극복한 대비책을 가지고 있는지 의문시 된다. 적어도 8대 리스크와 같이 국가 안전와 관련된 리스크에 대해서는 아무리 비용이 많이 들더라도 유비무환의 국가 전략을 가지고 있어야 한다.

미래에 대한 대비가 어려운 이유는 막대한 비용이 들기 때문이다. 현재의 문제를 극복하기 위한 재원과 예산도 부족한 현실에서 막연하게만 보이는 미래의 리스크에 비용을 투입하기는 어렵다. 사고가 발생하지 않으면 보험료가 아깝게 느껴지듯이 발생 확률을 계산하기 힘든 미래 리스크 비용을 지불하는 것은 쉽지 않다.

그렇지만 안보 위기 등 8대 리스크는 치명적인 리스크임을 인식하는 것이 중요하다. 치명적인 리스크는 자주 발생하지는 않지만 한 번 발생하면 국가 존망과 국민 생명이 직결되는 리스크이다. 안전 불감증의 우리 국민성으로 볼 때 이러한 리스크를 무시하는 것은 특별한 것은 아니지만, 이제 우리도 무개념으로 살기에는 너무 중요한 나라, 소중한 국민이 됐다.

현재의 강대국이 달리 강대국이 아니다. 미국·중국뿐만 아니라 영국·프랑스·독일 등 강대국들은 8대 리스크에 대해 국가별로 철저한 대책을 세우고 관리하고 있다. 우리는 최근 50년간 급속한 성장과정을 거치면서 고난과 어려움도 있었지만, 무난하게 극복해오는 과정에서 자신감에 차 있다. 하지만 미래에 우리에게 다가올 수 있는 치명적인 위험에는 속수무책으로 당할 가능성이 크다. 인류의 긴 역사를 되돌아 보면 세계는 예상하지 못한 위험에 봉착했고, 이에 미리 대비한 국가와 민족만이 살아 남았다는 역사적 진리를 잊어서는 안 된다.

글로벌 위험과 대응

한국은 글로벌 경제위기를 모범적으로 극복한 국가로 분류된다. 특히 국제 경쟁력이 있는 기업을 중심으로 지난 3년 동안 오히려 더 강해졌다는 평가를 받고 있다. 그 결과 2010년에는 6%를 넘는 경제성장을 달성했다. 그러나 올해 들어 높은 물가 상승 등으로 국민의 생활이 압박을 받고 있어 문제다. 소비자물가는 전년 동월 대비 4.7% 상승했으나 체감물가라고 할 수 있는 장바구니 물가상승률은 특히 높아 서민들의 어려움은 더 크게 느껴지고 있다. 게다가 전·월세의 상승도 한몫하고 있으며, 휘발유 가격은 불난 데 기름을 붓는 격이고, 날씨까지 이상을 보여 채소 등 각종 식료품비 상승이 물가 불안을 가중시키고 있다. 그러나 이러한 물가 상승의 대부분의 원인은 원유, 원자재, 곡물 등 주요 수입자원의 가격 폭등에 기인한 것이기 때문에 대외적 요인이 크고 이상 기후에 따른 것은 불가항력적이다.

엎친 데 덮친 격으로, 최근 모간스탠리는 미국과 유럽이 위험스럽게 침체에 다가서고 있다며 향후 6~12개월 내에 더블딥에 빠질 가능성이 있다고 경고했다. 인플레이션 속 경기 침체를 의미하는 스태그플레이션이 악화, 장기화되는 슬럼프플레이션까지 우려되고 있다고 한다. 이에 한국도 종합주가지수가 400포인트 넘게 하락하면서 경고음을 울리고 있다.

2008년의 글로벌 경제위기는 세계 각국의 적극적인 재정 정책으로 인해 성공적으로 극복됐지만, 이번 위기는 각국 정부의 심각한 재정 적자로 마땅한 정책 수단이 없다는 것과 인플레이션이 동반되고 있다는 것이 특징으로 지적되고 있다. 우리나라처럼 금융시장이 완전 개방된 국가에서는 국제 금융시장의 변동에 민감하게 반응할 수밖에 없고. 특히 수출과 수입에 대한 경제 의존도가 높아 우리나라만 잘한다고 해서 위기를 극복할 수 있는 것은 아니어서 우려의 목소리가 높다.

1997년 금융위기와 2008년의 글로벌위기에서는 전 국민이 하나가 되어 성공적으로 극복했지만, 지금의 현실은 그때와 다른 것도 걱정이다. 2010년 지표상으로는 소득 분배가 악화된 것은 아니지만 국민의 갈등의 골은 깊어지고 있다. 위기를 극복하고 성장력을 회복했지만 서민들의 생활이 나아진 것은 무엇이냐는 것이 근본적인 질문이다. 최근의 물가고는 이러한 불만을 더욱 증폭시키고 있다.

서민 가계가 어려운 것은 가계저축률이 2.8%에 불과하다는 통계에서 잘 나타나고 있다. 저축률이 경제협력개발기구(OECD) 국가의 평균보다도 낮다는 것은 우리의 찬란한 경제성장의 역사에서 일찍이 볼 수 없었던 현상이다. 10여 년 전의 금융위기에서도 가계저축률은 20%선까지 접근했었다. 기업과 정부의 저축률이 높은 것은 그나마 다행이지만 이는 기형적인 한국 경제의 구조를 반영하는 것이기도 하다. 기업이 이윤을 내부 유보하는 것을 나쁘다고 할 수는 없지만 소득의 흐름이 차단되어 내수가 부진한 것은 문제이고, 미래의 연금 지급을 위해 국민연금 등이 적립기금을 늘려 나가는 것도 바람직하지만 자율적인 민간 저축을 구축해서는 곤란하다. 더욱이 가계는 무리한 차입으로 부동산에 과잉투자를 하는 바람에 가계 부채가 늘어나고 원리금 상환에 여력이 없는 것도 저축률 하락의 한 원인이다.

불확실성이 높아지는 시기이지만 단기적인 경기 변동 위험보다도 저출산, 고령화, 저성장, 양극화로 이어지는 트렌드의 흐름은 더 큰 문제다. 이자율이나 정부 재정 지출 등 단기적인 경기 변동 대응책은 정책 효과의 상충성 때문에 운신의 폭이 오히려 좁지만, 미래의 한국을 좌우할 중장기적 트렌드에 대해서는 정부가 할 일이 분명히 있다. 이런 때일수록 정부는 정공법으로 과감하게 대응하는 것이 필요하다. 저출산·고령화에 따른 요인에 대해서는 보다 엄밀한 분석을 통해 인구 변동에 따른 부정적 요소를 최소화하고, 이러한 트렌드가 저성장으로 이어지지 않도록 선제적인 투자를 확대해야 한다. 자유시장 경제 하에 불가피하게 증가되는 소득 분배의 쏠림 현상은 조세와 사회보장 수단을 통해 개선해 나가면서 국민이 하나로 통합될 수 있도록 해야 한다. 있는 사람은 없는 사람에게 좀 더 양보하고 없는 사람은 있는 사람을 더 이해하는 과정에서 대한민국 공동체는 희망을 향해 나아갈 수 있을 것이다.

아베노믹스의 명암과 한국

벤 버냉키 미국 연방준비제도 의장이 올해 말 양적 완화 규모를 줄이기 시작해 내년 중반에 중단할 것이라는 발표 이후, 우리나라 코스피는 지난 21일 1822.8까지 하락했고 국고채 3년물 금리는 연 3.04%로 상승했으며, 원 달러 환율도 1154.7원까지 급속하게 올랐다. 그러나 일본 닛케이지수는 215.55포인트(1.66%) 상승한 1만 3230.13으로 반등했다. 우리나라를 포함해 세계 금융시장이 요동치는데 유독 일본 주식시장만 먼저 반등한 것은 무엇 때문일까.

일본은 2012년 9월 아베 총리가 취임한 이후 아베노믹스의 기치 아래 놀라운 경제적 성과를 거두었다. 닛케이지수만 해도 지난해 7월 8328에서 올 5월에는 1만 5942로 91.4% 폭등했다. 지난해 12월 대비 올 4월의 산업생산증가율은 자동차가 29.8%, 철강 14.6%, 전기기계 6.4%를 기록해 일본 주력산업이 다시 살아나는 모습을 보이고 있다. 1/4분기 일본 국내총생산(GDP) 성장률도 연율 기준 4.1%로 우리나라의 2.8%를 앞섰다. 실제로 최근 일본 도쿄를 방문한 외국인들은 일본의 소비시장이 이렇게 활력 있는 모습을 근래에 본 적이 없다고 말할 정도로 일본 경제는 활황세를 보이고 있다.

아베노믹스는 유연한 재정 정책, 공격적인 양적 완화 통화 정책, 세금 인하, 규제 완화, 서비스산업 활성화 등 성장 정책으로 요약되는 이른바 3개의 화살을 기본 정책 방향으로 삼고 있다. 특히 양적 완화 정책은 지난해 달러 당 76엔 선이던 엔화가치를 103엔까지 하락시켜 수출과 산업 생산의 회복을 견인하면서 20여 년간 지속되어왔던 디플레이션의 함정에서 빠르게 벗어나게 하고 있다. 물론 아베노믹스는 미국의 양적 완화의 축소 가능성에 최근 1개월간 흔들리기도 했지만, 막상 양적 완화 방침이 발표되자 오히려 안정화되는 모습을 보였다. 미국의 양적 완화 축소가 일본이 엔저 정책을 끌고 가는데 오히려 유리할 수 있다는 판단에 따른 것이다.

아베노믹스는 우리나라에서는 평가가 좋지 않지만 주요 8개국(G8) 등 선진국에서는 그 필요성과 타당성에 대해 대체로 인정받고 있으며, 무엇보다도 일본 국민의 적극적인 지지를 받고 있다. 아베노믹스의 성공 여부를 아직까지 속단하기는 어렵다. 특히 일본 국내총생산(GDP)의 200%가 넘는 국가 채무가 걸림돌로 지적되고 있다. 일본 경제 회복과 미국의 양적 완화 축소로 금리가 상승하면서 국가 채무에 대한 원리금 상환 부담이 늘어나기 때문이다. 그렇지만 일본 경제의 부활 여부가 관건이지 국가 채무는 부차적인 문제로 보는 것이 일본적 자신감이다.

한국 입장에서 아베노믹스가 반갑지 않은 것은 사실이다. 수출업계에서는 엔저가 공포 수준으로 다가오기도 했고, 경제 전반적으로 지난해에 이어 올해에도 아직 불황 국면을 타개하지 못하고 있다. 미국의 양적 완화 축소 방침에 금융시장이 다소 흔들리고는 있지만 산업 경쟁력이 근본 문제다. 우리 경제는 새로운 모멘텀을 찾지 못하고 있는 데다 경쟁력 있는 부문조차도 경제 민주화 분위기 등으로 갈피를 못잡고 있는 상황이다. 박근혜 정부의 창조경제가 그나마 희망이지만 아직은 레토릭 수준이고 국민이 공감할 수 있는 그랜드 디자인이 잘 보이지 않는다.

우리 경제가 과거 20여 년 전 일본과 같은 전철을 밟지 않기 위해서는 일본의 장기 침체 원인을 철저하게 분석하고 타산지석으로 삼는 지혜가 필요하다. 재정 지출 확대와 같은 단기적인 경기 정책의 한계에서 벗어나 저성장 국면으로 들어선 세계 경제 속에서 대한민국이 살아나갈 수 있는 경세제민(經世濟民)의 새로운 치국책을 구상해야 할 시점이다.

일본의 현재, 한국의 미래

1년 전 발생한 지진과 쓰나미 그리고 원전사고로 이어진 대참사의 상처가 아물지 않은 일본의 장래 전망은 여전히 불투명하다. 일본의 오늘을 가장 잘 설명하는 지표 중 하나가 세계 최고의 노인인구비율이다. 일본은 인구의 노화로 경제 전반의 활력이 떨어져 마침내 저성장의 늪에서 헤어나지 못하고 있다. 그런데 정말 이해되지 않는 것은 인구 고령화는 적어도 40년 전에 충분히 예상할 수 있는 것인데 일본이 왜 적극 대처하지 못했을까 하는 점이다. 무서울 정도로 조심스럽고 정확하고 철저한 일본은 왜 인구 고령화라는 거대한 트렌드에 굴복할 수밖에 없었을까.

日, 고령화 대응 소홀해 저성장 늪

버블 붕괴가 시작된 지난 1990년부터라도 제대로 대응했다면 일본이 지금같이 힘들지는 않았을 것이다. 20여 년 전 일본의 대응은 매우 근시안적이었다. 큰 변화가 시작됐는데도 조세 부담 억제와 정부 지출 확대라는 초보적인 경기 부양책으로 일관했다. 그 결과 일본은 국가 부채가 국내총생산(GDP)의 200%에 이르는 세계 최대 채무국으로 전락했다. 제로 금리 때문에 국채 부담을 가볍게 생각했고, 경기 침체에 대한 구조적 접근을 외면한 채 대규모 무역수지 흑자에 만족했다.

일본의 인구 고령화는 여전히 진행 중이다. 오는 2050년에는 노인인구비율이 거의 40%에 육박할 것으로 예상되어 이에 따른 경제·사회적 부담은 상상하기조차 어렵다. 평균수명이 80세를 넘어서는 장수사회에서 저출산은 단기적으로는 경제적으로 플러스이지만, 중장기적으로는 역삼감형 인구구조로 인해 경제·사회의 지속 가능성을 약화시킨다. 지난 30여 년 동안 일본은 저출산으로 자녀 양육·교육 비용을 절감했을지 몰라도 경제·사회의 뿌리가 밑둥부터 쇠약해지는 것은 충분히 인식하지 못한 것으로 판단된다. 단카이 세대라는 베이비 붐 세대만 믿고 있다가 낭패를 당하는 상황이 온 것이다.

한국도 20년 전 일본의 모습을 보고 있는 것 같다. 지금의 경기 침체를 단순히 경기 변동의 한 과정으로 보고 있지는 않은가. 글로벌 위기 속에서도 우리 기업이 욱일승천하는 모습을 보면서 한국은 일본과 다르다고 생각하고 있지는 않은가. 그나마도 잘 나가는 대기업에 배알이 꼬여 있지 않은가. 적당히 성장했으니 일단 나눠 먹자는 모습이 역력하다. 참으로 20여 년 전 일본 모습을 데자뷰하는 것 같아 안타깝다.

유럽·일본 등의 저성장 문제는 해결 가능성 측면에서 낙관하기 어렵고 한국도 비슷한 상황이다. 우리의 노인인구비율은 아직 11%에 불과하지만 2050년이 되면 일본도 따라잡을 추세다. 인구구조적으로 보면 한국은 일본보다 더 빠르게 쇠퇴할 가능성이 높다. 우리의 베이비 붐 세대는 일본보다 훨씬 두텁기 때문에 고령사회(노인인구비율 14%)에 접어들면 일본보다 훨씬 가파르게 경제가 침체될 가능성이 높다. 100년 뒤를 내다보고 경제·사회를 재설계하고 재구조화하지 않으면 우리의 미래도 암울해질 수 있다. 온 국민이 그렇게 미워하지 않아도 대기업도 얼마 가지 않아 한계 상황이 올 수 있다.

일본 모델을 극복할 수 있는 한국형 발전 전략을 모색해야 할 시점이다. 경제·사회 전반을 저비용·고효율 시스템으로 전환시켜가고 복지도 확대에 앞서 저비용·고효율 구조로 바꿔야 한다. 국가 미래는 염두에 두지 않은 최근 정치판의 복지 공약은 이런 점에서 공허하기만 하다.

일본과 중국을 다시 보자

세계에서 한국만큼 일본과 중국을 가볍게 여기는 국민은 없다는 이야기가 있다. 국내총생산(GDP)으로 볼 때 일본은 지난 2009년까지 세계 2위였고, 중국은 2010년에 일본을 제치고 2위가 될 것으로 전망되고 있다. 세계 2, 3위의 초강대국을 위아래로 두고 기를 펴고 살게 된 것은 최근에 불과하다. 우리도 만주를 호령하던 때가 있었지만 1100년 전의 일이고 발해가 망한 이후 한민족은 한반도에서 벗어나지 못하고 중국과 일본의 크고 작은 압박에 시달려야 했다. 그나마도 100년 전에는 나라를 잃고 60년 전에는 동족상잔의 전쟁을 치르고 모든 국토가 잿더미가 되었다.

그렇지만 대한민국은 한반도 남단, 섬과 같은 국가로 변변한 자원과 에너지 하나 내세울 것 없었지만 수출을 통해 세계 10위권의 경제대국을 건설했다. 2010년 1인당 GDP가 2만 달러를 넘어설 것으로 전망되지만, 실질 구매력을 반영한 GDP는 3만 달러에 가까울 것으로 예상된다. 유사 이래 국민이 이렇게 물질적 풍요를 누려본 적이 없다. 그러나 현재의 성적표를 가지고 미래를 장담하기에는 아직 이르다.

먼저 일본을 보자. 일본은 2차대전에 패망했지만 한국전쟁 특수를 업고 놀라운 경제성장을 거듭해 1980년대에는 전자·자동차·조선 등 세계의 제조업을 지배하는 최강자로 부상했다. 1990년대를 넘어서면서 버블이 붕괴되고 인구구조가 노령화되면서 휘청거리고 있지만, 유럽연합(EU)의 GDP를 모두 합해도 일본보다 작고 경제 2위국으로서의 위상을 최근까지 유지하여 왔다. 대부분의 사람들은 일본의 시대는 간 것으로 생각하지만, 일본은 여전히 인구가 1억2000만 명이 넘고 GDP는 세계 2, 3위인 초강대국이다. 일본도 수출입국한 국가지만 대외경제의존도는 30% 수준에 불과하다. 혹자는 일본이 내수시장에 만족해 대외 경쟁력이 약해지는 우를 범했다고 하지만, 일본은 불안한 방향으로 출렁이는 세계시장에서도 중장기적으로 안정성을 유지할 수 있는 경제구조로 전환하고 있음을 간과해서는 안 된다.

중국은 사실상 세계의 공장으로서 빼어난 생산력을 내보이고 있다. 저임금의 노동력은 지속적으로 공급되고, 중국 역사상 최대의 국토면적 위에는 13억 명이 먹을 수 있는 식량만 자급되는 것이 아니라 석유 등 에너지와 각종 광물자원이 풍부하게 매장되어 있다. 게다가 희토류 등 저개발국의 지하자원도 선점하는 등 발 빠른 미래 행보를 이어나가고 있다. 이런 추세라면 멀지 않아 2차대전 이후 미국이 누렸던 경제적 지위도 넘볼 수 있을 위상으로 나아가고 있다.

강한 일본과 더 강한 중국의 존재는 우리에게 도전이자 기회라는 점에는 대부분 공감하지만 어떻게 생존할 것이냐에 있어서는 명확한 답이 없다. 우리 경제의 잠재성장률은 4%대로 하락한 상태인 데다 인구의 고령화는 세계에서 가장 빠른 속도로 진행되고 있다. 지난 2년간의 침체에서 벗어나면서 오랜만에 경기가 활력이 넘치는 듯하지만 각종 선행지수는 빨간 불을 깜박이고 있다. 저출산에 따른 노동력 감소보다 우려되는 것은 과거의 생산 함수에서는 무시할 수 있었던 에너지·원자재·식량 등 1차적 산업의 부가가치가 높아지고 있다는 점이다. 중국, 인도, 러시아, 브라질, 인도네시아, 멕시코 등 부상하는 국가들의 공통점이 자원 부국이라는 것만 봐도 이를 잘 알 수 있다. 최근 석유가격 변동에서 알 수 있듯이 세계 경기가 회복되면 에너지 등 자원 가격이 폭등한다.

한국은 일본의 성장모형을 성공적으로 벤치마킹한 국가다. 우리가 일본과 비교할 때 흔히 하는 가장 큰 오류는 현재의 한국과 현재의 일본을 비교하는 것이다. 한국의 현재와 비교해야 하는 일본은 20여 년 전의 일본이다. 한참 잘나가던 일본만큼 현재의 우리는 강한가. 이것이 아니라면 현재의 일본 모습은 한국의 우울한 미래가 될 수 있다는 점에서 경각심을 가져야 한다.

1988년 올림픽 개최 후 샴페인을 너무 일찍 터트려 후회했던 것이 엊그제 같은데 또 그런 과오를 범하고 있지는 않은지 살펴봐야 한다. 일본만큼만 하기도 쉽지 않다는 점을 인식하고 일본 모델을 극복할 수 있는 한국형 발전 전략을 차분히 모색해야 할 시점이다.

유럽 재정위기와 국가 명암

　그리스 발 재정위기가 이제는 스페인으로 확산될 우려가 팽배하고 있다. 스페인의 국내총생산(GDP) 대비 국가부채비율은 70% 수준으로 그리스의 160% 수준에 비하여 낮다. 하지만 국채금리가 6% 수준이고 국채 발행에 실패하는가 하면 경제성장 전망도 마이너스로 어두운 상황이다. 인구 4000만 명에 1인당 GDP 3만 달러의 스페인은 1000만 명에 2만 달러의 그리스와 비교할 때 파괴력 면에서 단순히 비교해도 6배나 크다.

　그리스 문제도 해결하지 못해 전전긍긍하는 유로존에 스페인 문제까지 터지면 유럽은 물론이고 세계 경제가 흔들거릴 가능성이 높다. 더욱이 그동안 세계의 공장 역할을 자임해왔던 중국 경제도 성장률이 8%대로 뚝 떨어졌고, 국제신용평가회사인 피치는 일본의 국가신용등급(장기 외화채권 등급)을 AA에서 A^+로 2단계 하향조정한다고 발표했다. 우리나라 증시도 그리스 발 재정위기 이후 외국인의 매도 공세가 이어져 종합주가지수는 1800대에서 출렁거리고, 안정세를 지속하던 대미 달러 환율도 다시 오르고 있다.

　한편 경제협력개발기구(OECD)는 지난 25일 경제 전망 보고서에서 한국의 가처분소득 대비 가계부채비율이 2011년 3/4분기 154.9%로 글로벌 경제위기 전인 2007년 145.8%보다 9.1%포인트 높아졌다고 지적했다. 이는 아일랜드(228.7%)보다는 낮지만 스페인 140.5%, 포르투갈 154.1%, 그리스 97.8%, 이탈리아 80.1%보다 심각한 수준이다. 게다가 OECD는 20년 뒤인 2031년 한국의 잠재성장률을 연간 1%로 전망했다. 이는 34개 OECD 회원국 중 룩셈부르크(0.6%)를 제외하고 가장 낮은 수준으로, 인구의 고령화에 따른 생산가능인구의 급속한 감소가 가장 큰 요인이다.

통계청의 인구 전망에 의하면, 2030년의 노인인구비율은 24.3%에 이르러 지금의 일본 수준에 도달할 것으로 예측된다. 따라서 한국 경제는 단기적으로는 유럽 재정 위기에 따른 금융시장의 불안 혹은 일시적인 경기 불황에 직면해 있지만, 중장기적으로는 한국 경제의 구조적인 성장 한계라는 보다 근본적인 문제에 봉착해 있다.

최근 유럽 재정 위기에 대해서 단기적인 대증요법이 필요하겠지만 보다 근본적인 성장잠재력을 높이기 위한 고강도의 경제구조 개편 노력이 절실한 시점이다. 실물경제가 아닌 그리스 사태 여파에 기인한 외국인의 매도 공세에 대해서는 국민연금 등 우리나라 연기금이 더 늦기 전에 적극적인 매수로 증시를 안정적으로 받쳐줄 필요가 있다. 국내 자본의 주식시장 점유율 증대는 과대하게 높은 주식시장에 대한 외국인 점유비율을 낮추는 효과도 있겠지만, 최근 늘어나는 연기금의 매수 여력을 소화하기 위해서도 필요할 것으로 판단된다. 더 떨어지면 들어가자는 매매 전략은 국내 금융시장을 혼란에 빠질 때까지 방치했다는 비판을 면하기 어려울 것이다.

재정 위기 속에서 유럽 국가 간에도 명암이 차이가 나는 것은 궁극적으로 국가 경쟁력이다. 제조업이 강하고 국가 재정도 비교적 건전한 독일, 스위스, 스웨덴 등은 내성을 보이는 반면에 제조업기반이 약하고 국가 재정도 부실한 남유럽 국가들은 쉽게 흔들리는 모습을 보이고 있다. 따라서 섣부른 서비스 중심 경제에 대한 강조는 우리 경제를 뿌리 약한 경제로 전락시킬 위험이 있는 만큼 제조업 경쟁력 유지를 위한 지속적인 규제 완화 노력과 성장 전략이 필요하다. 균형 재정 노력은 이미 정부가 적극적으로 추진하고 있어 평가받을 만하지만 복지지 출 증가 압력이 여전한 만큼 적정수준관리가 쉽지 않을 전망이다.

국민 통합을 위한 복지 지출은 늘리면서 재정 건전성을 유지하기 위해서는 정부 재정 지출의 부문 간 조정이나 조세 감면 축소 등과 함께 증세와 보건복지 서비스 전달체계의 효율성 제고가 필요하다. 담배 등 건강에 해롭거나 경마 등 바람직하지 않은 사행사업에 대한 세금 인상과 과다한 금융 소득 등 불로 소득에 대한 과세 강화는 우선적으로 검토할 수 있을 것이다. 또한 비록 어렵다 하더라도 보건의료 및 복지서비스 시장의 효율성 제고를 위한 비용구조 개혁 정책도 서둘러야 할 국가 과제다.

Occupy 시위의 경고

지난 주말 세계 80여 개국에서 반(反) 월가 시위가 벌어졌다. 한국에서는 당초 우려와는 달리 서울 여의도를 점령하자는 구호가 큰 호응을 얻지 못했다. 그렇지만 이번 시위는 눈에 보이는 외형 이상의 의미를 가지고 있는 것으로 판단된다.

점령(Occupy) 시위는 미국의 월가에서 촉발된 2008년 글로벌 금융위기의 연장선상에 있다. 미국 정부의 적극적인 구제 금융으로 미국의 금융시장 붕괴는 일단 막았지만, 국민의 희생 위에 덕을 본 금융자본들이 벌이는 그들만의 잔치에 대해 실업 등으로 고통을 겪고 있는 청년층이 반발하고 나선 것이다. 미국 이외의 국가, 특히 유럽의 시위는 그리스를 비롯한 남부 유럽의 재정위기와 글로벌 금융위기에 풀린 통화를 억제하기 위한 정부의 긴축 정책에 반발하는 색채가 강하다. 이번 시위의 동기는 각국마다 조금씩 다르겠지만 글로벌 경제위기의 재연 가능성에 대한 걱정과 우려가 담겨 있다는 점에서 경계할 필요가 있다. 99%의 1%에 대한 불평등의 폭발은 외연일 뿐이고 세계 자본주의의 미래에 대한 불확실성이 근본적인 문제다. 증기기관의 발명으로 융성하기 시작한 오늘날의 세계 경제는 1929년의 세계 대공황 이후 최대 위기에 직면해 있다는 평가가 점점 더 힘을 얻고 있다. 주요 20개국(G20) 등 각국의 성공적인 정책 공조로 극복했다고 판단되었던 2008년의 위기가 인플레이션과 재정위기라는 모습으로 그 심각성을 표출하고 있기 때문이다.

문제는 성장률, 물가상승률, 실업률과 같은 거시경제적 지표가 아니라 그것의 뒷면에 존재하는 실물 경제 시스템의 견고성이다. 세계 대공황이 공급과 수요의 불균형, 즉 과잉생산에 따른 수요 부족이 근본적인 원인이라는 점은 대체로 검정된 사실이다. 그 당시에도 미국에서 상위 1%의 소득점유도가 현재와 같이 높았다는 사실은 시사하는 바가 매우 크다. 소득 집중도의 상승은 단순한 불평등의 문제가 아니다. 사람의 신체만 해도 너무 과도하게 축적된 에너지는 지방덩어리를 만들고 비만은 고혈압·당뇨 등 만병을 발생시키듯이, 경제에 있어서도 소득이 원활하게 순환되지 않으면 생산과 소비와 투자의 흐름이 느려지게 될 수밖에 없다. 이렇게 볼 때 과도한 불평등은 99%에게 뿐만 아니라 1%를 위해서도 바람직하지 않다.

한국의 여의도는 월가와는 좀 다른 것으로 인식되고 있다. 무엇보다도 지난 글로벌 경제위기가 여의도에서 시작된 것은 아니고 여의도에서 재미를 본 1%도 드물다. 1997년 한국의 IMF 경제위기도 한국이 월가에 당한 것으로 주장하는 사람도 있다. 지난 글로벌위기도 제조업의 경쟁력으로 돌파했다는 점은 한국의 강점이기도 하고, 미국의 월가와 다른 사정이기도 하다. 그렇지만 최근의 저축은행 사태에서 보듯이 한국에서도 금융에 대한 불만이 없는 것은 아니다. 과거 막대한 공적자금으로 회생한 시중 은행들이 영업이익을 과대하게 올렸다든지, 수수료 부담으로 영세 자영자는 고통을 받는 반면 카드사는 막대한 이익을 보았다는 것은 한국판 Occupy 시위의 소재가 될 여지가 있다. 따라서 한국적 불공정성을 사전에 제거하기 위한 정부 차원의 노력이 적극적으로 이루어져야 한다.

또한 제조업을 중심으로 한 우리나라의 국가 경쟁력에도 불구하고 소득의 흐름이 원활하지 않은 점에 대해서는 근본적인 처방이 필요하다. 기업저축률은 다소 높은데 비해 가계저축률은 미국보다 낮은 2~3%에 머물고 있다는 것이 문제의 심각성을 단적으로 보여준다. 정부가 수요와 공급 불균형의 조정자 역할을 키워야 하는 것은 불가피한 차선의 정책이다. 건전한 수요 촉발을 위해서는 기업의 설비투자를 촉진할 수 있도록 정부 차원의 투자 리스크 셰어링도 필요하겠지만, 기업의 기대수익률도 과거의 고도성장기 환상에서 벗어나 적정 수준으로 낮춰 적극적인 투자 분위기를 만들어 나가야 한다. 이와 더불어 가계의 숨통을 조이는 가계 부채, 전·월세 값 등에 대한 신속하고 과감한 대책을 통해 시장 신뢰를 높이고 보육 서비스와 같은 미래투자형 복지에 대해서는 정부 책임을 강화하는 등 고용 촉진적 분배 정책은 대폭적으로 확대하는 것이 필요하다.

대북 리스크의 도전과 대응

박근혜 정부 벽두부터 대외 경제 여건은 엔저와 원고로, 대내적으로는 경기 침체로 여러 가지가 심란한 상황이다. 이때 북한에서는 핵과 미사일 실험을 하더니 개성공단 폐쇄도 부족해 이제는 전쟁이라도 할 듯이 몰아붙이고 있다. 참으로 '아닌 밤중에 홍두깨'가 아닐 수 없다.

이를 반영이라도 하듯 종합주가지수가 80포인트 빠지고 환율이 급등하는 등 금융시장이 요동치고, 전문가들은 개성공단이 폐쇄되면 공단 조성에 투자된 비용 1조 원을 비롯해 123개 입주기업과 협력업체의 부도 등 손실을 감안하면 직접적인 경제적 피해만 6조 원에 달할 것이라고 한다.

물론 북한의 이러한 행태는 새로운 것은 아니다. 2008년 박왕자 씨 피살사건 이후 금강산·개성 관광 중단과 북한의 자산동결 조치로 피해 규모가 2조284억 원에 달하는 것으로 추정되고, 경수로사업도 2006년까지 총 15억7500만 달러만 들어간 후 계약이 파기됐다. 북한과 거래를 시작할 때 이 정도의 리스크는 충분히 예상할 수 있었던 것이지만, 이를 감내하면서 북한과 관계를 증진시킬 때에는 단순한 경제적 이익 이상의 가치, 즉 남북한 긴장 완화와 평화 정착 그리고 궁극적인 통일까지 염두에 둔 결정이었을 것이다. 그렇지만 전쟁의 위험까지 눈앞에서 전개되고 있는 현 상황은 안타깝기 그지없다.

광복 이후 38선으로 남북이 분단된 후 북한은 크고 작은 수많은 무력행사와 함께, 어렵게 이뤄진 합의를 손바닥 뒤집듯이 쉽게 파기하는가 하면, 대화와 평화 국면에서도 핵무기와 미사일 개발을 병행해 왔다. 이렇게 예측 불가능한 상대와의 관계를 유지해야 한다는 것 자체가 답답한 현실이지만 지금까지와 같이 대응해서는 안 된다는 것은 분명한 사실이다.

우리 입장에서 보면 북한의 태도는 매우 가변적인 것이지만, 정작 북한은 일관적인 입장을 견지했다. 대남 적화통일 의지를 버린 적도 없고, 통일전선전술 하에 대립과 대화를 교묘하게 믹스하는 전략을 구사해 왔다. 그동안 우리는 대화 국면에서는 마음을 놓아버리는가 하면, 도발 국면에서는 과도하게 격분하는 등 북한의 움직임에 일희일비하는 모습을 벗어나지 못했다.

혼란스럽고 피비린내 나는 전국시대를 종식하고 일본 통일을 성취한 도쿠가와 이에야스의 유훈 중 한 부분이 떠오른다. "무슨 일이든 마음대로 되는 것이 없음을 알면 오히려 불만을 가질 이유도 없다. …인내는 무사장구(無事長久)의 근본이요, 분노는 적이라고 생각해라." 지금의 극단적인 남북한 긴장 국면도 길게 보면 계속 왔던 파동의 한순간일 뿐이겠지만, 이제 북한과의 관계도 좀 더 긴 호흡으로 대응할 필요성이 있다.

남북한 대화의 전제가 되고 있는 북한의 핵과 미사일 개발 포기는 쉽지 않겠지만 그러한 와중에도 대화를 해야 할 포인트를 놓치지 말아야 한다. 필요한 경우, 적절한 시점에 어느 정도의 희생이 있더라도 대한민국이 녹록한 상대가 아님을 분명히 인식시키는 것도 중요하다. 최후의 승리는 인내하는 편에 있다.

세계 환율전쟁, 수수방관해서는 안 된다

38개월째 경상수지 흑자에도 불구하고 한국 경제의 동력인 수출은 전년 동기 대비 11.2% 감소해 충격을 주고 있다. 소비는 조금 회복 기미가 있지만 생산과 투자 모두가 증가세 둔화 이상의 위축된 모습을 여실히 보여주고 있다. 부동산시장은 거래량이 증가하는 등 꿈틀거리는 모습은 있지만 아직은 활성화되었다고 보기 어렵다. 소비자물가 상승률이 0%대를 이어가는 가운데 일본형 장기 불황 가능성이 제기되고 있다.

한국 경제가 저성장·저금리·저물가의 함정에 빠져들고 있는 것은 구조적 문제도 있지만 뒷북 치는 정부의 대응 정책도 한몫하고 있다. 지금 현재 쓰러질 판인데 구조 개혁만 외치는 것 자체가 난센스다. 일차적 실패는 환율 정책이다. 원·달러 환율은 비교적 안정세를 유지하고 있지만, 우리 최대 경쟁국인 일본의 대외 경쟁력을 받쳐주고 있는 엔·달러 환율 급변에 제대로 대응하지 못하고 있다. 3년 전에는 100엔에 1500원 하던 원화가치가 900원 선도 깨지고 있다. 일본 관광객이 자취를 감추고 중국 관광객이 일본으로 발을 돌리는 하면 철강·조선·자동차·전자 등 우리나라의 주력산업이 뿌리째 흔들리고 있다.

혹자는 현재의 세계 경제를 '환율전쟁'으로 표현하기도 한다. 환율전쟁 이면에 벌어지고 있는 미국과 중국 간의 패권 경쟁이 더 뜨겁고, 그 빈틈에서 아베노믹스가 일본 경제의 부활을 시도하고 있는데 한국은 수수방관만 하고 있는 것이다. 미국은 군사적·정치적 측면뿐만 아니라 경제적 측면에서도 일본을 앞세워 중국에 대한 견제를 노골화하고 있다. 우리는 이런 와중에 어디로 가야 할지 몰라 허둥지둥하다가 수출부터 곤두박질치고 있는 것이다.

한국 경제가 가야 할 길은 명약관화하다. 일단은 일본과의 환율전쟁에서 적어도 패배해서는 안 된다. 3년 전의 환율구조로 복귀하지는 못한다 하더라도 적어도 한국 기업이 경쟁할 수 있는 정도의 환율은 유지되어야 한다. 환율은 조작할 수 없다는 변명은 하지 말자. 일본 중앙은행이 대놓고 하고 있는 일을 한국은행은 못한다는 것은 말이 안 된다. 미국·일본·유럽연합(EU) 모두가 자국 통화 확장 정책을 몇 년씩이나 하고 있는데, 우리나라만 통화 긴축 정책을 견지하고 있는 이유는 무엇인가. 0%대 물가 수준으로 디플레 우려마저 있는 상황에서 무엇을 걱정하고 있는지 납득하기 어렵다. 한국은행의 물가관리 목표는 물가 인상을 억제하는 것에만 있지는 않을 것이다. 미국과의 협력을 통해 우리 환율도 운신의 폭을 넓힐 필요가 있다.

2008년 글로벌 금융위기 이후 세계 경제는 정통적 경제이론을 넘어 파격적 경제 정책을 펼치고 있다. 미국의 양적 완화 정책 하나만 보더라도 처음에는 이 정책이 성공할 것이라고 단언하는 사람은 그리 많지 않았다. 그렇지만 미국과 세계 경제 회복에 중추적 역할을 한 것으로 평가되고 있다.

동맥경화에 걸린 혈류를 원활하게 하지 않고서는 경기부양책이 성공할 수 없다. 적자 재정을 면하지 못하고 있는 우리나라 정부는 추가 경정예산 카드를 만지작거릴 것이 아니라 통화 정책 전환에 초점을 맞출 필요성이 제기되고 있다. 일련의 환율 정책으로 수출 경쟁력을 회복시켜 생산과 투자를 마이너스 위기에서 탈출시키고, 살아나는 부동산과 증시를 기반으로 소비가 진작되는 선순환 흐름이 만들어지면 노동시장과 금융시장 등의 구조 개혁을 통해 장기적 성장 잠재력을 제고할 수 있는 여력도 만들어질 것이다.

중국의 성장과 한국의 길

　중국은 일본을 넘어 미국을 위협하는 초대강국으로 성장하고 있다. 중국은 실질적 제조업 생산량과 무역 규모에서 세계 1위로 중세 명·청 시대의 영광을 되찾아가고 있는 것이다. 인구는 한국의 27배가 넘고 국토면적은 95배나 되는 국가와 상대하여 국내총생산 규모가 7분의 1 수준을 유지하고 있는 것은 그래도 선방하고 있는 셈이다.

　중국의 미래도 그냥 순탄한 것만은 아니다. 중국은 경제력과 군사력 측면에서 미국과 일본의 강력한 견제에서 벗어나야 대국굴기가 가능할 것이지만, 대외 무역의 존도가 높은 중국으로서는 만만치 않은 도전이 될 것이다. 내부적으로도 빠른 경제성장의 여파로 빈부 갈등이 심화되고, 팽창하는 부동산 버블 붕괴 가능성이 시한폭탄과 같은 상황에서 부정부패가 만연하고, 인구 고령화도 빠르게 진행되어 성장잠재력이 둔화되고 있다. 중국은 시진핑 국가주석 취임 이후 7%대의 중성장을 담담하게 받아들이는 뉴노멀 시대를 선언했지만, 이러한 국가 과제를 풀어나갈 구체적인 전략이 필요한 상황이다.

　과거 중국의 입장에서 한국은 경이로운 존재였다. 중국의 한 개 성보다 작은 인구와 국토를 가지고 주요 20개국(G20)에 진입한 대한민국은 그야말로 벤치마킹의 대상이었을 것이다. 그러나 중국의 한 개 성 수준으로 전락하고 있는 현 시점에서 한국이 중국을 선도할 것이 얼마나 있을 것인가를 생각하면 막막하다. 정보통신기술(ICT) 분야 등에서 한국이 중국에 앞선 기술이 더러 있지만, 지금의 추격 속도를 보면 조만간 그 격차는 거의 없어질 것으로 전망된다.

　한국은 스케일로 중국과 경쟁하는 시기는 이미 끝났다. 그렇지만 주변 강대국의 틈바구니 속에서 그리고 후발 개도국의 추격 속에서 생존하기 위해서라도 중국을 선도할 수 있는 나라가 되어야 한다. 즉 경제성장 측면에서 더 나아가 중국이 현재 직면하고 있는 다양한 정책 과제를 해결하는데 단초를 제공할 수 있는 선진국가가 되어야 한다. 가령 지난해 한국을 강타했던 세월호 사건 같은 일이 다시는 발생하지 않아야 최근 중국 양쯔 강에서 발생한 유사 사건의 예방책이 있는 국가가 될 수 있는 것이다.

한국의 1인당 국내총생산은 이제 3만 달러에 근접해 있다. 그 당시에는 어려웠던 1만 달러, 2만 달러 관문을 넘어선 것이다. 그러나 내면적·정신적·문화적 측면에서 여전히 후진국적 모습을 완전히 탈피하지 못하고 있다. 데니스 가보르는 그의 저서 『성숙사회(The Mature Society)』에서, 물질만능주의를 배격하고 오직 양적인 확대만을 추구하는 경제성장이나 그에 의존하는 대량소비사회 대신 높은 수준의 물질문명과 공존하면서도, 정신적인 풍요와 생활의 질적 향상을 최우선시하는 평화롭고 자유로운 사회를 만들 것을 역설했다.

경제협력개발기구(OECD) 국가와 비교해서 교통사고와 산업재해가 가장 많이 발생하고, 주관적 행복도는 밑바닥이고, 자살률 1위인 페르소나를 가지고는 떳떳하게 고개를 들고 살 수 없다. 고도성장의 강박감에서 벗어나 그동안 소홀히 해왔던 안전과 환경 문제 등을 보완하고 질서와 법치를 강화하면서, 이제 성장 자체보다는 국민 개개인의 내면적 행복이 추구되는 의식 혁명을 이루어야 한다. 이러한 국가 개조가 성공할 때 중국을 선도할 수 있는 존경받는 해동성국으로 어떤 나라도 감히 범접할 수 없는 국가가 될 수 있을 것이다.

저성장 시대의 패러다임 전환

무역 1조 달러 시대가 열렸지만 정작 우리 국민의 얼굴은 밝지만은 않다. 한·미 자유무역협정(FTA) 체결로 긍정적인 경제적 효과를 기대할 수 있음에도 불구하고 시큰둥한 것은 왜일까. 수출과 경제성장으로 오늘날의 경제적 풍요가 이루어졌다는 것은 인정하지만, 성장한 만큼 분배도 개선되는 소위 낙수 효과(Trickle-down effect)가 예전만 못하고 고용없는 성장이 심화되고 있다는 시각이 팽배하고 있다.

근본적인 문제는 국민 다수가 만족할 수 있는 고용과 분배에 필요한 충분한 성장이 이뤄지고 않고 있다는 점이다. 현재의 우리 경제 패러다임으로는 최소한 7% 정도의 실질 경제성장이 이루어져야 하지만, 1997년 외환위기 이후 평균 경제성장률은 4%대에 불과하다. 국민 기대에 못 미치는 저성장 문제가 구조적으로 고착되는 상황에서 그나마 실업률이 3%대로 유지되고 있는 것은 정부가 적극적인 일자리 및 복지 정책을 펴기 때문에 가능한 일이다.

1960년대 이후 고도성장에 익숙해져 있는 국민은 이 정도의 경제성적표에 만족하기 어렵다. 최근 국민이 복지에 대한 갈망을 표출하기는 하지만, 더욱 깊은 내면에는 저성장에 기인하는 팍팍한 생활 형편 그리고 불확실한 미래에 대한 불만이 존재한다고 볼 수 있다. 지속 가능한 복지를 위해서는 내실 있는 성장이 계속 이뤄져야 한다는 점에서 저성장의 극복은 더욱 중요해진다. 실제로 최근 유럽 재정위기의 근간에는 저성장이 가장 큰 원인으로 자리하고 있음을 간과해서는 안 된다.

우리나라와 유럽·일본 등의 저성장 문제는 해결 가능성 측면에서 낙관적이지 않다. 중국·인도·브라질 등 거대 신흥 개발도상국이 급성장하면서 세계 경제에 활력을 주고 있지만, 그 이면에서 기존 선진국의 파이는 오히려 압박받는 상황이다. 특히 석유 등 에너지와 광물자원 가격이 상승하면서 우리나라를 포함한 자원 부족국의 경제는 외형적으로 수출액이 늘어나도 수익구조는 악화될 소지가 크다. 게다가 성장 부산물인 이산화탄소 증가로 지구 온난화가 가속되어 이상 기후가 속출하고 있다.

인류사회 전체가 고도성장하면서 고용과 분배가 개선되고 환경 문제도 제어할 수 있는 새로운 혁신적 모멘텀을 만들기 이전에는 장기적인 위기관리시스템의 가동이 불가피하다. 이를 위해서는 고도성장이 목표가 되어서는 안 된다. 무리한 성장목표는 오히려 인플레이션 혹은 스태그플레이션을 가져올 수 있기 때문이다. 경제운영 목표를 장기적 지속 가능성에 두고 내실 있는 성장 전략을 구사해야 할 것이다. 많이 팔고 적게 남기는 구조가 아닌 덜 생산하고 덜 팔더라도 수익이 남는 경제구조를 정착시켜 나가야 한다. 글로벌 경제하에서는 국제 경쟁력이 있는 기업만이 살아남을 수 있기 때문에 검증되지 않는 중소기업 중심 혹은 서비스 중심의 경제 구조로의 전환 주장은 오히려 경제적 효율성을 감퇴시킬 수 있다.

성장 패러다임의 전환을 위해서는 국민도 고도성장에 익숙해져 있는 사고방식과 습관이 바뀌어야 한다. 물질만능의 소비를 통한 만족 추구보다는 정신적·내면적 행복 추구의 방향으로 전환해야 한다. 일등을 못하면 이등도 자살하는 과도한 경쟁 시스템 내에서는 일등도 안심할 수 없는 사회가 되기 때문에 모두가 불안할 수밖에 없다. 더 좋은 직장과 더 나은 소득 추구는 세계적인 저성장 국면에서 모두에게 불행만을 제공할 뿐이다. 정부가 나서서 경쟁 구도를 조성하지 않아도 우리 국민은 충분히 경쟁하고 있으므로 정부가 선도해 경쟁을 부추길 필요는 더더욱 없다.

경제사회 전반을 저비용, 고효율 시스템으로 전환시켜나가야 한다. 많이 먹고 다이어트하기 위해 돈을 써 가면서 땀 흘리는 것보다 적당히 먹고 적절히 운동하는 것이 더 효율적이다. 뿐만 아니라 건강에도 더 좋듯이 과도생산~과도소비가 아닌 저생산에 걸맞은 저소비 경제 패턴으로의 전환이 필요하다. 복지도 저비용 고효율적인 구조로 바뀌어야 한다. 우리나라의 경우 복지를 많이 하지는 않지만 그나마도 효율적이지 못하다. 대기업·수출 중심의 성장구조는 유지하되 1차적 분배라고 할 수 있는 노동시장의 2중구조에서 파생되는 비정규직에 대한 불합리한 차별 시정 등 성장에서 분배로 이어지는 환류 시스템의 개선이 필요하다.

경제력 회복이 정답이다

60%대로 고공행진하고 있는 박근혜 대통형 지지율에 적색 신호등이 커지고 있다. 올 1~5월의 국세 징수 진도율이 41.3%로 2010년 46.4%, 2011년 48.1%, 2012년 47.4%보다 크게 낮다는 것은 재정 절벽 위험 이상의 경고를 주고 있다. 기업의 형편을 알 수 있는 법인세와 부가가치세의 실적이 특히 부진하다는 것은 우리 경제가 제대로 돌아가지 않고 있음을 알려주고 있다.

한국개발연구원이 발표한 7월 경제동향에 따르면 민간소비가 둔화되고 있는 가운데 설비투자 감소가 뚜렷하고 건설투자가 반짝하는 모습이다. 무역수지는 흑자 기조를 유지하고 있지만 수출과 수입이 모두 감소했다. 그나마 민생지표라고 할 수 있는 고용 증가와 물가안정이 긍정적이지만, 건설과 고용이 정부의 인위적인 경기부양 효과라고 보면 상반기보다는 하반기가 그리고 2014년 경제가 더 걱정된다.

한국 경제의 어려움은 1차적으로 세계 경제가 좋지 않기 때문이다. 중국과 유럽연합(EU) 경제가 둔화되고 있는 가운데 미국과 일본은 그래도 선방하고 있지만, 무리한 양적 완화에 의존하고 있는 것이어서 얼마나 장기적으로 지속될지에 대해서는 확신이 없다. 미국 연방준비제도이사회 의장의 양적 완화 축소 가능성 언급 하나에 국제 금융시장이 출렁거리는 모습만 보아도 지금 세계 경제가 얼마나 취약한 상황인지 미루어 짐작할 수 있다.

심각한 것은 우리 경제 문제가 단순히 세계 경제 침체만이 원인이 아니라는 데 있다. 1997년 외환위기 이후 시작된 저성장 기조가 멈추지 않고 계속되고 있기 때문이다. 혹자는 인구구조가 고령화되어 그렇다 하지만 본격적인 인구 고령화는 시작도 되지 않았다. 고령화의 문제는 생산인구 감소가 문제인데, 현재 온 나라가 야

단법석인 일자리 부족 해결 운운하는 것과 정면 배치되는 논리가 아닌가. 우리 경제의 핵심 문제는 기업이 국내에서 생산활동할 메리트가 없어지고 있다는 데 있다. 경쟁력 있는 대기업이 생산시설을 해외로 돌리고 있는 상황에서 중소기업의 육성만 외치고 있는 것은 이해할 수 없다. 경제 민주화라는 칼을 갈면서 대기업에 투자하라고 압박하면 누가 선뜻 따라오겠는가. 세수는 부족하고 확대 지출해야 할 공약은 줄을 서 있고, 그렇지 않아도 힘든 영세사업자에게 지하경제 양성화 명분으로 세금 거두기에 급급하면 '경제 살리기'는 더욱 멀어질 우려가 있다.

대통령 입장에서는 경제 민주화, 복지증진, 고용 확대, 경제성장 어느 하나 중요하지 않은 게 없을 것이다. 그렇지만 네 마리의 토끼를 한 번에 모두 잡으려고 해서는 한 마리도 잡지 못하는 위기가 올 수 있음을 인식할 필요가 있다. 각각의 정책 목표 모두에 정부의 힘을 균등하게 배분하면 지금은 국민이 막연한 희망을 가지고 박수 칠 수 있지만, 구체적인 성과가 나타나지 않으면 등을 돌리는 것이 민심이다. 성장 활력 회복을 최우선으로 하는 대기업의 국내투자 진작책을 펴면 좋은 일자리는 따라 오는 것이고 든든한 경제로 세수가 늘면 복지 지출도 확대할 수 있다. 정치 민주화 뒤에 경제성장이 있었듯이, 경제 민주화도 경제성장이 지속되면 성숙하게 될 수밖에 없을 것이다.

정부가 경제 중심 정책에 집중하면, 다른 정책 목표에 기대를 걸었던 일부 국민으로부터 비난을 받을 수도 있고 지지율도 일정 기간 하락할 수 있을 것이다. 그러나 대통령 리더십은 최종적으로 경제적 성과로 평가된다는 것은 만고의 역사적 진리다. 어느 시대, 어느 나라도 궁극적으로 백성이 배불리 먹을 수 있어야 안거낙업(安居樂業)에 이를 수 있었다. 현 순간의 국민 지지율이 대통령의 명지(明志)와 치원(致遠)을 가로막는 장해요소가 되어서는 안 된다.

경제성장 실종 공약

4·11 총선과 관련해 중앙선거관리위원회가 밝힌 새누리당과 민주당 등 여야 정당의 10대 기본 정책 자료에 따르면 새누리당은 일자리 창출, 경제 민주화, 정치 개혁, 저출산·고령화 대책, 의료비 부담 완화, 자유무역협정(FTA) 보완 대책을, 민주당은 일자리 창출과 비정규직 차별 해소, 중산 서민층의 주거 안정, 무상보육·무상급식·사실상의 무상의료 실현, 경제 민주화 실현, 정치·언론 개혁 등을 제시했다.

이번 여야 정당의 공약에서 일자리와 복지, 경제 민주화를 강조하고 있는 것이 특징이라고 할 수 있는데 특히 경제 민주화가 쟁점이 될 전망이다.

민주당은 순환출자 금지와 출자총액제한제 부활 등을 핵심으로 하는 재벌 규제 방안을 4·11 총선의 '경제 민주화 공약'으로 내놨다. 새누리당은 지난해 경제 민주화 정책을 발표하면서 대기업의 계열사 일감 몰아주기를 통한 사익 추구, 무분별한 중소기업·소상공인 영역 침해, 독점적·우월적 지위를 이용한 불공정거래 전횡 등 공정 경제를 해치는 행위에 대해서 근본적인 대책을 마련하겠다고 밝힌 바 있지만 출자총액제를 당론으로 채택하지는 못했다.

대기업은 경제성장의 견인차 역할을 해왔지만 최근의 양극화 심화 추세와 함께 중소기업 및 골목 상권 등에 대한 무차별적인 영역 확장과 라면값 담합 등 불공정 거래 관행의 노출 등으로 인해 대기업에 대한 부정적 시각이 점차 늘어나고 있다. 이러한 국민의 마음을 반영해 여야 할 것 없이 경제 민주화를 핵심 선거 공약으로 내놓고 있는 것이다. 1980년대까지의 산업화, 1990년대의 정치적 민주화, 2000년대에는 선진화 어젠다가 주도했다면, 2010년대에 들어서는 복지와 함께 경제 민주화가 이슈가 되고 있는 것이다.

일자리, 복지, 경제 민주화 공약이 지금의 국민 욕구를 반영했다고 하지만 실현 가능성이 문제다. 일자리도 경제가 성장해야 가능한 것이고, 복지도 국가 재정이 뒷받침하지 않으면 지속 가능하지 않으며, 경제 민주화도 경제 활력을 저해시키는 것이 되어서는 한계가 있다. 따라서 공약들이 의미를 가지기 위해서는 경제성장이 전제되어야 하지만 작금의 저성장 현상을 타개할 수 있는 시원한 대안은 제시하고 있지 않다. 물론 우리나라의 경제성장도 이제는 근로자, 기업이 주체가 되는 시장에서 이뤄지는 것이기 때문에 정부 주도로 할 수 있는 것이 많지 않다. 때문에 공약에 빠졌다고 하면 더 할 말이 없지만 최소한 분배를 뒷받침할 수 있는 성장 대책은 내놓아야 한다.

우리보다 잘 살고 있는 선진국도 격화되는 글로벌 경쟁에서 성장력을 제고하기 위한 각종 고육지책을 내놓고 있는 판에 아직 갈 길이 먼 우리나라에서만 경제를 발목 잡는 공약 경쟁을 하고 있는 현 상황은 쉽게 이해하기 어렵다. 저출산·고령화·저성장으로 이어지는 불안정한 미래 트렌드에 선제적으로 대응할 수 있는 국가 비전이 제시되지 않은 상태에서 솔깃한 공약만 내놓게 되면 어떻게 실현 가능할 것이며, 그 결과 국민 신뢰 상실은 어찌할 것인가. 대선과는 달리 총선은 인물 선거 경향이 강해 정책 공약의 중요성이 상대적으로 약하기 때문에 대선 국면에서는 새로운 비전이 제시될 것으로 기대되지만, 최근 개명하거나 합당해 새롭게 정비된 정당에 대한 국민 기대에는 못 미친다 하겠다. 총선 공약만 봐서는 국가의 미래를 믿고 맡길 수 있는 책임 정당이 없다는 것이 걱정이라면 걱정이다.

요즘 주변을 돌아보면 누구 하나 편안한 사람을 찾기 어렵다. 사업을 하는 대부분의 사람이 불경기를 느끼고 있고 번듯한 직장을 다니는 사람들도 지금 앉아 있는 의자가 불안하기만 하다. 일자리 찾아 밤잠을 설치는 사람들이나 허전한 지갑으로 시장을 보는 주부의 근심도 깊어져 가고 있다. 이런 상황에서 있는 사람 없는 사람 갈라놓고 훈수나 두는 것이 위정자의 할 일이 아니라 국민을 편하게 살 수 있게 하는 당면한 경제 문제의 대안을 찾고 국민을 화합시키고 대한민국을 더 부강하게 만드는 것이 참으로 정치인이 할 일이다. 눈앞의 달콤한 말에 현혹될 만큼 국민은 어리석지 않다.

한국 경제, 다이어트가 필요하다

2013년을 1개월 남겨둔 시점에서의 한국 경제 성적표는 비교적 양호하다. 경제 성장률은 3%에 육박하고 소비자물가 상승률은 1% 미만이다. 경상수지 흑자가 600억 달러, 고용률은 9월 기준으로 60%를 넘어 아무리 낮게 평가해도 B⁺ 이상이다. 그런데 경제지표로 본 평가는 긍정적인데 일반 국민이 느끼는 체감 경기는 여전히 냉랭해서 문제다. 통계가 체감지수와 다소 거리가 있다는 것은 현재의 경제 현상을 너무 평면적으로 본 것에 따른 것이라면 다시 생각해봐야 한다. 무역수지 흑자가 수출 증가보다는 수입 감소에 의한 것인지, 낮은 물가가 매수세가 없어서 그런 것인지, 고용률이 좋다지만 불안정한 고용만 늘어난 것은 아닌지, 그나마 약 3% 경제 성장률도 기저 효과 때문은 아닌지 등을 짚어보아야 한다. 현재의 경제 상태가 경기회복 국면인지 아니면 불경기의 연장선에 있는지에 대한 판단이 필요하다.

세계 경제도 본격 회복 국면에 있다고 보기 힘든 측면이 있다.

미국이 경제지표가 비교적 호전되고 있는 데도 불구하고 양적 완화 정책의 축소 시기를 늦추고 있는 것도 심상치 않다. 중국 경제의 전망도 8% 수준이고, 일본의 아베노믹스도 흔들리고 있으며, 유럽연합(EU)의 회복 조짐도 완만하기만 하다. 미국 등 선진국의 부동산시장이 회복된다는 것도 이것이 양적 완화의 후유증은 아닌지 의심이 된다. 전반적으로 2008년 글로벌 금융위기의 무거운 그림자가 가시지 않고 있다 할 수 있다.

걱정되는 것은 현재 경제상황이 일본형 장기 침체 국면의 전조는 아닌가 하는 것이다. 1990년대 초 일본은 노인인구비율이 12%를 넘어서면서 부동산 버블이 붕괴되고 경상수지 흑자는 많았지만 경제성장률은 하락했다. 복지 지출과 국가 채무가 본격 증가하기 시작한 것도 그때쯤이었다. 20여 년 지난 현재 한국의 모습과 대동소이한 것이 우연일까, 아니면 일본 경제를 벤치마킹해온 한국 경제의 숙명일까.

돌이켜보면 우리 경제도 순탄하게 걸어온 것만은 아니다. 두 차례의 오일 쇼크, 그리고 1997년 외환위기를 넘기면서 오늘날의 대한민국을 만들어 왔다. 그때마다 국가 지도자는 단기적인 대응이 아닌 강한 구조적 개혁을 드라이브하면서 새로운 성장잠재력을 확보했다. 단기적인 경제 실적에 연연하기보다 중장기적인 국가 위험요소에 대한 분석에 기초해 10년 후 100년 뒤의 국가 비전을 구상하고 이를 실현할 새로운 국가 전략을 수립해야 할 시점이다.

무엇보다도 과거 고도성장의 환상에서 벗어나야 한다. 대외 의존도가 높은 우리 경제는 이러한 대외 여건은 위기를 가져올 수 있다. 저성장·고령화 국면에서도 강하게 살아남을 수 있도록 대한민국의 체질을 바꿔나가야 한다. 당장의 큰 창조가 어려우면 일단 정부, 기업, 가계의 비대하고 낭비적인 요소를 과감하게 구조조정해 창조의 환경을 만들어야 한다. 무엇보다도 정부를 포함한 공공 부문부터 개혁해 정부의 리더십을 회복하고, 이를 기초로 기업과 가계의 혁신과 변화를 유도해야 한다. 고비용·저효율 사회에서 저비용·고효율 사회로 이행하기 위한 정치적 리더십이 어느 때보다 절실한 시점이다.

불확실성과 선택

2012년 새해 아침 1월 1일 하루, 그것도 일요일과 겹친 휴일을 보내서 그런지 새해인데도 분주하기만 하고 새로운 구상을 할 시간적 여유가 없다. 그냥 한 달의 첫날 같고 그냥 한 주의 시작인 월요일 같다. 그렇지만 이렇게 새해 벽두가 무덤덤한 것은 걱정할 것이 없어서가 아니라 우리 앞에 펼쳐져 있는 미래의 불확실성이 예년보다 훨씬 더 크기 때문이 아닐까.

유럽 국가의 재정위기로 시작된 글로벌 리스크는 진정될 기미를 보이지 않고 세계의 공장인 중국 엔진도 조금씩 힘이 떨어지고 있다. 미군의 이라크 철군과 이란 핵 문제 등으로 중동도 불안해서 석유 가격이 언제 갑자기 폭등할지 모른다. 지난해 말에 돌발한 한반도 북쪽의 북한 리스크는 우리를 한층 더 긴장시키고 있다.

국내 사정도 만만치 않다. 한국은행이 올해 경제성장률을 3.7%로 전망하는 등 경기 후퇴 우려가 있지만 해외 리스크를 감안하면 이 정도만 되어도 다행이다. 지난해 임금상승률은 정체된 반면 소비자물가는 4% 수준으로 높아져 국민의 호주머니 사정도 어려워졌다. 그나마 고용률과 실업률은 안정세를 보였지만 청년 고용과 좋은 일자리에 대한 국민의 열망은 충족되지 못했다. 거시경제지표가 예측대로 전개된다면 고용·임금·물가는 지난해와 비슷한 상황이 될 가능성이 높다.

정치·사회적으로도 2012년은 변화의 해로 주목된다. 한반도를 둘러싸고 있는 미국·중국·러시아의 지도자가 교체된다. 우리나라도 봄에는 총선, 겨울에는 대선이 치러진다. 선거의 해는 일반적으로 들뜨게 되지만 올해는 양대 선거가 겹쳐 그 정도가 더 심해질 것으로 예상된다. 선거하면 나타나는 지역·계층 갈등에 더해 세대 갈등이 더욱 불거지고 통일·경제·고용·복지 등의 이슈가 첨예하게 대립할 것으로 보인다. 이렇게 볼 때 2012년은 예년보다 더 변화가 격심하고 불확실성이 더 큰 해가 될 것으로 보인다. 그런 만큼 불안정한 상태에서 냄비같이 끓어오르는가 하면 갑자기 식기도 하는 등 변동성이 높아 이성보다는 감성이 지배하는 한 해가 될 가능성이 높다.

이렇듯 불확실성이 높기는 하지만 그 불확실성을 따져보면 우리의 선택으로 확실하게 바뀔 수 있는 성격의 것들이기 때문에 감성보다 냉철한 지성과 합리적 이성이 더 요구되는 상황이다. 현재 전개되고 있는 해외 리스크도 대부분 예측 가능하기 때문에 대응할 수 있고, 국내의 정치·사회적 리스크는 국민의 선택으로 해소 가능하다. 광복 이후 우리나라 역사를 되돌아보면 우리 국민은 필요한 순간에 합리적인 선택을 해왔다.

지구적 환경 변화, 격동하는 세계 경제의 변화 속에서 이제 환갑을 넘긴 대한민국이 나아가야 할 길은 분명하다. 오천 년 역사상 가장 눈부시게 발전해온 최근 50년의 경제적 성과를 더욱 강고히 하면서 지속시켜야 한다. 성장기의 전략과 성숙기의 전략은 당연히 달라야 한다. 우리보다 앞서 갔던 자본주의 선진국 모델과 발전 경로가 여전히 중요하지만, 우리가 벤치마킹해 왔던 선진국 모델이 서서히 한계를 보이고 있다는 점에도 주목할 필요가 있다. 일본 모형은 잠수를 타고 있고 유럽 모형은 흔들거리고 있다. 이제 한국도 한국의 길을 가야 할 때가 온 것이다. 삼성전자, 현대자동차와 같은 글로벌 기업들은 이미 이러한 변화를 간파하고 정면으로 잘 돌파해 나가고 있다는 점에서 우리의 미래를 어둡게만 볼 필요는 없다고 생각한다.

과거에는 정부가 주도해 극복했던 위기를 이제는 기업이 주도해 돌파하고 있지만 정부의 역할은 여전히 중요하다. 기업의 경제활동을 방해하는 규제 혁파와 기업하기 좋은 세제 및 금융 개혁 정책, 물가와 일자리 같은 민생 정책, 저출산·고령화·양극화 현상을 극복하고, 국민을 하나로 통합하기 위한 복지를 포함한 사회 정책 등 정부가 해야 할 일은 여전히 산적해 있다. 국민은 이러한 일을 책임지고 제대로 할 수 있는 믿을 수 있는 유능한 일꾼과 지도자를 뽑아야 할 의무가 있고, 그 선택의 해가 2012년이라는 점에서 참으로 중요한 희망의 해가 시작되고 있다.

위대한 한국, 재도약 가능하다

한 해의 시작과 끝은 사람이 만들어낸 기준일 뿐 12월 31일의 태양과 1월 1일의 태양은 다르지 않다. 그렇지만 지구가 태양을 한 바퀴 돌 때마다 매듭을 지어보는 것은 역사적 관점에서는 의미가 있을 것이다.

경제지표로 보았을 때 2012년은 '절반'의 성공이라고 할 수 있다. 소비자물가는 2% 이하의 안정세를, 실업률도 3%를 넘지 않았고, 경상수지 흑자만 해도 400억 달러를 초과할 것으로 전망된다. 반면 경제성장률은 2%를 겨우 턱걸이하는 수준이 될 것으로 전망되고, 부동산 경기 침체가 지속되는 가운데 전셋값은 크게 올랐고, 가계 부채 증가 등으로 서민 얼굴에 주름살은 더 깊어졌다.

총선과 대선이라는 두 개의 큰 선거를 치르면서 올 한 해 내내 우리 국민은 유권자로 제대로 대접받는 한 해였다. 여야 불문하고 복지, 경제 민주화, 일자리 등등 말잔치가 이어졌고 대통령 후보들의 말대로만 된다면 우리 국민 모두가 행복해지고 중산층이 될 것 같아 즐거운 한 해였다.

정치·사회가 좀 들떠 있어 그랬는지 경제는 침체인데도 거리에는 차로 빽빽하고 사람들은 분주하게 하루하루를 보냈던 것 같다. 지지하는 대선 후보를 두고 지나칠 정도로 긴장해서 온 국민이 참여하는 짜릿한 빅쇼, 빅게임에 흠뻑 빠져들 수 있었으니 국가적으로는 비싼 선거비용이 들었지만 역시 선거는 민주주의 꽃이고, 민주주의가 왜 필요한지를 절감할 수 있었던 한 해였다.

사회적으로 보면, 학교 폭력에 지친 학생이 자살하는가 하면, 어린아이를 성폭행하거나 살해하는 등의 잔인한 사건들이 이어졌다. 혼자 사는 어르신이 싸늘한 주검 상태에서 며칠 넘게 방치되는 일이 벌어졌고, 노동자 몇 분은 새해를 기다리지 못하고 연말에 목숨을 버리기도 하였다. 게다가 들어보지도 못했던 화학물질이 누출되어 온 동네를 죽음의 땅으로 전락시키기도 했고, 좁은 국토에 촘촘히 자리잡은 핵발전소는 하루가 멀다 하고 고장나고, 국민의 목숨을 담보로 가짜 부품으로 핵발전을 하고 있는 등 아노미적 징후 같기도 한 사건사고가 이어지면서 온 나라를 스산하게 만들었던 한 해였다.

경쟁에는 항상 이긴 사람이 있으면 진 사람이 있기 마련이고, 이긴 사람은 환호하겠지만 진 사람은 절망할 수 있다. 패자 부활의 기제가 제대로 갖추어져 있지 않은 우리 사회는 계층 간·지역 간 이념적 갈등에 이어 세대 간 갈등으로 반목과 질시가 끊이질 않고 오히려 증폭될 조짐마저 보이고 있다.

우리나라는 압축적인 경제성장에는 성공했지만 이에 상응하는 사회 통합은 이루지 못하고 있는 것이다.

해결책으로 획일적인 보편적 복지를 전면적으로 한다 해서 계층 간에 벌어져 있는 대협곡을 모두 메우기에는 역부족일 것이다. 그렇다고 경제적 민주화라는 예리한 칼로 황금알을 낳는 거위의 배를 가른다면 황금을 나눠가지는 것이 아니라 거위 고기 한 번 먹고 말 뿐이라는 것을 모르는 사람은 거의 없을 것이다. 지금 현재 우리 국가의 앞길을 가로막고 있는 저성장의 늪은 한 번에 탈출하기 힘든 깊은 수렁이고, 설사 그 늪에서 빠져나온다고 하더라도 저출산 고령사회라는 큰 강을 건너야 한다. 참으로 고된 민초들의 삶이 기다리고 있다.

지난 12월 21일은 마야의 기록에 의하면, 인류 종말의 해라고 하여 외국에서는 다소 불안해하였다고 하지만 별일 없이 2012년을 마무리하고 있어 다행스럽다.

런던올림픽에서 대한민국 선수단이 보여주었던 피와 땀으로 만들어진 영광의 순간 순간, 전 지구를 말춤의 도가니에 빠지게 하였던 가수 싸이의 함성, 동계올림픽 이후 긴 공백을 뚫고 불멸의 아름다운 선율을 보여 주었던 김연아 선수 등 우리 국민 모두는 희망을 보았고 환희의 순간을 함께 했다. 변변한 천연자원 하나 없이 세계적으로 유례없는 오늘날과 같은 번영을 구가하고 있는 대한민국이 자랑스러웠던 한 해이기도 했다.

대내외적인 환경을 볼 때 지난 5년이 그리 녹록하지 않았던 것처럼 앞으로 5년도 그리 낙관할 수 없고, 우리 사회가 직면하고 있는 양극화 등의 갈등 대부분은 쉽게 해결될 수 있는 성격의 것도 아니다. 더욱이 과거 50년 전과 달리 리더십이 바뀌었다고 해서 쉽게 변할 수 있는 단순한 사회도 아니지만, 새로운 대통령을 중심으로 희망과 용기 그리고 인내를 가지고 복잡하게 꼬여 있는 현실의 문제를 하나하나 풀어나간다면 과거 우리가 그래왔듯이 못할 것은 없다고 생각한다. 앞으로 10년은 대한민국이, 온 국민이 잘 사는 선진국이 될 수 있느냐를 결정 짓는 역사적으로 중요한 시기임을 잊어서는 안 된다.

GNI 동맥경화, 발상의 전환이 필요하다

한국은행은 지난 14일 「가계소득 현황 및 시사점」 보고서에서 가계소득이 국민총소득(GNI)에서 차지하는 비중이 1995년의 70.6%에서 2011년 61.6%로 8.9% 포인트 감소했다고 발표했다. 그동안 기업에서 만들어진 부가가치가 가계로 제대로 순환되지 않는다는 것은 인식하고 있었지만 예상보다 심각하다는 점에서 충격적이라고 할 수 있다.

1997년 경제위기 이후 우리나라는 대기업 중심 수출주도형 전략으로 경제성장은 그런 대로 유지한 반면, 전통적인 성장을 통한 자연적인 소득 이전 경로인 낙수 효과(trickle down)는 한계를 보여 왔다. 기업이 영업이익 상당 부분을 기업 내부에 유보함에 따라 기업저축률은 높은 수준을 유지하는 반면에 가계저축률은 3% 이하로 사상 최저 수준으로 떨어지고 있다. 기업소득이 임금 혹은 이윤으로 가계로 배분되고, 배분된 소득이 저축을 통해 다시 투자가 되는 것이 정상적인 국민소득의 흐름이라 할 수 있는데, 기업소득이 원활하게 환류되지 않고 기업 내부에 남아 중성지방화되어 고도비만에 빠지게 되면 자본의 회전율이 떨어지고 소비 위축을 통한 수요 감퇴로 종국에는 기업 입장에서도 바람직하지 않은 상태가 될 수 있다.

이러한 동맥경화 현상이 총선과 대선 과정에서 복지 확대와 경제 민주화에 대한 요구로 분출됐음을 주목할 필요가 있다. 문제는 이러한 일련의 요구들이 경제 흐름의 개선에 긍정적으로 작용한다면 다행이겠지만 역행될 때는 선순환이 아닌 악순환의 고리로 작용될 수 있다는 점이다.

예들 들면, 경제 민주화의 한 방편으로 순환출자 금지가 거론되지만 순환출자가 금지되면 그래도 돈을 가지고 있는 대기업의 투자를 가로막는 셈이 되어 경제의 동맥경화는 더 심화될 수 있는 것이다. 또한 임금 수준을 올리면 대기업과 중소기업 간 임금 격차가 오히려 확대되고, 그렇다고 배당률을 높이면 외국 자본만 살찌우게 될 우려가 있다.

현 시점에서 우리나라 국민소득의 동맥경화 현상을 완화시키는 한 방안으로 법인소득세의 최고세율을 조정하는 방안에 대해 신중히 검토할 필요가 있다. 우리나라의 법인세율은 24.2%로 OECD 평균 25.5%보다 약간 낮은 수준이기 때문에 법인세율의 상향 조정은 기업 경쟁력에 부정적 효과를 보일 수 있다. 그러나 확보된 세수로 저출산·고령화에 대응하기 위한 생산적 복지와 고용 확대 등 경제 활력 개선에 투입한다면, 현재 대기업에 필요 이상으로 유보되어 있는 돈의 국가적 생산성을 높이고 경제의 선순환성을 강화할 수 있다. 또한 법인세율의 상향 조정은 엔화 절하와 원화 절상에 따른 외환시장의 적신호를 간접적으로 완화시키는 역할도 있다.

통상적으로 보면 경제 불황기에는 기업의 세 부담을 완화시켜주는 것이 필요하다. 지금도 우리나라의 법인세 수입의 대부분을 소수의 대기업이 부담하고 있지만, 역발상으로 우리나라를 선도하고 있는 대기업에 대한 법인세 증세로 국민소득의 동맥경화 현상에 대한 해법을 찾는 동시에 경제 민주화 바람이 잘못된 방향으로 나가는 것을 조기에 차단할 수 있다면 기업이 직면하고 있는 경제 민주화 등에 따른 불확실성을 제거해 경제에 순기능으로 작용할 수 있다.

먹구름 속 경제 해법은?

올해 들어 회복 기미를 보이던 경제에 불확실성이 높아지고 있다. 한국개발연구원(KDI)이 경제성장률 전망을 종전보다 0.2%포인트 낮은 3.7%를 제시했다. 원화 여파에도 불구하고 수출은 견고하고 경상수지는 26개월째 흑자를 기록하고 있지만 내수 부진이 문제다. 세월호 영향으로 소비가 가라앉았고, 부동산 냉각으로 건설 투자는 물론이고 기업의 설비투자도 좀처럼 늘어나지 않고 있다. 게다가 연초부터 의욕적으로 추진하던 경제 혁신 3개년 계획과 규제 혁파도 주춤하고 있다.

세계 경제는 낙관과 비관이 교차하고 있지만 비교적 안정적이다. 미국과 유럽연합(EU)은 물론이고 일본도 아주 잘 돌아가고 있다고는 할 수 없지만 큰 문제가 없고, 중국 경제도 연착륙하고 있는 것으로 보인다.

그러나 거시경제적 지표의 안정에도 불구하고 대기업 중심의 불균형 구조가 심화되고 있는 상황에 주목할 필요가 있다. 최근의 기업투자를 보면 30대 그룹이 올 1/4분기에 20조5000억 원을 투자해 전년 동기보다 투자 규모가 9% 가량 증가된 것으로 조사됐다. 그러나 투자액에서 삼성그룹이 48% 증가시킨 것을 제외하면 나머지 그룹의 투자는 4% 줄고 5대 그룹을 빼면 13%나 감소했다. 외형적으로 괜찮아 보이는 경제의 내막을 보면 삼성 등 일부 대기업을 제외하면 고전 중이라고 할 수 있다. 삼성조차도 최근 이건희 회장의 와병으로 미래 불확실성이 커지고 있다는 점에서 마지막 보루도 안심할 수 없는 상황이다.

장기적인 포석으로서 규제 혁파와 경제 혁신이 중요하지만 지금 우리 경제에 필요한 것은 꺼져가는 불씨를 우선 살리는 것이고, 이를 위해서는 부동산 경기를 살리는 것에서부터 시작해야 한다. 우리는 기업이나 가계 할 것 없이 성장의 과실을 부동산 중심으로 축적해 왔기 때문에 부동산가치가 하락하면 버블이 제거되어 긍정적인 측면도 있지만 소비와 투자 모두가 위축된다. 그리고 부채에 의존한 투자였다면 더 심각하다. 따라서 2·26 대책부터 다시 손봐야 한다. 특히 정상화의 관점에서는 의미 있지만 현실적으로는 부정적 효과를 만든 임대소득세 부과 문제는 원점에서 재검토되어야 한다. 부동산 과열 우려가 있다 해도 과감한 투자 촉진 대책으로 퇴장하고 있는 자금을 시장 위로 끌어내야 한다.

부의 재분배 측면에서 부작용이 다소 있겠지만 중간계층의 자산이 부동산에 묶여 가계 부채를 악화시키는 상황을 해소하는 것이 우선이다. 과거 추세를 보면 부동산시장이 좋아져야 증권시장도 활성화되고, 이렇게 되면 소비와 투자가 반등하고 자영업 경기도 살아나게 될 것이다. 경제가 돌아가야 개혁도 가능하다.

한편 하반기에는 쌀 관세화 협상, 한·중 자유무역협정(FTA), 환태평양경제동반자협정(TPP) 추진 등 시장 개방을 위한 노력이 불가피하지만 이에 따른 경제적 약자의 보호 대책 마련도 서둘러야 할 과제다.

하반기부터는 연 10조 원의 지출을 유발하는 기초연금이 시행되므로 고령계층의 빈곤 문제는 부족하나마 일단 숨을 돌렸다. 하지만 30대의 보육, 40대의 자녀 교육, 50대의 고용 불안을 획기적으로 경감시킬 수 있는 청사진을 내놓아야 하고, 비정규직의 사회 안전망 강화를 위한 특단의 대책이 필요하다.

시장 개방에 따른 피해 계층을 위한 소득 보전 대책도 선제적으로 제시해야 한다. 이때 지역 갈등과 계층 갈등에 따른 상처를 어루만질 수 있는 대통령의 따뜻한 눈길과 손길이 전 국민에게 고르게 느껴지도록 하는 것이 중요하다.

경기 활성화 정책 성공 조건

최경환노믹스로 경제 전반에 기대감이 커지고 있다. 주가지수와 부동산 가격은 아직 꿈틀대고만 있지만 거래량이 급속히 증가하고 있다는 것이 청신호라고 할 수 있다. 지난 8월 유가증권시장의 일평균 거래량은 3억408만 주로 지난해 8월 이후 최대치를 나타냈다. 서울 아파트 거래량도 6485건으로 지난해 동월 대비 무려 2배가량 증가했다. 거래량의 증가가 약 800조 원에 이르는 시중 부동자금을 끌어낸다면 침체된 경제에 발동은 걸 수 있을 것이다.

이렇게 최경환노믹스의 출발은 순조롭게 이뤄지고 있지만 성공 여부는 2~3년 후의 경제적 성과에 따라 평가될 것이다. 일본 경제의 회생을 주도하고 있는 아베노믹스가 초기에는 강력한 효과를 보이는 듯했지만, 최근 성장률 둔화 등 주춤거리는 모습을 볼 때 통화 금융과 거시경제 정책만으로는 한계가 있음이 분명하다.

다행인 것은 우리 경제가 아직 일본만큼 노화되지 않았다는 것이다. 인구구조만 해도 일본은 노인인구비율이 25%를 넘어 세계 최고령 국가지만 우리나라는 12%를 갓넘은 아주 젊은 국가다. 그럼에도 불구하고 장년층은 패배감에, 청년층은 무력감에서 벗어나지 못하고 있는 것은 신체연령보다 정신연령이 먼저 조로했기 때문이다. 고도성장의 후유증으로 다소 비만하고 피로한 것을 가지고 불치병에 걸린 듯 엄살을 부리고 있지 않은지 반성할 필요가 있다. 우리는 피끓는 청년은 아니어서 체력은 다소 저하됐다 하더라도 이제는 청년기에는 없었던 경륜과 축적된 경제력으로 지속 가능한 성숙한 국가를 만들 수 있는 능력이 있다.

최경환노믹스의 성공을 위해서는 무엇보다도 경제의 기초 체력을 강화하는 것이 시급하다. 그러나 이를 위한 규제 개혁을 돈 안드는 경제 활성화 정책으로 생각해서는 곤란하다. 규제 배후에 복잡하게 얽힌 경제적 이해관계의 난맥상을 파헤치고 정리하기 위해서는 인내와 용단도 필요하지만, 이해 조정에 필요한 비용을 정부가 감수할 때 비로소 가능해진다. 또한 과감한 수술에는 고통이 따르게 마련인데, 여론을 의식하고 단기적인 불평불만을 두려워해서는 제대로 할 수 있는 것은 거의 없을 것이다.

궁극적으로는 부동산과 증권시장에서 환류되는 부동자금을 투기가 아닌 생산적 투자로 연결시킬 수 있느냐 여부가 최경환노믹스의 성패를 가름할 것이다. 이를 위해서는 한국 경제에 새로운 모멘텀을 만들어야 하고, 그 모멘텀은 국내 건설투자를 넘는 남북한 경제 협력에서 찾을 수 있다. 그동안 축적된 자본으로 한반도의 나머지 반쪽을 개발하고 유라시아 대륙으로 연결하는 다이내믹한 인프라를 구축해야만 한국이 중국 대륙의 하나의 성(省)으로 전락하는 것을 막을 수 있다. 이런 의미에서 인천아시안게임을 계기로 현재의 군사적·정치적 갈등 국면을 정리하는 것이 필요하다. 한편 기업에서 가계로, 소비에서 생산으로 연결되는 국민 경제의 소득 흐름을 원활하게 하기 위해서는 적극적인 조세 및 재정 정책을 통한 사회보장의 강화와 함께 선진적 노사 관계 구축과 계층 간·지역 간 갈등구조 해소가 중요하다.

디플레 공포 극복 가능하다

세계가 디플레 우려로 흔들리고 있다. 유럽과 일본에 이어 중국도 디플레에 선제 대응하기 위해 최근 금리 인하를 단행했다. 우리나라도 11월 소비자물가가 전년 동월 대비 1.0% 상승하면서 디플레 대책의 필요성이 제기되고 있다. 그러나 저물가가 반드시 문제되는 것은 아니다. 저물가는 저물가의 원인에 따라 처방이 다를 수 있다.

저물가를 걱정하는 것은 저물가가 저성장과 함께 될 때다. 올해 경제성장률은 예상보다 다소 저조할 것으로 보이고, 2015년 역시 4% 성장 목표 달성이 어렵다는 전망이 우세하다. 혹자는 현재의 디플레를 일본식 장기 침체의 전조 현상으로 걱정하기도 한다. 일본은 1990년대 초 부동산 버블이 붕괴되면서 경기가 하락한 이후 잃어버린 20년을 겪었다.

그렇지만 우리나라 저물가는 주로 유가 하락에 기인한 것이라는 점에서 과거 일본의 구조적 침체 조짐과는 거리가 있다. 부동산시장은 정부의 적극적인 부양 정책으로 하락국면을 벗어나고 있고, 부동산 관련 3법이 처리되느냐에 따라 부동산시장이 다소 활성화될 수도 있다. 또한 베이비 붐 세대가 단기간 존재했던 일본과는 달리 우리나라의 베이비 붐 세대는 20년에 걸쳐 존재하고 있고, 이들 세대가 여전히 자산시장을 지탱하고 있다는 점에서 일본식 버블 붕괴의 발생 가능성이 낮다. 그렇다고 과거처럼 부동산 투기 붐이 조성될 것으로는 보이지 않고 그렇게 되는 것도 바람직하지 않다. 우리가 희망하는 것은 막연한 불안감 없이 부동산 거래가 자연스럽게 이뤄지고 시장 수요에 맞게 부동산에 투자되고 공급되는 것이다.

우리나라처럼 에너지를 거의 전량 수입해야 하는 에너지 고소비국 입장에서는 저유가는 환영할 만한 일이다. 현재 금리 수준이면 기업 입장에서 투자를 저해할 정도는 아니다. 문제는 엔저이지만 엔저 현상도 이제 갈 만큼 갔다고 볼 수 있다. 일본은 최근 국가신용도 하향으로 금리 상승 가능성이 있고, 이렇게 되면 엔화 추락도 완만해질 수 있다. 더욱이 국제통화기금(IMF)의 2015년 세계 경제성장률 3.5% 전망은 세계 경제가 낙관할 것도 없고 비관할 것도 없다는 의미로 해석된다.

문제는 과거의 고도성장 관성에서 벗어나지 못하고 있는 우리의 경제심리라고 할 수 있다. 과거 같은 고도성장을 기대할 수는 없다 하더라도 현재 경제 여건이라면 견조한 성장세를 당분간 유지할 저력은 있다. 유럽이나 일본에 비해 아직은 젊은 인구구조를 가지고 있고 질 높은 노동력이 존재하고 글로벌 기업도 건재하다. 성장 없는 고용에 대한 지적이 있지만 3% 후반대의 성장을 비관적으로만 볼 것은 아니다. 막연한 미래 불안에 기초한 필요 이상의 소비 억제와 투자 유보를 우리 경제에 대한 자신감으로 분연히 극복해 나갈 때 4% 성장률 정도는 충분히 달성 가능할 것이다.

물론 이러한 선순환 경제 흐름이 이뤄질 수 있도록 하기 위한 정부 차원의 노력이 뒷받침되어야 한다. 환율 안정과 같은 거시경제적 환경 조성과 함께 지속적인 성장기반 확충을 위한 꾸준한 규제 혁파와 공공 부문이 선도하는 구조 개혁을 통해 경제 전반의 비용 효율성을 제고해야 할 것이다. 또한 국제 정치의 난기류 속에서 지연되고 있는 남북한 경제 협력이라는 새로운 대형 모멘텀을 조기에 개척하는 것은 새해 정부가 서둘러야 할 정책 과제다.

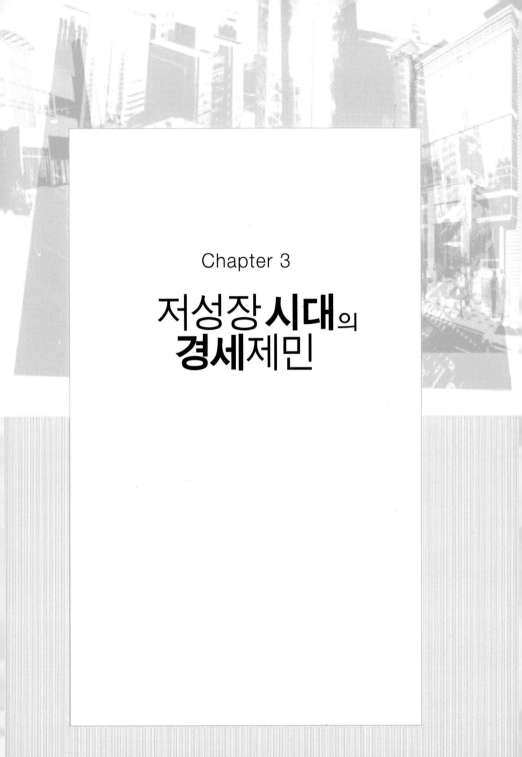

Chapter 3

저성장 **시대**의
경세제민

한국 경제의 리더십 조명

　최근 통계청에서 발표한 2/4분기 가계소득지출 통계에 따르면 소득은 6.2%, 소비
는 3.6% 증가해 가계수지는 호전되고 계층 간 소득 격차도 최근 10년간 가장 최저
수준으로 개선되었다고 한다. 지난 5월 근로자 월평균 임금이 4.7% 상승한 것에 비
추어 볼 때 전반적으로 소득은 상승하고 있지만, 여러 요인으로 소비 지출은 감소
되고 있는 것으로 판단된다. 또한 금리 인하와 부동산 가격 하락으로 고소득층 소
득 증가는 주춤하고 저임 일자리 증가로 저소득 가구는 다소 나아져 소득 불평등은
완화된 것으로 판단된다.

　통계상으로는 크게 문제될 게 없어 보이지만 국민은 힘들어 하고 있다. 가계소득
증가에도 소비 지출을 줄이고 있다는 것은 미래에 대한 불안감의 증가를 의미한다.

　불안을 가중시키는 첫 번째 요인은 물가다. 배추·양파 등 농산물 가격이 치솟고
가공식품 가격이 하나 둘 들썩이는가 하면, 전기료 등 공공요금도 오르는 등 물가
불안에 시달리고 있다. 반면에 가계부채발 부동산 가격 하락으로 부동산 거래가 위
축되는가 하면 이자 상환 부담이 가중되어 또 다른 고통을 겪고 있다.

　어떤 가격은 오르고 어떤 것은 내리는 가운데 소비자물가상승률은 7월중 1.5%를
기록해 3년 만에 1%대로 낮아져 12년 만의 최저치를 기록했다고 한다. 결론적으로
물가가 안정됐다고 하니 지난해 고물가로 고통받았던 국민의 입장에서는 다행일
것 같지만 별로 유쾌하지 않은 것은 미래 리스크 증가 때문일 것이다.

　일단 세계 경제의 미래가 밝지 않다. 유럽의 재정위기 그리고 중국과 일본의 성
장률 둔화 등으로 올해 경제성장 전망치가 낮아지고 있는 가운데 성장이 둔화되면
하락했던 유가가 오히려 상승하고 미국 등 세계 곡창지대의 이상 기후로 국제곡물

가의 불안도 이어지고 있다. 경제 침체 속 인플레이션 현상을 의미하는 스태그플레이션의 가능성도 제기되고 있다.

국내적으로는 과거 20여 년 전 일본이 겪었던 부동산 거품 붕괴 현상과 뒤이은 장기간의 디플레이션 현상이 우리나라에서도 가계부채발 부동산값 하락과 베이비 붐 세대의 대량 은퇴와 맞물려 일어나지 않을까 하는 데자뷔가 존재하고 있다. 더욱이 최근 경제 민주화 움직임이 거세게 일어나면서 기존의 경제 질서에 대한 불안감이 가중되는 것도 이러한 불안감 증폭에 일조하고 있는 것으로 보인다.

현시점에서 세계 경제의 퇴조현상이 언제쯤 멈출 것인지 그리고 한국 경제가 장기적인 구조적 침체상태로 빠져들 것인지 여부에 대한 명쾌한 해답을 찾는 것은 쉽지 않다. 그렇지만 지금과 같이 국민의 마인드가 불안과 패배의식으로 가득 차 있으면 오지 않을 경제위기도 올 수 있을 것이다.

인플레이션과 디플레이션 그리고 경기 침체라는 삼각파도에서 경제를 되살리고 국민을 구하기 위해서는 우리 경제의 미래에 대해 비전을 제시하면서 강력한 의지로 위기를 돌파할 경제적 리더십의 회복이 필요하다. 우리 국민을 경제적 빈곤상태를 벗어나게 한 것은 '우리도 잘살아 보자'는 박정희 대통령의 강력한 리더십이 있었기 때문이고, 1979년과 1997년 경제위기를 극복한 것도 전두환·김대중 대통령의 경제적 리더십이 있었기 때문에 가능했다. 대통령 한 사람이 우리를 둘러싸고 있는 수많은 불확실성을 한 방에 날려버릴 수는 없겠지만, 적어도 거세게 부딪히는 이해관계의 충돌과 가치 판단 기준의 혼란을 조정하고 안정시키면서 위기를 관리할 수 있는 통합적 리더십을 가진 지도자가 절실히 필요하다.

물론 경제는 그냥 두어도 자생적으로 균형을 찾아갈 수도 있다. 최근 일본이 16년의 디플레이션 굴레를 벗고 안정 성장의 가능성을 보인다고 하지만, 이제까지 장기 침체에서 벗어나지 못한 것은 경제적 리더십의 부족에 기인한 바 크다. 지금과 같이 극한적 경쟁 상태에 있는 세계 경제에서 새로운 안정 균형으로 회복하는데 필요한 조정기간을 최대한 줄이는 것은 우리 경제가 선진국으로 진입할 수 있느냐 없느냐를 좌우할 수 있는 절체절명의 선택을 요구한다. 이 선택은 대다수의 국민이 공감할 수 있는 바로잡힌 경제적 리더십이 있을 때 가능하다

국가위기 극복 전략은?

한국은 1인당 국내총생산(GDP)이 2만 달러를 넘었지만 경제협력개발기구 (OECD) 34개국 중 자살률 1위, 합계출산율 34위와 같이 부끄러운 지표들도 있다. 살기도 싫고 아이 낳기도 싫다는 것은 한국인으로 산다는 것이 그리 쉽지 않음을 단적으로 보여준다. 없는 사람은 없는 대로 불안하고, 있는 사람은 있는 대로 불안한 것이 우리 현실이다. 대선 주자들이 공통적으로 들고나오는 것이 일자리, 복지, 경제 민주화지만 이 문제들에 대한 처방을 들어봐도 국민의 근심 걱정이 시원하게 해소되지 않는다. 그 이유는 대한민국이 직면한 불안요소에 대해 대선 후보들이 제대로 된 대응책을 제시하지 못하고 있기 때문이다.

미래에 대한 불안 중 가장 큰 것은 아무래도 경제 문제다. 수출로 먹고 사는 나라는 세계 경제가 순항해야 안심할 수 있는데 글로벌 리스크가 심상치 않다. 2008년 금융위기가 여전히 진행형인 가운데, 그리스에 이어 유로존의 재정위기가 어디서 폭발할지 모르는 상황에서 지난해는 인플레이션 압력에, 올해는 경제 침체로 신음하고 있다. 미국의 달러화 양적 완화 방침으로 주식시장이 잠시 반등 기미가 있었지만 약효가 오래갈 것 같지 않다. 1929년의 대공황까지는 아니더라도 세계 경제 상황이 예사롭지 않은 것은 틀림없다.

세계 금융위기와 국내 경기 침체

국내 사정은 더 심각하다. 버블 세븐 지역부터 시작된 부동산 가격 하락이 가계 부채 문제를 촉발하고 있고, 정부가 백방으로 노력해도 회생의 기미가 보이지 않는다. 게다가 경제성장률은 2%대로 하락할 조짐까지 보이고 있다. 현재의 부동산 가격 하락과 경기 침체가 20여 년 전 일본의 버블 붕괴에 이은 장기 경제 침체 현상을 닮았다.

한반도의 주변 사정도 긴박하다. 최근 중국과 일본이 센카쿠 열도(중국명 댜오위다오)를 두고 물대포 싸움을 벌인다. 일본은 엄연히 우리 영토인 독도 영유권을 주장하고 있고, 중국은 한국의 이어도에 군침을 흘리고 있다. 『자원전쟁』이라는 책을 집필한 일본의 시바타 아키오 소장은 최근의 자원 가격 상승은 석유와 석탄 등 지하자원에 의존한 20세기형 성장 모델에 한계가 오고 있음을 알리는 신호탄이라고 지적했다.

춘하추동 날씨 변화도 걱정스럽기는 마찬가지이다. 볼라벤, 덴빈, 산바에 이어 제17호 태풍 즐라왓이 예상과 달리 한반도에 영향을 줄 것이라 한다. 지난 겨울엔 이상 한파, 올여름엔 가뭄을 동반한 이상 고온 등 극에서 극으로 치닫는 날씨 변화는 지구 온난화가 가져오고 있는 또 하나의 리스크다. 세계 각지에서 나타나는 물 부족이나 식량 안보와 관련된 우려도 남의 일이 아니다.

이 와중에 1980년대 말 분출했던 노사 갈등 이상의 계층 갈등이 폭발하고 있다. 대기업과 중소기업, 정규직과 비정규직, 수도권과 비수도권 사이에서 불평등한 배분 상태에 대한 분노가 커지고 있다. 게다가 세계에서 가장 낮은 출산율과 가장 빠른 고령화 현상으로 요약되는 인구 변화 리스크는 우리의 경제적·사회적 지속 가능성을 위협한다.

마지막으로 우리에게는 민족 분단 리스크가 있다. 핵실험, 미사일 시위는 60년간의 경제적 번영을 하루아침에 잿더미로 만들 수 있는 초대형 리스크다. 남북 분단이 종식되어 통일이 온다 해도 해결해야 할 수많은 난제가 기다리고 있다.

글로벌 경제 침체, 버블 붕괴, 자원전쟁, 기후 변화, 계층 갈등, 인구 변화, 분단 대치 등과 같이 국가 존망을 좌우할 수 있는 7대 리스크로 미래를 호언장담할 수 없는 상황에서 대선 주자들은 이러한 리스크를 극복한 비전을 제시할 수 있는지 묻고 싶다. 적어도 7대 리스크와 같이 국가 안위와 관련된 리스크에 대해서 지도자는 명확한 비전과 구체적인 전략을 가지고 있어야 한다.

지난 200년 동안 서구사회는 전례 없는 경제적 번영을 구가했고, 한국은 이를 단

60년 만에 따라잡았다. 7000년 인류 역사를 반추해 보면 200년은 짧고 유한하다. 찬란했던 로마제국이 망하리라고는 그 당시에 아무도 예견하지 못했듯이 영원한 문명도 영원한 국가도 없었다. 미래 리스크를 정확하게 예측하고 철저하게 준비한 국가와 민족은 살아남았지만 그렇지 못한 국가는 예외 없이 무너졌다.

미래 대비 못하면 무너진다

미국·중국·러시아·일본 그리고 유럽 각국은 단기적 현안에 대해서는 때때로 미흡하게 대처했지만, 전체적으로는 국가 미래 리스크를 체계적으로 관리하면서 최악의 상황에서도 생존할 수 있는 시나리오를 만들고 대비했다. 그러나 과거 수치스러운 역사적 순간에 우리 지도자들은 근시안적 시각으로 눈앞의 이익과 권력을 유지하기에 급급했음을 본다. 2050년 그리고 2100년, 3000년이 되는 미래의 사람들은 지금 이 순간 우리 국민과 지도자들을 어떻게 평가할 것인가. 부끄럽지 않은 선조가 되기 위해서 현재의 우리는 무엇을 해야 할 것인가에 대해 깊이 통찰해야 할 시점이다.

통상임금 어떻게 풀 것인가?

지난 3월의 통상임금과 관련한 대법원 판결이 온 나라를 발칵 뒤집어 놓고 있다. 휴업수당·연장수당·야간수당 등을 산정하는 기준이 되는 통상임금에 정기적으로 지급되는 상여금이 포함된다고 판결함으로써 향후 관련 수당은 물론 과거 3년간 이미 지급되었던 것에 대해서도 소급해 소송이 이뤄질 것으로 예상된다.

근로기준법 시행령 6조에는 통상임금을 근로자에게 정기적이고 일률적으로 소정근로 또는 총근로에 대해 지급하기로 정한 금액으로 불명확하게 규정하고 있다. 고용노동부는 '정기적'이라는 용어 범주에 상여금은 포함되지 않는다고 유권 해석을 해 왔지만 이번에 대법원이 이를 부정한 것이다. 이에 비해 우리나라의 법체계와 유사한 일본은 통상임금을 월급 지급 때 함께 주는 돈으로 규정해 분기나 연 단위로 나오는 상여금은 배제하고 있다는 점에서 차이가 있다.

통상임금 파동은 금액만 보아도 엄청나다. 한국노동연구원의 정모 박사는 한 연구에서 고정상여금과 기타수당을 모두 통상임금에 반영하면 3년 소급분 최대 15조 8000억 원과 향후 1년 동안의 비용 최대 6조1000억 원 등 총 21조9000억 원의 비용 부담이 생긴다고 발표했다. 경총의 추정치 38조5000억 여 원에 비해 작지만, 기업의 노무비용 부담의 대폭 증가가 불가피하고 정치·경제·사회적 갈등에 따른 혼란까지 감안하면 그 비용은 예상할 수도 없다.

따라서 통상임금 문제는 해결책이 시급히 나와야 하지만 서두르는 것이 능사가 아닐 수 있다. 문제에 대한 정확한 진단과 사회적 합의 없이 졸속으로 처리될 경우 오히려 갈등만 증폭시킬 우려가 있기 때문이다. 통상임금 파동의 근본 원인은 애매모호한 법령 규정에 기인한 것이기 때문에 법령을 바꾸면 되지만, 노동 관련 법령을 노사 합의 없이 정부가 일방적으로 개정하기는 어렵다. 설사 법령을 개정한다 하더라도 일방적으로 소급할 수 없기 때문에 과거 발생한 부분에 대해서는 판례에 따라 지급해야 한다. 더욱이 본 사안에 대해서는 노사가 현격히 다른 입장을 가지고 있어 고용노동부 장관의 노사정 대화 제의에도 불구하고 합의 도출은 지극히 힘들 것으로 보인다. 더욱이 노사 합의가 없는 상태에서 국회 차원의 법 개정도 지난하다. 그나마 대법원 전원 합의체의 판결로 불확실성을 제거하는 방안이 있지만 법원의 특성상 단기간에 결론내기 쉽지 않다.

현재로서는 유효한 대법원 판례에 경제사회가 순응하는 방안밖에 없지만, 이번 기회에 통상임금뿐만 아니라 평균임금을 포함해 복잡한 우리나라의 임금체계에 대해 노사정 대타협을 시도하는 방안을 검토할 수 있다. 기본급여 외에도 수십 종류의 수당과 상여금 조항이 존재하는 우리나라 임금체계는 노사 간의 피나는 싸움의 타협점이기도 하고, 때때로 절세를 위한 수단으로 활용되었다. 하지만 이제는 단순하고 명확하게 재정리되어야 할 때가 됐고, 연공서열형 임금체계도 정년연장의 장애물이 되지 않도록 새롭게 정의되어야 한다. 4대 사회보험료의 부과 기준 소득이 근로기준법에 따른 임금총액에서 과세 대상 소득 개념으로 전환되었듯이 평균임금 개념도 진화할 때가 됐다.

경제 민주화 시대 기업의 책무

2012년 국민의 선택이 끝나고 정치적 불확실성은 제거됐다. 그렇지만 박근혜 차기 정부에 대한 기업의 심적 부담이 가볍지만은 않은 것으로 보인다. 새누리당에 비해 강한 경제 민주화 공약을 제시한 민주통합당은 집권했다 하더라도 국회 의석수가 과반이 되지 못해 단독으로 반기업적인 법안을 통과시키기 어려웠겠지만, 154석을 가지고 있는 새누리당은 마음만 먹으면 경제 민주화 관련 법안을 통과시킬 수 있기 때문이다. 따라서 기업은 정치적인 압박 여부를 떠나 대한민국의 기업으로서 책임을 인식하고 스스로 변화의 바람에 적극적으로 대응해 나가지 않으면 안 된다.

우리나라에서 대기업의 위상은 매우 특별하다. 오늘날 한강의 기적은 대기업의 공이 가장 크다고 할 수 있고, 지금도 한국 경제를 끌어가고 있는 기관차라고 할 수 있다. 그럼에도 불구하고 일반 국민은 대기업에 대한 부정적 이미지가 강하며, 마침내 여야 불문하고 경제 민주화 공약을 만들게 한 이유를 되돌아볼 필요가 있다. 경제 민주화는 극심한 양극화 현상에서 비롯됐다고 할 수 있다. 특히 내수 부문에서 골목 상권까지 위협하는 무분별한 대기업의 영역 확장, 중소기업에 대한 불공정한 관행, 일부 대기업 오너의 부도덕한 행태가 대기업의 큰 공(功)을 가리고 과(過)를 더 부각시키게 만들었음을 부인할 수 없다.

그렇지만 계속되는 경제 침체 국면에서 한국 경제를 구할 수 있는 첨병은 역시 대기업일 수밖에 없다는 점에서 정부와 대기업이 반목하게 되면 한국 경제의 미래는 낙관할 수 없다. 때문에 대기업 스스로가 국가적 책무를 수행해 나감으로써 대기업에 대한 국민 인식을 개선해 나가는 것이 바람직하다고 할 수 있다.

국민이 1차적으로 대기업에 기대하는 것은 투자 확대와 수출증진 그리고 일자리 창출이다. 기업을 중심으로 하는 총수요 진작이 필요하지만 일단 투자 확대부터가 경제 민주화와 충돌할 수 있다. 경제 민주화의 골자인 순환출자 금지 공약 등이 기업의 투자를 제약할 수 있기 때문이다. 기업에 의한, 기업에 대한 신규 투자가 발생하는 것은 경제성장의 잉여가 기업 내부에 그대로 축적되는 구조 때문이다.

현재로서는 사안별로 기업 스스로 탐욕으로 비칠 수 있는 눈앞의 이익만 추구하는 행위를 자제하는 것이 필요하다. 기업이 이윤을 추구하는 것은 당연하지만, 오늘날과 같이 기업의 사회적 책임이 강조되는 현실에서는 단기적인 이윤 극대화보다는 장기적인 이윤 극대화 전략이 더 중요할 수 있다.

역설적일 수 있지만 기업 스스로 100대 대기업 중심의 가칭 '경제민주화 추진위원회'를 구성해 자율적인 규제 노력을 가시화하는 방안을 검토할 수 있다. 박근혜 차기 정부는 기업의 자율 규제 노력을 먼저 지켜본 다음 개입해도 늦지 않을 것이다. 따라서 충분히 검토되지 않은 경제 민주화 관련 법안을 연말 연초에 서둘러 처리하는 것은 바람직하지 않다.

자영업, 세금과 카드 수수료 부담 낮춰라

무더운 여름밤, 잠 못 이루는 터에 중요한 올림픽 경기도 심야에 진행되다 보니 야식업계가 때 아닌 호황이다. 경기 침체 그림자로 어려움을 겪고 있는 자영업자들에게 가뭄에 단비처럼 도움이 된다면 다행이다.

20-50 클럽에 가입한 나라 중 한국처럼 자영업자 수가 많은 나라는 없다. 5월 통계로 보면 700만 명을 넘어 전체 취업자 중 약 30%를 차지한다. OECD 국가 중 터키·그리스·멕시코 다음으로 높다. 자영업자가 많은 것이 나쁜 것은 아니지만 규모 면에서 영세하고, 저소득에 시달리고, 경기 변동에 민감해 자영업자는 불안하다.

노무현 정부 이후 다양한 정책이 만들어졌지만 기본적인 방향이 잡혀 있지 않아 자영업자들이 체감하지 못하고 있다. 국가 차원에서 육성해야 할지, 축소해야 할 것인지부터 불분명하다. 베이비 붐 세대의 일자리 문제가 나오면 지원 대책을 서둘러 내놓았다가 탈세 문제가 불거지면 규제 정책을 내놓는다. 이런 가운데 감소 추세의 자영업자가 최근 다시 증가하고 있다. 이처럼 정책이 오락가락하는 것은 자영업자에 대한 시각이 정립되지 않았기 때문이다. 대체로 자영업은 최선의 선택이 아닌 차선 또는 선택의 여지가 없어서 하는 경우가 많아 경시하는 경향이 있다. 하지만 우리나라 취업자의 30%와 그 가족들이 자영업으로 먹고살고 있다. 현재의 산업과 고용구조로 볼 때 다른 대안이 없다는 점을 인식해야 한다. 특히 한국과 경제구조가 비슷한 일본도 미국과 같은 선진국에 비해 자영업자 비율이 두 배 이상 높다.

제조업의 수출경쟁력을 위해서는 자본집약적이 될 수밖에 없는 상황에서 제조업에 고용되지 못한 사람들의 일자리는 어디서 만들고, 제조업에서 얻어진 잉여가 나머지 부문으로 흘러가게 하는 통로는 어디에 있는가. 다양한 서비스 형태의 자영업과 제조업이 공생공영하는 구조를 갖지 못하면 일자리가 양극화하고, 소득과 자산의 집중이 커지면서 돈과 자원의 순환은 둔화되어 경제 침체를 가중시키는 리스크가 되기도 한다.

자영업자 정책도 전면적인 발상의 전환이 필요하다. 대한민국 경제를 주도적으로 끌어가야 하는 것은 대기업이고 수출기업일 수밖에 없지만, 대한국민이 더 행복하기 위해서는 자영업자가 먹고 살만해야 한다. 그런데 자영업자가 가장 원하는 것은 경제적 지원 이전에 세금과 사회보험료 부담 감소다. 특히 200만 명 내외의 영세 자영업자는 세금보다도 건강보험과 국민연금 보험료를 더 부담스럽게 생각한다.

보험료 납입 능력이 있는데도 고의 기피하는 사람도 있겠지만, 대부분의 영세 자영업자는 자녀의 학비와 부모 부양으로 미래의 불안에 대비한 보험료를 납입할 수 없다. 이러한 자영업자의 불평은 정규 근로자 대상의 사회보장시스템을 억지로 자영업자에게 맞추는 과정에서 발생한 것이다. 비정형적이고 저소득 상태의 자영업자에게는 보험료 납입을 전제로 하는 사회보험보다는 노령·질병·재해·파산 등 위험 발생 시 보험료 납입과 관계없이 국가가 1차 안전망을 제공하는 별도 시스템을 설계해 줘야 한다. 이와 함께 직장 가입자에게 없는 건강보험 지역가입자 보험료 부과 기준의 재산과 자동차 요소는 삭제를 검토해야 한다. 세금도 마찬가지다. 획일적이고 복잡한 납세제도는 자영업자에게 스트레스를 주고 있다. 국가에 의존하지 않고 잘 살아주는 것에 감사하고 세금 부담은 획기적으로 감면해 줘야 한다.

다음으로 자영업자의 정당한 사업 여건을 만들어 줘야 한다. 대표적인 것이 카드 수수료다. 카드사업자 입장에서 영세 사업체일수록 관리비용이 더 든다는 것은 이해되지만, 국가가 카드 사용을 권장하면서 자영업자가 큰 사업체보다 더 불리하게 만들어서야 되겠는가. 최소한 큰 사업체와 동일한 수준의 수수료 부담이 되도록 정부가 직간접적으로 지원 방안을 마련해야 한다. 또한 업종에 따라 과도한 경쟁 여건도 자율적으로 통제할 수 있는 기제도 갖춰주어야 한다. 한 집 건너 미용실이 생기면 두 집 모두 망할 수 있다. 대기업의 이동통신조차 국가가 진입 규제를 하면서도 생계가 걸린 자영업에 대해서 방치한다는 것은 이해하기 어렵다. 저성장 시대에는 모두가 양보하고 존중하면서 함께 살아가는 방안을 고민하지 않으면 안 된다.

고졸 우대 정책, 이대로는 안 된다

정부가 다양한 고졸 우대 정책을 추진하는 가운데, 일부 대기업·은행·공기업 등에서 고졸 채용을 늘리는 등 긍정적 효과가 나타나고 있어 그동안 상대적으로 홀대받았던 고졸자들에게 희망을 주고 있다.

우리나라의 성장을 이끌어온 70-80세대만 하여도 주축 계층은 고졸이었다. 상고나 공고를 졸업한 우수한 인력들이 오늘의 대한민국을 만드는 과정에서 학력은 문제가 되지 않았다. 그러나 대학진학률이 급속히 높아지면서 이제 대졸이 대세가 되었다. OECD 교육지표에 따르면 우리나라 대학진학률은 2009년 71%로 OECD 평균(56%)보다 높다. 1995년 41%, 2005년 54%, 2007년엔 61%로 가파른 상승세를 보였다. 이는 독일의 40%, 영국의 61%, 일본의 49%와 비교하여도 높은 수준이다. 대학진학률이 높은 것 자체에 대한 시시비비를 가리는 것보다는 대학진학률을 높게 만드는 경제·사회적 구조의 변화에 주목하고 대응하는 것이 더 중요하다.

대학진학률이 높아진 데는 여러 가지 요인이 있겠지만 학력별 임금 격차가 가장 큰 문제라고 할 수 있다. 고용노동부 통계에 의하면 청년층 임금 총액은 대졸자가 월 평균 208만 원이었으나 고졸자의 경우 143만 원으로 고졸 평균 임금이 대졸자의 68.7% 수준으로 나타나고 있다. 한편 또 하나의 중요한 요인은 여성의 대학진학률의 상승이다. 과거에는 남성보다 낮았던 대학진학률이 2009년을 기점으로 여성(75%)이 남성(70%)을 앞질렀다. 따라서 우리가 해결해야 할 과제는 학력 간 과도한 임금 격차이지 대학진학률이 높은 것 자체가 아니다.

대학진학률이 우리나라의 절반 수준밖에 되지 않는 독일은 초등학교 4학년을 마치고 진로를 결정하고, 일반고 대신 직업고를 선택하는 비율이 70%나 된다. 독일의 경우 마이스터 제도를 통해 직업계 고졸의 지위가 보장되고 있고, 학력별 임금 격차가 매우 낮아 고졸 진로 선택이 큰 무리가 없도록 되어 있다. 대부분의 선진 유럽국가들도 대동소이한 모습을 보이고 있는데 비하여 우리나라의 경우 실업계 학교가 무너졌다고 전문가들은 평가하고 있다. 실업계 고교 학생수 비율도 25% 내외에 불과하지만 그나마 졸업생의 80% 가량이 대학에 진학한다.

정부는 이러한 구조를 개선하기 위하여 마이스터 육성책을 내놓았다. 그렇지만 이는 전체 실업계 학생의 3.5%에 불과한 숫자이고, 우수한 마이스터고 졸업생이 바로 취업전선에 뛰어들지는 아직 미지수이다. 마이스터고 졸업생들이 대부분 바로 취업한다 하더라도 나머지 96.5%의 학생은 어찌할 것인가. 정부는 공공기관을 중심으로 고졸 취업을 확대하도록 직간접 압력을 가하고 있지만, 학력별 임금 격차라는 구조적인 문제가 해결되지 않은 상황에서 얼마나 효과가 있을지 의문시 된다.

더욱이 지난해부터 반값 등록금이 정치권을 중심으로 공약화되고, 정부도 이에 부응하여 2조5000억 원 상당의 대학등록금 지원 예산을 배정하였다. 가정 형편이 어려운 학생들에게 등록금 부담을 경감시키는 정책은 참으로 고맙고 필요하지만 정부 정책의 일관성이 문제가 될 수 있다. 고졸 우선 정책을 펴면서 대학등록금은 낮추어 준다면 학부모와 학생의 입장에서는 고졸로 취업을 하라는 신호인지 대학을 더 많이 가라는 신호인지 혼란스럽게 된다. 게다가 정권이 바뀌어 몇 년간 고졸 채용을 확대하다가 기조가 또 다시 바뀌면 그 정책을 믿고 취업 준비를 하던 학생은 어찌될 것인가 우려하지 않을 수 없다. 더욱이 금년 2월에 졸업한 청년 실업 문제의 중심에 있는 지방대 졸업생들이 고졸 취업 우선 정책의 유탄을 맞아 이미 타격을 받고 있다. 일자리는 일정한 상황에서 한쪽을 누르면 다른 한쪽이 튀어나오는 풍선 효과가 발생한 것이다.

중대한 정책 전환을 할 때는 우리 경제와 사회가 기본적으로 지향하여야 할 방향에 대한 보다 치밀한 연구와 검토 그리고 사회적 합의과정을 거쳐야 한다. 백년대계가 필요한 교육 정책은 말할 것도 없다. 높은 대학진학률을 문제 삼고 서둘러 시정하기에 앞서 그러한 현상을 만든 경제·사회 구조에 대하여 냉철하게 돌아보는 것이 더 중요하고, 대학진학률이 높은 것이 참으로 문제가 되는지도 재고해 보아야 한다.

　우리 사회는 인생 60년 시대에서 80년 시대로, 이제는 다시 90년 시대로 발전하고 있다. 길어진 인생만큼 더 늦게까지 일해야 하듯이 취업 이전에 필요한 학습 기간도 더 길어지는 것은 자연적인 현상일 수도 있다. 우리 사회는 20년 교육 받고 40년 일하고 20년 은퇴 기간을 가지는 현재의 패턴에서, 25년 교육 받고 40년 일하고 25년 은퇴 기간을 가지는 인생 90년 패턴으로 경직적인 유럽 선진국보다 빠르게 진화하고 있는지도 모른다. 그리고 이러한 유연한 미래사회에 적응하기 위해서는 학력 간 임금 격차 해소와 함께 돈이 없어 교육 기회를 갖지 못하는 학생들은 없어져야 하고, 정부는 이러한 거대한 변화를 막고 있는 낡고 오래된 벽을 허무는 정책에 오히려 힘을 더 집중해야 할 것이다.

자영업자 부채 문제 없나?

한국은행이 최근 국회에 제출한 금융안정 보고서에 의하면 금년 상반기 가계 부채 증가세는 둔화됐지만 자영업자와 저소득층, 과다 차입에 의존해 주택을 구입한 가계 등 특정 부문의 취약성은 심화되고 있다고 한다. 특히 자영업자 부채는 430조 원 내외이고, 가구당 부채 규모 역시 9500만 원으로 임금근로자의 두 배 정도이며, 가처분소득 대비 부채비율은 219.1%로 임금근로자보다 훨씬 심각한 구조를 보이고 있어 문제이다.

자영업자의 부채 성격은 임금근로자와 다른 성격을 가지고 있다. 임금근로자 부채의 용도는 아파트 등 부동산 구입 목적이 대다수이지만, 자영업자는 가계자금과 사업자금의 구분이 모호하고 사업투자 및 운영자금에 상당 부분 충당된다는 점이 근본적으로 차이가 난다. 따라서 임금근로자 부채는 부동산시장의 침체와 하우스 푸어 문제와 연동되어 있는 반면에 자영업자의 부채는 자영업의 경영위기와 직결되어 있다. 따라서 자영업자 부채 대응 정책은 임금근로자와는 차별적으로 이루어져야 한다.

자영업자 부채의 증가는 자영업자의 급속한 증가와 관계가 있다. 통계청이 발표한 지난 8월 고용동향을 보면 종사상 지위별 취업자 중 자영업자 수는 580만 명으로 지난해 같은 기간보다 12만 명(2.2%) 늘었다. 7월보다는 증가세가 둔화된 것이지만 2006년 이후 감소 추세에 있던 자영업자가 2011년에 이어 빠르게 증가한 것이다. 따라서 자영업자 부채 증가는 일종의 일자리와 투자의 증가로 볼 수 있기 때문에 단순히 부정적으로만 볼 필요는 없지만, 2002년 자영업 붐이 과잉투자로 이어져 자영업의 경쟁 격화와 연쇄도산으로 이어지지 않을까 우려되는 것이다.

우리나라 자영업자 수는 멕시코·그리스 등 국가 그룹과 유사하게 OECD 국가 중에서 이상적으로 많은 국가이다. 자영업자 대부분이 영세하고 음식업·미용업 등 다소 생산성이 낮은 부분에 집중되어 있으며 지역 내 경쟁이 치열하다는 것이 특징이다. 2002년에는 IMF 경제위기의 여파로 대량 구조조정된 사람들이 신규 자영업자의 주류였다면, 2011년에는 50대 베이비 붐 세대 은퇴자가 중심이라는 점에서 차이가 있다. 신체적·정신적 능력은 아직 왕성한 데도 조기 은퇴한 사람들이 제2의 인생으로 자영업을 선택하고 있다는 점에서 분명히 긍정적인 측면이 존재한다. 따라서 제조업 등 정규 노동시장에서 잡아주지 못하는 인력이 자영업으로 흘러가는 것을 비판만 할 수 없고 자영업의 생존여건을 종합적으로 점검하는 것이 중요하다.

안타까운 것은 제2의 자영업 붐이 일어나고 있는 현재의 경제적 상황이다. 2012년 10월 경제심리지수(ESI)에 따르면, 10월 경제심리지수는 87로 전월 대비 2포인트 하락했다. 이는 5개월 연속 내림세이며 기준치 100을 밑돈 것이다. 경제심리지수는 기업경기실사지수(BSI)와 소비자동향지수(CSI)를 합성한 것으로 BSI나 CSI처럼 기준치인 100 이하면 경기를 부정적으로 보는 기업과 소비자가 더 많다는 의미다. 글로벌 금융위기가 해결되지 않은 가운데 세계 경제가 침체 상태에 빠져들고 있어 현재의 경기 부진이 장기간 이어질 가능성도 배제할 수 없다.

자영업자 부채는 경제 불황, 부동산 침체, 자영업 경기 부진 등 거시적 경제 변수와 유기적으로 긴밀하게 연결되어 있기 때문에 그 해답을 찾기는 쉽지 않다. 그렇지만 현재의 경제상황이 장기간 지속되면 자영업 위기가 자영업자 부채라는 뇌관의 폭발로 촉발될 가능성이 높기 때문에 충분한 대응책 마련이 시급하다. 그리고 자영업 위기가 자영업만의 위기가 아닌 것은 침체된 부동산시장이 부동산 버블 붕괴를 유발할 수 있고, 이는 금융기관의 위기와 함께 우리 경제 전반에 타격을 가할 수 있기 때문이다.

단기적으로는 제2 금융권 등에 산재되어 있는 고금리의 악성 부채를 금리나 상환 기간 등에서 안정적인 대출로 전환하는 방안이 검토되어야 한다. 미소금융으로 통칭되는 금융권의 다양한 소액 대출도 신규 창업 지원에서 벗어나 다양한 악성 부채를 완화하는 기능을 수행할 수 있도록 대폭 확대되어야 할 것이다. 발생 가능한 악성 가계 부채를 담을 수 있는 펀드를 조성하고 이를 금융시장 내에서 소화할 수 있는 채권의 발행 등도 신중하게 검토할 필요가 있다.

자영업에 대한 환상도 제어될 필요가 있다. 외형적으로 볼 때 우리 자영업은 과포화 상태라 할 수 있다. 그야말로 정글의 법칙이 작동하는 시장에서 생존 확률은 극히 낮고, 생존에 성공한 극히 일부도 강력한 신규 진입자의 위협에 안심할 수 없는 상황이 전개되고 있다. 따라서 자영업을 자유시장 경쟁하에 그냥 방치할 것이 아니라 어느 정도의 합리적인 진입 장벽을 만들 필요가 있다. 특히 대량으로 방출되고 있는 베이비 붐 세대의 노동력이 생산적으로 활용될 수 있는 자영업 이외의 새로운 대안도 제시되어야 할 것이다.

대한민국은 부채공화국인가?

최근 정부가 발표한 2011 회계연도 국가 결산에 따르면, 정부 채무는 420조7000억 원으로 2007년의 299조2000억 원보다 121조5000억 원 늘어났다. 우리나라의 정부 채무는 국제통화기금(IMF) 경제위기 직전까지는 전혀 걱정할 수준이 아니었다. 1997년의 정부 채무는 60조3000억 원에 불과했으나 김대중·노무현 정부 10년간 연평균 17% 넘게 증가하였고, 이명박 정부 4년간에는 연평균 8.5% 증가했다. 지난 14년간 경상 국내총생산(GDP) 성장률보다 훨씬 빠르게 정부 채무가 늘어난 것이다.

현재의 정부 채무는 경제협력개발기구(OECD) 국가보다 양호해 걱정할 것이 없다는 것이 기획재정부의 설명이다. 그러나 한국은행에서 연구 발표한 부채 보고서에 따르면, 2030년에는 고령화에 따른 사회보장성 지출 증가와 부실 공기업 등의 잠재 채무와 함께 금융성 채무가 적정한 수준에서 관리되지 못할 경우 정부부채비율은 GDP 대비 106.0%에 달할 것으로 추정된다. 그 당시 우리나라의 경제 수준으로 감당할 수 있는 상한선인 140~160%에 비하면 다소 여유가 있다고 한다.

기획재정부 등 정부 당국은 그동안 정부 채무에 대해서 이중적 태도를 가져왔다. 정부 채무가 너무 많다는 여론이 거세면 다른 OECD 국가에 비해 양호하다는 입장을, 정치권에서 복지 정책 공약을 내세우면 큰일 날 듯이 경고음을 울려 왔다.

한국은행의 입장도 모호하다. 2030년까지 100%를 넘을 것이라는 전망을 해놓고는 근거도 모호한 상한선 기준을 제시하고 우려할 것이 없다고 한다. 정부 부채를 관리하는 재정금융 당국이 상황에 따라 말을 바꾸어 국민을 납득시킬 수 있을 것인지 의심스럽다. 특히 우리나라 인구구조의 변화를 보면 경제적으로 가장 위험한 시기는 2차 베이비 붐 세대가 노동시장을 완전히 빠져나가는 2030년 이후부터인데,

2030년까지 괜찮으니 걱정하지 말라는 주장은 '눈감고 아웅'하는 격이다.

김영삼 정부까지만 해도 정부 재정 적자가 발생하는 것은 용납되지 않는 분위기였다. 그 이후 재정 당국부터 균형 재정 사수(死守) 의지가 퇴색하기 시작하더니, 정치권의 입장에 조응해 정부 채무를 늘리면서도 궁색한 논리로 포장하기 바쁘다가 마침내 이런 지경까지 온 것이다.

공기업과 가계는 정부보다 심각하다. 2011년의 공기업 부채는 328조4000억 원으로 전년에 비해 34.2% 증가했고, 가계 부채는 912조9000억 원으로 34% 증가했다. 특히 가계 부채 증가로 채무 원리금 상환이 급해지면서 가계저축률은 3% 내외로 하락해 미국이나 일본보다 낮은 상황이다. 이는 소비 위축으로 이어져 경제성장이 수출에만 의존하다 보니 양극화 심화의 원인이 되고 있다. 물론 가계 빚의 상당 부분은 부동산에 투자된 것이기 때문에 과거 일본과 같이 부동산 버블이 붕괴되지만 않는다면 크게 걱정할 것이 없다는 것이 위안이라면 위안이다.

그러나 1995년에서 2010년 사이에 국내총생산(GDP) 대비 부채비율이 정부와 가계는 크게 악화됐으나 기업은 94.6%에서 104.0%로 증가해 비교적 양호한 상태를 유지하고 있는 것으로 나타났다. 특히 대기업 집단의 재무건전성이 좋다는 것은 치열한 글로벌 경쟁 시대에 그나마 다행인 셈이다. 일반적으로 돈의 흐름상으로 보면 기업은 자금 부족, 가계는 자금 잉여 상태가 되어 가계저축이 기업투자로 이어지는 것이 정상인데, 우리나라의 경우 가계가 자금 경색 상태에 빠져 있으니 그야말로 동맥경화 상태라 할 수 있다. 따라서 현재 우리나라의 국가 채무 난맥상은 단순한 부채의 문제가 아니라 경제 시스템의 문제에 가깝다.

따라서 국가 차원에서 가계·기업·정부 부문의 대차대조표와 자금흐름표를 만들어 종합적인 관리가 필요하다. 가계와 기업의 자산과 부채의 변동성을 세밀하게 관찰하고 가계에서 기업으로, 기업에서 가계로의 자금 흐름에 문제는 없는지, 정부 존재가 이러한 자금 흐름에 긍정적으로 작용하고 있는지 부정적으로 작용하고 있는지를 분석하고 문제 해결의 방안을 검토해 글로벌 환경하에서 각 경제 주체들의 '윈윈' 전략을 도출하는 것이 시급하다. 주먹구구식 국가 부채관리로는 대공황 이후 최악의 세계 경제의 큰 파동을 이겨나갈 수 없다는 것을 명확히 인식해야 한다.

위기의 지방 재정 해법은 없는가?

서울 서초구가 보육 예산이 고갈되어 중단 위기에 빠졌고, 서울시 대부분의 다른 자치구에도 유사한 사태가 발생될 것으로 예상되고 있어 비상이 걸렸다. 지방 세수가 극히 미미하여 재정자립도가 낮은 군 지역 지자체도 아니고, 우리나라에서 둘째 가라면 서러워할 부자 지자체에서 무상보육 관련 추가 예산의 부담 주체를 놓고 중앙정부와 지방정부 간의 팽팽한 기싸움 과정에서 정부 사업의 중단 위기가 발생한 것이다.

이번에 문제가 된 보육 예산 외에도 복지 지출 확대에 따른 지방정부의 재정 압박은 고질적인 과제였지만, 정부는 지금까지 근본적인 해결책을 찾지 않고 땜질식 처방만 거듭해 왔다는 비판을 받고 있다. 지난 10년간 지방정부 예산증가율은 연평균 5.2%였지만, 이 중 복지예산증가율은 14.7%가 되어 전체 예산에서 복지 예산의 비중이 2002년 9.5%에서 2011년에는 20.2%로 늘어났다. 이는 국민기초생활보장제도 확대와 기초노령연금제, 노인장기요양보험제, 장애인연금제 등 대형 복지제도의 시행과 함께 정부의 보육 서비스가 크게 강화되고 있기 때문이다.

국회 예산결산특별위원회의 지방 재정 관련 한 보고서에 따르면, 지난해 전국 지자체 평균 재정자립도는 51.9%였다. 이 가운데 약 90%인 216개 지자체의 자립도는 50% 미만으로 나타났다. 특히 자립도가 10% 미만인 시·군도 12개나 되는 것으로 조사되었다. 서울특별시와 광역시의 자립도는 평균 68.6%인 반면 군 단위 지자체의 평균 자립도는 17% 수준이다. 국회예산정책처 자료에 의하면, 2010년에는 기초자치단체 중 61.8%가 적자 상태에 있다고 한다.

대통령 선거를 앞두고 여야를 불문하고 복지 예산의 증액을 요구하고 나서 재정 전망은 더 불투명해지고 있다. 더욱이 부동산 경기 침체 등으로 세수 확보는 어려워지고 있어 지방 재정 문제는 더 이상 방치할 수 없는 상황에 이르고 있다. 이에 시장·군수·구청장 모임인 목민관클럽은 최근 지방교부세 2% 증액, 국민기초생활보장 관련 사업 전액 국고지원사업 환원, 총리실 산하 지방재정심의위원회 설치, 국세와 지방세 비율 6 대 4로 조정 등을 입법 청원했지만 그 요지는 중앙정부가 더 부담해 달라는 것이다.

그러나 중앙정부의 사정도 녹록하지 않다. 최근 복지 확대로 지자체 부담이 증가되었다고 하지만, 지방정부의 부담이 증가된 이상으로 중앙정부 부담도 증가되었다. 우리나라의 2012년 GDP 대비 국가채무비율은 34.2%로 높아질 것으로 예상되고, 이 추세가 계속되면 2060년에는 일본의 현재 상태와 비슷한 수준인 200%를 넘어서게 될 수 있다는 전망이 이미 나오고 있다. 최근 우려되고 있는 스페인의 국가 재정위기의 근간에는 지방정부 재정의 위기가 위치하고 있다. 따라서 지방 재정의 위기를 타개하기 위해서는 지방정부 입장에서만 생각해서는 답이 없고 중앙정부와 함께 해답을 찾아나가야 한다.

중앙과 지방이 모두 동의할 수 있는 재정 룰(rule)을 새롭게 만들어야 한다. 공정한 재정 룰을 만드는데 가장 큰 장해요소는 지자체 간의 재정 격차이다. 재정 격차가 존재하는 상황에서 지자체별 재정 여력을 감안하여 부족분을 중앙정부가 채워주다 보면 지방정부 차원에서의 재정 절감 노력을 감퇴시킬 가능성이 높다. 실제로 2004년에는 재정자립도가 57%였지만 2011년에는 52%로 하락했다. 또한 당년도 예산액을 연말까지 소진하지 못하면 오히려 불이익이 발생하는 구조하에서는 연말에 멀쩡한 보도블록을 교체하는 등 불요불급한 밀어내기 예산 집행이 연출될 수밖에 없다. 따라서 지자체의 노력으로 절감된 예산은 다음 해에 자동적으로 이월될 수 있도록 하는 등 재정 절감 노력을 하는 지자체에 더 많은 인센티브가 갈 수 있도록 예산제도가 개편되어야 한다. 또한 중앙정부와 지방정부 간 세원의 배분도 이번 기회에 원점 상태에서 재검토가 필요하다.

현재 지방정부를 가장 크게 옥죄는 것은 복지 예산이다. 특히 국민기초생활보장, 기초노령연금, 무상보육서비스에 대한 지자체의 분담금이 저출산 고령화의 진전으로 가중되고 있어, 현재 추세라면 전국 대부분의 지자체가 이들 예산 때문에 파탄 지경에 빠질 위험성이 높다. 따라서 사회복지사업에서 중앙정부와 지방정부의 역할과 기능을 명확히 재조정하는 것이 시급하다.

그러나 이를 위해서는 지방정부 차원의 재정에 대한 책임의식 강화가 전제되어야 한다. 선거를 의식한 선심성 사업, 호화 청사 같은 낭비성 사업, 경제성이 입증되지 않은 무책임한 지역개발사업 등에 예산이 잘못 편성되지 않도록 지자체 예산관리시스템을 대폭 강화하고, 지방정부 부채 증가의 주원인이 되고 있는 방만한 지방 공기업 사업도 적정 수준의 구조조정이 필요하다. 이러한 노력들이 하나씩 진행되고 그 성과가 구체적으로 가시화되는 과정에서 지방정부에 대한 신뢰도가 자연스럽게 높아지고 역할과 기능도 더욱 확대될 것이다.

선거 공약과 재원 조달 가능성

2012년 국민의 선택은 끝났지만 선거기간에 내놓은 공약(公約)은 그대로 살아 있다. 과거와 달리 공약은 더 이상 공약(空約)이 아니고, 실천의 전 과정을 국민이 예의 주시하고 있기 때문에 대통령 당선인으로서 소홀히 할 수 없는 약속이다. 박근혜 대통령 당선인은 누구보다도 신뢰를 중요시하기 때문에 이를 반드시 실천하고자 할 것으로 생각된다. 이 때문에 믿음이 가기도 하지만 반대로 걱정도 된다.

지킬 수 없는 공약 과감히 수정해야

박근혜 당선인은 집권 5년 동안 수행할 총선 공약으로 27조6000억 원, 대선 공약으로 94조6000억 원, 지방교부세 9조2000억 원 등 합계 131조4000억 원이 소요되는 대(對)국민 약속을 했다. 내용을 보면 복지 30조 원, 여성 23조5000억 원, 교육 18조8000억 원 등 민생 문제 해결에 필요한 예산이 대부분이고, 과거와 같이 사회간접자본 관련 예산은 거의 보이지 않는다. 시대의 변화를 실감한다.

예산 항목별로 보면 어느 하나 중요하지 않은 것이 없고 각계각층의 숙원이 담겨 있다고 할 수 있지만, 연평균 26조 원에 이르는 재원을 어떻게 마련할 것이냐가 문제다. 물론 대선캠프에서는 131조4000억 원보다 더 많은 134조5000억 원에 이르는 재원 조달 계획을 공시하고 있다. 71조 원은 예산 절감 및 세출 구조조정으로, 48조 원은 세제 개편 및 세정 개혁으로, 10조6000억 원은 복지행정 개혁으로 조달할 수 있다고 큰소리친다.

그렇지만 세부 내용별로 보면 재량 지출 7% 일괄 축소와 금융소득 과세 강화 등 몇 가지 외에는 재원 조달 가능성이 다소 불투명해 보인다. 비과세 감면과 세금 탈루 축소는 정부 효율화를 논의할 때는 으레 약방의 감초처럼 들어가지만, 수혜자 상당수가 중소기업이나 취약한 자영업자 계층으로 오히려 지원을 확대해야 할 대상이라는 점에서 쉽지 않다. 복지 서비스 전달체계도 개혁이 필요하지만 개혁이 꼭 비용 감소로 연결되지는 않는다.

더욱이 향후 5년간 필요한 재원은 조달할 수 있다 하더라도 그 이후에도 가능할 것이냐는 별개의 문제다. 2010년 기준 노인인구비율은 11.0%이고, 우리나라의 복지 재정 지출은 국내총생산(GDP)의 9.0% 수준이다. 하지만 노인인구비율 15.6%, 1인당 GDP는 3만3000 달러가 되는 2020년경에는 현재의 복지제도를 그대로 유지하더라도 GDP의 12.0% 수준으로 증가할 것으로 전망된다. 10년 내에 GDP의 3% 포인트가 자연 증가하고 이를 충당하기에 급급한 상황에서 향후 5년 내에 GDP의 2% 포인트를 추가로 증액시키는 것은 쉽지 않은 과제가 될 것이다.

물론 경제협력개발기구(OECD) 국가의 평균 복지 지출 비중은 GDP의 20% 내외로 추산되기 때문에 우리나라라고 못할 것은 없다. 이에 상응하는 조세와 사회보험료 부담을 함께 늘려 나가면 된다. 그러나 중장기적으로 조세나 사회보험료를 높이지 않고 할 수 있는 복지는 매우 제한적이다. 이명박 정부에서 국민부담률을 높이지 않고 복지 지출을 확대했지만, 그 대신에 정부 채무가 늘어났다는 것을 간과해서는 안 된다.

일본 민주당 꼴 나면 최악

박 당선인은 5년 후를 볼 것도 없이 당장 2013년 정부 예산 문제부터 해결해야 한다. 여야가 대선 이후로 미뤄놓은 정부예산안을 금년 내로 통과시키기 위해서는 10일밖에 남지 않았다. 정부는 내년 나라살림 규모를 342조5000억 원으로 편성하고 보건복지노동 부문에 97조1000억 원을 배정했지만, 국회는 국가 책임 보육 강화 등을 위한 추가적인 예산 증액을 요구하고 있다. 현 정부예산안도 GDP 대비 재정수지를 −0.3% 수준으로 맞추었는데 예산이 증액되면 적자 재정 심화는 불가피하다. 더욱이 4%대 경제성장을 전제로 만들어진 세원 조달 계획도 경제 침체가 금년처럼 계속될 경우 달성할 수 있을지 우려되는 상황에서 추가적인 예산 증액은 쉽지 않다.

박 당선인은 12월 19일까지는 정부 예산 편성에서 '을'의 처지에 있었지만 이제 '갑'의 처지에서 생각하고 판단해야 한다. 야당과 협의과정에서 과거의 원칙을 고수하면 불통이라고 비판받을 수 있고, 원칙을 바꾸면 시작부터 약속을 파기하는 것이 된다. 참으로 어려운 형국이다.

향후 5년간 박 당선인이 극복해야 할 대내외 과제는 수없이 많겠지만 재정 운영과 관련된 정책 방향 정립은 무엇보다도 시급하다. 국민과의 약속은 지켜져야 한다. 그렇지만 일본 민주당의 사례에서 보듯이 처음부터 무리한 공약을 지키겠다고 동분서주하다 뒤늦게 못하겠다고 국민 사과를 하는 것과 같은 우(愚)를 범해선 안된다. 대통령직인수위원회가 출범하면 지난 총선과 대선의 공약에 대한 타당성 검토부터 원점에서 다시 해야 한다. 임기 중에 할 수 있는 공약과 할 수 없는 공약을 우선순위에 따라서 재분류하고, 지킬 수 없는 공약에 대해서는 과감히 수정하거나 폐기하고 국민의 이해를 구하는 것이 바람직하다.

국가 재정 건전성 문제 없나?

17조3000억 원에 달하는 추가경정예산안이 국회를 통과했다. 이번 추경으로 정부 총지출은 당초 예산안 342조 원보다 7조 원 늘어난 349조 원으로 증가하고, 16조 원에 달하는 국채 발행으로 국가 채무는 464조6000억 원에서 480조4000억 원으로 늘어난다. 국내총생산(GDP) 대비 국가채무비율도 34.3%에서 36.2%로 1.9%포인트 증가할 것으로 보인다.

정부는 「2013~2017년 국가재정운용계획 재정운용목표 검토안」에서 국가채무비율을 2014년 35.2%, 2015년 34.3%, 2016년 33.2%, 2017년 32.4%로 서서히 낮출 계획을 밝히고 있다. 그렇지만 김대중 정부 이후 우리나라의 국가 채무는 지속적으로 증가해 왔고 매년 적자 재정을 편성할 때마다 그 다음해부터는 국가 채무를 줄여나가겠다고 했지만 제대로 지켜지지 못했다. 박근혜 정부는 당초 임기 안에 GDP 대비 국가채무비율을 30% 아래로 떨어뜨린다는 재정 운용 목표를 세웠지만 시작부터 삐거덕거리는 상황이다.

정부의 판단대로 경제 전반이 침체되고 있는 상황이라면 정부가 재정 지출을 늘려 경기를 부양하는 것은 불가피할 수 있다. 다른 경제협력개발기구(OECD) 국가와 비교해 볼 때 우리나라 재정은 아직 양호해 한두 해 적자 재정을 편성한다고 해서 당장 큰 문제가 될 것도 없다. 그러나 우려되는 것은 새 정부가 집권 5년 동안 추진할 계획인 130여 조 원의 국정사업은 본격적으로 시작도 되지 않았다는 점이다. 게다가 새 정부는 절대 증세를 하지 않겠다는 결의를 보이고 있기 때문에 만약 계획대로 모든 공약사업을 추진한다면 국가 채무 증가는 막을 수 없을 것으로 보인다.

지금 이 시점에서 의문시되는 것은 정부가 현재의 우리 경제 상태를 정확하게 진단하고 있는가 하는 점이다. 한국은행이 발표한 1/4분기 경제성장률은 전기 대비 0.9%로, 기획재정부의 예측대로 하반기에 경기가 점차 회복된다면 작년보다 1% 포인트 높은 3% 이상의 성장이 가능하다. 엔저로 수출이 부분적으로 타격을 받고 있는 것이 사실이지만, 현재 일본 엔화 환율은 100엔 당 1100원 수준으로 엔고가 극대가 될 때인 1600원 수준보다 크게 떨어진 것이다. 그러나 글로벌 금융위기 발생 이전의 2007년 환율이 100엔 당 800원 수준이었다는 점을 감안하면 지난 3년간이 특별한 기간이었지 현재의 엔저가 반드시 이상하다고 할 수 없다. 미국 달러 대비 환율 수준도 1100원 수준에서 등락을 보이고 있어 장기적으로 볼 때 이 정도의 환율에는 견딜 수 있는 경제가 되어야 한다.

경기 침체는 고통스러운 것이지만 이를 통해 누적된 비효율성이 제거되고 국가경제가 혁신할 수 있는 기회도 있다. 이제 우리 경제규모는 정부가 10조~20조 원 푼다고 크게 달라질 정도로 작은 나라가 아니다. 박근혜 정부의 창조경제가 정부의 경기 부양 정책으로 탄력을 받을 것으로 생각한다면 큰 오산이다. 결국 창조경제는 기업이 주도해야 하고 그리고 현금 자력을 충분히 가지고 있는 곳은 현실적으로 대기업밖에 없다. 경제 민주화 관련법 등으로 기업의 기를 죽이고 체납된 세금을 걷는다고 국민을 아우성치게 하면서 정부가 국가 빚으로 경기를 부양한다는 것은 지나가는 소도 웃을 일이다. 향후 10년간은 우리 경제가 저출산·고령화와 양극화를 이겨내고 선진국으로 진입하느냐를 가름할 중요한 시기다. 과거 박정희 대통령이 그러했듯이 100년을 내다보는 새 국가의 창조 비전을 구상하고 추진할 때다.

거듭되는 가뭄, 하늘만 바라볼 것인가?

올해 2월에서 5월까지 전남과 경남 지역은 강수량이 평년보다 많았지만, 서울·경기의 강수량은 평년에 비해 52%, 강원·영동 지역은 44% 수준에 불과해 가뭄 현상이 심각하다. 주요 댐의 저수량도 6월 1일을 기준으로 평년에 견줘 소양강댐 70%, 충주댐 61%, 횡성댐 73% 등으로 최저점을 경신하고 있다고 한다. 북한 지역의 가뭄 현상은 더 심각해 올해 격심한 식량 부족 현상이 생길 우려가 있다는 국제기구의 경고가 이어지고 있다.

우리나라 연평균 강수량은 1200~1500㎜로 세계 평균 900㎜보다 1.4배 가량 많다. 그러나 인구밀도가 높고 비의 대부분이 여름철에 집중되는 관계로 바다로 그냥 흘러들어가는 양이 많아 국제 기준으로는 물 부족 국가로 분류된다. 하지만 이를 체감하는 국민은 많지 않은 것 같다. 가뭄과 홍수 문제는 역사 시대 이전부터 언제나 있었지만, 이상 기후 현상과 함께 변동성이 높아지고 있다는데 문제점이 있다. 1980년 이래 5~7년 주기로 크고 작은 가뭄이 발생했으나, 2008년 이후에는 2~3년 주기로 가뭄 발생 빈도가 잦아지는 경향을 보이고 있다.

물은 농업용수 등 산업에 없어서는 안 되는 중요한 자원이고 인간의 생존에 필요 불가결하다. 사람이 살기 좋은 곳과 나쁜 곳은 기온과 함께 물이 얼마나 풍부한 곳인가에 의해 좌우된다. 지난해 외국 영화로 관람객 수를 기록을 갱신한 〈인터스텔라〉에서 인류가 지구를 떠날 수밖에 없는 상황에 몰리는 것도 결국은 물 부족 때문이었다. 옛날에도 훌륭한 왕을 가늠하는 잣대는 '치산치수(治山治水, 산과 물을 다스려 재해를 막는 일)'에 있었지만, 기우제를 지내는 것을 제외하면 왕이 할 수 있는 일이 그리 많지 않았다. 그렇지만 삼한시대부터 한반도에 의림지·동경지·대제지

·수산제·벽골제·공검지 등 저수지가 있었던 기록이 있는 것을 보면, 2천년 전에도 그냥 하늘만 바라보고 있었던 것 같지는 않다.

우리나라처럼 강수량이 여름 한철에 집중되는 국가가 물 부족에 대비하기 위해서는 댐 건설이 중요하지만, 박정희 대통령의 국토개발계획에 따른 댐 건설 이후로는 환경 문제 등의 이유로 뜸해지고 있다. 최근에는 이명박 대통령이 4대강사업 과정에서 각 수계의 담수량을 늘린 것이 그나마 한 것이라고 할 수 있다. 한국농촌경제연구원은 "현재와 같이 기후가 변하면 2050년의 쌀 생산량은 181만 톤으로 정상기온에서의 생산량보다 100만 톤 넘게 줄어 식량 안보가 위협받을 수 있다"고 전망한 바 있다.

더욱이 논농사 면적이 감소되면서 논이 가지고 있는 담수 능력도 갈수록 줄어들 전망이어서 쌀 생산 감소와 함께 물관리가 더욱 어려워질 개연성이 높다. 현실적으로 대형 댐의 건설이 쉽지 않다면, 가뭄이 국지적으로 다르게 발생하고 있는 상황에서는 지역별로 중소형 댐 혹은 저수지의 신설·보강을 위한 적극적인 투자와 예산 배정이 필요하다.

이와 함께 댐의 담수량 조절 시스템도 점검이 필요하다. 기후 변화로 총강우량은 큰 변화가 없어도 호우기의 강우량은 더 많아지고 갈수기의 강우량은 더 적어진다면 각 댐의 수자원관리 방식도 달라져야 하기 때문이다. 과거의 패턴에 의존해 물을 관리하면 갈수기의 물 부족에 능동적으로 대처하기 어려울 수 있다. 발전된 정보통신기술(ICT)을 활용해 전국의 수자원을 종합적으로 통제하는 지능형관리시스템 구축을 서둘러야 한다.

물 소비량을 줄여나가는 것도 중요하다. 우리나라 국민의 1인당 물 사용량은 282리터로 일본·미국과 함께 세계 최상위 수준이고, 유럽 선진국과 비교하면 거의 2배 가량의 물을 소비하고 있다고 한다. 물 소비량이 선진화의 척도라면 물을 많이 사용할수록 바람직하겠지만, 물 부족이 심화되고 있는 상황에서는 인식의 전환이 필요하다. 우리가 일상생활에 사용할 수 있는 물을 생산하는 비용을 감안해서라도 최소한 그냥 흘러버려 낭비되는 물이라도 줄이려는 범국민적 노력이 절실하다.

식량위기 대응 예산을 확충하자

우리나라의 식량자급률은 22.6%로 경제협력개발기구(OECD) 국가 중에서 최하위 수준이다. 식량이 필요하면 외국에서 수입하면 된다는 생각이 식량자급률을 이 수준까지 떨어지게 만든 것이다. 물론 미래의 세계가 최근 수십 년과 같이 평화로운 성장세를 계속 유지한다면, 국내에서 우리가 먹을 식량을 꼭 생산하지 않는다 하더라도 큰 문제가 없을 것이다.

그렇지만 지구 온난화 등으로 기상 이변이 계속되고 있고, 올해만 하더라도 애그플레이션으로 국제 곡물가격이 들썩거리고 있는 현실을 볼 때 마냥 안심하고 있을 일은 아니다. 따라서 만약의 사태에 대비해 식량 안보 전략을 수립하고 있어야 한다.

대한민국의 국토면적은 10만㎢에 불과하고 그나마 70%는 산악 지역이다. 역사적으로 볼 때 이렇게 좁은 땅에 5000만 여 명이 생활한 것은 지금 우리가 처음이다. 인구가 5000만 명으로 늘어났음에도 불구하고 우리나라 국민들이 먹는 음식 수준은 과거 어느 때보다 풍요롭고 화려하다.

100여 년 전 한반도 전체에 살았던 사람 수는 2000만 여 명에 불과했지만, 춘궁기에는 수십만 명이 유리걸식하고 다녔다는 역사를 되새기면 격세지감을 느낀다. 눈부신 경제 발전으로 오늘날과 같은 번영을 누리고 있지만 이러한 번영이 앞으로도 영원히 계속되리라는 보장은 없다.

우리나라 국민은 안전불감증으로 눈앞에 보이는 위험도 무시하고 지금까지 살아왔기 때문에 미래의 보이지 않는 위험에 대응하기가 쉽지 않은 것이 사실이다. 하지만 1인당 국내총생산(GDP)이 2만 달러를 넘어서고 있는 현시점에는 지금까지 이루어 온 경제적 번영을 지키기 위해서라도 뒤도 돌아보고 좌우도 보면서 다른 선진국들은 미래 위기에 대비해 무엇을 준비하고 있는지 철저하게 살펴봐야 할 때다.

불과 2년 전 식량 감산 정책을 추진하다가 다시 증산 정책으로 전환하는 것과 같은 우왕좌왕하는 식량 정책으로는 미래 위기에 대응할 수 없다. 물론 농업·농촌·농민을 위한 각종 정책을 위해 사용해야 할 예산이 많고, 이들 예산도 조달하기 어렵다는 것은 이해한다. 그렇지만 지금까지와 같이 위기 대응 예산을 미루기만 하다가는 언제 어떻게 다가올지 모르는 위기가 도래했을 때 손도 제대로 쓰지 못하고 곤궁에 빠질 공산이 큰 것이다.

이제는 미래에 일어날 수 있는 모든 가능한 상황에 대해 시나리오를 만들고, 시나리오별로 대응 전략을 수립해야 한다. 그리고 계획의 실행을 위한 식량위기 대응 예산을 대폭 확충하는 것이 필요하다.

좁은 국토에서 일정한 양의 식량자급률을 달성하기 위해서는 토지생산성을 높일 수 있는 다양한 방안과 그리고 이를 추진하기 위한 적극적인 투자가 필요하다. 단순히 과거로의 회귀나 규제 정책만으로는 이탈된 균형을 회복시킬 수 없을 것이다. 선진국 경험들에 대한 비판적 검토와 함께 다양한 경우에 대한 시뮬레이션을 통해 최적의 대안들의 조합을 찾아나가야 할 것이다.

국민의 식량 소비구조가 다양화되는 것을 막을 수는 없지만 유사시에는 적응할 수 있을 정도의 회귀 경로는 검토되어야 하고, 엄청난 음식쓰레기로 낭비되는 식량자원을 줄일 수 있는 방안도 모색해야 할 것이다. 마지막으로 이러한 식량위기 대응논리가 자유무역협정(FTA) 반대 논리로 오용되어서는 안 될 것이다. 지금 우리에게 필요한 것은 글로벌 경제상황을 전제로 하고 식량위기에 대응할 수 있는 탄력적인 전략을 구축하는 것이다.

애그플레이션 위험 정말 없나?

국제곡물가격 동향이 심상치 않다. 기상 이변으로 인한 남미 등의 생산 부진 전망과 러시아와 우크라이나의 분쟁으로 상승세를 보였던 곡물가격이 미국의 생산량 증가 전망과 우크라이나 사태 진정 국면 전환으로 다소 안정세를 보이고 있지만 불안 요인은 여전히 상존하고 있다. 2013년에는 세계 생산량이 감소됐음에도 곡물가격은 오히려 하락하는 현상을 보이다, 금년 들어서는 여러 가지 부정적인 요인이 겹치면서 가격이 오르는 등 곡물가격의 변동성이 증가되고 있다.

곡물자급률이 23.6%에 불과해 매년 1400만 톤 내외의 곡물을 수입하는 우리나라는 국제곡물가격의 동향에 민감할 수밖에 없다. 사료용을 제외하면 식량자급률은 45.3%로 높아지지만, 우리 국민의 주식인 쌀 자급률은 80% 초반대까지 떨어졌다. 줄어드는 쌀 소비량과 농지 축소 등 여러 요인이 자급률 하락에 영향을 미치고 있다. 더욱이 한국농촌경제연구원에 따르면, 미국 캘리포니아 산 중립종 쌀 가격이 2월 12일 기준으로 1톤당 930달러를 기록해 20일 만에 40% 가까이 급등했다. 태국산 장립종이 같은 기간 19% 상승한 시황도 주목할 필요가 있다. 국제 쌀 가격의 상승은 우리 농업의 입장에서는 긍정적인 측면도 있지만, 태국·베트남·필리핀 등 쌀 주산국의 인구 증가와 경작면적의 감소 등으로 향후 식량위기의 가능성이 증가될 수 있어 경각심을 가질 필요가 있다.

특히 우려되는 것은 중국의 곡물 수급 동향이다. 최근 몇 년 사이에 콩·옥수수 등의 수입이 늘어나면서 2012년부터 식량자급률은 87% 수준으로 떨어졌다. 2012년 중국 곡물 수입은 47억5000만 달러로 2008년 대비 6배 증가했다. 쌀의 경우 2008년에는 2억9800만 달러의 흑자를 기록했으나 2012년에는 8억2800만 달러 적자를 기록했다. 중국 정부는 대대적인 식량자급률 제고 방안을 마련하고 있지만 쉽지만은 않을 것으로 보인다. 여기에 인구가 급속히 늘어나고 있는 인도의 폭발적인 식량 수요 증가가 세계 식량 수급에 미칠 파장도 걱정된다.

당장은 큰 문제가 없어 보이는 식량위기 가능성을 가지고 필요 이상으로 불안감을 조성할 필요는 없다. 그렇지만 5000만 국민의 생존이 걸려 있는 식량 안보는 그 중요성을 아무리 강조해도 지나치지 않다. 또한 상시적으로 식량 부족 상태에 있는 북한 주민 2500만 명의 식량 문제도 통일시대에는 남의 일이 아닐 수 있다. 따라서 7500만 명의 식량 문제에 대한 튼튼한 대비가 필요하다.

최근 걱정되는 것 중 하나는 규제 완화의 명분으로 농지에 대한 규제까지도 마구 풀어서 식량 생산기반을 붕괴시킬 가능성이다. 현재 농지와 관련된 규제는 미래지향적인 새로운 기준으로 정립할 필요성이 분명히 있다. 그러나 식량 안보에 요구되는 농지면적의 총량 규모에 대한 국가 차원의 종합적인 계획 수립이 필요하다. 이를 위해서는 과학적이고 현실적인 곡물자급률 목표를 만들고, 이를 달성하기 위한 적정 농지규모와 생산성 확충 전략이 만들어져야 한다.

미래의 식습관 변화까지 고려한 종목별 주요 농산물 생산 계획과 함께 낭비적으로 버려지는 막대한 음식물 쓰레기 절감을 위한 국민운동 전개로 필요없는 식량 수요도 감소시켜 나가야 한다. 이제 농산물시장 개방 압력에 수동적으로 대응하는 농업 계획에서 벗어나 능동적인 식량 안보 전략을 수립하고 이를 하나하나 계획적으로 실천해 나갈 때이다. 더불어 단기적인 곡물가격의 변동성 증가에 대응할 수 있는 경보 시스템도 체계적으로 구축할 필요가 있다. 특정 사안이 발생하면 임시 방편으로 세우는 일회성 대책이 아니라 장기적인 안목을 가지고 지속 가능한 기준과 프로세스를 만들어야 한다.

흉년인 데도 쌀값 하락?

통계청에 따르면, 올해 쌀 생산량은 429만5000톤으로 지난해보다 62만 톤 (12.6%)이 감소했다고 한다. 이는 쌀 재배면적 감소와 기상 악화에 따른 것으로 30년 만의 최저치다. 그렇지만 10월 중 쌀값은 5%가량 하락해 농업인들이 이중고를 겪고 있다. 생산량 감소에도 쌀값이 하락하는 것은 전국에 쌀 재고량이 넘쳐나기 때문이다. 10월 말 현재 전국 쌀 재고량은 138만 톤으로 정부가 정한 의무비축량 72만 톤의 배에 가깝다.

주식인 쌀은 재고가 남아돌아 흉년인 데도 가격이 하락하지만, 전체 곡물재고율은 1986년 36%에서 매년 1%씩 감소해 현재 약 15%에 불과하다. 식량자급률도 OECD 국가 중 최하위다.

최근 기후 변화로 인한 곡물 생산 감소로 국제곡물가격도 등락이 격심하다. 중장기적으로 개도국의 식량 수요 증가가 예상되어 곡물 수급의 불확실성이 더욱더 커질 것으로 예상된다. 프랑스는 식량을 수출하는 나라이고, 독일도 식량자급률이 80%에 이른다. 산악국가인 스위스가 50%, 일본도 40% 수준이다. 식량 부족국인 북한까지 고려한다면 우리나라의 식량자급률은 매우 충격적인 수치임에 틀림없지만 이에 대한 대응은 안이해 보인다.

우리나라는 부족한 식량을 싼값으로 수입할 수 있다는 관념에 사로잡혀 식량 부족이 가져올 수 있는 국가적 위기상황에 대해 다소 둔감해 있다. 식량이 무기화될 수 있다는 가설은 이미 오래 전부터 제기되어 왔지만 비상시에 우리가 얼마나 유연하게 대처할 수 있을지는 미지수다. 이웃 나라인 일본도 식량을 빌릴 나라는 되지 못하고, 남북 대치 상황에서 중국도 믿을 수 없다. 미국·호주 등 식량 수출국은 지리적으로 너무 멀리 있고, 상업적 메이저에 의해 조정되는 국제시장 기능도 맹신할 수 없다.

이러한 상황에서 쌀 생산을 정책적으로 감축하는 것이 바람직한 것인가에 대해 심각히 고민할 때가 됐다고 본다. 일본은 식량자급률이 40% 수준으로 떨어지자, 이를 50% 수준으로 높이기 위한 대책을 수립했다. 우리나라도 국가가 전략적으로 유지해야 할 목표 식량자급률을 설정하고, 이를 위한 적정 쌀 생산량 유지 노력을 해야 한다.

쌀막걸리, 떡볶이 등 쌀 소비증진을 위한 정부 노력을 모르는 것은 아니지만, 되면 되고 안되면 마는 식의 정책이 아니라 국가 존망을 걸고 구체적이고 적극적인 정책을 펴 나가야 할 때다.

쌀 생산량 감소에도 쌀값이 떨어지고 식량자급률이 지속 하락하는 현 상황에 대한 답은 농업인이 아닌 정부에 있다. 한식의 세계화도 좋지만 밥 문화가 식생활 문화의 중심에 있도록 각종 유인책이 만들어져야 한다. 단체 급식이 쌀 소비 유지와 한국인의 입맛을 밥에 잡아두는 데 기여했음을 인식하고, 단체 급식의 질과 안전성을 높이기 위한 정부의 노력도 이뤄져야 한다. 현재의 식량비축량의 적절성도 단순 비용 측면보다는 국가 안전 측면에서 다시 검토하고, 아열대기후로의 변화가 위기이기도 하지만 식량 생산 경쟁력을 높일 수 있는 기후 환경이 될 수 있는 가능성도 열어 두고 진취적인 전략 수립이 요망된다.

한국은 도시국가가 아니다. 5000만 명, 더 크게 보면 8000만 명의 생존 전략 측면에서 식량 대책을 수립해야 한다. 식량위기는 100년 만에 한 번 오더라도 매우 치명적인 위협이 될 수 있으므로, 이를 대비하기 위한 비용은 안전을 위한 최소한의 보험료임을 인식해야 할 것이다.

농작물재해보험 개선 시급하다

최근 104년 만이라고 하는 극심한 가뭄이 있었다. 이번 가뭄으로 큰 피해를 본 농민들에게 그나마 안심이 되는 것은 농작물재해보험이 있다는 사실이다. 2001년 사과·배를 대상으로 시작된 이 보험은 지난 11년간 5200억 원의 보험금이 지급되는 등 농민들의 시름을 조금이라도 덜어주는 안전판 역할을 해왔다.

그러나 최근의 기상 이변을 대변이라도 하듯 농작물재해보험 손해율은 2011년 119.4%로 전년 104.6%보다 14.8% 포인트 증가하는 등 2009년 이후 계속 100%를 넘어서고 있다. 1~2년의 단기적인 보험 재정 적자는 큰 문제가 아니지만, 적자가 지속적으로 발생하고 있다면 농작물재해보험 구조에 대한 심층적 검토가 필요하다.

일반적으로 적자가 발생하면 보험자는 보험료 인상으로 대응한다. 보험료를 조정했음에도 불구하고 적자가 발생하는 것은 보험사고인 재해가 예상 이상으로 빠르게 증가하고 있음을 의미한다. 따라서 무엇보다도 먼저 예상손해율 산정시 최근의 리스크 변동에 보다 신축적으로 대응할 수 있도록 하는 것이 중요하다. 그러나 농작물재해보험은 보험료의 50%를 정부가 지원하기 때문에 예상손해율 산정부터 정부에게 제한받을 가능성이 높다. 따라서 보험자인 NH손해보험이 보험의 재정적 측면에서 전문성에 기초하여 보험료를 산정할 수 있는 환경을 만들어 주어야 보험자의 재정에 대한 책임성도 높아질 수 있다.

다음으로 농작물재해보험 대상 품목과 가입자를 획기적으로 확대시켜야 한다. 보험가입률은 2009년 31.4%, 2010년 36%, 2011년 40.4%로 높아지고 있지만 2011년 가입자는 3만4877 가구에 불과하다. 가입 대상 품목도 2012년 35개로 확대되는 등 최근 3년간 매년 5품목씩 늘어나고 있지만 더 빠른 속도로 확대되어야 한다. 이는 농민을 재해로부터 보호해 주어야 할 당위성도 있지만 보험 재정의 안정성 측면에서도 그러하다.

지금과 같은 구조하에서는 재해 가능성이 높은 농가 중심으로 가입이 이루어지는 '역선택'이 발생할 개연성이 높기 때문에 보험 재정은 갈수록 악화될 가능성이 높다. 보다 적극적으로는 현재의 임의 가입 방식을 품목에 따라 의무 가입으로 전환하는 방안도 검토할 필요가 있다. 물론 이를 위해서는 정부의 보험 재정 지원 강화가 수반되어야 한다.

농작물재해보험의 관리 및 운영 방식도 개선되어야 할 것이다. 특히 재보험 방식이 문제가 되고 있다. 현행 비비례재보험 방식하에서는 손해율 110~180%에 한해 외국 재보험사가 책임지도록 되어 있기 때문에 최근의 100%를 넘는 손해율에도 불구하고 해외 재보험사는 지난 7년간 597억 원의 흑자를 보았다. 따라서 손해의 일정비율을 재보험사가 책임지는 비례 재보험 방식으로 전환하는 등 다양한 방식의 도입을 연구할 필요가 있다. 다만 이 경우 원수보험료의 일부를 재보험료로 지불할 수도 있다. 또한 농작물 피해에 대한 손해사정 과정에서의 도덕적 해이를 원천적으로 차단하기 위한 보험금 지급 절차의 개선도 함께 검토되어야 할 것이다.

가뭄·홍수 등 천재지변을 사람의 힘으로 막기에는 한계가 있지만, 불가피하게 발생한 손해에 대해서는 '환난상휼'의 전통적 정신에 기초한 농작물재해보험으로 손해 입은 농민들의 충격을 덜어주거나 없애는 것은 가능하다. 재해가 나지 않으면 납입한 보험료가 아깝게 느껴질 수도 있지만, 이제 보험료 부담도 농업 생산 원가에 포함시킬 수 있는 선진 농업 경영이 필요한 시기가 되었다.

농촌에 대한 전면적인 리모델링이 필요하다

농촌마을이 비어 가고 있다. 2010년 읍·면 지역에 있는 3만6000여 개 마을 가운데 가구수 20호 미만인 과소화 마을이 3091개라고 한다. 5년 만에 1000개나 늘었다. 휴경농지도 늘고 있다. 농지 자체가 감소하고 있는 데다 농촌 노동력 감소로 아예 농사를 짓지 않는 땅도 증가하는 추세다.

이러한 농촌의 모습은 산업화와 세계화 과정에서 자연스러운 현상일 수 있지만, 더 이상 방치하면 이것이 부메랑이 되어 우리의 미래를 위협할 수 있다는 점을 간과해서는 안 된다. 인구가 과소해지는 고령 농촌마을은 각종 사회 문제를 증가시킬 뿐만 아니라 과다한 행정비용을 불러올 수 있고, 농지의 황폐화는 식량 안보 문제를 심각하게 만들 수 있기 때문이다.

그러나 다행인 것은 이러한 농촌에 작은 희망이 보이고 있다는 점이다. 하나는 귀농·귀촌 현상이다. 정부는 2011년도에 1만503 가구 2만3415명이 농촌으로 돌아왔다고 발표했다. 규모면에서 1만 가구를 넘은 것도 놀랍지만 전년에 비해서 두 배로 늘었다는 것이 더 큰 의미가 있고, 이들 상당수가 베이비 붐 세대라는 것도 의의가 있다. 다른 하나는 합계출산율이 2.0 수준으로 높아진 농촌 지역이 늘고 있다는 것이다. 결혼 이민의 증가와 농촌의 임신 가능 여성 수가 적어 실제 이상으로 더 높게 보이는 측면도 있지만 새로운 가능성을 보인 것은 틀림없다. 분명한 것은 축소 지향의 농촌에 새로운 활력이 생기고 있다는 점이다.

기존 추세를 반대 방향으로 돌리는 턴백(Turn back) 현상이 일시적인 것인지 아닌지는 지금의 시점에서 분명하게 알 수 없지만, 이러한 새로운 흐름을 살려나가는 다각적인 노력은 필요하다. 귀농 인력에 대한 교육, 정착금 지원, 농지 대여 등 여러 가지 정책이 나오고 있지만 무엇보다도 중요한 것은 농촌 지역을 사람이 살기 좋은 지역으로 되살리는 것이다.

꼬불꼬불한 길과 초가집 같은 과거의 고향 마을은 더 이상 존재하지도 않을 뿐 아니라 있다 해도 불편할 뿐이다. 지금의 농촌주택은 노인이 혼자 살기에는 너무 크고 불편한 구조를 가지고 있다. 각종 밀착 보건복지 서비스가 필요한 상황에서 몇십 가구씩 산재해 있는 촌락 형태는 너무 비효율적이다. 더구나 도시생활에 익숙한 베이비 붐 세대가 조금 고쳐서 살기에는 부족한 점이 너무 많기 때문에 현재의 농촌 마을에 대한 전면적인 리모델링이 필요하다.

국회에서 「농어촌 마을 리모델링 촉진을 위한 특별법」이 검토되고 있다고 하니 다행이지만 아직 넘어야 할 산은 많다. 이 사업이 의미를 가지기 위해서는 농어촌 주택 개량 차원의 소규모 사업이어서는 안 된다는 점이다. 전남 장흥군에서 추진중인 2600여 가구 규모의 친환경 생태휴양도시같이 대규모는 아니더라도 300가구 내외 규모의 경제를 발휘할 정도는 되어야 한다. 한편 리모델링된 마을은 개방적이어서 기존의 마을 주변 어르신뿐만 아니라 귀농·귀촌 인력도 공존할 수 있어야 한다.

리모델링 사업은 과거 40년 전에 이뤄졌던 새마을운동과 같이 주민들의 자조적 노력이 중요하겠지만, 미래투자적 관점에서 정부의 적극적 지원이 있어야 성공할 수 있을 것이다. 적어도 리모델링된 마을에 필요한 도로, 상·하수도 등 인프라는 정부가 책임지고 깔아줘야 한다. 이때 환경생태적 자연 순환 마을로 복원해 설계하는 것도 중요하다. 마지막으로 리모델링이 성공하기 위해서는 기존의 복잡한 농가 및 농지에 대한 소유권과 관련된 이해관계가 원활하게 조정될 수 있도록 법적 뒷받침이 필요할 것이다.

엥겔지수와 농산물 가격

최근 발표된 통계청의 2012년 가계동향에 따르면, 식료품의 소비 지출은 월평균 34만3000원으로 전년에 견줘 2.9% 증가했다. 전체 소비 지출에서 식료품비가 차지하는 비율을 나타내는 엥겔지수도 14.2%로 전년보다 다소 올랐다.

일반적으로 식료품은 반드시 소비해야 하는 필수재로서 모든 가계 지출의 최우선 순위이다. 한편으로는 소득이 높아지면 지출 비중이 감소하는 재화의 특성을 지닌다. 엥겔지수는 소득이 높을수록 낮아지고, 소득이 낮을수록 높아지게 된다. 따라서 엥겔지수가 높아졌다는 것은 서민생활이 그만큼 팍팍해졌다는 것을 의미한다. 식료품 원재료의 대부분은 농산물이기 때문에 식료품 가격이 올랐다 하면 화살은 농산물 가격에 쏠린다.

실제로 지난해 소비자물가지수는 안정됐지만, 체감 물가에 결정적인 영향을 미치는 농산물 가격은 많이 올랐다. 문제는 농산물 가격은 올랐다지만 농가의 경제 사정은 별반 나아진 게 없다는 점이다. 주요국의 엥겔지수를 비교해 보면, 우리나라 지수가 다른 나라에 비해 매우 낮다는 것을 알 수 있다.

엥겔지수는 소득 수준이 높아짐에 따라 점차 낮아지는 경향이 있는데 엥겔지수가 50% 이상이면 후진국, 30~50%면 개발도상국, 30% 이하이면 선진국이라고 한다. 그런데 우리나라 엥겔지수는 평균적으로 14.2%지만, 고소득층인 상위 20%는 11.6%로 평균보다 낮고, 저소득층인 하위 20%도 20.8%에 불과하다. 저소득 계층조차도 선진국 엥겔지수인 30%보다 낮은 수준인 것이다. 이는 우리나라의 농산물 가격이 공산품에 견줘 상대적으로 낮음을 의미한다.

정부는 그동안의 경제개발 과정에서 저(低)농산물 가격 정책을 통해 농산물 소비자의 필수생계비를 경감시키는 정책을 펼쳐 왔다. 그 결과 저소득 계층의 엥겔지수도 20% 수준 내외로 안정되는 성과를 거뒀다. 그렇지만 이런 성과의 뒷면에는 농업인들의 희생이 숨어 있다. 중국의 값싼 농산물이 국내에 유입되면서 저농산물 가격 정책이 탄력을 받았다. 그렇지만 중국 농산물 가격도 가파르게 오르고 있어, 이런 정책 기조가 흔들릴 가능성이 크다. 최근의 농산물 가격 상승이 이러한 현상을 반영하고 있는지에 대한 분석이 필요하다. 또한 중장기적으로 농산물 가격의 안정화도 중요하지만, 피땀 흘려 농산물을 생산한 농업인들이 정당한 보상을 받고 있는지도 검토되어야 한다.

돼지 사육 마릿수가 늘어나면서 돼지 가격은 하락하는데, 정육점이나 음식점에서 파는 돼지고기 가격은 떨어지지 않고 있다. 이론적으로는 돼지고기 가격이 하락하면 돼지고기 소비량이 늘어나 돼지 가격의 하락에 따른 손실을 어느 정도 줄일수 있는데 현실은 그렇지 못하다는 것이다. 부분적으로는 돼지고기의 수입이 영향을 미쳤겠지만, 고질적인 농산물 유통구조가 문제인 것으로 판단된다. 돼지고기 파동에서 볼 수 있듯이 농산물 가격 안정과 농가소득 향상을 동시에 확보하려면 농산물에 대한 유통구조 개혁이 무엇보다도 중요함을 알 수 있다.

새롭게 출범한 박근혜 정부는 국민행복을 강조하고 있다. 경제성장 일변도의 정책에서 벗어나 궁극적으로 국민이 행복할 수 있는 경제발전 전략이 추진될 것으로 기대된다. 이를 위해서는 농업인의 희생을 전제로 하는 저농산물 가격 정책과 이를 기반으로 하는 저임금 노동 정책이 근본적으로 수정되고, 고비용 저효율의 농산물 유통구조의 개혁이 함께 추진되어야 할 것이다.

농산물 수급 통합관리시스템 구축이 필요하다

정부는 수급 안정 인프라 구축, 도매시장 거래제도 개선, 직거래 확대, 공정거래 제도 정착, 농협의 유통 역할 강화를 골자로 하는 농산물 유통구조 개선 종합 대책을 최근 발표했다. 농산물 소비자 입장에서는 수시로 등락하는 비싼 가격이, 생산자인 농민 입장에서는 제값 받고 팔지 못하는 것이 불만인 농산물 수급 문제는 새삼스러운 문제도 아니다. 역대 정부가 모두 근본적인 개선을 위해 강·온 양면 정책을 두루 해봤지만, 여전히 획기적으로 개선되지 못한 것이 현실이다.

농산물 유통은 산지 수집상을 통해 도매시장으로 가는 경우가 53%, 대규모 소매상에 가는 것이 31%, 농협 비중은 12% 정도라고 한다. 수집과 분산 기능을 분담하는 시장 주체들의 이해관계가 복잡하게 얽혀 있는 농산물 유통시장에서 적정한 유통비용과 유통 마진으로 거래되기를 기대하기란 어렵다. 생산자 단체라고 할 수 있는 농협이 제 기능을 한다면 유통과정에서 일어날 수 있는 불공정한 거래와 폭리를 줄일 수 있겠지만, 12%에 불과한 농협 비중으로는 어림없는 일이다.

그런데 농촌 지역에서 원유가 수집되는 유제품은 유통 경로가 비교적 단순 명확하다. 우유는 생산에서 소비까지 '목장→유업체→대리점→소매점' 4단계를 거치는 구조로 되어 있지만, 유통과정에서 마진율은 어느 정도 투명하게 관리된다. 유제품은 단일 품목이고 젖소를 사육하는 축산농가가 제한적이기 때문에 단순 비교하는 것은 어렵지만, 우유는 제조단계를 거친다는 점에서 오히려 복잡한 측면이 있음에도 불공정이나 폭리 시비가 덜하다. 산지 수집과정이 단순하고, 과점화되어 있는 유업체가 원유의 생산량과 원가를 정확하게 파악하고 있기 때문이다. 따라서 농산물 수집과정의 체계화와 대형화가 당장 어렵다면 이에 앞서 농산물 생산과 소비를 연결하는 정보 시스템을 구축해 과학적으로 관리하는 것이 바람직하다.

자가소비를 위한 농작물 생산을 제외하고 판매를 목적으로 하는 농산물에 대해서 품목별·지역별·시기별로 농사 계획 단계에서부터 최종 생산되는 단계까지 생산동향을 전국적으로 데이터베이스화하는 기반 시스템이 필요하다. 또한 소비도 장기간의 소비 패턴 분석을 통해 품목별·지역별·시기별 수요를 예측하고 동향을 판단할 수 있는 시스템을 구축할 수 있다. 이렇게 만들어진 수급정보시스템을 역으로 생산자와 소비자가 공유하게 되면 정보의 비대칭에 따른 수급의 불균형을 상당 부분 해결할 수 있다. 지역 농협 단위에서 관할 지역의 생산 정보를 수시로 파악하는 것은 그리 어렵지 않을 것이다. 정보 파악을 위한 인건비와 구축비용이 필요하다면 정부가 우선해 지원하면 된다. 주로 도시 지역에 소비되는 농산물의 물량도 주요 농산물 거래소와 대형마트를 중심으로 물동량을 분석하면 어렵지 않게 파악할 수 있을 것이다.

이를 위해서는 지역 농협의 농산물 생산 정보와 도시 권역별 소비 정보를 전국적으로 관리할 수 있는 시스템을 운영하는 통합조직을 보완하고 재구축하는 노력이 필요하다. 농산물 수급 통합관리시스템이 제대로 가동되면 자연적으로 지역 농협의 전국화가 가능해질 것이고, 지역 농협의 수집 능력은 자연적으로 강화되어 농산물을 제값 받고 팔 수 있는 여건도 개선될 것으로 판단된다.

이렇게 구축된 시스템은 농작물재해보험의 기본 인프라가 될 것이고, 재해에 따른 보상이 더욱 신속 정확하게 이루어질 수 있게 됨으로써 기후 변화에 따른 농민의 소득 불안도 크게 해소할 수 있을 것이다. 좁은 국토에서 집약적인 농업을 하는 국가에서 농산물 수급 통합관리시스템을 구축하는 것은 더는 미룰 수 없는 국정 과제다.

TPP와 한국 농업의 비전

정부가 환태평양경제동반자협정(TPP) 참여 의사를 밝힌 이후 농업이 또 시름에 빠져들고 있다. 농민 단체들은 협상이 시작도 안 된 상황에서 반대부터 하고 나섰다. 우루과이라운드(UR) 이래 한국 농업은 시장 개방에 따른 몸살을 앓아 왔다. TPP보다 더 큰 파괴력을 가질 수 있는 한·중 자유무역협정(FTA)이 진행되고 있고, 2015년부터는 쌀 관세화도 예정되어 있다. 2014년은 1995년 세계무역기구(WTO) 체제 이행과정에 겪었던 엄청난 사회적 갈등이 또다시 폭발하는 한 해가 될 가능성이 커지고 있다.

대외무역 의존도가 높은 우리나라가 시장 개방을 외면하고 생존하기 어렵다는 것은 대부분의 국민이 공감한다. 그렇지만 정부가 시장 개방으로 피해를 보는 농업을 비롯한 취약 부문에 대해 적절한 대응책을 추진해 왔는지 의문이 든다. WTO 체제 이후 우리 농업은 축소 지향에서 벗어나지 못했고 농가소득도 정체됐다. 식량자급률도 지속적으로 하락해 식량 안보가 위협받을 지경이 되었다. 더욱이 농업에 비전을 가지지 못하는 이농현상이 계속되면서 농촌인구의 고령화가 급속히 진행되고 있다.

물론 정부가 농업·농촌·농업인을 위해 수수방관하고만 있었다는 것은 아니다. 막대한 재정을 투입해 왔고, 농업인을 위한 보호제도를 광범위하게 운용하고 있는 것도 사실이다. 그리고 일부 농업 부문은 경쟁력을 가지고 나름의 기반을 구축해 가고 있다. 만족스럽지는 않지만 이 정도의 농업을 유지하고 있는 것도 농업에 대한 국민의 애정과 정부의 노력이 있었기 때문에 가능했다.

그러나 TPP를 비롯해 각종 시장 개방 협상을 진행하는 과정에서 경쟁력이 높은 제조업 분야를 중심으로 이해타산을 따지고, 농업 부문은 당연한 피해 분야로 규정하고 소극적인 보호 혹은 방어 대책 마련에 연연하는 기존의 협상 전략이 바람직하냐에 대해서는 제대로 점검할 필요가 있다. 최근 한반도를 중심으로 동아시아에서 전개되는 중국과 일본, 중국과 미국 간의 군사적·정치적·경제적 갈등이 심상치 않다. 중국이 자국의 방공식별구역에 우리나라의 이어도를 포함시킨 것에서 알 수 있듯이 우리나라도 이러한 정세 변화에 무관하지 않다.

세계 경제는 국제 금융위기에서 완전히 벗어나지 못한 가운데 자국의 이익을 위해서라면 보호무역주의도 마다하지 않고 있다. 위기의 순간에는 식량 등 농산물은 핵심적인 안보 영역에 속하고, 이는 국민의 생존에 직결된 영역이다. 따라서 농업은 무역에 따른 제조업의 이익을 위해 쉽게 포기할 수 있는 영역이라고 전제하고 협상하는 것은 우리나라의 농업과 농업인에게 뿐만 아니라 국익 측면에서도 바람직하지 않다는 점을 인식할 필요가 있다.

그동안 시장 개방 협상과정에서 정부가 보여왔던 농업에 대한 수세적 입장은 무엇보다 농업에 대한 장기적이고 지속 가능한 비전을 제대로 가지고 있지 못한 것에서 기인한다. WTO 체제 이후 20년을 허송하고 쌀 관세화와 관련한 입장과 전략도 아직 제대로 세우지 못하는 무대책에(이럴 수도 없고 저럴 수도 없는 정부의 처지를 모르는 것은 아니지만) 걱정과 우려를 하지 않을 수 없다.

시장 개방으로 피해를 볼 농업인을 '우는 아이 달래는 식'으로 접근해서는 안 된다. 대한민국의 미래 비전 위에서 농업의 존재를 명확히 하고 이를 추진하기 위한 다각적인 정책을 구상해야 한다. 시장 개방 협상도 이러한 정책의 연장선에서 추진될 때 농업인이 더는 소외되지 않고 한국 농업이 제자리를 잡을 수 있는 성공적인 협상이 될 것이다.

'농지 규제' 미래지향적으로 풀어야 한다

정부가 규제 개혁에 적극 나서고 있다. 농지 관련 규제는 해결하기 어려운 대표적인 규제라고 할 수 있다. 올 3월부터 6월 사이 정부의 규제개혁신문고에 접수된 농업 관련 규제 건의 316건 중 절반 가량인 161건이 농지 규제이고, 이 중 대부분이 농지 보전에 관한 것이라고 한다. 농지 규제는 정부의 쌀시장 전면 개방 발표를 계기로 다시 주목을 받고 있다. 시장 개방으로 쌀농사 환경은 더욱 열악해질 가능성이 높은데 식량 안보를 이유로 농지 규제는 그대로 둔다는 것은 농업인에게 이중적 부담이 될 수 있기 때문이다.

농업진흥지역은 1992년 우량농지 보호와 식량 안정을 목적으로 농업 용도로만 사용되도록 토지의 이용과 전용을 엄격히 규제하기 위해 설정된 것이다. 경지정리가 된 농업진흥지역은 원칙적으로 해제가 불가능하고 국토 계획 및 이용법상 도시 계획 시설 지정 등의 절차를 거쳐야 되는 등 농촌 지역 개발을 제한하는 대표적인 규제로 지적된다.

또한 농지 소유를 제약하는 헌법상 규제인 경자 유전의 원칙도 역사와 전통이 있는 규제다. 대부분 국민이 농업인이었던 시대에는 반드시 필요한 규제였지만, 지금도 농업인 보호기능이 있는지는 심각하게 생각해 볼 문제다. 물론 우리나라 농지면적은 식량 자급에 필요한 규모의 30% 내외에 불과해 농지 보호 필요성은 아주 크지만 유휴농지가 여의도의 30배라 하니 규제만 능사가 아닌 것도 분명하다.

농림축산식품부는 농식품 분야 규제 개혁 추진 계획에서 "식량 안보 차원에서 집단화된 우량농지와 간척지는 보전하지만 자투리땅 등 활용 가치가 낮은 농지에 대해서는 규제를 합리화하고, 이를 추진하기 위한 농지 규제 심사전문위원회를 설치하겠다"고 발표한 바 있다. 농지 규제 개혁 방향을 제시한 시의적절한 정책으로 판단되지만 규제를 어떻게 풀 것인지에 대한 구체적 방안은 나오지 않고 있다.

농지 규제 완화는 식량자급률 제고 정책과 상충될 수 있고, 비농업인 농지 소유는 경제적 효율성 이전에 농지에 대한 오래된 국민 정서와 배치될 수 있다. 무분별한 개발에 의한 환경 악화 우려도 있다. 그리고 한번 풀린 규제는 원상 복귀가 사실상 불가능하므로 신중을 기해야 하는 과제임에 틀림없다. 때문에 농업에 대한 장기적인 국가 비전과 전략하에서 체계적으로 검토되어야 한다. 수출 특화 농업 전략으로 성공한 네덜란드 사례가 우리와 같은 안보 환경에도 유효한지도 심각하게 고민해야 한다. 인구에 비해서 국토면적이 그리 넓지 않는 독일과 같은 제조업·수출의 강국이 식량자급률 100%를 유지하는 농지 정책 비결을 배울 필요가 있다.

무엇보다도 실현 가능한 식량자급률 목표 아래 필요한 농지규모 총량을 산정하고, 이를 유지하기 위한 용의주도한 전략이 수립되어야 한다. 시장 개방에도 경쟁력 있는 농지와 그렇지 않는 농지를 구분하고, 농지 규제에 의해 침해당하고 있는 농업인의 재산권을 보호할 수 있는 방안이 제시되어야 한다.

박근혜 대통령의 규제 개혁 드라이브에도 불구하고 속도가 나지 않는 것은 규제 개혁을 단순히 돈 들지 않는 경제활성화 대책으로만 생각하기 때문이다. 규제 개혁을 제대로 추진하기 위해서는 규제 속에 얽혀 있는 경제적 이해관계를 정부가 나서서 조정하고, 이에 필요한 규제 해결비용을 지불할 의지가 있어야 돌파가 가능하다.

농지 관련 규제가 바로 그런 규제다. 농지 규제 완화로 이익을 보는 사람에게서 경제적 이익을 환수해서 불가피한 규제로 피해 보는 농업인을 보상하는 프로세스를 만들고, 공익을 위해 희생되는 가치는 정부가 경제적으로 보상하는 방책을 강구해야 한다. 규제 혁파는 공짜로 이뤄지지 않는다.

'저금리 시대' 보험사 경영 혁신

1990년대까지만 해도 10%는 유지했던 생명보험사의 자산운용이익률이 2000년
대 들어서는 5~6%로 낮아졌다가 지난 4~6월에는 5.1%로 하락해 5% 선이 붕괴될
조짐을 보이고 있어 '비상 신호등'이 켜지고 있다. 이러한 현상은 생보사뿐만 아니
라 손해보험사, 은행권에서도 유사한 경향을 보이고 있어 우리나라 금융권 전반이
'저금리' 영향권에서 비상 경영체제로 돌입하고 있다.

심각한 것은 이러한 저금리 기조가 당분간 지속될 것이라는 점이다. 미국 연방준
비제도가 제3차 양적 완화 조치를 발표한 이래 미국뿐만 아니라 대부분의 선진국에
서 저금리 기조가 이어지고 있고 우리나라 역시 예외가 아니다. 금융통화위원회에
서는 최근 기준금리를 0.25% 포인트씩 두 차례나 낮췄고, 향후 경기 전망에 따라 추
가 금리 인하도 예상되며, 이러한 저금리 기조가 2015년까지는 유지될 것이라는 것
이 대부분의 금융전문가들의 견해다. 초저금리 시대가 예고되고 있는 것이다.

장기적인 저금리 기조는 보험사들의 역마진 위험을 증대시키고 있다. 즉 금리가
낮아져 보험료를 받아 열심히 자산운용을 해도 계약자에게 돌려줄 보험금조차 확
보하지 못하는 상황이 올 수 있다. 실제로 일본에서 1997년부터 2001년 사이 저금
리 역마진으로 7개 생보사가 파산했다. 보험사가 저금리에 용이하게 할 수 있는 대
응방법은 저축성보험의 공시이율 조정이다. 삼성·한화·교보 등 '빅3' 생보사는 이
미 8월 4.86%, 9월 4.73%, 10월 4.60%로 내렸고, 삼성·현대·동부·LIG 등 4개 손보
사도 같은 기간 4.75%에서 4.40%로 내렸다.

이렇게 자산운용수익률이 하락하는 만큼 공시이율을 조정하면 이론적으로는 저
금리에 대응할 수 있지만 과거 고금리 시대에 확정금리로 계약한 상품들이 문제다.

베이비 붐 세대의 은퇴와 맞물려 과거 십수년 전의 확정금리부 계약들의 보험금 지급이 본격화되면 리스크가 가중될 확률이 높다. 따라서 이러한 역마진 가능성은 과거 고금리 시대에 보험계약 실적이 좋았던 보험사일수록 더욱 높다. 현재의 5% 내외의 자산운용수익률이 유지되기만 해도 다행이지만, 일정 수준 이하로 계속 하락하면 리스크가 생보사의 경영위기로 나타날 수 있다. 생보사의 영업이익률이 지난해 6월 말 4.88%에서 올 6월 말 3.82%로 대폭 하락하고 있는 것은 일종의 '경고등'이라고 할 수 있다.

보험계약 확대와 같이 매출 확대로 단기적인 자금 압박을 완화시킬 수 있지만 저성장 국면은 이마저 어렵게 하고 있다. 지난 4~6월 중 생보업계의 보유계약증가율은 1% 수준으로 지난 1995년 31.3%, 2000년 17.3%, 2001년 22.5% 등 고도성장률을 보였던 것이 금융위기 직후인 2008년 2.7%로 큰 폭 하락한 후 저성장 국면에서 벗어나지 못하고 있다. 이와 관련 금융당국은 저금리 위험을 보험사 건전성 평가에 반영토록 규정하는 등 적극적으로 대처하고 나섰다. 지급여력비율(RBC 기준)을 산정하는 위험 기준 자기자본의 요구자본 부분에 금리 역마진만큼 발생하는 금리 위험액을 추정해 더하는 방식이다. 기존의 무리한 외형 중심의 성장 경영을 지양하고 수익성 중심의 질적 경영으로 유도하기 위한 것으로 판단된다.

그렇지만 우려되는 것은 소비자의 보험사 저축성 상품에 대한 불신 증가다. 최근 문제가 됐던 일부 변액연금보험 상품과 같이 물가상승률보다 낮은 실질수익률을 보인다면 소비자는 보험사의 저축상품을 더욱 외면하게 될 것이다. 보험사 저축성 상품의 실질수익률이 낮은 것은 단순히 자산운용수익률이 낮기 때문이라기보다는 보험사의 고비용 구조에 있다는 것은 공공연한 사실이다. 따라서 저금리 시대에 대응하기 위해서는 저축성 상품보다는 보장성 상품 중심으로, 포트폴리오도 해외투자, 대체투자 등의 비중을 높여 자산운용수익률을 제고하는 것과 함께 보험사 사업비를 대폭 축소시킬 수 있도록 현재의 저효율·고비용 구조를 고효율·저비용 구조로 전환시키는 것이 필요하다. 이를 위해서는 고령화 시대에 적합한 새로운 보험상품개발과 함께 자산 운용 인력 및 조직은 더욱 전문화하면서 강화하되 고비용을 초래하는 마케팅 구조는 과감하게 조정하는 방안에 대한 검토가 필요하다.

정책 혼선 대 정부 불신

지난 연말까지만 해도 흔들림 없었던 정책 기조가 흔들리면서 국정 혼선을 우려하는 목소리가 빗발치고 있다. 공공·노동·교육·금융 등 4대 개혁은 제대로 시작도 하지 않았는데 연말정산, 지방세법, 건강보험료 등 그다지 걱정도 하지 않았던 것에서 여론의 뭇매를 맞고 휘청거리고 있는 것이다.

정책 혼선이 지적받고 있지만 연말정산은 벌써 1년 전에 결정된 것이다. 소득공제를 세액공제로 전환하는 것을 요지로 하는 세법 개정안을 여야가 합의해 통과시켰다. 소득공제를 세액공제로 전환하면 소득세의 누진성이 높아지기 때문에 소득 재분배 기능이 강화되는 것은 분명하다. 이 과정에서 중산층의 세 부담이 늘어난다는 사실은 이미 충분히 인지되고 세법 개정안이 통과된 것이다.

건강보험료 부과체계 개편도 그렇다. 직장가입자와 지역가입자로 이원화되어 있는 우리나라 건강보험료 부과 기준은 지역가입자가 건강보험에 처음 가입했던 1977년부터 문제를 안고 있던 제도다. 이번에 추진하려고 했던 소득 중심 부과체계 일원화 방안은 대부분 선진국에서 이미 시행하고 있으며, 자영자 소득파악률도 지난 30년간 꾸준히 개선되어 왔기 때문에 제도 개선 여건도 조성되었다는 점에서 방향성은 맞다.

그렇지만 2011년 국세청 자료를 가지고 시뮬레이션한 결과에 기초한 개편안을 서둘러 발표하기보다는, 2014년 소득 자료가 국세청에 신고되고 파악된 이후 개인별 보험료 부담의 증감을 보다 정확하게 분석한 이후에 개편안을 확정하는 것이 바람직하다는 점에서 정부의 연기 조치는 적절한 것이라고 생각한다. 지금 바로 하지 않는다고 비판이 거세지만, 정책 파급 효과가 민감한 제도를 신중하게 처리하는 것이 잘못된 것은 아니다.

물론 공무원연금 개혁과 함께 군인연금과 사학연금을 개혁하겠다고 했다가 물러선 것, 연말정산도 방향이 옳으면 적극 설득했어야 할 것을 소급해 보완한다고 한 것, 지방세 개편도 한다 안한다 번복한 것 등 일관성을 보이지 않은 것도 사실이다. 그렇지만 이러한 정책 혼선의 원인은 부처 간, 청와대와 정부 간, 당정 간 협의 부족도 있겠지만 정부의 자신감 부족에서 기인한 바 크다. 즉 정부가 제대로 지지를 받지 못하는 상황에서 정책 추진의 한계를 보인 것으로 판단된다.

정권에 대한 호불호가 비교적 뚜렷한 우리나라에는 어느 정권이 들어서나 30%선의 반대층은 항상 존재해 왔다. 따라서 중간에 있는 40% 내외 계층의 향배가 중요한데, 비교적 우호적인 입장을 가지고 있던 계층조차도 지난해 12월 이후 부정적 방향으로 쏠리고 있는 것이 문제다. 따라서 문제가 되는 사안에 대한 진위 여부를 떠나 국민 눈높이에 맞춰 현재 불신의 원인을 과감하게 일소하고 신뢰를 회복할 수 있는 방안을 강구하는 것이 시급하다.

정책의 방향성이 아무리 옳고 그 실행 방안이 잘 준비되어 있어도 국민의 신뢰 없이 할 수 있는 정책은 거의 없다. 정부가 추진하고 있는 4대 개혁은 하나하나가 모두 새로운 반발 세력을 양산할 수밖에 없기 때문에 다수 국민의 지지를 받아도 될까말까 한 것이다. 개혁 정책의 추진에 앞서 국민 신뢰 회복을 위한 조치부터 단행해야 할 필요성이 여기에 있다.

국가 개혁, 공공 부문이 선도해야 한다

2015년 경제 전망은 비관론이 우세하다. 정부는 확대 재정과 구조 개혁을 통해 침체된 내수경기를 살리고, 저하되고 있는 성장잠재력을 회복하기 위한 경제운용 계획을 수립하고 있다. 특히 공공·금융·노동·교육 등 4대 부문에 대한 개혁을 적극적으로 추진하겠다는 정부의 정책 방향은 바람직한 것으로 평가되지만 실행 가능성에 대해서는 부정적 견해가 많다. 정부가 내놓은 과제 하나하나가 쉬운 것이 없기 때문이다.

최근 양극화되어 있는 노동시장을 유연한 구조로 전환하겠다고 내놓은 정책 방향에 노사 모두 반대하고 나섰다. 공무원연금과 함께 사학연금과 군인연금도 개혁하겠다고 했다가 정부 여당이 반발하자 한 발 물러섰다. 지난 한 해 공기업 개혁 소리는 높았지만 성과는 미미하다. 금융은 관치의 틀을 벗어나기에는 한참 먼 느낌이고, 교육은 제도를 바꿀 때마다 문제만 더욱 꼬이고 있다.

4대 부문의 구조 개혁 없이 고령화·저성장·양극화로 요약되는 어두운 미래를 우리는 그대로 맞이할 수밖에 없다는 사실을 누구나 공감하고 있다. 그러나 막상 개혁하기 쉽지 않은 이유는 모두 이해관계가 복잡하게 얽혀 있기 때문이다. 누구나 자기와 관련 없는 부분의 개혁에는 목소리를 높이지만 자기와 관련된 것은 조금이라도 양보하는 것을 주저한다. 게다가 효율성을 높이기 위해 조직을 개편하려고 하면 민영화 저의라고 반발하기 때문에 개혁은 더욱 힘들다. 자율적인 아래에서부터의 개혁이 바람직하지만 모두 웅크리고 있는 판국에 이를 기대하기 어렵다. 결국은 위에서부터의 개혁이 불가피하고 공공 부문이 솔선수범해야 개혁에 추동력이 붙을 수 있다.

공공 부문 개혁은 재정 개혁부터 시작해야 한다. 정부 세출구조는 국민이 보기에 여전히 낭비적 요소가 많다. 일단 예산을 확보하고, 확보된 것은 사용하고 보자는 식의 세출관리로는 국민의 혈세를 아낄 수 없다. 일각에서 증세 논의가 나오고 있지만 세출에 있어 낭비요소를 없애지 않은 상태에서 증세는 불가하다. 국세와 지방세 세입구조 개편, 예산을 아끼고 남기면 인센티브가 있는 예산체계로 개편하고 재정 목표를 중심으로 관리하는 성과주의 예산체계를 강화할 필요가 있다.

공무원연금 개혁은 국회에 공이 넘어가 있지만 정부의 적극적 의지가 담보되지 않으면 용두사미가 될 우려가 있다. 공무원연금과 함께 군인연금과 사학연금도 2015년 내 법 개정이 마무리되어야 2016년부터 개혁된 제도의 시행이 가능하다. 공기업의 비효율성은 공기업 자체도 문제가 있지만 공기업을 관리하는 담당 중앙부처와 지자체가 먼저 정신을 차리고 제대로 해야 한다. 이를 위해서는 정부와 공기업 간의 유착 고리를 끊어야 한다. 대리인 문제(agency problem)가 발생할 수 있는 공기업에 필요한 것은 책임 경영과 신상필벌을 통한 개혁 환경과 분위기를 조성하는 것이다.

복지공급체계의 개혁도 필요하다. 단순한 중복 급여나 부정 급여는 상당히 감소했지만 보건의료, 보육, 노인장기요양 등 조세와 사회보험료로 조달되는 각종 급여가 민간기관에 의해 공급되면서 과잉 공급과 급여 누수가 발생하고 있어도 정부는 거의 통제가 불가능한 상황이다. 복지 서비스 공급 시스템 선진화를 위한 대대적 개혁이 필요한 시점이다..

경제적 리더십이 필요하다

한반도 주변의 지도자 교체가 마무리되어 가고 있다. 러시아는 일찌감치 지난 3월 푸틴을 새 대통령으로 선택했고, 미국은 오바마에게 한 번 더 기회를 주는 것으로, 중국은 계획대로 시진핑을 지도자로 확정했다. 일본도 최근 노다 총리가 중의원을 해산함으로써 우리보다는 3일 앞서 정권 교체 여부를 결정하게 된다. 4강의 정권 교체가 확정되어 가는 이 시점에 한국은 어떤 선택을 할 것인가.

2012년의 선택 결과를 보면 각국은 '강력한 리더십'을 원하고 있는 것으로 보인다. 푸틴은 지난 10여 년간 대통령과 총리를 거쳐 다시 대통령으로 복귀할 만큼 강한 지도자로 인식되고 있고, 패기 넘치는 오바마 역시 민주당 후보답지 않게 강한 미국을 추구하는 사람이고, 사실상 집단지도체제 상태인 중국에서 시진핑이 예상과 달리 중앙군사위 주석직을 바로 승계한 것은 강한 지도자로 부상시키고자 하는 중국의 의지가 담겨 있다고 볼 수 있다. 일본도 최근 극우파가 득세하는 등 민주당이 급속히 위축되고 있는 분위기를 보이고 있다.

역사적으로 볼 때 강력한 리더십이 요구되는 시기는 대체로 위기의 시대였다. 위기에서는 국민은 믿고 따를 수 있는 강한 지도자를 앙망하고 열망한다. 2008년 글로벌 경제위기 이후 현시점에서 강한 지도자들이 선택되고 있다는 것은 세계가 위기 상황임을 방증한다고 할 수 있다. 세계 경제 침체가 계속되고 있는 가운데 두자릿수 성장률을 기록하던 중국도 8% 성장이 붕괴되고 있는 등 마땅한 해법을 찾기 어려운 상황이 전개되고 있다. 더욱이 미국과 중국이 패권을 두고 긴장을 고조시키고 있는가 하면, 영토 분쟁 이후 중국과 일본의 관계도 심상치 않게 전개될 공산이 크고, 최근 이스라엘과 하마스의 분쟁에서 보듯이 크고 작은 전쟁이 끊임없이 발생하고 있다.

　대외적 상황을 접어두어도 국내 경제도 만만치 않다. 일부 전문가는 우리 경제가 바닥을 쳤다고 분석하면서 경제 회복 가능성을 전망하고 있지만, 미국을 필두로 세계 경제가 힘든 상황에서 한국만 독야청청할 것으로 가정하기는 쉽지 않다.

　한국을 받쳐주고 있던 제조업 성장세가 둔화되고 있고 서비스업이 그나마 플러스 상태를 유지하는 것이 다행이지만, 제조업에 비해 서비스업이 양호한 것이 대선 등 선거 분위기에 휩쓸려 사회 전체가 들떠 있어 그런 것은 아닌지 우려된다. 부동산 경기 침체와 가계 부채 문제가 여전히 발목을 잡고 있고, 대기업들의 투자 분위기가 경제 민주화 등으로 빠르게 위축되고 있는 것도 문제다. 최근 경제협력개발기구(OECD)는 한국 경제성장률이 2030년대에는 1%대로 둔화될 것이라는 어두운 전망을 내놓아 암울함을 가중시키고 있다. 게다가 우리는 압축 성장의 후유증이라 할 수 있는 심각한 계층 갈등과 사회 불안의 해법을 찾지 못하고 있다.

　OECD가 지적했던 저출산·고령화에 의한 저성장의 긴 터널을 극복하기 위해서는 적어도 앞으로 5년간은 경제성장에 더욱 매진해 한국 경제를 한 단계 더 격상시켜 튼실한 반석 위에 올려 놓아야 한다. 경제적·정치적 대내외 위기를 슬기롭게 극복하면서 한국을 더 강하게 만들 수 있는 경제적 리더십을 가진 대통령을 선택해야 하는 이유가 여기에 있다.

Chapter 4

격차**사회**와
균형 복지

국민행복 방정식

　2011년도 대한민국의 1인당 국민총생산(GDP)은 2만3000달러로 사상 최고치가 될 전망이다. 그럼에도 불구하고 국민의 불만은 매우 높게 나타나고 있다. 일단 경제성장률이 4% 이하로 국민의 기대 수준에 못 미친 데다 소비자물가상승률이 높았기 때문일 것이다. 게다가 상대적 격차의 증가는 경제적 불만을 정치적 분노의 물결로 바꿔놓고 있다.

　세계행복지수를 보면 코스타리카, 도미니카와 같은 기후 조건이 좋은 국가와 부탄이나 방글라데시와 같이 종교적 내세관을 가지고 있는 국가는 1인당 GDP는 낮지만 주관적인 행복지수는 상위에 위치하고 있으며 한국은 68위이다. 반면 주관적 요소 이외에 경제·사회적 객관적 요소를 반영한 경제협력개발기구(OECD) 국가 간 행복지수 비교를 보면 1인당 GDP 순위와 비슷한 결과가 나온다. 이렇게 볼 때 우리 국민은 객관적인 기준에 비해 덜 행복하다고 생각하고 있는 것으로 보인다.

　행복이라는 감정은 심리적 요소가 강하다. 전문가들이 제시하는 행복방정식은 다양하지만, 요약하자면 분모는 욕구 수준, 분자는 충족 수준으로 구성되어 충족 수준이 일정하면 욕구 수준이 높을수록 행복도가 낮아지고 낮을수록 행복도가 높아진다. 우리나라의 경우 욕구 수준이 너무 높게 설정되어 있을 가능성이 크다.

　한국인의 욕구 수준의 특징을 보면 첫째, 물질적 욕구가 강하다. 명품에 대한 선호, 높은 소비 수준을 지향한다. 둘째, 절대적인 기준보다도 상대적 기준을 중시한다. 사촌이 땅을 사면 배가 아프다는 말은 오래된 속담이다. 셋째는 욕망의 끝이 안 보인다. 소득이 낮으면 낮은 대로 소득이 높으면 높은 대로 끊임없이 더 높은 수준을 지향한다. 분자인 충족 수준 속도보다 분모인 욕구 수준 속도가 더 빠르다. 그렇지만 이러한 행복방정식은 경제 이론적으로 보면 지극히 정상적이기 때문에 전통적 경제학자 입장에서는 비난할 여지가 없지만, 이러한 행복방정식이 과연 지속 가능한가가 문제다.

글로벌 경제위기 이후 기존의 자본주의 시스템에 대한 반성의 목소리가 커지고 있는 것도 그 기저에는 이러한 경제 중심의 행복관을 추구하는 국가들의 한계를 보여주고 있다는 점에서 시사점이 있다. 우리나라는 그동안 세계에 유례없는 고도성장을 통해 물질적 수준에 있어서는 선진국 수준에 진입했지만 미래에 대한 불안, 현재의 분배구조 불만, 기득권층에 대한 불신이 고조되어 분노라는 사회적 히스테리를 증식시키고 있는 것이다.

국민의 수직적 상향 욕구는 이제까지의 경제성장을 이루는 데 긍정적 기능을 수행했지만, 과연 앞으로도 그러한가는 의문의 여지가 있다.

최근 이어령 교수가 제시한 한 개의 꼭짓점만 존재하는 사회가 아닌 수없이 많은 꼭짓점이 존재하는 사회는 매우 흥미롭다. 일등이 하나만 존재하지 않고 수없이 많은 일등이 존재하는 사회라면 발전 지향적이면서 행복도가 높아질 수 있는 사회적 모델이 될 수 있을 것이다. 삼각형에서 사각형, 육각형으로 궁극적으로는 수없이 많은 목표가 공존하고 존중되는 둥글둥글한 보름달 같은 원을 지향하는 사회라면 많은 사람의 자아 실현 욕구를 실현하면서 사회와 국가도 균형적이고 지속적으로 발전 가능할 것이다.

리처드 도킨스의 명저 『이기적 유전자』의 본질도 이기를 강조하는 것이 아니라 이타적인 것이 가장 이기적인 합리적 행위임을 간접적으로 암시하고 있다. 불교계 원로인 고우 스님도 상대적이고 유한한 사고에서 벗어나 절대적이고 무한한 사고를 통해 탐욕과 성냄과 어리석음으로 갈등하는 사회가 아닌 이해하고 양보하는 중도사회로 나아가야 함을 설파한 적이 있다. 서로가 양보함으로써 공생 발전하고 모두가 행복할 수 있을 것이다. 이때 있는 사람, 가진 사람이 먼저 한 발 물러섬이 순서일 것이다.

대한민국 복지의 길을 묻다

행복한 삶은 무엇일까? 누구나 행복하게 살기를 원하지만 모두가 행복하지는 않다. 지구상 국가들의 국민행복도를 조사한 바에 따르면, 1인당 GDP가 크다고 반드시 행복한 것이 아니라는 결과를 내놓고 있다. 경제적 요소 이외에도 사회적·종교적으로 이루어지는 정신적 요인들이 행복도에 영향을 미치기 때문이다.

그럼에도 불구하고 1인당 국민소득이 2만 달러에 이른 우리나라의 입장에서, 행복도가 높다고 해서 네팔이나 방글라데시의 국민과 같이 살아가자고 할 수는 없다. 모든 정보가 열리고 개방되고 문명화된 국가에서는 물질적인 절대 기준에 의하여 행복이 결정되기보다는 사회적 존재로서의 상대적 기준에 의하여 행복 수준이 결정된다.

선진국들의 복지 선택의 스펙트럼은 넓다. 스웨덴·덴마크·핀란드 등의 국가처럼 고복지·고부담을 선택하고 있는 국가가 있는가 하면, 영국·미국·일본 등과 같이 저복지·저부담을 선택하고 있는 국가도 있다. 또한 같은 고복지·고부담 국가라 해도 북유럽 국가들과는 달리 사회보험제도 중심으로 중첩적인 제도를 유지하고 있는 프랑스와 독일 같은 국가도 있다. 그러나 국가 간 상이성에도 불구하고 공통점은 부담 가능한 선에서 복지 수준을 합의하고 있다는 점이다. 부담이 크든 작든 복지 모형의 선택은 어렵다. 특히 고복지에 저부담의 선택은 애당초 불가능하다.

그렇다고 고복지·고부담은 합의가 어렵고 저복지·저부담은 사회적 문제를 해결하지 못한다. 선진국이나 우리나라나 세금 내는 것을 반기는 사람은 없고, 역으로 부담만 없다면 받는 것을 싫어할 사람도 거의 없다. 실제로 이와 관련된 설문조사 결과를 보면, 복지 혜택은 원하면서도 그에 상응한 부담에는 부정적인 답을 하고 있다. 특히 우리나라 국민과 같이 국가에 대한 신뢰가 낮은 경우는 신뢰가 높은 국가들에 비해 복지 모형의 선택이 쉽지 않다. 고령화의 급속한 진행과 경제성장의 둔화는 문제 해결책을 도출하는데 더 큰 어려움으로 작용하고 있다.

최근 복지와 관련된 논쟁은 뜨겁다. 국민 합의만 도출할 수 있다면 복지 논쟁은 치열할수록 좋을 수 있다. 그러나 지속 가능한 구체적인 방안이나 우선순위의 논의가 아닌 담론 차원의 상호 부정적인 이전투구는 사회 발전에 전혀 도움이 되지 않는다. 복지 논쟁의 전초전은 이제 끝내고 실현 가능하고 책임성 있는 대안을 가지고 진지한 국민 토론이 활성화되어야 할 시점이다.

미래의 한국 복지는 그냥 주어지는 것이 아니라 국민에 대한 설득과 동의를 바탕으로 만들어지는 것이다. 이 과정을 통해 한국적 복지 모형이 만들어지고 대한민국 공동체는 성숙하게 될 것이다.

복지담론, 미래 비전과 대안 제시해야

　내년 총선과 대선에서는 복지 문제가 중요한 쟁점이 될 것으로 보인다. 성장이냐 분배냐, 보편이냐 선별이냐 식의 이분법적 거대담론으로는 국민의 복지 욕구에 제대로 부응하지 못할 것이 자명하다.

복지 요구 커지는데 난제 수두룩-사회적 합의 필요

　복지 논의가 탁상공론으로 끝나지 않으려면 먼 미래에 대한 논의 이전에 눈앞에 닥친 문제부터 풀어나가는 것이 순서일 것이다. 제도 시행 10년을 넘어서고 있는 국민기초생활보장제는 실제로 도움이 안 되는 부양 의무자의 존재 등으로 도움이 필요한 데도 보호대상에서 제외되는 비수급 빈곤층이 상당수 존재한다. 근로 유인의 부족으로 한번 수급자가 되면 탈수급이 어려운 구조 등으로 제도 개선의 필요성이 제기되고 있지만, 전부가 아니면 전무가 되는 현재 급여체계의 개선 문제 등에 상당한 이견이 존재해 사회적 합의가 필요하다.

　2010년 현재 국민의료비가 7% 수준에 이르고 진료비의 급속한 증가로 건강보험 재정에 빨간불이 켜지는가 하면, 의존할 데 없는 환자가 이 병원 저 병원을 찾아다니다 제대로 치료도 받지 못하고 사망하는 사고가 발생하는 등 우리나라 보건의료 시스템의 맹점이 드러나고 있다. 적정 의료 인력, 보험수가와 보험료 부과의 공정성 제고, 약가 리베이트 근절, 약국 외 의약품 판매, 영리병원 도입 등 얽히고설킨 난제를 풀지 못하면 보건 의료의 미래도 낙관하기 힘든 상황이다.

　최근 정부가 발표한 5세 아동에 대한 무상보육 정책을 내년에 차질 없이 시행하려면 인력이나 재원 문제 등을 구체적으로 매듭지어야 하고, 자율형 혹은 공공형 어린이집 등 새롭게 시도되는 각종 정책도 시범사업 단계부터 체계적으로 이루어져야 한다. 이 밖에 국민연금과 기초노령연금의 연계 문제, 국민연금기금이 투자한 주식에 대한 의결권 행사 문제 등도 해답이 필요하다.

정부가 주도적으로 선진 외국제도를 도입하는 과정에서 내재된 행정 편의적, 공급자 위주로 짜인 복지제도의 구조적 문제점도 근본적으로 해결해야 할 중장기적 과제다. 국민연금은 보험료 납입 능력이 있는 사람 위주의 갹출제 원칙이 고수되면서 제도 도입 20년이 지나고 있지만 저소득 자영자, 비정규직 근로자, 전업주부 등 상당수 국민이 국민연금에서 소외되고 있다.

근로자 위주의 고용보험 아래에서는 자영자의 경우 사업에 실패하면 제대로 도움을 받지 못하는 실정이고, 산재보험 역시 사업장 근로자에 대한 배상책임만 강조하다 상당수 국민이 사각지대에 방치되어 있다. 불의의 사고로 장애를 입거나 사망하면 당사자나 유가족이 일시에 빈곤층으로 전락할 위험에 놓여 있지만 현 시스템으로는 해결이 난망하다. 또한 효율적이고 효과적인 누수 없는 복지 전달체계 구축도 해묵은 과제다.

지속 가능한 시스템 구축 지혜 모아야 할 때

더욱이 평균수명 연장과 심각한 저출산으로 경제협력개발기구(OECD) 국가 중에서 가장 빠른 속도로 인구구조가 고령화되고 있어 현재의 빈약한 복지제도를 그대로 유지하는 것조차 재정적으로 한계에 이를 것으로 예상된다. 하지만 정부에 대한 신뢰 부족 등으로 보험료 인상을 포함한 재원 조달 방안에 대한 논의는 꺼내기도 조심스러운 상황이다.

복지의 책임을 정부에 모두 전가하는 시대는 지나고 있다. 국가와 지역사회, 기업, 가족 그리고 각 개인이 각각의 책임 영역을 명확히 하고 100년을 넘어 미래를 내다볼 수 있는 지속 가능한 복지 시스템을 구축하기 위해 모두가 지혜를 모아야 할 시점이다. 이러한 복잡하고 민감한 난제들 하나하나에 대해 미래 비전을 가지고 구체적인 대안을 제시하는 일이 바로 100인 복지포럼에 기대하는 국민의 여망일 것이다.

자영업자 위한 사회안전망시스템 설계 필요

다른 나라에서는 찾아보기 힘든, 한국에서만 일상화한 것이 있다. 눈이 오든 비가 오든 치킨·족발 등을 집에서 편하게 먹을 수 있는 배달문화다.

그 배달문화가 성행하는 것은 그만큼 우리나라에 자영업자가 많기 때문이다. 지난 8월 통계에 따르면, 한국의 자영업자는 580만 명으로 무급 가족 종사자까지 합치면 711만 명이다. 멕시코·그리스·터키 등과 함께 경제협력개발기구(OECD) 국가 중 선두 그룹이다.

한국에서 자영업자의 삶은 녹록지 않다. 자영업자는 무엇보다도 사업 실패의 공포에 시달린다. 손님이 끊이지 않아 잘되는 곳도 더러 있지만 10곳 중 6곳은 3년 안에 문을 닫는다. 게다가 자영업자는 늦은 시간까지 일하고 근로자라면 누리는 토요휴무, 대체 휴일은 남의 일이다. 부부가 함께 일하는 경우가 많아 자녀도 제대로 돌볼 수 없다. 무엇보다도 심각한 것은 자영업자의 소득이 계속 감소하고 있다는 점이다. 2001년 근로자 월평균 임금은 180만 원이고, 자영업자 월평균 이익은 328만 원이었다. 그러나 2014년 근로자 월평균 임금은 300만 원으로 증가한 반면, 자영업자 월평균 이익은 187만 원으로 감소했다. 또한 자영업자의 가계 부채가 근로자의 2배 수준이라는 것은 자영업자의 어려움을 알려주는 또 다른 지표다.

근로자가 다수인 우리나라에서 자영업자는 소수 그룹에 속한다. 특히 자영업자는 근로자 중심의 사회보험제도에서 찬밥 신세를 면치 못한다. 고용보험과 산재보험이 제대로 적용되지 않는 것은 물론 국민연금도 의무 가입이라 하지만 제대로 보험료를 납입할 수 있는 자영업자는 절반밖에 안 된다. 현재도 어렵지만 최소한의 노후 대책도 세우지 못하고 있다. 건강보험에서도 소득이 불투명하다고 해 사업장 근로자와 달리 자동차와 재산에까지 보험료를 부과하고 자영업자의 가족은 근로자와 달리 피부양자가 될 수도 없다.

정부는 지난달 24일 생애주기별(창업-성장-퇴로) 맞춤형 자영업자 대책을 발표했다. 창업 단계에서는 유망업종 중심으로 충분히 준비한 뒤 가게를 차리게 해 실패 확률을 낮추고, 창업 후 성장 단계에서는 상권관리를 통한 수익성을 제고한다. 퇴로 단계에서는 유망업종 전환과 재취업을 지원하고 유도하는 방안도 포함되어 있다. 자영업자를 위한 종합 대책이라는 점에서 의미가 있지만, 이러한 자영업 생태계를 직접 바꾸는 정책과 함께 자영업자를 위한 사회안전망을 강화하는 방안에 대한 추가적 검토가 필요하다.

자영업자가 사회보험에 임의로 가입할 수 있는 데도 가입하려 하지 않는다든지, 의무보험조차도 보험료를 체납하거나 납입을 꺼린다고 방치할 것이 아니라 자영업자가 사회보험에 가입할 수 있는 여건을 만들어줘야 한다.

대부분의 영세 자영업자는 자녀의 학비와 부모 부양 부담으로 미래의 불안에 대비한 보험료를 납입할 수 없다. 자영업자의 사회안전망이 부실한 것은 정규 근로자 대상의 사회보장시스템을 억지로 자영업자에게 맞추는 과정에서 발생한다. 비정형적이고 저소득 상태인 자영업자에게는 보험료 납입을 전제로 하는 사회보험보다는 노령·질병·재해·파산 등 위험 발생 시 보험료 납입과 관계없이 국가가 1차 안전망을 즉각적으로 제공하는 별도 시스템 설계를 검토할 때가 되었다.

사회안전망 구축 첫발 잘 떼야 한다

정부는 2018년까지의 사회 보장 정책 비전과 정책 과제를 종합적으로 제시하는 제1차 사회 보장 기본 계획을 최근 심의 의결했다. 이번에 확정된 계획은 사회보장 기본법에 따른 것이지만, 박근혜 정부의 사회 보장 마스터플랜이자 로드맵이라는 점에서 의미가 있다. 가장 큰 난제로 지목되던 기초연금이 지난 7월부터 지급이 시작된 시점에서 모든 계층, 전 생애에 걸친 보육·교육·고용·주거·의료·소득에 대한 국가보장을 강화하겠다는 의지와 구체적 내용이 포함되어 있다는 점에서 큰 의의를 가진다.

이번 사회보장기본계획은 2010년 무상급식에서 시작된 복지 논쟁이 총선과 대선 과정을 거쳐서 현실적으로 수렴된 것이라고 볼 수 있다. 이번에 발표된 박근혜 정부의 복지 키워드인 '생애주기별 맞춤형' 복지는 김영삼 정부의 국민복지기획단 보고서 이래 김대중 정부의 생산적 복지, 노무현 정부의 참여 복지, 이명박 정부의 능동적 복지 등 지난 정부의 복지 정책의 기본 틀을 계승 발전시킨 것으로 평가된다.

정부는 국·공립 어린이집의 단계적 확충, 공교육 정상화를 위한 교원 증원, 4대 중증질환에 대한 보장성 강화, 행복주택 공급 등을 통한 주거 안정, 노인 일자리 확충 등 노인생활 환경 개선, 청년 취업률 제고 및 여성 경력 단절 문제 완화와 정년연장, 근로장려 세제 등을 통한 취약계층 자립 지원 등 맞춤형 복지를 대폭 강화할 계획이다. 또 유사·중복 사업을 조정하고 부정 수급 조사 및 예방사업을 강화해 복지 재정 누수를 막고, 국민연금과 공무원연금 등 직역연금의 재정 안정화, 주민센터 개편과 사회복지 담당 공무원 확충 등 전달체계 개선도 추진된다. 이런 계획이 제대로 수행된다면 경제성장 중심에 밀려 있던 국민행복지수가 한층 더 높아지게 될 것으로 전망된다.

사회보장기본계획이 실행되자면 향후 5년간 맞춤형 사회안전망 구축 등에 316조 원의 예산이 필요한 것으로 추산된다. 과연 이만한 재원 조달이 가능할 것이냐에 대해 우려가 있다. 지난해 발표됐던 공약가계부 예산(135조 원)보다 훨씬 더 늘어났기 때문에 이런 의구심은 더 증폭됐겠지만, 공약가계부 예산은 순증액을 계산한 것이고, 이번 계획에 필요한 예산은 소요 예산 총액을 나타낸 것이기 때문에 기준부터가 다르다. 더욱이 제시된 계획을 꼼꼼히 살펴보면, 재정 측면에서 세부 과제별로 정부 부처 간 협의가 이뤄진 듯하다. 따라서 적어도 박 대통령 임기 중에는 재원 조달에 큰 문제가 없을 것으로 판단된다.

그러나 중장기적으로 지속 가능한 복지 확충을 위해서는 현재의 재정 한계를 극복하지 않으면 안 된다. 우리나라는 사회보험 중심으로 복지 시스템이 구축되어 있어 직접적인 정부 재정보다는 국민건강보험과 국민연금 등 사회보험료를 중심으로 국민 부담이 가중될 것으로 전망된다.

하지만 조세로 조달해야 하는 기초연금, 공공부조, 사회 서비스 등의 재정 지출도 지속적으로 증가될 것으로 예상되는 만큼 증세 등을 위한 사회적 합의 도출을 마냥 지체해서는 안 된다. 사회 보장을 위한 재원 마련은 빠르게 하락하고 있는 노동분배율의 개선을 도모하고, 기업과 가계의 성장 의욕을 위축시키지 않으면서 초고령 사회에도 지속 가능한 것이 되어야 할 것이다.

아쉬운 점이 있다면 이번 사회보장기본계획이 국민의 관심을 충분히 끌고 있지 못하다는 점이다. 원인은 이 계획이 관련 분야 전문가를 중심으로 작성되는 과정에서 국민의 의견을 수렴하는 과정이 부족했고, 초안을 수정 확정하는 과정에서도 재원 조달 한계 등으로 다양한 복지 수요를 모두 담을 수 없었기 때문일 것이다. 그럼에도 큰 틀에서 복지증진과 사회안전망을 창출하는 큰 틀의 그림이 완성됐다는 점에서 의의를 갖는다고 할 수 있다.

독거노인 100만 시대와 사회안전망

통계청은 2010년 현재 홀로 사는 노인가구가 100만 명을 넘어섰다고 22일 발표했다. 노인인구를 500만 명으로 잡으면 20% 내외가 독거노인임을 알 수 있다.

대부분의 독거노인은 부부노인가구로 살다가 배우자가 사망하면서 형성된다. 독거노인이 증가한다는 것은 노인인구와 부부노인가구가 동시에 늘어나고 있음을 의미한다. 여성의 평균수명이 남성보다 6세 정도 길게 나타나므로 독거노인의 80%는 여성노인이다.

또 농어촌 지역의 인구 고령화 속도가 도시보다 훨씬 빠르게 진행되고 있는 만큼 농어촌 지역의 독거노인비율이 높다. 따라서 홀로 사는 노인의 통계학적 특성을 보면 연령은 75세 이상, 성은 여성, 거주 지역은 농어촌 지역일 확률이 높다.

최근 철거촌에서 노인의 주검이 발견됐다는 뉴스는 독거노인의 극단적인 현실을 단적으로 보여준다. 이 노인은 만원 지폐 2장과 버스카드 1장만 남기고 스스로 목숨을 끊은 것으로 추정될 뿐 이름도 정확한 나이도 알 수 없다고 한다. 이 사건이 아니더라도 사망한 지 몇 개월이 지나서야 주검이 발견된 가슴 아픈 일이 주위에서 종종 발생한다.

독거노인은 경제적으로 일단 어렵다. 그리고 건강하지 못하다. 스스로 일상생활을 하고 있지만 대부분 크고 작은 병을 가지고 있고 점차 쇠락해 가고 있다. 또한 독거노인은 외롭다. 텔레비전이 함께 사는 유일한 '친구이자 동거인'이다. 빈곤·질병·고독은 노인이 되면 직면하게 되는 3대 고통이지만, 독거노인은 그 고통 확률이 더 높은 인생의 한 순간이다.

한국은 경제협력개발기구(OECD) 회원국 중 노인빈곤율 1위, 노인자살률 1위 국가다. 게다가 건강수명과 평균수명의 격차가 큰 나라로 꼽는다. 이러한 통계지표는 어느 독거노인의 비참한 최후가 특정 개인에게만 발생하는 우연한 사건이 아님을 보여준다. 그나마 2008년부터 시행된 기초노령연금제는, 비록 그 금액은 월 9만 원 남짓에 불과하지만 소득이 없거나 적은 대다수의 노인에게는 자식보다도 소중한 도움이 되고 있다.

그리고 2008년 7월부터 시행된 노인장기요양보장제도는 스스로 일상생활도 어려운 노인이 살아갈 수 있는 보호망이 되고 있다. 최근 2~3년간 노인에게 반드시 필요한 사회안전망이 늦게나마 구축된 것은 다행스럽다. 하지만 보장 수준과 수혜 범위를 좀 더 넓히는 방안 검토와 함께 노인 일자리의 적극적인 창출이 필요하다. 그리고 노인이 되면 늘어나는 의료비용 부담의 경감 방안도 검토해야 한다.

다음으로 시급한 것은 노인들이 건강하게 살고 있는지를 살피는 일이다. 이를 위해 최근 일부 지자체에서 도입하고 있는 정보기술(IT)을 이용해 원격으로 노인의 건강을 보살피는 U헬스사업을 전면적으로 확대하는 방안을 검토해 볼 만하다. 또한 멀리 떨어져 사는 자녀보다 동병상련의 이웃이 더 중요할 수 있으므로, 마을 단위로 공동생활을 보다 편리하게 할 수 있도록 지원하는 정책을 다각적으로 전개할 필요가 있다. 산재되어 있는 고령화된 이웃 마을 몇 개씩을 묶어 좀 더 효율적인 보살핌이 가능하도록 '압축 마을'로 재구조하는 방안도 신중히 검토할 때가 되었다. 도시에 사는 독거노인은 거주 여건부터 매우 열악하기 때문에 개선이 절실하다.

최근 미국에서 발표된 갤럽조사에 따르면, 나이가 많을수록 더 행복해진다고 한다. 한국의 노인들도 그러할까 하는 생각을 하면 부끄럽고 걱정스러운 마음이 앞선다. 오늘의 노인들은 현재 청장년들의 미래 모습이기도 하다. 독거노인을 위한 대책들은 다가오는 초고령 시대에 대응하기 위한 최소한의 사회적 인프라임을 잊어서는 안 된다.

홀몸노인 문제, 그랜드 플랜 짜야 한다

어버이날을 즈음해 홀로 사는 노인 문제가 새삼 부각되고 있지만 어제 오늘의 문제는 아니다. 노인 관련 소득, 건강, 일자리 대책은 매년 수없이 발표되지만 우리나라 인구 10만 명 당 노인자살률은 81.8명으로 일본 17.9명, 미국 14.1명의 4~5배 이상으로 경제협력개발기구(OECD) 국가 중 단연 1위다. 자살률과 깊은 상관관계가 있는 노인빈곤율은 2010년 45.1%로 OECD 평균 13.3%의 3.4배로 역시 1위다. 이처럼 높은 빈곤율과 자살률의 중심에 홀몸노인 문제가 위치하고 있다.

노인자살률·빈곤율 OECD 1위

우리나라는 고령사회의 진입 단계여서 노인인구비율이 늘어나면 홀몸노인도 더 빠르게 증가할 것으로 예상된다. 올해 홀몸노인은 119만 명으로 2000년에 비해 2.2배 증가했고, 이 같은 추세가 이어지면 2035년에는 현재의 약 3배인 343만 명이 되고, 고령화가 더 진행되는 2050년대가 되면 더욱 심각해질 것으로 전망된다.

최근 보건복지부는 일자리 제공과 사회적 가족 활성화, 건강관리 등을 담은 종합적인 홀몸노인 대책을 발표했다. 홀몸노인 전수조사와 이에 기초한 안전관리 대책은 매년 1000명 가량 발생하는 고독사(孤獨死)를 크게 줄일 수 있을 것으로 보이지만, 빈곤·질병·고독으로 요약되는 홀몸노인의 근본 문제를 해결하기에는 역부족인 것으로 판단된다.

사실 노인 문제는 홀몸노인만의 문제가 아니다. 빈곤한 부부노인가구도 유사한 문제에 직면해 있고, 자녀와 함께 사는 자립 능력이 없는 노인은 학대에 시달리는 경우가 허다하다. 현재 우리 사회가 직면하고 있는 노인 문제는 노인 한 분에 대한 개인 문제와 함께 엄청나게 빠르게 증가하는 노인 부양 부담을 경제·사회적으로 분담하고 대처해야 하는 구조적 문제를 동시에 안고 있다.

전체 인구의 40%가 노인으로 구성되는 2050년은 우리 인류가 일찍이 경험하지 못한 사회라고 할 수 있다. 지금과 같은 대증요법으로 정부와 사회가 개입하는 방식으로는 폭증하는 복지 수요에 대응하지 못하고 인력으로나 재정적으로나 한계에 부닥칠 것으로 보인다.

노인인구비율이 14%를 넘어서는 고령사회를 눈앞에 둔 현시점에서 전통적인 가족구조와 경제적·신체적·정신적으로 건강한 사람들 중심으로 짜인 경제사회시스템을 고령사회에 적용할 수 있도록 전면적으로 재편해야 하는 과제를 안고 있다. 홀몸노인이 많이 거주하는 농어촌 지역은 노인들을 과거의 생활 테두리에 방치하고 있는 전형적인 사례이고, 도시 지역의 저소득 노인들이 다수 거주하고 있는 쪽방촌은 또 다른 도시화·산업화의 산물이다.

따라서 홀몸노인 해법의 중심은 소득과 주거에 있고 안전이나 건강관리 등은 오히려 부차적인 문제다. 우리나라의 노인빈곤율이 높은 것은 우리나라 사람들이 젊었을 때 베짱이처럼 게을러서가 아니고 벌어들인 소득의 대부분을 자녀의 양육과 교육에 쏟아 부었기 때문인 것을 인정한다면, 노후의 최소한 소득보장은 국가적으로 책임질 사안이다. 무엇보다도 2007년 도입된 기초노령연금을 최소한의 삶을 영위할 수 있는 수준만큼 상향 조정해야 한다.

소득과 주거 대책부터 세워야

다음 해법은 인간다운 생활을 할 수 있는 주거 공간과 환경을 마련해 주는 것이다. 쪽방촌에 사는 노인들에게 도시락을 배달하는 봉사는 눈물겹도록 고마운 일이지만 언제까지 노인들을 가슴 아픈 쪽방촌에 방치할 것인가. 쪽방촌 노인들에 대한 주거 대책을 서둘러 내놓아야 한다. 대부분 노인들만 사는 시골 마을 집은 젊은 농부가 사는 집 구조이지 몸이 불편한 노인이 살기 편한 구조가 아니다. 범국가적인 제2의 새마을운동으로 농어촌 공동주거 모델을 개발하고 정부가 적극 지원해야 한다. 이때 쪽방촌 노인들에 대한 귀향 대책과 연계하면 더욱 효과적일 것이다.

중기 근로자 복지, 정부가 나서야 한다

고용노동부가 상용 근로자 10인 이상 국내 기업을 대상으로 2011년 기업체 노동비용을 조사한 결과, 300인 미만 중소기업의 직접노동비용은 269만9000원으로 300인 이상 기업 415만6000원의 64.9% 수준이고, 복리후생에 들어가는 간접노동비용은 300인 미만 중소기업은 68만2000원으로 300인 이상 대기업 140만7000원의 48.5%로, 직접노동비용보다 간접노동비용의 격차가 더 큰 것으로 나타났다.

중소기업 근로자는 임금도 임금이지만 복지 수준이 열악하다는 것이 새삼스러운 일은 아니다. 하지만 대기업 근로자에 비해 절반도 되지 않는다는 통계는 충격적이라고 할 수 있다. 그나마 근로자 10인 이상 기업을 대상으로 조사했기 때문에 이 정도 차이가 나는 것이지 10인 미만 근로자를 위한 복지는 거의 없다고 해도 과언이 아닐 것이다. 사실 중소기업 근로자와 가족들은 임금과 같은 직접적인 급여의 차이보다 간접적인 기업 복지의 차이 때문에 실망하는 경우가 많다. 주택자금 대부, 학자금 지원, 종업원 지주제도, 종합건강진단, 근로자 주택·사택·기숙사 운영, 보육시설 등 부가적인 복지의 차이에 실망한다. 특히 대기업과 중견기업 근로자의 경우 적어도 고등학교 수업료는 회사에서 지원받지만 영세 중소기업 근로자의 경우 이러한 혜택은 꿈도 꾸지 못한다.

기업 차원의 복지만 문제가 되는 것은 아니다. 의무적으로 되어 있는 사회보험도 제대로 가입하지 못하는 근로자가 부지기수다. 통계청이 2010년에 조사한 경제활동인구조사 부가조사상 사회보험 가입률에 따르면, 고용보험에 가입한 업체는 5인 미만 사업장 임금 근로자의 경우 25.4%, 5~9인 사업장 임금 근로자의 경우 51.6%에 불과하고, 국민연금의 경우도 5인 미만 사업장 임금 근로자의 직장 가입 경우가

24.8%, 5~9인 사업장 임금 근로자의 경우 49.9%에 그치고 있다.

법정 퇴직금의 경우도 의무적으로 적용받지만 근속기간이 길지 않아 퇴직금의 구실밖에 못하고, 퇴직연금 같은 것은 현실적으로 기대하기 어렵다. 따라서 중소기업 근로자, 특히 영세기업 근로자의 경우 사업주가 근로자의 복지를 책임지기 쉽지 않다. 정부가 나서서 근로자 복지를 챙겨주어야 한다.

금년부터 정부는 10인 미만 사업장에 종사하는 저임금 근로자의 고용보험·국민연금보험료의 1/2 혹은 1/3을 국가가 지원해 사회보험의 가입을 유도하는 두루누리 사회보험지원사업을 시행하고 있지만 본래의 취지와는 달리 겉돌고 있다는 평가가 벌써부터 나오고 있다. 무엇보다도 제도 시행 이후 새롭게 사회보험을 적용하는 기업보다는 기존에 가입하고 있던 기업 중심으로 지원이 나가고 있고, 정말 영세한 기업은 지원이 있어도 가입할 엄두를 못내고 있고, 시간제 근로자와 같은 경우에는 대상이 되지 않는다. 그 외에도 중소기업 근로자 복지증진을 위해서 근로자복지진흥기금을 만들어 근로복지공단이 공공근로복지 사업을 실시하고 있지만 예산액은 극히 미미하다.

그러나 대선 공약을 보면, 중소기업을 위한 공약은 눈에 띄지만 중소기업 근로자 복지 공약은 잘 보이지 않는다. 새누리당에서 '중소기업 근로자 행복키움 저축(가칭)'을 만들어 근로자의 재산 형성을 지원하겠다고 하지만 후속 대책이 있어야 가능하다. 중소기업 근로자 복지를 증진시키기 위해서는 중소기업 근로자를 위한 복지 서비스 인프라를 구축하는 것이 중요하다. 모 민간기업이 중소기업의 선택적 복지를 지원하는 시스템을 구축하겠다고 나서 반갑기도 하지만 정부 차원의 적극적인 노력이 필요하다.

이번 대통령 선거에서는 경제 민주화라는 화두에 밀려 중소기업 관련 공약이 오히려 묻히는 경향이 보인다. 대기업 때려잡기식 공약보다는 중소기업을 더 살리는 공약이 나와야 하고, 중소기업 근로자 특히 영세기업 근로자 복지를 증진시키는 공약이 구체적으로 제시되어야 한다. 무엇보다도 실효성이 있는 공약으로 중소기업 근로자의 고단한 삶에 도움이 되도록 해야 한다. 또한 지키지도 못할 선심성 공약의 남발보다는 단 하나라도 책임질 수 있는 공약이 제시되어야 할 것이다.

'공정한 사회'와 친서민 정책

이명박 대통령의 8·15 경축사를 계기로 '공정한 사회'가 화두가 되고 있다. 공정성(fairness)은 일상적으로 사용되는 말이지만 명확한 정의를 내리기는 쉽지 않다. 공정성 여부를 따지자면 먼저 기준이 되는 잣대가 있어야 한다. 정해진 잣대없이 공정성을 가지고 왈가왈부한다면 그 순간에 이미 공정성이 없어진 것이 되기 때문이다. 여기서 잣대에 해당하는 것이 사회 정의(social justice)가 될 것이다. 문제는 공간과 시간을 관통하는 일관성 있는 잣대에 해당하는 사회 정의가 존재하는가이다. 자연법 형태의 진리가 아니라면 어느 국가나 어느 시기에도 적용될 수 있는 사회 정의는 아직 없는 것 같다.

마이클 샌델의 『정의란 무엇인가』가 우리나라에서 30만 권이나 팔렸다고 하니, 한국 사람들이 정의에 목말라 하고 있었구나 하는 생각이 들기도 한다.

친서민 정책을 둘러싼 논쟁

정의의 개념은 주로 서양철학에서 발전했다. 플라톤에서부터 아리스토텔레스, 칸트, 롤스에 이르기까지 정의의 개념은 새롭게 정의되고 있지만 대체로 최대 다수의 최대 행복을 주장하는 벤담의 공리주의 시각이 무난하게 받아들여지고 있다.

공정한 사회는 룰(rule)이 지켜지는 사회로 볼 수 있지만, 우리 사회는 정해진 룰 자체에 대하여 부정하고 있는 상태이기 때문에 사회적 합의는 더욱 어렵다. 공정한 룰이 되기 위해서는 룰이 만들어지는 과정에서부터 공감할 수 있어야 하는데, 우리나라는 룰을 만드는 과정에서 티격태격하다가 룰이 자기에게 불리하게 만들어지면 인정하지 않고 비난하는 풍토가 일상화되었다.

친서민 정책을 둘러싼 논쟁만 해도 그렇다. 친서민 정책의 필요성은 대부분 인정하면서도 상대방이 내놓으면 포퓰리즘이고 자기가 내놓으면 정당한 것이라고 우긴다. 만약 친서민 정책의 원칙과 기준이 있다면 이러한 논쟁들로부터 다소는 벗어날 수 있을 것이다.

이 대통령은 8·15 경축사에서 공정한 사회를, 출발과 과정에서의 공평한 기회, 결과에 대하여 스스로 책임지는 사회 그리고 패자에 대한 새로운 기회가 주어지는 사회로 규정하고 있다. 이때 공정한 사회라는 개념은 친서민 정책의 원칙과 기준이 될 수 있을 것으로 판단된다.

친서민 정책을 공정한 사회를 실현하는 하나의 수단이라고 볼 때 친서민 정책 하나하나가 공정한 사회라는 관점에서 평가받게 되고, 이 과정에서 사회 구성원을 설득할 수 있어야 한다.

규제 개혁, 교육 개혁, 복지 정책, 일자리 정책, 공정경쟁 정책 등 할 일도 많지만 쉬운 과제는 거의 없어 보인다. 특히 예산을 수반하는 정책이라면 더 큰 논란을 불러일으킬 수 있다. 의사결정과정에서의 논쟁은 당연히 존재할 수 있지만 무엇보다도 안타까운 현실은 자기만 옳다는 식의 일방적 태도이다. 하물며 정의도 상대성이 존재하는데 구체적인 수단과 방법은 양면성이 있기 마련이다.

느리더라도 함께 가려는 노력

합리적인 결정은 긍정적인 측면이 살아있으면서도 부정적 측면을 최소화하는 것이고, 이를 위해서는 그 전제가 되는 사실에 대해 진지하게 함께 보고 공유할 수 있는 여유와 인내가 필요하다. 압축 성장하는 과정에서 모든 것을 빨리빨리 처리하는 습관이 우리의 경쟁력이기도 하지만 우리가 당장 고쳐야 할 태도이기도 하다. 친서민과 같이 공정사회를 바로 세우려는 정책은 너무 빨리 혼자 가기보다는 느리더라도 함께 가는 노력이 더욱 필요하다.

사회적 생산성 제고 필요하다

　　장맛비가 한반도를 촉촉이 적시고 있지만 104년 만의 가뭄과 이상 기온을 몰아내고 있는 것 같아서 오히려 시원하고 감사하다. 게임 중독·왕따·폭력·자살 등 안타까운 현상들이 하루도 지면을 채우지 않는 날이 없는 한국사회를 보면서 지금 우리는 어디로 가고 있는가 그리고 과연 제대로 가고 있는가 하는 의구심마저 든다.

　　한국인 페르소나의 한 단면을 보여주는 카톡현상을 보자. 아침에 일어나 맨 먼저 하는 것은 카톡을 챙겨보는 일이다. 밥 먹으면서도 카톡하고 지하철이나 버스에서도 카톡하면서 동영상을 본다. 직장이나 학교·학원에서 카톡하다 집에 갈 때도 카톡하고 카톡하면서 잠이 든다. 소셜네트워크가 청소년의 하루를 점령할 때 어른들은 술과 담배에 절어서 산다. 담배로 시작해서 담배로 하루를 정리하고 술 없는 회식은 상상할 수도 없다. 흡연율과 음주율로 보면 우리는 세계 정상급에 속한다.

　　카톡과 술·담배 자리의 공통적 목적이 있다면 소통일 것이다. 우리는 무엇이 그렇게 답답한지 한시라도 소통하고 있지 않으면 불안하다. 물론 소통은 좋은 것이다. 문제는 개개인은 이렇게 끊임없이 소통하는 것 같은데 우리 사회는 불통사회에 가깝다는 점이다. 그 이유는 교실에서 아이들이 소통하는 모습을 보면 쉽게 답을 찾을 수 있다. 아이들은 끊임없이 소통하는 것 같이 보이지만 항상 함께 하는 아이들끼리만 한다. 그나마 그런 그룹 하나에도 끼어들지 못하면 왕따가 된다.

　　청소년과 부모, 청소년과 교사, 학부모와 교사 간의 불통은 말할 것도 없고 노사 간, 세대 간, 지역 간 불통은 어제 오늘의 일이 아니다. 정치인들도 국민과 소통하고 있는 것 같지 않다. 여당과 야당, 보수와 진보 모두가 민의에 따라 한다고 하지만 도끼와 최루탄이 등장하고 멱살잡이와 같은 폭력은 일상사가 되었다.

불통사회는 폭력도 양산하지만 자살 같은 극한 상황도 증가시킨다. 자살 원인은 여러 가지가 있겠지만 소외가 방아쇠 역할을 한다. 우리나라 자살률은 세계 1등이다. 자살은 불통사회가 종국적으로 가져올 미래사회의 모습일 수 있기 때문에 더 문제다. 그러나 소통하자고 캠페인 한다고 해서 해결될 일은 아니다. 소통의 필요성은 다 알지만 못하는 것은 사회적 문제이다. 소통할 수 없는 사회의 기저에는 과도한 경쟁이 존재한다. 1등은 한 자리밖에 없고 99% 대다수는 1등이 될 수 없는 데도 온 사회가 1등 하라고 부추기면 2등은 자살하는 사회가 된다. 우리는 개천에서 용 나는 사회가 되어야 한다고 말하지만, 용은 되기도 힘들지만 결과적으로 용 되는 사람은 몇 명밖에 될 수 없다. 따라서 국민이 행복한 사회가 되기 위해서는 개천에서 용나는 사회가 아니라 개천에 사는 미꾸라지도 행복한 사회가 되어야 한다.

최근 우리나라도 20-50클럽에 가입했다. 물론 30-50클럽을 지향해야 한다. 하지만 1인당 GDP 1만 달러에서 2만 달러로 가는 전략이 5000달러에서 1만 달러로 가는 전략과 상이하였듯이 2만 달러에서 3만 달러로 가는 전략도 변화되어야 한다. 2만 달러까지는 물질적·양적 성장 전략이 주효하였지만, 3만 달러가 되기 위해서는 정신적·질적 발전 전략으로 전환할 필요가 있다.

우리나라도 외형적인 경제적 궁핍 단계는 극복했기 때문에 이제는 내면적인 철학적 궁핍을 극복할 때다. 국민 개개인이 자신의 존재 의미를 다시 정립하고, 1등이 되기 위해서가 아니라 자아 실현을 위해 경쟁하면서 한 발씩 양보하고 함께 살아가야 하는 공동체의 중요성을 재인식하고, 막혀 있던 벽을 허물고 소통하면서 하나가 되어갈 때 사회적 신뢰가 높아진다. 즉 이제는 물적·인적 자본이 아니라 사회적 자본인 신뢰를 통하여 사회적 생산성을 높이는 방안들을 찾아 나가야 할 때이다.

최근 들어 복지증진이나 경제 민주화 이슈가 부각되는 것도 사회적 생산성을 높일 필요성을 국민이 자각하였기 때문이다. 기존의 1인당 GDP 1만 달러 시대에 만들어진 시스템과 대립적 사고방식으로는 복지도 경제 민주화도 개선하는데 한계가 있다. 공생·공존·공영할 수 있는 제로섬이 아닌 포지티브 섬이 될 수 있는 새로운 경제사회시스템을 구상하고, 새로운 '성숙한 사회'에 대한 국민적 공감대를 형성시켜 나가야 할 시점이다.

소득 분배구조 변화의 의미

　최근 통계청 발표에 따르면, 2010년에 개선되었던 분배구조가 2011년에는 다소 악화된 것으로 나타났다. 2011년 지니계수는 0.311로 2009년의 0.314보다는 개선된 것이지만 2010년의 기조를 이어가지 못했다. 하위 20%의 소득점유도에 대한 상위 20%의 소득점유도 비율인 5분위 계수는 2007년 이후 계속 높아지고 있어 글로벌위기 이후 소득 분배가 나빠지고 있음을 보여주고 있다. 2011년의 소득 분배 악화는 미미한 것이기 때문에 2011년 한 해가 가지는 의미는 중요하지 않다. 분배구조의 악화될 수 있는 경제·사회적 환경 자체가 문제다.

　수출이 경제를 리딩하는 우리 경제체제 하에서는 경쟁력 있는 수출기업 중심으로 부가가치가 창출될 수밖에 없다. 수출기업에서 창출된 소득과 부가 내수기업으로 선순환되어야 전체적으로 고른 성장이 가능한데, 우리나라는 수출 부문에서 내수 부문으로 이어지는 고리가 매우 취약해 양극화 현상이 심화되고 있는 것이다.

　산업 양극화는 궁극적으로 고용 양극화를 낳고 이는 지역 간 격차를 확대시키는 결과를 가져온다. 생산과정에서의 불균등이 경제 전반에 영향을 미치는 상황에서는 1차적인 분배구조만으로는 소득 분배가 악화될 수밖에 없다. 따라서 정부에 의한 조세와 사회 보장을 통해 분배구조가 보완되는 것이 불가피하다. 우리나라에서 시장소득 불평등보다는 가처분소득 불평등이 낮고 그 차이가 커지고 있다는 것은 소득 분배를 위한 노력이 지속적으로 이루어지지 않고 있음을 나타내는 징표이다. 실제로 조세와 사회보험 부담금을 합한 국민부담률이 국내총생산(GDP) 대비 25%를 넘어서고 있고, GDP 대비 공공사회복지지출이 10% 내외로 빠르게 늘어나고 있는 것이다.

그러나 정부가 아무리 노력한다 해도 소득 분배구조 악화를 막는 것이 어려운 원인 중 하나는 인구구조의 노령화다. 노인이 되면 소득이 없어지거나 감소되는 것이 불가피하다. 특히 근로소득의 감소가 크게 일어나고 근로기간 중에 축적된 자산이 있는 사람과 없는 사람 사이에 자산 불평등이 존재하기 때문에 노인인구비율이 늘어나면 노인계층과 근로계층 간의 소득 격차가 커지고, 노인계층 내 소득 격차도 커지기 때문에 전체적인 소득 분배구조가 악화되게 된다.

우리나라에서 지금 일어나고 있는 분배구조 악화의 상당 부분은 산업과 고용 양극화 외에 인구구조의 고령화로 설명될 수 있다. 일본도 시장소득 지니계수는 0.50을 넘고 있다. 우리나라의 0.34는 일본과 비교하면 매우 양호한데, 그 원인이 일본의 산업 및 고용 양극화가 우리보다 극심하다기보다는 일본의 노인인구비율이 20%를 훌쩍 넘어 세계 최고령 국가가 된데 비해 한국은 이제 10%를 넘어선 아직은 젊은 국가이기 때문이다.

문제는 우리나라의 저출산·고령화 구조가 일본을 그대로 닮았다는 점이다. 우리나라의 20년 후 모습이 일본의 현재 모습이라고 생각해도 큰 무리가 없다. 따라서 분배구조의 악화를 막기 위해서도 고령화되고 있는 인구구조의 변화를 막는 것이 급선무라 할 수 있다. 물론 지금부터 출산율이 높아진다고 해도 그 효과는 25년이 지난 다음에야 나타나겠지만, 25년 이후를 위해서라도 저출산 문제의 근본적인 개선을 위한 국가 전략이 수립되어야 한다. 이러한 측면에서 저출산을 개선하기 위한 지출은 미래를 위한 투자 개념에 가깝다.

한편 수출 제조업에서 창출된 부가가치가 내수 부문으로 순환될 수 있기 위한 거시경제적 노력도 병행되어야 한다. 원화가치를 낮게 가져가는 것은 수출에는 도움이 되지만 내수 부문에 부담을 가중시킨다.

일본이 지난 몇 해 동안 엔고를 유지하는 것은 수출을 희생해서라도 내수를 확대시키려는 노력의 일환으로 볼 수 있다. 특히 최근 유가가 급등하고 있는 국면에서 원화가치를 낮게 가져가는 것은 물가에도 도움이 되지 않는다. 따라서 거시경제 기조도 신중하게 조정해 나가는 것이 필요하다.

도농 소득 격차 확대의 원인과 대책

통계청 자료에 의하면, 2012년 농가의 연평균 소득은 3103만 원으로 도시 임금근로자 가구소득 5391만 원의 57.6% 수준에 불과하다. 이는 1994년까지만 해도 도시보다 앞섰던 소득이 이후 하락세로 전환되어 외환위기가 닥친 1998년 도시가구의 79.9%로, 글로벌 금융위기가 발생한 2008년에는 65.2%로 추락하고 있는 연장선상에 있다.

도농 간의 소득 격차가 확대되고 있는 것은 기본적으로 도시에 비해 빠른 농촌의 고령화 속도에 기인한다. 2012년 65세 이상 노인인구비율은 농촌이 19.6%로 도시의 9.9%에 비해 거의 2배 가량 높고, 면 지역으로 범위를 좁히면 그 비율은 25%에 이른다. 15~64세 인구 대비 65세 이상 인구비율인 '노년부양비'가 도시는 13.3명인데 반해 농촌은 무려 38.7명으로, 농촌은 청장년층 인구의 감소가 동시에 진행되고 있다. 65세 이상 농업 경영주 비율이 1990년 18.3%에서 2010년 46.3%로 상승한 지표가 이를 단적으로 설명한다.

소득이 최저생계비 미만 가구비율 통계인 빈곤율도 마찬가지다. 한국농촌경제연구원에 따르면, 소득이 절대빈곤선인 3인 가구 최저생계비 이하 농가는 2003년 전체의 5.9%이던 것이 지난해에는 27.6%로 증가했다고 한다. 여기에는 기본적으로 인구 고령화 요인에 대한 감안이 있어야 한다. 현재 노인을 위한 공적소득보장이 불충분한 우리나라 현실에서 노인가구는 절반이 빈곤가구로 분류된다. 노인인구 비율이 높으면 농촌가구 내 소득 재분배 상태도 악화되는 것이다.

따라서 도농 간 소득 격차는 청장년계층과 노인계층을 구분해 비교해야 하고, 자연히 대책도 구분해 제시되어야 한다. 노인계층의 경우 소득 측면에서는 도시가 농촌보다 우위에 있겠지만, 주거비와 식료품비 등 비용 측면까지 고려하면 농촌 지역이 반드시 열위에 있다고 할 수 없다. 더욱이 최근에 기초연금이 월 20만 원으로 상향 조정되면서 농촌노인의 현금 부족 문제가 상당히 해소된 것을 감안하면 농촌에서의 생활 매력도가 점차 더 높아질 것으로 예상된다. 물론 여기에는 보건의료시설 등 노인에게 필수적인 생활 여건이 함께 개선된다는 전제가 필요하다.

중장년층 농촌가구의 경우 1인당 경작면적의 증가와 농업의 다각화 등으로 1인당 농업생산성이 증가될 여지가 없는 것은 아니다. 또한 최근 논의되는 한·중 자유무역협정(FTA)과 같은 농업시장의 개방 압력이 농업 경영인들에게 많은 시련을 주고 있지만, 중장기적으로 보면 농업은 사양산업이 아닌 성장산업이 될 수도 있다.

기후 변화 등으로 인해 식량위기가 가시화되면 국제농산물가격이 상승할 수 있고, 식량자급률이 낮은 우리나라는 오히려 국내 농산물의 가격 경쟁력이 살아나는 새로운 국면을 맞을 수 있다. 물론 이러한 여건 변화가 오더라도 농지의 구조조정과 농업 생산 방식의 혁신이 없으면 농업위기 문제는 해소되지 못하고 식량위기의 직격탄을 맞을 수 있다.

정부는 농작물 재해 및 농업인 재해 위험에 대한 대책을 강화하는 등 농업인의 삶의 질 개선 노력과 함께 농산물 유통구조의 개선을 통해 농업인의 소득 유출을 최소화하려는 노력에도 더욱 박차를 가해야 한다. 도농 간 소득 격차의 확대 현상이 단순히 농업·농촌·농업인이 동정과 보호의 대상이 되는 소재가 되어서는 안 된다. 인구 계층별·지역별 맞춤형 정책의 강화를 통해 농업이 한국 경제 순환의 핵심 고리가 될 수 있도록 농업을 발전시키는 비전과 전략의 수립이 절실하다.

사회복지통합관리망 성과와 과제

복지급여의 부정 수급 문제가 발생하면서 복지 전달체계에 대한 우려의 목소리가 높다. 국민의 세금으로 만들어지는 각종 복지급여가 필요한 사람들에게 제대로 전달되고 있는지 여부는 오랫동안 제기되어 온 해묵은 정책 과제라고 할 수 있다.

우리나라는 아직 복지가 선진국 수준에 이르지는 못하지만 복지 지출은 압축적으로 빠르게 늘어나고 있고, 따라서 다양한 현금 및 서비스가 국민에게 직간접적으로 전달되고 있다. 국민기초생활보장 대상자 157여 만 명 외에도 국민연금 수급자가 300만 명을 넘어서고 있고, 기초노령연금·기초장애연금 등 현금급여를 받는 사람도 400만 명에 이르며, 노인과 장애인을 위한 각종 복지 서비스와 보육 서비스가 다양한 프로그램으로 제공되고 있다. 건강보험, 고용보험, 산재보험, 노인장기요양보험 등 사회보험에서 이뤄지는 각종 업무량도 실로 방대하다.

외국에 비해 높은 관리 효율성을 인정받고 있음에도 전달 사고가 발생하게 되었던 것은 100 종류가 넘는 복지급여를 서로 다른 행정 주체가 상이한 기준으로 대상자를 선정하고 다양한 방법과 경로로 전달하는 과정에서 주로 생겨났다. 특히 소위 깔때기 현상으로 지칭되는 지방자치단체의 일선 행정조직에 업무가 집중되는 병목 현상은 이러한 전달체계상의 문제를 더욱 악화시키는 결과를 초래했다.

이명박 정부는 초기부터 이러한 전달체계의 효율성 제고를 위한 노력을 계속해 왔고, 이의 결정체가 바로 사회복지통합관리망(이하 사통망)의 구축이다. 사통망은 통합행정전산망의 구축 차원을 넘어서 기존 행정 공급자 중심의 관리구조를 개인별·가구별 수요자 중심의 관리구조로 전환했다는 점에서 그 의의가 크다. 수요자 중심으로 정보를 모으게 되면 사회 복지급여의 중복과 누락 현상의 대부분을 제어할 수 있게 된다는 점에서 전달체계의 혁명에 가깝다. 국세청, 건강보험공단 등 27개 기관의 200여 종에 이르는 공적 자료가 연계될 수 있는 시스템이 구축됨으로써 전국의 사회 복지 업무가 통합적으로 관리 가능하게 되었다.

사통망은 부정·중복 수급 문제의 차단에 그치지 않고 폭주하는 업무에 시달리던 일선 지자체 공무원의 행정 부담을 줄여주는 효과와 더불어 서류 행정에 매몰되어 있던 복지 공무원이 현장에 찾아가는 서비스를 강화할 수 있는 계기가 될 것으로 기대된다. 통합정보관리는 급여 결정 및 지급에 필요한 시간을 더욱 단축하고, 공무원의 임의적인 행정처리를 줄임으로써 이전 체계에서 가능했던 횡령사고를 사전에 차단하는 역할도 수행하고 있다. 물론 시스템 초기에 발생했던 오류나 적응과정에서 다소의 논란도 있었지만, 이제 제자리에 정착됐다는 것이 일반적인 평가이다.

이러한 전달체계의 개선은 궁극적으로 복지체감도를 제고시킬 뿐 아니라 부정 수급 방치에 따른 국민의 복지 불신을 획기적으로 감소하게 만들 것으로 기대된다. 하지만 개선되어야 할 과제도 있다. 보건복지부를 중심으로 한 정보 통합은 성공했지만 보건복지부 이외의 다른 부처가 관리하고 있는 복지 관련 정보 통합은 아직 미흡한 상태이다. 역으로 사통망의 유용한 정보를 타 부처에서 활용하는 문제도 해결되어야 할 과제이고, 사통망의 활용성 증대에 따른 시스템 보강과 일선 인력의 확충도 요구되고 있다. 사통망을 계기로 그동안 사회복지계의 숙원사업이던 사례 관리의 강화가 실질적으로 이뤄질 수 있도록 복지행정조직을 적절히 조정 개편하는 것도 필요하고, 인턴·자원봉사자 등 전문 요원 이외의 보조 인력도 효과적으로 활용하면서 역량을 강화할 수 있는 실용성 있는 매뉴얼 개발도 검토되어야 한다.

복지는 신뢰의 기반 위에서 지속적으로 발전 가능하다는 점에서 각종 부정·중복 수급 문제의 해소를 포함한 투명성 확보는 매우 긴요한 과제라고 할 수 있다. 사통 망으로 하드웨어적인 행정 효율성을 담보할 기반은 성공적으로 구축됐다고 할 수 있다. 그러나 더욱 중요한 것은 국민의식의 선진화이다. 유령연금 문제에서 보듯이 사망신고를 지연하고 부정으로 연금을 수급받는 행위 등은 사통망과 같은 시스템 만으로는 해결할 수 없다. 따라서 진정한 사통망은 국민의 적극적인 참여와 협조를 통해 완성될 수 있다는 점을 인식하는 것이 중요하다.

두루누리사업 공과와 한계

　최근 영세사업장에서 일하는 저임금 근로자에게 국민연금과 고용보험의 보험료 50%를 지원하는 두루누리사업이 10억 원 이상의 재산을 가진 사람에게도 지원된 것으로 나타나 논란이 되고 있다. 이러한 일이 벌어진 것은 재산이 아무리 많아도, 10인 미만 영세사업장에 근무하면서 월급이 130만 원만 넘지 않으면 지원 대상이 되기 때문이다. 두루누리사업은 2012년에 총 46만 개 사업장 82만 명에 1492억 원이 투입됐고, 2013년부터는 약 7만 명 더 추가되어 예산은 4414억 원에 이른다.

　두루누리사업은 이번에 나타난 부작용과는 별개로 정부가 당초 기대했던 것에 미치지 못하고 있다. 무엇보다도 10인 미만 사업장 근로자의 참여가 저조하다는 점이다. 10인 미만 사업장 근로자는 250만 명이 넘는 데도 불구하고 사업에 참여하는 근로자는 3분의 1도 되지 않고 있다.

　국민연금과 고용보험에 가입했을 때의 편익은 사회 전반적으로 인식이 높아져 있고, 보험료의 절반을 정부가 지원함에도 사회보험에 가입하지 않는 것은 크게 두 가지 이유에 기인할 것으로 추정된다.

　하나는 국민연금과 고용보험의 혜택은 좋지만 두 제도에 가입하면 건강보험에도 가입해야 하는 것이 부담이 되고 있다. 건강보험은 피부양자 형태로 무임승차할 수 있는 기회가 있는데, 건강보험료를 추가적으로 납입하는 것은 손해라는 인식을 가질 수 있다. 다른 하나는 고용보험과 산재보험은 보험료 납입 부담이 작아 가입해도 큰 부담은 되지 않는다.

　그렇지만 국민연금 보험료는 임금의 9%, 건강보험료도 6%에 가깝기 때문에 두 사회보험의 보험료를 합하면 15%에 이르게 된다. 노사가 절반씩 부담한다고 하더라도 각각 7.5%에 상당하게 되는데, 저임금 근로자 입장에서는 과중하게 느껴질 수 있기 때문에 노사가 가입을 기피하는 원인이 될 수 있다.

두루누리사업은 소규모 사업장의 사업주와 근로자에게는 지원되지만 10인 이상 사업장의 비정규직 근로자는 적용되지 않는 것도 문제다. 사실 사업체 규모상으로 10인 미만 근로자보다도 비정규직 근로자가 직업의 안정성은 더 낮을 수 있다. 비정규직 근로자 중 사회보험 미가입자 비율은 국민연금은 40%, 고용보험은 43.9%에 이른다. 건강보험은 46.8%지만 이들 대부분은 피부양자 신분으로 건강보험 혜택을 보고 있다고 추정할 수 있으므로 반드시 사각지대에 있다고는 볼 수 없지만, 비정규직 근로자의 40% 상당이 노후 빈곤과 실업의 위험에 노출되어 있는 상태다. 사실상의 근로자인 영업직에 종사하는 상당수도 유사한 사각지대에 빠져 있고 영세 자영자 대부분도 미래가 불안하기는 마찬가지다.

따라서 두루누리사업을 근로자 10인 미만 사업장에서 30인 미만으로 또는 소득수준을 130만 원에서 더 높이 상향하는 등의 외형적인 확대에 앞서 저임금 근로자가 사회보험 가입을 기피하는 현실에 대한 보완책과 비정규직 근로자 등 보다 힘든 취업자들에 대한 사회보험 사각지대 문제에 대한 해법 제시가 우선되어야 한다.

사회보험은 복지의 중심 제도이기 때문에 사각지대를 얼마나 해소할 수 있는가 하는 것이 사회 통합의 바로미터가 될 수 있다. 두루누리사업은 정규직 근로자를 중심으로 발전해 온 사회보험의 한계를 극복하는데 유용한 제도임에는 분명하다. 이제는 두루누리사업 본래의 취지가 보다 살아날 수 있도록 다양한 창의적인 방안이 모색되어야 할 시점이다.

어린이집 '비영리법인' 규제 풀어라

최근 민간 어린이집 단체가 이달 초순에 전면적인 집단 휴원에 들어가겠다고 무리한 주장을 펼치다 정부의 강력한 경고에 밀려 주춤하는 모습을 보였다. 하지만 불씨는 그대로 남아 긴장국면은 계속되고 있다.

민간 어린이집의 집단 행동에 대해서는 사회적 비판 여론이 비등하고 있지만, 국공립에 비해 민간시설 보육료 기준이 낮게 책정되어 있는 어려운 사업 여건을 감안하면 이해되는 측면도 있다. 다른 서비스의 경우 대부분 민간 서비스의 질이 공공 서비스보다 높은 것이 보통인데, 보육 서비스를 비롯한 복지 서비스의 경우 공공 서비스 질이 높아 이용자가 오히려 공공시설에 몰리는 기현상을 보이는 것은 정부 지원이 공공시설에는 많고 민간시설에는 적기 때문이다.

더욱이 정부 지원을 근거로 각종 엄격한 규제가 주어지기 때문에 아마도 민간사업자는 정부의 규제를 어떻게 하면 잘 빠져나갈 것인가 궁리하는 것이 가장 큰 일이다. 이것을 잘하면 유능한 경영자이고, 본연 임무인 아이돌봄에 치중하다가 정부 가이드라인을 지키지 못한 시설은 오히려 불이익을 당하는 결과를 낳기도 한다.

저출산 등으로 심각해지는 인구구조의 악화를 막는 것은 단순한 복지의 문제를 떠나 국가의 명운이 걸린 중대사이고, 이런 차원에서 정부는 보육에 대한 국가 책임을 지속적으로 강화시켜 왔다. 2012년만 해도 지난해에 비해 보육예산을 30% 이상 증액했다. 정부 계획과 새누리당 및 민주통합당의 보육 관련 공약을 감안해 볼 때, 2013년에는 보육 예산만 10조 원 내외가 될 것으로 전망된다. 이렇게 늘어난 예산 대부분이 민간시설의 사업 수입으로 들어갈 것인데 경영이 갈수록 힘들어진다는 것은 선뜻 이해하기 어렵다.

최근 출생아 수에 비해 보육시설이 급속히 증가하고 있는 것을 볼 때, 보육시설의 경영 여건이 최소한 악화되지는 않았을 것으로 판단됨에도 민간시설업자들이 단체행동을 강행하고 있는 것은 정부가 지원 확대와 병행해 보육시설에 대한 규제를 강화하려는 움직임을 사전에 약화시키려는 취지로 판단된다. 그러나 보육 예산의 빠른 확대에도 불구하고 안심하고 맡길 수 있는 보육 여건은 크게 개선되지 못하고 있다든지, 각종의 편법적인 비용 부가로 인해 가계의 보육비용 부담은 별로 낮아지지 않고 있는 현실을 감안할 때 적절한 규제는 규제가 아니라 비용 부담자의 당연한 최소한의 요구 조건에 불과하다.

이번 어린이집 사태는 우리나라 보육 서비스의 구조적 문제점에 기인하는 것이기 때문에 정부는 분쟁을 단순히 봉합하기보다는 다소 시간이 걸리더라도 보다 근본적인 해법을 찾아가는 것이 필요하다. 무엇보다도 '비영리법인'이라는 어정쩡한 법인구조를 명확히 하는 것이 급선무다. 영리법인이 아니므로 수익활동을 못하게 되어 있지만, 사실상 개인사업으로 투자하고 수익을 추구할 수밖에 없는 어린이집의 모순된 사업구조를 전면적으로 개편하는 것이 필요하다. 정부 지원을 받는 시설은 국공립 시설에 준하는 지원을 하되 어린이와 부모가 만족할 수준의 서비스를 제공하도록 규제하고, 정부 규제를 받기 싫은 사업자에 대해서는 정부의 직접적인 지원을 받지 않고 자율적인 경영을 할 수 있도록 허용하는 사업자 이원화 방안에 대한 적극적인 검토가 있어야 한다.

어린이집 운영은 단순한 돈벌이 사업이 아니다. 부모같이 어린이를 보살펴주는 것이 어린이집의 책무다. 어린이를 인질 삼아 집단 휴원이라는 극단적인 행동을 통해 이익을 관철하려는 시도는 어떤 명분으로도 국민을 이해시키기 어려울 것이다. 특히 선거를 전후해 막강한 조직력을 과시해 이해 집단의 지대(렌트)를 극대화하려는 것으로 오해받을 행동을 하는 것은 어린이집의 발전을 위해서도 바람직하지 않다. 우리나라 보육의 미래를 정부가 학부모와 함께 진지하게 설계하는 모습으로 돌아올 때, 민간 어린이집의 고충도 보다 충실하게 해결될 수 있을 것으로 생각된다.

국가는 전지전능한가?

　세월호 참사에서 보듯이 우리 국민의 국가에 대한 기대는 무한에 가깝다. 그러나 국가가 국민을 위해 해줄 수 있는 것은 무엇일까. 그 대답은 "글쎄요?"라고 할 수밖에 없다. 5000년 역사를 되짚어 봐도 태평성대를 노래했던 좋은 시절은 별로 없었다. 최고의 군주로 꼽히는 세종대왕 시절의 『조선왕조실록』을 살펴봐도 마음 편할 날이 많지 않았던 것으로 볼 때 다른 시대는 말해서 무엇하겠는가. 이웃나라 중국이나 일본은 물론이고 서구의 역사를 봐도 마찬가지다. 왕이나 귀족들은 행복했을지 몰라도 일반 백성이 즐거웠을 것 같은 시대는 찾아보기 힘들고, 복지국가의 대명사라고 할 수 있는 노르웨이도 2011년 총기 난사 테러로 청년 캠프에 참가한 상당수의 학생이 이유도 모른 채 죽어갔다.

　이번 참사를 계기로 안전에 대한 경각심이 높아지고 있어 불행 중 다행이다. 우리나라는 그 동안 교통사고 사망자가 매년 5000명이 넘고 산재 사망자가 1000명이 넘는 등 경제협력개발기구(OECD) 국가 중 이 부문에서 단연 수위를 차지해 왔다. 좁은 국토에 21기의 원자력 발전소를 운영하고 있는 현실에서, 발전소 부품 관련 비리사건이 줄줄이 터지는 것을 보고 걱정이 앞서는 것은 기우일까. 좀 더 넓게 잡아 안보는 어떤가. 북쪽에서는 핵실험을 거듭하고 또 하겠다고 협박한다. 북한과 같은 예측 불가능한 국가와 대치하고 있는 우리로서는 국가 안보도 안심할 수 없다. 발생빈도가 높아지고 있는 지진에 대한 건물이나 각종 대형 구조물의 대비는 아직 검증되지 못하고 있고 생활에 필수적인 물이나 식량 안보도 의문부호다. 이와 같이 안전 문제는 생각하면 할수록 끝이 없다.

　물론 국가는 인간 개개인이 할 수 없는 많은 것을 할 수 있지만 그렇다고 전지전능하다는 것은 아니다. 아무리 완벽한 시스템으로 사전에 예방하고 또 잘 대처한다 해도 한계가 있기 마련이다. 안전을 비롯한 국민행복에 대한 갈망은 날이 갈수록 커지고 있지만, 이를 책임져야 할 국가의 능력은 유한하고 국민의 커지는 욕구를 완전히 만족시키기에는 역부족이다.

특히 국내총생산(GDP)의 20%도 되지 않는 조세부담률로는 산적해 있는 많은 일을 단박에 해결하는 것은 사실상 불가능하다. 현 수준의 나랏돈으로는 치안과 국방만도 제대로 하기 급급한 수준으로 평가된다. 지금의 안전 문제 원인을 모두 사고 기업의 불법 행위와 일부 공무원의 무사안일로 돌려서는 발전이 없다. 공직자도 기업도 국민 개개인도 이제는 바뀌어야 한다. 하루하루 살기에도 급급했던 과거에는 미래의 불확실성에 대한 대비를 할 겨를조차도 없었다. 그렇지만 1인당 GDP가 2만 5000달러 수준에 이른 국가라면 안전에 대한 자원 배분을 낭비로 생각하는 것부터 바뀌어야 한다.

민주주의 국가에서 국가는 국민이 뜻하는 방향대로 나아간다. 작금의 우리의 안전 무방비 모습은 우리가 만들어 온 것이다. 일시적으로 떠들썩하고 말 것이 아닌 궁극적이고 근본적인 변화를 원한다면 안전 관련 시스템을 전반적으로 개혁할 수 있는 국가 예산부터 대폭 배정해야 할 것이다. 국가는 국민이 부담하고 밀어주는 만큼만 일할 뿐이다. 효율적인 작은 국가가 좋다고 하면서 국가의 전지전능을 요구해서는 안 된다.

복지 논쟁과 재원 대책

　백가쟁명하고 있는 복지 논쟁을 종결지을 수 있는 것은 세금이다. 복지를 투자라고 설파하는 경우도 있지만, 복지는 새로운 부가가치의 창출이 아닌 재분배 정책이 핵심이다. 재분배에는 받는 사람이 있으면 부담하는 사람이 당연히 있고, 부담(재원)은 주로 세금과 사회보험료 형태로 조달된다.

　우리나라의 조세부담률은 2007년 21%를 기록한 이래 2008년 20.7%로 낮아졌다가 지난해 19.7%로 낮아졌고, 2010년에는 19.3%로 하락할 것으로 전망된다. 그러나 실질적으로 세금이라고 할 수 있는 사회보험료부담률이 2010년 현재 5.7%로 조세부담률과 합한 국민부담률은 25% 수준이다. OECD 국가의 평균 조세부담률은 26.7%이고 국민부담률은 35.8%로, 우리나라의 현재 국민부담률은 높은 수준은 아니다. 일본의 경우 외형적으로는 조세부담률이 18.0%이고 국민부담률은 28.3%로 높은 노인인구비율(21.5%)과 1인당 국내총생산(GDP)를 감안하면 낮다. 그런데 일본 재무성은 국민부담률에 국가와 지방의 재정 적자를 추가한 2010년 잠재적 국민부담률은 52.3%라고 발표해 충격을 던져주고 있다. 일본의 GDP 대비 공공 사회복지지출비율은 20%에 육박하고 있고 국가채무비율은 200%를 넘어서 OECD 국가 중에서 가장 높다. 국가 부채를 보면 금방 무너질 것 같지만 초저금리 추세로 이자 상환 부담이 낮고 실물경제는 세계 2~3위 수준으로 아직까지는 든든하다.

　미래의 복지 지출 규모를 가늠하게 하는 우리나라의 고령화구조는 과거 20년 전 일본의 인구구조와 거의 유사하다. 따라서 현재의 일본 인구구조는 2030년의 우리나라 인구구조라고 보면 된다. 우리나라의 복지 모델은 일본 모델과 세부적으로는 다르지만 기본 골격구조는 거의 유사하다. 그러나 특정 부문에 따라서는 일본보다 빠르게 구조 개선을 해왔다. 따라서 일본의 현시점에서의 복지 재정 문제는 미래 한국의 복지 재정 문제가 될 수 있으므로 심각하게 검토할 필요가 있다.

우리나라의 근로소득세는 면세점이 매우 높아 실제로 세금을 내는 사람의 비중은 50%도 안 된다. 반면에 사회보험료는 소득이 있으면 부과되기 때문에 중·하위 소득 수준의 국민 입장에서는 세금보다도 사회보험료가 더 무섭다. 실제로 2011년 현재 국민연금보험료는 9%, 건강보험료 5.64%, 산재보험은 1.77%(업종별 상이 0.6 ~35.4%), 고용보험료는 1.15%로 도합 17.56% 수준이다. 명시적인 사용자가 있는 경우 근로자는 절반만 부담하면 되지만 자영자의 경우는 전액 부담해 체감하는 부담은 이미 높다. 그나마 보험료를 납입하지 못하는 상당수 저소득자는 사회 보장 사각지대에 속해 우리나라 복지 모델의 가장 큰 한계로 지적되고 있는 상황이다.

몇십 년 이후의 미래를 걱정하기에 앞서 건강보험 재정위기는 지금 현재 발등에 떨어진 불이다. 2010년에는 1조3000억 원 당기적자를 기록했고, 2011년에도 보험료를 5.9%를 인상시켰지만 수지를 맞출 수 있을 것인지 불안한 상태다. 이래저래 급여가 늘어난 고용보험도 마찬가지다. 2007년 말 개정된 국민연금도 급여 수준은 삭감했지만 보험료는 그대로 둔 상태다. 게다가 저출산을 극복하기 위해서는 보육료 지원 등 불가피하게 재정 부담을 올려야 하는 상태다.

국가 채무를 늘려 복지를 하자는 것에 찬성할 사람은 없다. 사회보험료는 그냥두어도 인구고령화가 심화될수록 높아질 수밖에 없다. 복지제도 확충에는 세금이 동원될 수밖에 없지만 세율을 올리는 것은 그리 쉽지 않다. 선진국과 비교할 때 부가가치세는 상대적으로 높고 소득세는 낮지만, 소득세 성격인 사회보험료를 감안하면 그렇게 낮은 것도 아니다. 새로운 세목의 신설은 더욱 부담스럽다. 현실적으로 가장 용이한 것은 경마·경정·로또 등 각종 사행사업과 담배와 술 같은 건강 위해 품목에 세금을 추가적으로 부과하는 방법이지만 궁극적인 해결책은 못된다. 부유세 같이 다수자의 의견만 따르는 것은 또다른 부작용을 유발할 우려가 있다. 쓸 돈을 정해놓고 모을 방법을 강구하는 방법도 있겠지만 가용 재원을 먼저 추산해보고 우선적 복지 영역을 선택해 나가는 것이 현실적일 수 있다. 어디에 어떻게 쓸 것이냐도 중요하지만 어느 정도 조달할 수 있을 것이냐를 먼저 따져보아야 할 시점이다.

'저부담 고복지'는 없다

새해 벽두부터 복지 논쟁이 뜨겁다. 총선과 대선을 아직 1년 이상 남겨놓은 시점이라 다소 이른 감이 있지만 나쁘지만은 않다. 유럽 등 선진국 선거를 보면 복지 정책은 오래전부터 선거의 승패를 결정짓는 중요한 판단 기준이 되어 왔다. 우리의 복지 논쟁을 보면 구체적인 정책의 장단점이나 적정선, 우선순위 등에 대한 논의보다는 '된다, 안 된다'는 식의 흑백 공방만 오가고 있다. 선진국 문턱에 있는 국가답게 경제 발전과 국민 복지가 동시에 높아질 수 있는 다양한 방안을 두고 품격 있고 진지한 논쟁이 이루어지는 것이 바람직하다.

정치권, 정책 제시 없이 흑백공방만

복지는 궁극적으로 돈으로 해결해야 하기 때문에 공짜는 없고, 조세나 사회보험료 등으로 조달된다. 고(高)복지에는 고부담이, 저(低)복지에는 저부담이 따르게 되어 있다. 저부담으로 고복지를 할 수는 없다. 각 나라의 경제·사회적 환경에 따라 적정한 복지와 부담 수준을 결정하면 되고, 절대적인 진리는 존재하지 않는다. 따라서 어떤 국가가 고복지-고부담을 한다고 해서 비판할 것도 없고 저복지-저부담을 한다고 해서 우려할 것도 없다. 각 나라의 국민들이 선택하면 되는 것이다. 우리가 경계해야 할 것은 고복지를 저부담으로 할 수 있다는 주장이다.

복지 선택을 할 때 대두되는 문제점은 복지 수혜자와 부담자가 다를 수 있다는 것이다. 복지에 따른 부담보다 혜택이 더 클 것으로 기대되는 사람은 고복지를, 그 반대의 경우 저복지를 선호하게 되어 이해 갈등이 생길 수 있다. 이때 복지 선택을 단순히 선거에 맡겨두면 다수자의 횡포가 발생할 수 있고, 소수자의 이해는 무시당

할 가능성이 존재하게 된다. 폐쇄 경제하에서는 이러한 갈등이 생겨도 내부에서 조정되겠지만 개방된 글로벌 경제하에서는 바람직하지 못한 자본과 노동의 이동을 초래하고, 궁극적으로 복지를 받쳐주는 경제의 건실성이 저해되거나 국가 공동체의 약화를 불러올 수 있다. 그런 점에서 복지 선택은 어렵다.

정치는 이러한 극단적인 선택들이 이루어지지 않고 이해 갈등이 조정될 수 있도록 현실적인 복지 대안을 만드는 역할을 해야 한다. 가령 보편적 복지와 선별적 복지는 이론적으로 양 끝의 주장이지만, 우리나라 복지의 현재 위상을 보면 그렇게 극단적으로 싸울 일이 아니다.

우리나라는 1964년 산재보험, 1977년 현재의 건강보험, 1988년 국민연금, 1995년 고용보험이 도입되어 선진국의 보편적 복지의 상징인 4대 사회보험제도가 정착 단계에 와 있고 보육 등 복지 서비스도 빠른 속도로 확대되고 있다. 선별적 복지의 대명사인 극빈자를 위한 국민기초생활보장 예산은 7조5000억 원 수준으로 2011년 복지 관련 예산 및 기금 규모 86조4000억 원의 10%도 안 된다. 다만 우리 사회보험제도가 보험료 납입을 전제로 하기 때문에 보험료 납입이 어려운 상당수의 기초보장 대상자가 아닌 저소득 국민이 복지 사각지대에 있고, 제도에 따라서는 보장 수준이 충분치 못해 이를 보완해 나가는 것이 필요하다.

복지 내실화-우선순위 논의가 먼저

복지 대상자나 보장 수준의 확대에는 추가적인 재원이 요구되기 때문에 부담 가능한 적정 범위에 대한 논란이 항상 존재했지만 그래도 우리나라의 복지 수준은 꾸준히 높아져 왔다. 경제기반이 없는 복지는 있을 수 없고 복지 향상 없는 성장도 허무하다. 성장과 분배에 대한 가치 판단의 경중에 따라 속도는 다소 차이가 나겠지만, 방향성은 크게 다를 수 없다는 점에서 복지 논의는 담론과 외형적 규모보다는 영역별 복지의 내실화와 우선순위, 구체적 대안과 방법론의 차이를 가지고 할 때가 됐다. 이러한 논의는 많으면 많을수록 정책의 시행착오를 줄이고 국민을 하나의 공동체로 만든다는 것이 선진국의 역사적 경험임을 인식해야 할 시점이다.

받는 사람에게 필요한 맞춤형 복지 제공

　최근 정부는 맞춤형 복지 실현을 위한 복지전달체계 개선 대책을 발표했다. 보건복지부가 복지 급여·복지 서비스를 시스템화하는 2010년의 사회복지통합관리망 구축 이래 한 단계 더 진일보한 것으로 평가된다. 이 시스템을 통해 각종 소득·재산 정보 등을 통합관리(27개 기관 218종)함으로써 복지 대상자의 자격 및 급여를 신속·정확하게 관리할 수 있게 되었다. 하지만 궁극적인 목표인 공급자 중심에서 수요자 중심으로 충분히 이행하지는 못했다.

　수요자 중심체계는 밀착형 1 대 1 관리를 통해 복지 수급자의 편의성만 증진시키는 것이 아니라 탈(脫)복지·탈수급을 통해 복지 효율성을 높일 수 있어 선진 복지 시스템이라고 할 수 있다. 시스템 구축 전에는 각종 서비스를 제공하기 위해 필요한 정보를 수집하는 데만 엄청난 시간이 소요됐다. 각종 급여가 수급자를 중심으로 모아지지 않아 중복 수급 혹은 누락 문제가 빈번히 발생했다.

　시스템 구축만으로 모든 것이 해결된 것은 아니다. 수급 대상자의 입장에서 필요한 서비스를 입체적으로 제공할 수는 없었다. 사실 수급 대상자는 성·연령 뿐 아니라 건강 상태·근로 능력·근로 의욕 등에서 매우 다양해 지역과 시기에 따라 서비스 종류가 달라질 수 있다. 결국은 개별 수급 대상자별로 필요한 서비스를 종합적으로 판단하고 결정할 수 있기 위해서는 유능한 전문 능력을 가진 복지행정 담당자가 확보되어야 가능하다. 그동안 복지 담당자가 절대적으로 부족했다. 그나마 상당수 일반 행정 인력이 이를 담당했다.

　정부는 행정직 공무원 1800명을 복지 업무로 전환 배치하고, 행정직 자연 결원 인력 중 800명은 복지직으로 전환 배정해 선발하고, 3340명은 신규로 충원할 예정이라고 한다. 도합 7000명의 전문 인력 모두를 새롭게 충원하는 것은 아니지만 그나마 다행스러운 일이다.

시스템만 구축한다고 해서 선진 복지전달체계가 하루아침에 이루어지는 것은 아니다. 유능하고 열정을 가진 사람이 있어야 좋은 시스템도 제 기능을 발휘할 수 있다. 또한 이와 더불어 수요자 입장에서의 복지 서비스의 효과적인 배분과 중앙과 지방, 정부와 민간을 유기적으로 연결하는 효율적인 전달조직이 갖추어져야 참으로 맞춤형 복지가 이루어진다.

실익없는 복지 논쟁 지양해야 한다

2015년 복지 예산은 전년 대비 8.5%로 늘어난 115조 원으로 편성됐지만, 재정수입은 이를 충당하지 못해 적자 재정으로 편성되어 국가 채무는 국내총생산(GDP) 대비 35.7%로 증가할 전망이다. 이와 관련해 담뱃값 인상, 연말정산 방식 변경, 지방세 인상 등 이른바 '꼼수 증세' 논란이 생기면서 무상보육, 무상급식 등 복지 논쟁이 재연될 조짐을 보이고 있다. 야당은 복지 지출 확대와 증세를, 정부는 증세 불가를 주장하고 있다.

복지 지출 확대를 위해서는 당연히 복지 재원 마련이 뒷받침되어야 한다. 그러나 경기 침체와 이에 따른 세수 부진으로 어렵게 확대되고 있는 복지 정책들이 흔들리고 있는 것이다. 세수가 부족하면 증세를 하면 되지만, 증세는 경기에 부정적인 영향을 주기 때문에 딜레마라고 할 수 있다. 그렇지만 현재가 복지 정책 후퇴와 증세 중에 하나만 선택해야 하는 상황이라고 볼 수는 없다.

현재까지의 복지 정책 전개과정을 보면 우리나라는 보편주의와 선별주의를 적절히 조화시키면서 발전해왔다는 것을 알 수 있다. 국민연금, 건강보험, 산재보험, 고용보험과 같은 사회보험과 보육지원 정책은 보편주의를 강화시켜왔고, 국민 기초생활보장이나 사회복지 서비스는 선별주의 원칙을 유지하고 있다.

사회보험에서 보편주의는 적용 대상을 전 국민으로 한다는 뜻이고, 무상으로 한다는 개념과는 다소 거리가 있다. 현재 논란이 되고 있는 부분은 무상보육이나 무상급식과 같이 비용 부담 측면에서까지 보편성을 확보한 제도라고 할 수 있다. 그러나 어떤 제도가 무상이면 안 되고 유상이면 되고 하는 것은 논리적 문제이기보다는 가치 판단의 문제이고 선택의 문제라고 할 수 있다. 복지의 불가역적 성격으로 볼 때 확대된 복지가 치명적 문제점을 가지고 있지 않는 한 이를 되돌리기는 어렵다. 따라서 과거의 논쟁을 되풀이하는 것은 의미가 크지 않다. 더욱이 우리나라 복지 수준은 선진국과 비교할 때 아직 높다고 볼 수도 없고, 고용 및 소득 양극화 현상이 심화되고 있기 때문에 극복해야 할 과제라고 판단된다.

현재의 정부 지출 증가 속도와 구조로 판단할 때 중장기적으로 증세는 불가피하다. 우리나라 조세 및 사회보험료 부담은 GDP의 26~27%로 고복지 국가로 분류되는 북유럽 국가 국민부담률의 절반 가량에 불과하다. 그럼에도 불구하고 북유럽 국가에 비해 조세 저항이 강한 것은 정부에 대한 신뢰가 부족하기 때문이다. 납입한 세금이 제대로 쓰이지 않고, 낭비적으로 사용된다는 국민 인식이 존재하는 한 추가적 조세 부담을 용인하기 쉽지 않다.

증세가 가능하기 위해서는 현재 정부 세출이 비용 효율적으로 사용되고 있다는 믿음이 전제 되어야 하지만 우리나라 현실은 그렇지 못하다. 또한 조세 부과는 형평성이 있어야 수용성이 높아지는데 법인세, 소득세, 부가가치세 등 세금 선택에 있어서 사회적 합의점을 찾지 못하고 있다.

따라서 현시점에서는 증세보다는 정부 예산을 비용 효율적으로 사용하려는 노력이 우선되어야 할 것이다. 도로 및 항만 건설과 같은 사회간접자본(SOC)에 대한 투자도 경제적 효율성을 사전에 충분히 검토하는 등 다른 선진국에 비해 여전히 높은 경제개발비 비중을 적정 수준으로 조절할 필요가 있다. 복지 지출 중 부정 중복 수급은 크게 감소했지만, 민간 부문에 과다하게 의존하고 있는 복지 서비스 공급체계가 오히려 비용을 유발하고 수요자의 만족도를 저감시키고 있다는 점에서 복지 수준에 걸맞은 복지 서비스 공급체계로 개혁이 요구된다.

복지, 프로그램별 논쟁 통한 국민적 합의 도출

복지국가 논쟁이 무상복지에서 출발해 '보편적 복지냐 선별 복지냐'에 이어 복지 재원 조달까지 번졌다. 하지만 내용을 들여다보면 여·야 간, 보수·진보 간 갈등의 골을 더욱 깊게 하는 소모적인 양상이 된 느낌이다. 이런 식이라면 내년에 있을 총선과 대선까지 논쟁만 거듭하다가 정작 국민 복지증진은 무위로 끝날 공산이 크다. 우리나라에서는 복지 논쟁이 왜 생산적인 정책 대결로 이어지지 못할까. 무엇보다 한국 상황에 대한 인식의 격차에서 기인한다고 볼 수 있다.

1997년 금융위기를 거치면서 한국은 경제성장률만 둔화된 것이 아니라 소득 분배구조의 악화가 급속히 진행됐다. 비정규직이 증가되고, 영세 자영자의 부진 등으로 중산층은 얇아지고 빈곤층이 증가하는 양극화 현상이 진행됐다. 2008년의 글로벌 경제위기를 벗어나는 과정에서도 대기업과 수출기업은 괄목할 성장을 보이고 있지만 서민 경기는 여전히 썰렁하다. 이명박 정부는 양극화 해소를 위해 사회 통합과 친(親)서민 정책을 강조하고 나섰지만, 여기에 대해서도 '턱없이 부족하다'는 비판과 '포퓰리즘'이란 정반대의 시각이 있다.

우리 중앙정부와 지방자치단체의 복지 지출은 2010년에 100조 원을 넘어 GDP 대비 9.0%에 이르렀다. OECD 국가의 평균 복지지출비율 20%에 비하면 절반에도 못 미치지만 1인당 국민소득 2만 달러, 노인인구 11%라는 복지 수요를 감안하면 대체로 선진국의 3분의 2 수준에 도달한 것으로 평가된다. 아직도 복지 지출이 부족한 것은 틀림없지만, 최근 20년간 한국의 복지지출증가율이 경제성장률보다 빨랐다는 점에서 속도 측면은 높은 평가가 필요하다.

사회보험제도의 사각지대와 복지 수요의 증가도 우리 복지의 현주소를 진단할 때 빠뜨려서는 안 된다. 우리나라는 건강보험·국민연금고용보험·산재보험 등 4대 사회보험과 국민기초생활보장제도가 정립되어 있다. 하지만 보험료 납입 능력이 없는 상당수 국민이 있는 것도 사실이다. 또한 건강보험의 경우 본인부담과 비급여 부분의 존재로 보장률에 대한 시비가 있고, 보육에 대한 국가 책임 요구도 강화되고 있다.

따라서 이제는 거대담론의 탁상 논쟁보다 구체적인 복지 프로그램별로 국가 책임의 적정선에 대한 검토가 이루어져야 한다. 복지는 이상적인 목표가 있어도 이를 충당할 재원 조달 계획이 없으면 무의미하다. 저출산·고령화가 심화되는 2050년에는 복지 확충이 없어도 우리나라의 복지 지출은 GDP의 20%를 상회할 것으로 전망되어 조세와 사회보험료 부담 증가가 불가피하다. 더구나 복지 확충까지 고려하면 재원 조달의 한계에 봉착할 우려까지 있다.

이런 상황을 피하려면 형평성이 결여되거나 효율성이 낮은 복지제도에 대한 과감한 개혁이 병행되어야 한다. 재정 악화가 발등의 불인 건강보험은 보장성 강화와 함께 과잉 진료를 유발할 수 있는 시스템 개혁이 시급하고, 공무원연금·군인연금·사학연금 등 특수직역 연금과 국민연금의 형평성도 높여야 한다. 효율적이고 누수 없는 복지 전달체계의 확립도 필요하다.

성장과 복지의 선(善)순환성이 극대화되는 새로운 패러다임 없이 복지의 일방적 확충은 지속 가능하지 않다. '공유지(共有地)의 비극'에서 보듯이 복지 확대는 비능률로 이어질 가능성이 크다. 이제 구체적이고 생산적인 복지 논쟁으로 국민적 합의를 도출해내야 한다.

국민행복시대 농업인은?

박근혜 차기 정부의 농업인·농업·농촌 정책에 대한 관심이 높아지고 있다. 박 당선인의 대선 공약에는 농어촌과 관련해서 약 4조3925억 원 정도의 공약이 포함되어 있으며, 노인·여성 등 대상별 공약까지 포함하면 그 규모는 더 커진다.

직불금 확대, 농어업 재해 대책, 축산업 육성, 농업 경영비 지원 등 대형사업 이외에도 농어촌 사회안정망과 주거·의료·교육 여건 개선, 인력 부족 해소 및 일자리 창출 등 농어촌과 직접 관련된 공약, 암·심장병·뇌혈관질환 등 4대 중증질환에 대한 100% 보장, 기초노령연금을 기초연금으로 바꾸면서 액수도 20만 원으로 상향 조정하는 등의 공약도 있다. 이들 공약 모두가 5년 임기 내에 실현되는 것은 쉽지 않겠지만, 일회적이고 소모적인 공약보다는 지속 가능하고 미래지향적인 공약, 특히 농업인의 고된 삶을 덜어 드릴 수 있는 정책들이 우선적으로 실현되는 것이 바람직할 것이다.

첫째, 농업인들이 각종 재해로부터 안전하게 지켜지도록 만드는 것이 급선무다. 농업은 도시민들이 생각하듯 낭만적이지만은 않다. 각종 농사일로 인해 농업인들은 매일 위험에 노출되어 있을 뿐만 아니라 아무리 열심히 농사를 지었다 해도 날씨 변화 등 천재지변에 취약하다. 따라서 농업인의 재해 보장과 함께 농작물재해보험이 농업인들에게 실질적으로 도움이 될 수 있도록 확대 개선되어야 하고, 이를 위해서는 정부의 재정적 지원이 절실하다.

둘째, 농촌 지역 삶의 질이 증진되기 위한 환경이 개선되어야 한다. 일단 초고령화 사회에 접어든 농촌 지역은 독거노인 혹은 노인부부 가구가 대다수이지만, 주택 구조부터 노인이 살기에 적합하지 않은 경우가 많다. 방치되어 있는 빈집이 늘어나고 있는가 하면, 지역별로 너무 분산되어 있어 각종 보건·의료·복지 서비스를 받기에는 불편하기 그지없다. 이제 흩어져 있는 마을을 모으고 어르신이 살기 좋은 주거환경을 조성하는 등 제2의 새마을운동을 다시 일으켜서라도 농촌 지역을 살기 좋은 마을로 바꾸어야 한다. 그리고 어르신들이 각종 사회 서비스를 보다 편하게 받을 수 있도록 전달체계 강화를 위한 투자도 확대되어야 한다. 농어촌이 이렇게 될 때 도시 지역에서 은퇴한 베이비 붐 세대가 용기를 가지고 귀향할 수 있고, 이는 농촌의 활력으로 연결될 수 있을 것이다.

셋째, 식량 안보체계의 기반을 구축해야 한다. 기후 변화 등으로 언제든지 발생할 수 있는 식량위기에 대응하기에는 20%대에 불과한 우리나라의 식량자급률은 너무 낮고, 농업의 지속 가능성을 확신할 수 있는 선순환구조가 형성되지 않은 상태에서 부분적인 소득 창출 사업만으로 농업에 희망을 줄 수 없다. 이는 단순히 농업에 한정된 문제가 아니라 국가 안보의 문제이고 국민 생존의 문제라는 것을 인식하고 거시적인 식량 안보체계를 재설계하는 것이 필요하다.

대통령이 바뀔 때마다 항상 새로운 희망으로 시작하지만 농업과 농촌의 하향 트렌드를 역전시켰던 대통령은 없었다. 경제성장의 뒷면에서 말 없이 농촌을 지켜왔던 어르신들도 한 분 두 분 세상을 뜨고 있다. 이제 희생만을 강요해서는 농업이 살아날 수 없다. 그리고 농업이 사양산업으로 인식되는 한 한국의 안전한 미래도 약속할 수 없다.

농업인·농업·농촌과 관련된 공약이 모든 공약 중에서도 우선순위를 가지기 위해서는, 정부 지원을 더 얻는다는 식의 소극적인 자세가 아니라 활력 있는 농업인, 경쟁력 있는 농업, 살기 좋은 농촌을 만들기에 농업인이 앞장서는 자세가 중요하다.

복지 정책, 日 반면교사 삼아야

일본 정부는 자민당에서 민주당으로 정권이 교체된 이후 선거공약대로 사회보장제도 전반의 개혁을 추진하고 있다. 사회 보장 개혁의 배경은 일본이 지금 현재 처하고 있는 경제·사회적 환경 변화에 적극적으로 대처하기 위한 것으로 보인다. 일본의 사회보장제도의 골격은 1960년대와 1970년대의 고도성장기에 주로 형성된 것으로 정규고용, 종신고용, 완전고용을 전제로 만들어진 것이다. 그러나 버블 붕괴 이후 20년간 일본 경제가 침체 상태에서 벗어나지 못하면서 비정규직이 급속히 증가하고 일본판 양극화 현상이 심화되고 있는 가운데 저출산·고령화 현상으로 생산 기반이 취약해지고 국가 부채 등 정부 재정의 건전성이 문제시되고 있다. 이러한 상황 인식이 한국과 너무나 닮은꼴이라는 데 있다. 따라서 일본의 사회 보장 개혁은 우리나라의 복지제도 개선에 중요한 나침반이 될 것으로 판단된다.

일본의 사회 보장 개혁의 키워드는 세대 간 형평성, 공조, 지속 가능성이다. 참가 보장, 보편주의, 안심에 기초한 활력사회를 이념으로 하고 전세대 대응, 미래투자, 분권적·다원적 공급체제, 포괄적 지원, 안정적 재원 확보 등을 기본 원칙으로 국민에게 필요한 사회 보장의 기능 강화를 추진하는 것을 기본 방향으로 하고 있다.

개혁 내용을 구체적으로 살펴보면, 먼저 저출산에 대응하기 위해 아동지원시스템을 전면적으로 손질할 계획이다. 유치원과 보육시설로 이원화되어 있는 체계를 일원화하면서 정부의 추진체계와 재원도 일원화하고 국가·지방·사업주·개인의 책임과 역할을 분명히 하는 방향으로 검토하고 있다. 이원화 문제 역시 한국에서도 동일하게 문제가 되고 있는 것으로 일본이 부처 간 알력과 보육시설 및 유치원 관련자의 이해 갈등을 해결해 나갈 것인가가 중요한 관전 포인트가 될 것이다.

한편 의료와 개호(노인장기요양보호)제도 개선도 추진하고 있다. 의료와 개호 서비스 제공 체제의 효율화와 기능 강화를 위해 진료 및 보수 수가 개정을 검토하고 있다. 의사 등 의료 인력자원 확보, 재택 서비스 및 정신보건의료 개혁, 예방 등 건강증진, 저소득층 대책을 강화하는 방안, 고액진료비 상한제 등의 도입도 검토하고 있다. 취업 촉진과 관련해서는 청소년·여성·고령자 고용증진책, 비정규직 근로자 보호 강화와 함께 고용보험 혜택을 받지 못하고 있는 계층에 대한 지원 강화도 검토하고 있다. 연금제도도 비정규직 등 고용이 불안한 계층에 대한 무갹출 기초연금 지급, 공무원연금 등 각종 직역연금을 소득비례연금인 후생연금으로의 통합, 2004년 연금개혁 시 확정한 18.3% 한도 내 연금보험료 인상의 보완책으로서 연금수급 개시연령의 추가적인 상향 조정 등이 검토되고 있다.

그렇지만 이러한 사회보장개혁을 진행하기 위해서 선행적으로 해결해야 할 것은 재원 대책이다. 일본의 경우 국내총생산(GDP) 대비 사회보장지출비율이 19%를 넘어섰다. 일본이 복지 지출에 소극적이라는 평가는 있지만 이미 OECD 평균수준에 이르고 있다. 특히 일본은 복지지출액의 3분의 2는 소득세적 성격의 사회보험료에 의존하고 있어서 조세부담률은 20% 초반대로 비교적 낮지만 사회보험료를 포함한 국민 부담률은 30%를 상회하고 있다. 그리고 국가 부채 규모가 너무 크기 때문에 추가적인 복지 지출의 확대는 조세 확보가 전제되어야 한다. 일본의 경우 우리나라의 부가가치세에 해당하는 소비세가 5% 수준으로 낮은 편이어서 소비세 인상방법을 유력한 재원 조달 방안으로 검토하고 있지만 소비세 증세에 대한 국민 거부감을 어떻게 해소하느냐가 관건이다. 소비세를 인상하다가 정권까지 교체된 경험을 가지고 있어 쉽지 않겠지만 그 외의 방법은 거의 없는 것이 일본의 현실이다.

일본 사회 보장 개혁 관련 이슈들은 대부분 한국에서도 해결되어야 할 사안이다. 일본식 복지 모델의 장단점을 유사하게 가지고 있는 한국으로서는 일본 개혁 동향이 큰 시사점을 주고 있지만 일본의 시행착오를 최소화해야 한다. 복지 지출에 비해서 국민 만족도가 떨어지는 일본식 저효율을 극복하기 위한 지혜가 필요하다. 이를 위해서는 제도 개혁이 단순한 복지 확대 차원에 머물지 않고 제도에 내재되어 있는 구조적인 문제를 해결하는 방향으로 이뤄져야 지속 가능한 개혁이 가능할 것이다.

국민이 정말 원하는 복지는?

복지전쟁이 치열하다. 이제 복지는 누구나 한 마디 할 수 있을 만큼 대중화된 단어가 되었다. 선진국에서는 복지 문제가 정권의 향방을 결정지을 만큼 중요한 이슈가 된 지 오래라는 점을 볼 때, 작금의 복지 논쟁은 오히려 때늦은 감이 있다. 그동안 우리나라에서 복지를 바라보는 관점은 구빈적인 시각이 지배적이었다. 생활이 어려운 사람을 있는 사람이 혹은 국가가 돕는 것을 복지라고 생각해 왔다. 그렇지만 적어도 1997년 금융위기 이후부터 이러한 시각은 조금씩 변하여 왔고, 지금은 확연히 달라져 있다. 이제 한국에서 구빈적 차원의 복지는 전체 복지의 10%도 채되지 않는 상황에 와 있다. 1997년 금융위기를 지나면서 절대적으로 안정적인 국민은 없는 사회가 됐다. 대마불사로 인식되던 재벌그룹조차도 맥없이 해체되는 과정을 보았고, 부자도 한순간에 신용불량자가 되는 마당이기에 중간계층은 더더욱 안심하고 살 수 없는 세상이 된 것이다.

그렇지만 분명한 것은 우리 국민의 평균적·물질적 생활수준은 지속적으로 개선되어 왔다는 사실이다. 요즘 TV를 통하여 사극을 보지만 아마도 요즘 보통 사람의 수준도 조선시대의 왕과 양반들의 수준보다 높으면 높았지 낮지는 않았을 것이다. 그만큼 풍요로워진 것이다. 우리나라가 OECD 국가 중 빈곤율이 높은 국가라고 하지만, 지금의 빈곤 개념은 과거 보릿고개 식의 빈곤 개념과는 차원이 다르다.

지난 10여 년 동안 국내총생산(GDP)은 세계 10위권으로 격상되고, 1인당 GDP도 1997년 당시 1만 달러에서 2010년 2만 달러로 두 배가 됐다. 하지만 더 큰 대한민국이 되었음에도 불구하고 국민의 불안전성은 더욱 증폭됐다. 직장인이나 새롭게 사회에 진출하는 사람 모두 자신의 일자리를 걱정해야 하고, 아프거나 다치지 않을까 하는 건강과 안전에 대한 불안도 여전하다. 또 아이의 결혼, 출산 여부에서부터 자녀를 훌륭하게 키우는 문제는 대부분 사람들이 공통적으로 가지고 있는 고민거리이다. 시골의 부모님을 어떻게 모실 것인지, 나 자신의 노후는 어떻게 챙겨야 할지에서부터 전세값, 장바구니 물가까지 모든 고민이 발등의 불이다.

생존만이 당면한 문제였던 근대화 초기에 비해 선진국 문턱에 있는 지금의 우리는 여러 가지 과제를 동시에 풀어가야 한다. 국가적으로는 이제까지 올려놓은 국가 위상을, 기업은 시장 지배력을, 개인은 자신의 생활 수준 유지 내지는 발전시켜야 하는 불확실성에 직면해 있다. 누리고 있는 것이 늘어난 만큼 근심걱정도 커진 것이다. 또 불확실성에 의한 위험은 이제 일부 불행한 서민들의 것이 아닌 대부분의 국민들이 경험하는 것이고, 국민들이 느끼고 있는 불안감도 한정된 것이 아닌 포괄적인 성격을 가지게 되었다. 때문에 복지제도 한두 개의 개선만으로 문제를 해결하기가 매우 어려운 상황이라고 할 수 있다. 국가 책임도 일부 국민이 아닌 국민 전체로 대상이 확대되어 현재 우리나라의 복지 문제는 총체적이라고 할 수 있다. 게다가 우리가 직면하고 있는 어려움 중 상당 부분은 어떻게 해도 해결하기 어려운 대외적 요인이 크지만, 이것만으로 국민들의 양해를 받을 수 있는 것도 아니다.

이러한 복지 문제의 근본 원인은 선진국의 문턱에 와 있는 경제 수준에 비하여, 복지를 포함한 사회 및 정치 시스템은 그렇지 못하다는데 있다. 이는 단순히 복지 재정 지출 수준이 낮다는 이야기도, 복지제도가 선진국에 비하여 미흡하다는 지적도 아니다. 미래는 어차피 불확실하기 때문에 누구도 정확히 예측할 수는 없겠지만, 현재 주어진 변수와 여건 하에서 가능한 모든 리스크에 대하여 총체적으로 점검하고 이에 대응할 수 있는 비전과 구체적인 매뉴얼이 요구된다는 것이다.

복지 문제도 이러한 근원적이고 실증적 논리의 기반 위에서 모색되어야 한다. 몇 가지 대표적인 대안 중심의 접근법도 필요하지만, 그보다 먼저 큰 그림이 그려져야 한다. 좁은 의미의 복지 대책이 아닌 넓은 의미의 국민행복 대책이 나와야 하고, 이는 경제 문제를 포함해 국민들의 일상생활의 불안을 해소시킬 수 있는 것이어야 한다. 그리고 그 과정에서 국가·기업·개인이라는 세 축의 책임이 분명하게 명시되어야 하고, 국민 합의의 도출 과정 또한 투명하게 이루어져야 할 것이다.

실현 가능한 복지 청사진 제시해야

박근혜 차기 정부는 국민행복시대를 열기 위한 방안으로 민주통합당의 보편적 복지와 유사성을 가지면서도 차별성을 가진 '인생주기별 한국형 맞춤형 복지' 공약을 제시했다. 민주당의 보편적 복지는 무상급식·무상보육·무상의료로 이어지는 '무상 시리즈'가 주축을 이룬다. 이에 비해 박 대통령 당선인의 공약에는 무상이라는 단어가 없지만 분야에 따라서는 민주당의 공약보다 오히려 포괄적·적극적인 복지 약속을 담고 있다.

박 당선인은 건강보험의 보장성을 강화하기 위해 건보 본인부담 진료비 총액이 연간 100만 원을 넘지 않도록 하겠다는 민주당에 맞서 암·심장병·뇌혈관질환·희귀난치성질환 등 4대 중증질환 진료비 보장률(현재 75% 수준)을 오는 2016년까지 단계적으로 100%로 높이겠다고 공약했다.

이러한 특징은 연금 정책에서도 유사하게 나타난다. 박 당선인은 민주당의 기초노령연금 2배 인상과 수급대상 노인 확대(전체 노인의 70%→80%) 공약에 맞서 전체 노인에게 20만 원의 기초연금을 지급하는 전면적 기초연금 도입을 약속했다.

또한 5세 이하 영유아에 대한 보육비용을 국가가 책임지겠다고 했고, 복지 논쟁의 시발점이 됐던 무상급식도 사실상 반대하지 않음으로써 민주당의 보편적 복지에 상당히 근접해 있다.

그렇다고 한국형 맞춤형 복지를 보편적 복지라 할 수는 없다. 예를 들면 4대 중증질환 이외의 의료 정책은 부분별 개선책을 가지고 있지만 전면적인 보장성 확대를 제시하고 있지 않다. 건강보험 본인부담 상한(현재 소득에 따라 연간 200만 원, 300만 원, 400만 원)에 대한 정책 방향도 민주당은 '소득에 상관없이 100만 원'으로 낮추겠다고 공약했지만, 박 당선인은 소득에 따라 50만원~500만 원(10단계)으로 차등화하는 안을 내놓았다.

인생주기별 맞춤형 복지는 사회 보장 사각지대 해결에 방점을 찍고 있다. 이명박 정부에서 만들어진 영세 중소기업에 대한 사회보험료 지원사업의 대폭 확대 외에도 국민기초생활보장제도의 재산·부양 의무자 기준 완화, 급여체계 개편, 근로장려세제 확대, 치매노인 등에 대한 노인장기요양 서비스 확대, 장애인 활동 지원 개선 등을 약속했다. 따라서 박 당선인의 공약만 충실히 이행된다면 그동안 억제됐던 국민들의 복지 수요를 상당 부분 해소할 수 있을 것이다.

한편 공약 이행을 위한 재원 조달 방안으로 제시한 복지행정 개혁은 반드시 이행해야 할 과제 중 하나다. 복지행정의 범주를 어떻게 보고 있는지는 분명하지 않지만 민간 중심의 과다한 경쟁체계가 문제가 되고 있는 보건의료·노인장기요양·보육 서비스 공급체계의 비용 효과성을 개선하기 위한 전면적 개혁이 필요하다.

그런데 행정 개혁을 한다고 해도 계획대로 10여 조 원의 복지비용 절감이 가능할지 여부는 미지수다. 무엇보다 집권 5년 동안 복지 관련 30조 원, 여성 관련 23조 원 규모의 추가 재원을 어떻게 확보할 것이냐 하는 것이 가장 어려운 정책 과제로 생각된다.

따라서 재원 조달의 한계 등으로 인해 복지 공약에 포함되어 있는 국민 약속을 모두 이행하기는 어려울 것으로 판단된다. 곧 구성될 대통령직인수위원회에서는 다양한 복지 공약의 우선순위와 재원 조달 방안을 원점에서 검토할 '국민행복 복지 5개년 계획(가칭)'을 수립할 위원회를 구성하고, 내년 상반기 중 구체적으로 실현 가능한 복지 청사진을 국민에게 제시하는 것이 바람직하다. 이때 민주통합당에서 제시한 복지 공약 중 현실성이 있는 것은 과감하게 수용해 포용·통합의 복지 정책을 만들기를 기대한다.

예산 늘린다고 중복지가 되는 것은 아니다

한국인은 근면하다는 국제적 평판은 여전히 유효한가. 2010년 한국 근로자의 연간 노동시간은 2193시간으로 경제협력개발기구(OECD) 32개 회원국 중 1위다. 이 통계는 한국인이 여전히 일을 많이 한다는 것을 보여주고 있다. 그나마 2000년의 2512시간과 비교하면 319시간이 줄어든 것이다.

사회 전반적으로 근로 의욕 감퇴현상이 우려할 수준이다. 지난해 실업자수가 86만 명에 이르지만 중소기업은 일할 사람이 없어서 발을 구르고 있다. 지난해 고용허가제에 의한 외국인 근로자수는 49만 명이다. 실제로는 더 많은 외국인이 일하고 있는 것으로 추정된다.

좋은 일자리만 찾는 구직자와 3D 일자리 사이의 불일치 문제를 해결하지 않고는 양극화 문제도, 저성장 문제도 근본적으로 해결되기 어렵다. 기술발전으로 성장의 고용 유발 효과가 떨어지고 있는 상황에서는 대기업과 수출기업에서 창출되는 부가가치가 중소기업과 내수 부문에 환류되면서 이 과정에서 일자리가 만들어지고 소득과 소비의 흐름이 선순환되어야 한다. 그런데 중소기업과 내수 부문에서 만들어진 일자리가 저임금과 고용 불안으로 외국인 근로자로 채워지고 있는 것이다.

지나치게 긴 근로시간 뿐 아니라 좋은 일자리가 아니면 기피하는 현상도 큰 문제다. 이에 대한 국가적 대책이 마련되어야 한다. 좋은 일자리를 더 많이 만드는 것도 필요하지만. 덜 좋은 일자리라도 우리 국민이 채우는 것이 중요하다. 이때 중요한 것이 떨어진 근로 의욕을 다시 높이는 것이다.

최근 복지 지출이 국내총생산(GDP)의 10% 수준으로 높아지면서 우리나라도 근로 의욕 저하를 걱정하게 됐다. 국가는 근로 능력이 없는 사람에게 인간다운 최소한의 생활을 보장해야 하고, 근로 능력이 있는 사람은 복지병에 빠지는 것을 막아야 한다. 하지만 우리나라의 복지제도는 곳곳에서 이러한 문제를 유발할 가능성을 키워가고 있다.

국민기초생활보장제도는 보충급여 방식으로 설계되어 있어 일해서 벌어들인 소득만큼 생계급여가 감소되기 때문에 굳이 열심히 일할 유인요소가 약하다. 현금급여 이외에도 의료급여·교육급여·주거지원 등의 급여를 받는 사람의 경우 일해서 대상자에서 제외되면 오히려 손해다. 국민연금의 재직자 노령연금이나 기초노령연금도 소득이 일정 한도 이상이면 제외되거나 급여가 감소되기 때문에 일하는 사람만 손해라는 인식이 커질 수 있다. 산재보험도 휴업급여 수준이 너무 높아 일자리 복귀를 늦추는 경우가 많다는 지적이 있다. 복지는 확대되어야 하겠지만 복지제도가 근로 의욕을 훼손해서는 안 된다.

국민기초생활보장제도는 대상자에서 벗어나도 일정기간 의료급여를 지급한다든지, 부양자 의무 기준을 완화하는 등 제도적 보완이 이뤄지고 있지만 빈곤선 이하 모든 사람을 대상자로 만들 수는 없다. 공공부조제도는 소득과 재산 그리고 부양 의무자가 모두 한계에 왔을 때 국가가 개입하는 제도이므로 최후의 사회안전망이 될 수밖에 없다. 궁극적으로는 기초생활보장 대상자가 되기 이전에 빈곤가구로 전락되지 않도록 사회보험 중심의 소득 유지 전략이 강화되어야 한다. 하지만 사회보험료 일부를 지원하는 식의 보완책만으로는 한계가 있기 때문에 기존의 제도적 틀을 넘는 근본적인 개선책이 나와야 한다.

기존 제도의 틀을 그대로 유지하면서 조건만 완화한다든지 급여 수준만 높여 나가는 식의 복지 지출 확대는 선진국에서 나타나는 복지의 부작용을 똑같이 양산할 수 있다. 저(底)복지 수준에서 중(中)복지 수준으로의 이행은 단순한 예산의 증가가 아닌 중복지에 걸맞은 제도의 틀로 개혁이 병행되어야 한다. 그래야 비용 효율적이고 형평적인 복지제도가 완성될 수 있다

무한복지는 환상일 뿐이다

　무상급식으로 촉발된 복지 논쟁이 총선과 대선을 앞두고 대규모의 불꽃놀이로 변할 조짐을 보이고 있다. 야당의 무상보육·무상의료 등 무상 시리즈에 대해 여당은 일자리·주택·교육 등의 약속 시리즈로 대응하고 있다. 보편적 복지와 생애주기별 맞춤형 복지가 전면전을 벌일 태세다. 선거에서 복지 공약(公約)으로 경쟁하는 것은 지역 감정을 부추기거나 밑도 끝도 없는 네거티브 선거전을 펼치는 것보다는 바람직할 수 있다. 하지만 재원 대책이 없는 복지 공약의 남발은 훨씬 더 큰 위험을 안고 있다.

　서유럽 국가들이 이상적인 복지국가를 추구했던 시대는 세계 경제 전반이 호황이었지만, 지금은 1930년대 경제대공황 이후 자본주의의 최대 위기라 할 수 있다. 대외의존도가 높은 우리나라도 올 들어 무역수지 흑자 기조가 흔들리고 유가가 들썩이고 있으며, 2013년 세계 경제 전망 역시 밝지만은 않다. 이러한 해외 요인은 차치하더라도 한국의 잠재 경제성장률은 저출산·고령화로 인해 중장기적으로 1%대까지 떨어질 것으로 예측된다. 따라서 과거의 성장 패러다임에 기초한 복지 확대는 더 이상 유효하지 않을 가능성이 크다.

　선진 각국의 좋은 제도를 취사 선택해 도입한 우리의 복지 시스템은 그동안 정부 재정에 큰 부담없이 성공적으로 자리를 잡았다. 그러나 정작 복지가 필요한 하위 30~40%의 중하위층은 절대빈곤선 이하의 공공부조에도 보험료 납입을 전제로 하는 사회보험에도 보호받지 못하는 사각지대에 방치되어 있다. 경제사회 양극화를 더욱 가중시키는 복지제도 양극화는 국내총생산(GDP)의 10%를 지출하면서도 국민을 통합시키지 못하는 복지 시스템의 비형평성을 보여준다. 따라서 수요자인 국민 입장에서 주어진 재원으로 진짜 복지가 필요한 사람에서부터 촘촘하게 그리고 복지를 비용 효율적으로 재설계하는 작업이 선행되어야 한다.

지난 지방선거 이후 여야 할 것 없이 복지를 앞세우고 있다. 하지만 짚고 넘어가야 할 게 있다. 무상복지의 한계다. 초·중·고생 점심 급식 정도는 추가적인 세금 부담 없이도 가능하겠지만, 지금 내놓는 공약들이 그 규모면에서 추가적인 증세없이 불가능한 수준이라는 것은 복지 공약을 내놓은 전문가들도 자인한다. 그렇지만 누가 대선에서 승리하더라도 현재 제시되고 있는 복지 공약을 실현할 수 있을 만큼의 증세를 하기란 쉽지 않을 것이다.

대기업이나 상위 1%만 부담하는 부유세 등은 이래저래 만들 수 있겠지만 이것만으로는 필요한 복지 재정에 턱없이 부족하다. 결국 경제협력개발기구(OECD) 평균 수준인 GDP 20% 규모의 복지를 하기 위해서는 중산층이 현재보다 갑절 많은 세금 부담에 동의해야 하는데 이는 거의 불가능에 가깝다. 또한 일본의 경우처럼 복지 지출은 늘리면서 세금은 올리지 않는 부채(負債) 증식의 복지는 이미 선택의 대상이 되지 못한다.

자원·에너지 빈국인 대한민국이 살아남기 위해서는 기술발전과 함께 경제사회 전반이 비용효율적인 구조로 바뀌어야 하며 복지도 당연히 예외는 아니다. 현재 GDP 10% 수준의 복지 지출을 하고 있지만 과연 국민이 GDP 10%만큼 만족하고 있는지 의심스럽다. 지출만큼 만족도가 크지 않은 것은 복지 공급체계와 전달체계의 비효율성에 기인하기 때문에 복지 시스템의 개혁 없는 복지 확대는 지속 가능하지 않다. 지난 지방선거에서 확인된 복지 의식 속에서 무상복지에 대한 찬성은 보았으나 세금 부담을 전제로 하는 복지에도 찬성하는지는 아직 확인되지 않았다. 그리고 세금 부담만큼 돌아오지도 않는 복지라면 국민은 더욱 더 원치 않을 것이다. 무한 복지에는 무한책임이 수반되어야 한다는 사실을 잊어선 안 된다.

복지 늘려가되 경제 민주화 신중해야 한다

중앙선거관리위원회가 대선 예비 후보자들의 10대 대선 공약을 공개했다. 얼핏 제목만 봐서는 어느 후보 공약인지 구분하기 어렵다. 항상 사용하는 레토릭이 있기 때문에 그나마 추정할 따름이다. 이렇게 선거 공약이 비슷하다면 어느 후보가 대통령이 되어도 큰 차이가 없을 것 같다.

대부분 공약들은 5년 전, 10년 전 대선 때와 큰 차이가 없다. 이번에 눈에 띄게 다른 것이 있다면 경제 민주화 공약이다. 새로운 공약인데도 세 후보의 공약이 소프라노 안철수, 테너 문재인, 알토 박근혜로 구성된 혼성 3부 중창단의 노래를 듣고 있는 것과 같이 한목소리가 되어 나온다.

박근혜 후보는 기업의 정당한 활동은 최대한 보장해야 하지만 대주주가 사익을 추구하거나 대기업이 시장 지배력을 남용하는 일은 바로잡아야 한다고 말한다. 문재인 후보는 누구에게도 특권과 반칙을 허용해서는 안 되며 불법과 반칙을 하면 그로부터 얻는 부당 이익보다 더 큰 불이익과 벌이 주어지도록 하겠다고 강조한다. 안철수 후보는 재벌 외부와 내부의 두 가지 방향에서 접근하되, 재벌 확장과 이에 따른 시장 왜곡을 바로잡는 데 집중하겠다고 공약한다. 세 후보가 음의 높낮이와 음색은 다소 차이가 나지만 거의 같은 가사의 노래를 부르고 있다.

서로 닮은 재벌 때리기 선거 공약

경제 민주화와 관련한 선거 공약의 대동소이한 차이에 비해 시민단체나 전문가들의 입장은 크게 대립하고 있다. 실효성 있는 경제 민주화 공약을 제시하라는 주장과 경제 민주화 공약의 철회를 주장하는 측이 강하게 부딪치고 있다. 대선 이후에도 격렬한 정치·경제적 갈등이 예고된다. 이 시점에서 의문시되는 것은 경제 민주화 논쟁이 과연 누구를 위한, 무엇을 위한, 얼마나 의미 있는 공약인가 하는 점이다.

경제 민주화의 최종적인 목적은 무엇인가. 대기업과 중소기업의 공생 환경인가 아니면 재벌 해체인가. 공약만 봐서는 세 후보의 생각을 명확히 알 수 없지만, 경제 민주화를 적극적으로 주장하는 측은 배후에 재벌 해체까지 염두에 두고 있는 것으로 보인다. 현재 제시되고 있는 순환출자 금지, 출자총액 제한, 계열 분리 명령 등 세 후보의 공약을 제대로만 입법하면 우리나라의 재벌은 어렵지 않게 분해될 수 있을 것으로 보인다. 재벌이 없어지면 한국이 기업하기 좋은 나라가 될 것이라고 자신 있게 답변할 수 있는 사람이 있다면 무책임하다.

글로벌 금융위기 이후 세계 경제는 제로 섬 무한경쟁 상태로 진입하고 있다. 성장이 지체되는 가운데 생존을 위한 기업들의 혈투가 세계 곳곳에서 벌어지고 있는 상황에서 대기업이 아닌 중소기업이 살아남을 수 있는 공간은 얼마나 될까. 대기업이 벌어들인 잉여가치가 모든 국민에게 고르게 순환되지 않는다고 해서 대기업의 발목을 잡아야 한다는 논리는 아무래도 궁색하다.

최근 세계적인 휴대전화 기업인 노키아가 흔들려 핀란드 경제 전체가 힘들어지면서, 노키아 같은 대기업에 의존하는 국가 경제의 한계를 극복하기 위해 중소기업 중심의 경제로 바꾸어야 한다고 주장하는 사람도 있다. 이러한 논리는 노키아 휴대전화의 부품 대부분이 중소기업에서 납품된다는 사실을 간과하고 있다. 인도 첸나이에 현대자동차만 있는 것이 아니라 부품을 생산하는 중소기업도 함께 있듯이 대기업이 잘 돌아가야 중소기업도 함께 성장할 수 있다.

대만식 중소기업 중심 모형의 한계

한국은 수출 의존, 대기업 중심, 정부 주도의 성장 모델을 가지고 오늘날 경제대국으로 성장할 수 있었다. 내수 중심의 자급자족 모형은 1980년대를 지나면서 이미 폐기됐고, 중소기업 중심 모형은 대만 모형으로 한때 성가를 올렸으나 한계를 드러냈다. 분배 혹은 양극화 문제가 있다고 해서 한국의 성장 모형 자체를 폐기하자는 경제 민주화 논의는 시대착오적이다.

물론 수출과 규모의 경제로 발생한 잉여가치가 경제 전체로 순환하지 못하고 있는 현재 우리나라의 경제구조는 시정되어야 한다. 제2차 세계대전 이후 대부분 선진국들이 복지국가를 슬로건으로 내세운 것은 자유시장경제에서 원활하지 않는 분배의 흐름을 개선하기 위한 것이다. 생산의 흐름 못지않게 분배의 흐름이 효율적이어야 지속 가능한 경제 강국이 될 수 있다.

　경제 민주화 논의가 활성화한 시점이 자유시장을 맹목적으로 주창하는 사람들이 복지의 필요성을 거세게 부정하면서 시작됐다는 점을 주목할 필요가 있다. 결국 '복지'라는 분배의 흐름으로 충분히 잘 흐르게 할 수 있는 민심의 강물을 대책 없이 조잡한 둑으로 막으려다 경제 민주화라는 급류에 대한민국호가 전복될 위기에 처한 것이다. 이제 우리나라 기득권층도 복지와 경제 민주화 둘 중 하나는 양보해야 할 때가 왔다. 대선 후보들은 온 국민이 편하게 살 수 있는 국가 비전을 복지라는 붓으로 그려내야 한다. 경제 민주화 논의는 그리던 그림을 걷어차는 것이 아니라 아름다운 그림을 완성하기 위한 종이와 물감이 되어야 한다.

지방 재정위기와 복지 예산

6·2 지방선거가 끝나고 지방 권력의 교체가 본격적으로 이루어지면서 지방재정 위기가 도마 위에 올랐다. 지자체 재정 취약성은 새삼스런 것은 아니지만 최근 몇 년간 재정이 급속히 나빠지고 있어서 문제가 된다.

지자체의 통합 재정수지는 2008년 20조2000억 원 흑자에서 2009년 마이너스 7조 1000억 원으로 돌아섰다. 지자체들의 채무인 지방채 잔액이 2007년 18.2조 원이었으나 2009년엔 25.6조 원으로 2007년 대비 40.7% 증가했다. 재정자립도도 52.2%로 나빠지는 추세다.

지방재정 위기의 원인에 대해서는 무리한 지역개발사업, 호화 청사 건립, 과다한 복지 예산 증가 등 다양한 진단이 나오고 있지만 최근의 급증 요인은 글로벌 경제 위기 타개를 위한 지출은 증가되었으나 감세 등으로 수입은 오히려 크게 줄었기 때문이다.

중앙정부 의존성 극복 어려워

복지 예산의 경우, 대부분의 지자체에서 공통적으로 증가 추세를 보이고 있다. 국회입법조사처의 지자체 복지재정지출조사 결과, 지자체 총예산 중 사회복지예산이 차지하는 비율이 2002년 9.5%에서 올해 19%로 급속히 증가했다. 연평균 증가율도 15%에 달해 총 예산증가율 5.5%를 초과하고 있다.

국고보조사업의 지방 부담금이 2002년에 2조1000억 원에서 2009년에는 4조3000억 원으로 늘었고, 지방 이양 복지사업도 급속히 늘어나고 있다.

지방재정 위기 해법은 단순하지 않다. 위기의 원인이 매우 복합적이기 때문이다.

가장 큰 문제는 지자체가 재정 건전화를 위해 노력할 유인이 크지 않다는 점이다. 대부분의 지자체가 재정 자립을 할 수 없는 구조하에서 지자체의 중앙정부 의존성을 극복하기란 쉽지 않다. 어차피 재정 적자가 발생하면 중앙정부가 보전해 줄 것이다 혹은 중앙정부가 책임진다는 전제가 있는 한 지자체의 재정은 더욱 방만해지고 재정 문제는 심각하게 될 수밖에 없다. 따라서 차제에 국세와 지방세 구조를 전면적으로 재검토할 필요가 있다. 지역별·경제력 격차가 매우 심한 상태에서 모든 지자체에 획일적으로 국세와 지방세 구조를 가지고 가면 지방 재정 자립도 꾸준히 하락하는 상황에서 문제의 심각성은 더 깊어질 것이다.

재정 자립을 할 수 있는 지자체와 없는 지자체로 구분하고 각각 특성에 맞도록 국세와 지방세의 구조를 탄력적으로 가져가야 한다. 교부세 등으로만 조정해서는 지자체의 의타성을 제어하기 어려울 것이다. 장기적으로 유지 가능한 세입구조를 마련하고 난 다음 지자체의 책임성을 강화하는 것이 필요하다고 생각된다.

복지사업만 하더라도 지자체가 자율적으로 할 수 있는 부분이 아닌 국고보조사업에 지자체 부담금을 요구하는 것 자체가 문제이다.

지자체 권한의 무책임성이 원인

부담금을 차별화한다 하지만 재정 능력이 취약한 지자체의 경우 부담금 비율이 낮아도 복지 수요 증가에 따른 예산 증가 자체는 그대로 부담이 된다. 재정 능력이 양호한 서울특별시 등을 제외하고는 지차체 부담금 자체를 중앙정부 전액 부담으로 전환해야 한다.

우리나라는 지방자치 경험이 부족한 상태에서 지방자치를 전면적으로 실시하면서 과거 중앙정부가 행사했던 지방 재정구조를 그대로 유지·운영해왔다. 자율적 능력이 미흡한 상황에서 주어진 지자체 권한의 무책임성이 지방재정 위기의 원인이라고 할 수 있다. 이제 지방자치에 걸맞는 새로운 중앙과 지방의 역할 분담구조에 대해 보다 근본적으로 고민할 때가 되었다

복지 시스템 혁신이 필요하다

우리나라 중장기 사회복지 지출이 2060년에는 국내총생산(GDP) 대비 29%에 이를 것이라는 전망이 나왔다. 이는 지금 현재 고복지 국가라고 할 수 있는 스웨덴의 복지 수준에 해당하는 것이어서 적지 않은 충격을 주고 있다. 이번 전망은 국무총리가 위원장으로 있는 사회보장위원회가 공식적으로 실시한 추계라는 점에서 기존의 연구기관에서 발표한 것과는 차원을 달리한다. 사회보장기본법 제5조 3항에는 사회보장제도의 안정적인 운영을 위해 중장기 사회 보장 재정 추계를 격년으로 실시하고 이를 공표하는 것을 국가의 책임으로 명시하고 있기 때문이다.

2060년에는 GDP의 29%에 상당하는 복지 지출만으로도 현재 우리나라의 조세와 사회보험부담률을 합한 GDP의 26%보다 많다는 것은 무슨 의미일까. 복지 이외의 정부 지출을 GDP의 10%만 잡아도 우리나라의 국민부담률은 GDP의 40%에 육박할 것으로 판단된다. 여기서 짚고 넘어가야 할 것은 이번 복지 지출 전망이 현행의 복지제도를 그대로 유지한다는 전제하에서 자연적으로 증가한 것만 추계했다는 점이다. 따라서 복지 수준을 높이면 그만큼 더 복지 부담이 증가될 것은 자명하다.

이 정도의 복지 지출은 현재 스웨덴·노르웨이·프랑스·독일과 같은 유럽의 복지 선진국에서는 이미 하고 있는 것이기 때문에 우리라고 못할 것은 없다. 그러나 문제가 되는 것은 29%의 복지 지출을 하더라도 지금의 고복지 국가의 복지를 하는 것은 아니라는 점이다. 현재 30% 내외의 복지 지출을 하는 국가들의 노인인구비율은 20%에 못 미치는 수준이지만, 2060년 우리나라의 노인인구비율은 40% 수준이 된다. 따라서 복지비용이 노인인구에 비례한다는 것을 감안하면 2060년이 되어도 지금 현재 복지 선진국 복지 수준의 절반 정도밖에 되지 않을 것이라는 점이다.

노인인구가 40%라는 의미는 부양할 인구수가 많을 뿐만 아니라 부양을 담당해야 하는 근로인구가 그만큼 적다는 것도 의미하기 때문에 복지 지출 29%를 부담해야 할 미래 세대의 부담은 상상을 불허한다는 점에서 심각성이 있다. 혹자는 그러면 복지 지출을 줄이면 되지 않겠느냐고 할 수 있겠지만, 그러한 주장은 복지 지출을 줄인다고 하더라도 부모를 부양할 의무가 있는 자녀의 직접적인 부양 부담이 그만큼 증가될 수 있음을 간과한 것이다.

또 다른 이는 노인들이 일을 더 많이 하면 되지 않겠느냐고 하지만, 지금 현재도 우리나라 노인의 경제활동참가율은 경제협력개발기구(OECD) 국가에서 상위권이라는 점과 현재와 같은 노동 절약적 기술의 발전 추이를 볼 때 노인이 생산적으로 할 수 있는 일자리가 얼마나 있을지 알 수 없다는 점에서 한계가 있다.

복지 지출 29% 전망은 우리의 미래를 온갖 회색빛으로 만들어 놓는 것임에 틀림없다. 이러한 미래에 닥쳐올 난국에 대비하기 위해서 우리 현세대가 할 수 있는 것은 크게 두 가지라고 할 수 있다.

첫째는 인구부양비율을 악화시키는 저출산 문제를 근본적으로 해결해야 한다는 것이다. 합계출산율 1.3 수준을 단계적으로 높일 수 있는 획기적인 대책이 나와야 한다. 이 또한 복지 지출을 늘리는 것이 되겠지만 이는 미래를 위한 투자라는 점에서 맥을 달리한다.

둘째는 복지 지출의 효율성을 높이는 것이다. 복지 정보망의 확충으로 과거와 같이 줄줄 새는 누수현상은 크게 줄어들었지만, 고비용을 유발하는 우리나라 보건복지 고용 서비스 구조의 재정비가 시급하다. 우리나라의 복지 시스템은 복지가 일부 국민에만 제공되던 저복지 수준에서는 효율적이었을 수 있지만, 현재와 같이 보편적으로 확대되고 있는 상황에서는 비효율성을 여기저기에서 노출하고 있다. 복지 시스템의 혁신 없이 복지를 확대할 경우, 복지 지출이 늘어나는 만큼 국민들의 복지 체감도가 상응해 높아지지 않기 때문에 복지 지출이 가져올 수 있는 선순환성의 가능성도 없어지게 만들 수 있다는 점에서 가능한 한 빨리 복지 시스템을 손보는 것이 필요하다.

지속 가능한 복지로 가는 길

올해 우리나라 인구는 5000만 명을 돌파하고 노인인구비율이 12% 수준에 이르게 되며 베이비 붐 세대의 은퇴가 본격화된다. 복지 수요는 지속적으로 늘어나지만 이를 뒷받침하는 경제와 재정은 만만치 않아 걱정인 상황에서 2012년 정부 예산안이 확정됐다. 국회 심의과정에서 전체 정부 예산안은 당초보다 7000억 원 줄었지만 복지 예산은 6676억 원 증액됐다. 결과적으로 올해 정부지출증가율은 5.3%로 긴축 예산이지만 복지예산증가율은 7.2%로 한국은행이 전망한 경제성장률 3.7%, 물가상승률 3.3%의 합보다 높다. 다만 당초 정부 예산안의 균형 재정 의지를 지켰다는 점에서 향후 복지 정책에 대한 여야 합의의 모범으로 기록될 만하다.

우리나라도 이래저래 복지국가로 진입하고 있다. 우선 연금 수급자가 급증하고 있다. 국민연금 수급자는 300만 명, 공무원연금 등 특수직역 연금은 40만 명, 기초노령연금은 380만 명, 장애인연금은 20여 만 명에 이른다. 여기에 국가보훈연금, 산재보험의 장해유족연금 수급자도 꾸준히 증가하고 있어 도합 약 750만 명이 매달 연금을 받고 있다. 여기에 국민기초생활보장 대상자가 150만 명을 넘는다. 연금 등에 의존해 사는 사람 수로 보면 이미 복지국가라 할 수 있다.

지난해 우리나라의 공공사회 복지 지출은 국내총생산(GDP)의 10%에 접근하고 있다. 경제협력개발기구(OECD) 국가 평균인 20% 내외에 비하면 절반에 불과하지만 증가 속도는 단연 1위다. 현재의 복지 위상에 대한 평가는 엇갈리지만, 복지 지출이 늘어나야 한다는 점에서는 공감대가 형성되어 있다. 문제는 증가 속도·우선순위·재원 조달 방법과 가능성이다.

과거 복지는 극빈층만 대상으로 했다. 하지만 선진국 가운데 그런 식의 제한적 복지를 하는 국가는 없다. 정부가 사회 통합을 위해 적절한 수준에서 개입하는 것은 자유시장경제 체제 유지를 위한 적극적인 정책 수단이다. 우리나라는 아이를 기르고 교육하는데 엄청난 비용이 든다. 그런데 이런 과정을 거쳐 성장한 자녀들이 보육·교육비 부담을 의도적으로 지지 않았던 다른 노인들을 부양하기 위해 일하고 세금을 내야 한다면 정말 불공평하지 않을까.

따라서 저출산 국가에서 정부가 보육·교육 비용을 지원하는 것은 각 개인과 가족이 각각 자녀 양육을 책임지는 것보다 공평할 수 있다. 더욱이 정부의 보육·교육비 지원으로 세계 최저 수준인 출산율이 높아져 초고령사회에 능동적으로 대처할 수 있게 된다면 단순한 복지가 아니라 투자가 된다. 복지라고 다 생산적인 것은 아니지만 적어도 생산적 복지는 적극적으로 해야 한다.

복지 지출을 얼마나 해야 적정한가에 논쟁이 있지만 정답은 없다. 복지 지출 수준은 각국의 경제·사회적 환경에 따라 국민이 합의해 만들어가면 된다. 확실한 것은 경제·재정 수준에 맞지 않게 국가 부채를 늘려가면서 하는 복지는 단기적으로는 문제가 없지만 지속되면 재정위기에 빠질 확률이 높아진다는 사실이다. 다시 말해 복지 지출을 늘리는 것 자체가 포퓰리즘이 아니라 세금 등 재원 조달 대책 없이 복지만 늘리는 것이 포퓰리즘이다.

비용 효과적인 복지를 하는 것도 중요하다. 복지 공급체계가 비효율적이면 국민의 세금이 복지가 꼭 필요한 사람에게 그대로 흘러가는 것이 아니라 누수·낭비될 수 있다. 따라서 복지 지출을 늘리는 것과 함께 전달체계 개혁이 반드시 병행되어야 한다. 이명박 정부 들어 급여 중복과 같은 문제점은 상당 부분 제거됐다. 하지만 영리 목적의 복지 공급자 난립과 경쟁에 따른 시장 실패를 제대로 시정하지 못하고 있다. 따라서 지속 가능한 복지가 되려면 균형 재정에 기초한 복지 재원 확보와 함께 복지 개혁이 함께 이뤄져야 할 것이다.

Chapter 5

세대**갈등**과
상생연금

'노후 복지' 국민연금의 개혁 과제

　최근 보건복지부의 발표에 따르면, 국민연금 가입자가 곧 2000만 명을 돌파한다고 한다. 1988년 500만 명으로 시작된 이래 24년 만에 새로운 이정표를 세우고 있다. 국민연금 수급자가 350만 명, 적립기금은 400조 원을 향해 가고 있는 만큼 명실 공히 세계에서 가장 빠르게 성장하고 있는 공적연금으로 거듭나고 있다. 국민연금의 가입자가 이렇게 늘어나고 있는 가장 큰 요인은 최근의 취업자 확대에 따른 것이다. 또 하나 눈여겨봐야 할 대목은 국민연금 가입 의무가 없는 자발적 가입자인 임의 가입자가 대폭 증가한 점이다.

　국민연금은 초기에 적립기금의 고갈로, 다음으로는 자영자에 대한 보험료 부과로, 최근까지는 사각지대 문제 등으로 지적을 받아 왔지만 지속적인 개선 노력으로 현재와 같은 우람하고 믿음직한 청년기를 맞고 있다. 2차례에 걸친 대폭적인 개혁을 통해 연금급여 수준을 40년 가입 기준 70%에서 50%로 낮췄고, 지금은 단계적으로 40% 수준으로 하향 조정되고 있다. 이를 통해 2050년 이전에 고갈될 것으로 전망되던 기금이 2060년까지는 버틸 수 있게 됐다. 적립기금의 운용수익률도 경상 국내총생산(GDP) 증가율 이상으로 건실한 성장을 유지하고 있다.

　그렇지만 화려한 이면에도 해결해야 할 과제도 산적하다. 무엇보다도 평균수명이 빠르게 늘어나고 있다는 점이다. 사람이 오래 사는 것은 축복이지만 종신토록 지급되는 국민연금제도의 관점에서 큰 걱정거리가 아닐 수 없다. 인생 80세 시대를 전제로 설계되었기 때문에 100세 시대가 도래하면 20년을 더 살게 된 만큼 더 일할 수 있어야 하는데 현실은 일하고 싶어도 일자리가 부족한 형편이다. 따라서 단순히 연금수급개시연령을 60세에서 65세로, 혹은 더 이상으로 연장하는 것은 연금 재정에는 도움이 될지언정 소득 대책이 없는 50~60대에는 부담이 될 수밖에 없다. 급여 수준은 낮출 만큼 낮췄기 때문에 더 이상 손대기는 어렵다. 따라서 지금 당장은 어렵지만 연금보험료를 조금씩 높여나가는 것이 불가피하다.

국민연금 액수도 문제다. 제도 입장에서는 저부담 고급여로 그래도 많이 주는 것이라지만 현재 평균 연금액은 30만 원 수준이다. 현재 노인 가운데서는 그나마도 못 받는 사람이 70%가 넘는다. 있는 사람은 자기 스스로 퇴직연금이나 개인저축으로 보충하면 되지만, 국민연금 납부 예외로 남아 있는 상당수 저소득층은 국민연금조차도 받지 못할 처지다. 정부가 올해부터 10인 미만 영세사업장 근로자에 대해서 국민연금과 고용보험의 보험료 중 3분의 1을 국가 예산으로 지원키로 한 것은 매우 의미가 깊지만 충분하지는 않다.

향후 최대 적립기금의 규모가 2000조 원 이상 될 것으로 보이는 국민연금기금의 운용도 쉽지만은 않다. 연못 속의 고래로 표현되듯이 국내 금융시장 속에서 국민연금이 운용되기에는 국민연금기금 규모가 너무 크다. 그렇지만 최근 변동성이 높은 국제 금융시장의 동향으로 볼 때 수익률을 쫓아다니기에는 위험스럽다. 부상하는 중국 등 이머징 마켓도 불안하기는 마찬가지다. 무엇보다도 국민연금 자체의 투자 능력을 배양하는 게 급선무다. 기금운용 전문가를 대폭 더 늘리고 해외 금융시장에 대한 정보력도 높여 나가야 한다. 국내 기업에 대한 투자도 기업의 경영권을 훼손하지 않으면서 시장 중립성을 지켜 나가는 방안에 대한 고민이 필요하다.

국민연금은 누구 뭐라 해도 대한민국의 국부(國富) 펀드다. 노후의 안전판일 뿐만 아니라 국가의 안전판이다. 국민연금기금 관리에 노후 복지가 좌우된다는 점을 잊어선 안 된다.

국민연금 논란의 해법

우리나라 국민연금제도는 가입자 수가 2000만 명을 넘어서고 적립기금도 400조 원을 돌파하는 등 세계적으로 가장 모범적인 공적연금 시스템의 하나로 성장하고 있다. 하지만 신정부의 인수위에서 제기된 기초연금 관련 논란의 불똥이 국민연금으로 옮겨붙는 과정에서 그 위상이 흔들리고 있다.

최근에 제기되고 있는 국민연금에 대한 불신은 첫째, 국민연금기금이 고갈되면 현재의 젊은 가입자는 연금 수급이 불가능하지 않을까. 둘째, 이를 이유로 연금보험료를 인상하거나 연금수급연령을 늦추지는 않을까. 셋째, 월 20만 원 정도의 기초연금을 지급하면 연금보험료를 성실히 납입한 국민연금 가입자만 불리하지 않을까. 넷째, 40조 원 상당의 기초연금 재원은 과연 조달이 가능할까 등으로 요약된다.

국민연금과 관련한 오해 중 하나는 적립기금이 없으면 국민연금을 못 받게 된다는 생각이다. 국민연금이 성숙된 대부분의 유럽 국가에서는 가계에서 자녀가 부모를 부양하듯, 적립기금 없이 매년 노년계층에 지급해야 할 필요 연금액을 그 당시의 근로계층이 보험료나 세금을 걷어서 조달한다. 선진국 방식으로 운영할 경우 인구구조가 고령화되면 미래 세대의 보험료 부담이 커지기 때문에 국민연금은 충분하지는 않지만 보험료를 미리 적립하는 제도를 초기부터 도입하여 운영하고 있다는 점에서 선진적이다.

다만, 우리나라도 연금급여에 상응한 만큼 보험료를 부과하고 있지 않기 때문에 장기적으로는 기금 고갈 문제가 존재한다. 따라서 국민연금의 재정 안정을 위해서는 연금급여 수준을 낮추거나 보험료를 인상하거나 연금수급연령을 높이는 등의 조치가 필요하지만, 우리나라는 1999년에 이어 2007년에 이러한 조정 작업을 국민 합의 하에 성공적으로 진행했다. 향후에도 조정 요인은 있지만 국민의 노후 대비 정도와 가계의 부담 능력 등에 대한 고려가 선행될 것이고, 적어도 사적연금에 비해 유리한 구조는 유지될 것이다. 민간금융기관에서 운영되는 사적연금은 가입하면서 국가가 책임지는 국민연금을 못 믿는 것은 어불성설이다.

보험료 납입 없이 수급되는 기초연금과 국민연금과의 형평성 문제도 왜곡된 측면이 있다. 기초연금의 도입 취지는 국민연금을 받지 못하거나 받더라도 과소하게 받는 어르신에 대한 노후소득보장 사각지대를 해결하는 데 목적이 있다. 따라서 공무원연금 등 직역 연금을 받고 있거나 국민연금을 일정액 이상 받는 사람은 원칙적으로 대상이 아니다. 박근혜 대통령의 대선 공약도 국민 누구나 노인이 되면 최소한 월 20만 원 이상의 국가 보장 연금을 받을 수 있도록 하겠다는 취지로 해석하는 것이 옳다.

한편 보험료를 내지 않아도 기초연금을 받을 수 있는데 국민연금에 왜 가입하느냐는 주장도 있지만, 이는 국민연금 수급자는 본인이 납입한 보험료에 상응한 소득비례 연금 외에 세대 간·세대 내 재분배적 성격을 가진 기초연금 상당액을 이미 받고 있음을 간과한 것에 기인한다. 국민연금이 늦게 도입되어 가입할 수 없었거나 혹은 소득이 없어 국민연금에 가입하지 못했던 사람은 국민연금 가입자에 비해서 역차별을 받아온 측면이 있고, 기초연금 도입은 이를 시정하는 성격이 강하다. 더욱이 기초연금은 월 20만 원 수준이기 때문에 보통사람이 노후에 필요한 생계비를 안정적으로 조달하기 위해서는 국민연금에 더 오래 가입해서 더 많은 연금을 받는 것이 가장 바람직한 노후소득 설계 전략임을 인식하는 것도 중요하다.

40조 원 내외가 필요한 기초연금 재원 조달이 걱정되지만, 박 대통령이 국민연금을 기초연금 재원으로 절대 사용하지 않겠다고 약속한 만큼 일단 안심할 수 있고, 기존의 정부 지출 중 낭비요소를 절감하고 세금 누수가 의심되는 지하 경제 양성화 등을 통하여 공약 이행을 위한 135조 원의 조달 계획을 준비하고 있으므로 과도하게 걱정할 필요는 없을 것으로 판단된다.

국민연금보험료 인상할 때 아니다

국민연금제도 개선을 위한 보건복지부의 정책자문기구에서 보험료율을 올려야 한다는 의견을 내놓자 반대 여론이 거세게 일고 있다. 그 이유의 타당성을 따지기 전에 보험료 부담 증가를 환영할 사람은 없는 만큼 당연히 예상된 결과라고 할 수 있다. 하지만 이 시점에서 국민연금의 '2060년 문제'에 대해 좀 더 냉철하게 고민할 필요가 있다.

이번 보험료율 인상 권고는 지난 3월 말에 발표된 국민연금 재정추계 결과에 대한 후속 작업이다. 장기 추계에 따르면, 현 제도를 유지할 경우 국민연금은 2044년을 정점으로 적립기금이 감소하기 시작해 2060년에는 완전히 소진될 것으로 전망된다. 이는 국민연금의 태생적 문제인 '적게 내고 많이 받는' 수급구조가 근본 원인이다. 1998년과 2007년 두 차례 연금 개혁을 통해 연금액은 70%에서 40%로, 연금수급연령은 60세에서 65세로 올리는 등 재정 안정화 조치가 이뤄진 적은 있지만, 보험료는 법 제정 시 계획에 따라 3%, 6%, 9%로 단계적으로 인상한 이후 15년 간 그대로 유지되어 왔다.

국민 대부분은 국민연금보험료 인상이 불가피하다는 점을 어렴풋이 인식하고는 있다. 하지만 불안한 것은 보험료를 인상해도 국민연금을 확실히 받을 수 있다는 확신이 서지 않기 때문이다. 화가 나는 것은 공무원·군인·사립학교 교직원 등은 별도의 연금제도에서 국민연금보다 훨씬 더 높은 연금을 받고 있으며, 특히 공무원연금과 군인연금에는 적자 보전으로 국민의 혈세가 투입되고 있기 때문이다.

그렇지만 연금 재정의 불안을 거론하기 이전에 짚고 넘어가야 할 것은 '2060년 문제'가 국민연금의 도산을 의미하는 것은 아니라는 점이다. 국민연금보다 몇십 년 앞서 도입된 선진국 공적연금의 경우 적립기금은 없지만 노인 세대에 지급해야 할 연금 소요를 매년 당시의 근로 세대에게 보험료나 조세를 거둬 운영하고 있다. 2060년에 적립기금이 소진된다 해도 현재의 선진국처럼 국민연금을 운영하면 연금을 받지 못하는 문제는 없기 때문에 지나치게 걱정할 필요는 없다. 우리 국민연금 기금이 향후 47년 후까지 남아 있다는 것은 미래에 대비할 수 있는 충분한 기간을 가지고 있다는 점에서 모범적인 측면도 있다.

우려되는 점은 저출산 고령화의 심화로 2050년이 되면 우리나라가 세계 최고의 고령국가가 된다는 사실이다. 보험료를 납입해야 하는 청장년층은 감소하는데 연금을 받는 노년층 비율은 3배 이상 늘어난다. 때문에 선진국처럼 적립기금이 없이 운영될 경우 미래 세대 부담이 너무 과중하게 되는 문제가 있기 때문에 조금이라도 적립금을 늘리기 위해서 보험료 인상 카드를 만지고 있는 것이다.

그렇지만 보험료 인상을 당장에 하는 것은 힘든 측면이 있다. 국민연금보험료 인상을 고려할 때 염두에 두어야 할 것은 가계와 기업의 부담 능력이다. 2012년 가계 저축률은 3.4%로 1997년 금융위기 이후 20%를 넘었던 시기에 비하면 크게 떨어졌다. 특히 저축을 비교적 적게 한다는 선진국보다 낮다는 것은 가계 부채 문제와 함께 국민의 호주머니 사정이 녹록지 않음을 보여준다.

글로벌 경쟁력을 갖춘 일부 기업 외 대다수의 기업도 경기 침체로 자금 여력이 바닥 상태이고, 일부 대기업은 구조조정에 들어가는 상황이다. 게다가 매년 보험료를 새로 책정해야 하는 국민건강보험과 고용보험도 보험료 인상을 예고하고 있어 장기 보험인 국민연금까지 가세하기에는 시기적으로 적절하지 않다. 더욱이 권고안대로 보험료율을 14%까지 올리면 현재 공무원연금 등의 보험료 수준과 같아져서 30년만 가입해도 57%를 받는 공무원연금과의 형평성 문제도 검토해야 할 것이다.

'유령연금'의 현실과 대책

　최근 유령연금 문제로 사회적 논란이 있었다. 이미 사망했음에도 불구하고 사망신고를 지체하거나 신고 자체를 하지 않고 연금을 수급받는 유령연금은 본격적인 고령사회를 앞두고 있는 우리나라로서는 충격적인 사실이 아닐 수 없다.

　우리나라도 이제 연금국가가 되어가고 있다. 국민연금 수급자가 이미 300만 명을 넘어섰고, 급여액은 크지 않지만 기초노령연금 수급자는 380만 명을 초과했다. 게다가 공무원연금·사학연금·군인연금 등 특수직역 연금 수급자와 2009년에 도입된 기초장애연금 수급자도 수십만 명에 이른다. 그리고 국가보훈연금 이외에도 산재보험에서의 장해 및 유족 연금 수급자도 늘어나는 추세에 있다. 국민기초생활보장제도와는 달리 이들 연금제도는 한번 수급을 시작하면 별도의 조사 없이 연금을 계속 받는 특징으로 인해 사망했음에도 불구하고 연금을 부정으로 수급하는 사례가 빈번하게 발생할 소지가 크다. 작년에 일본에서 유령연금 문제가 처음 발생했을 당시 유령연금은 일본과 같이 주민등록 관리가 허술한 국가에서 가능한 것으로 인식됐다. 일본은 관련 제도가 보완되기 전까지 한참동안 주민등록번호도 없는 국가로 사회보험관리의 비효율성이 매우 높은 국가였기 때문이다. 우리나라와 같이 행정 정보망이 발전된 국가에서 이런 일이 발생할 것은 상상도 못했다.

　유령연금 발생의 전제가 되는 사망신고체계의 허술성은 사회보장제도 관리상의 문제를 넘어 살인 혹은 유기와 같은 끔찍한 범죄 등에서의 무방비성을 의미하기 때문에 그 충격은 배가된다고 할 수 있다. 한 발 더 나아가 남북이 분단된 국가에서 신원 확인은 제대로 되고 있는지도 의심스러울 지경이다. 다시 말해 각 연금제도를 관리하고 있는 부처나 관리기관의 잘잘못을 따지기 이전에 철석같이 믿었던 행정

안전부의 주민관리에 큰 구멍이 확인됐다는 것 자체가 큰 문제라고 할 수 있다.

일반적으로 사람이 사망하면 의사의 검시가 있어야 하고, 각종 행정과정을 거쳐야 매장이나 화장 등 장례 절차가 가능한 것으로 보통사람들은 인식하고 있는데 어찌된 영문인지 아리송하다. 최근 한 국회의원이 100세 이상 인구를 실제 조사한 결과도 행정 자료와 크게 다른 것으로 보고되고 있다. 며칠 전에는 통계청에서는 자체 인구추계 자료가 실제인구와 차이가 존재함을 발표하였지만, 실제인구 자료가 신뢰할 수 없다면 무슨 자료를 근거로 행정이 이루어져 왔는지부터 의아하다.

물론 헌법상 신체의 자유를 보장하고 사생활 보호가 중요한 사회적 덕목이 된 국가에서, 또한 이웃이 어떻게 사는지도 모르는 도시화된 사회에서 개개인의 동태를 국가가 낱낱이 파악하는 것은 한계가 있다. 그렇지만 최소한의 생사여부와 어디에 주된 주소지를 가지고 있는지 정도는 관리할 수 있어야 한다. 우리나라는 외국에 비해서 통반장제도가 잘 정비되어 있는 만큼 이를 잘 관리하기만 해도 사망여부 정도는 확인 가능할 것으로 판단된다. 이번 기회에 사망 및 출생 신고 절차에 빈틈이 없는지도 점검하는 등 행정관리 강화가 필요하다. 정부의 주민관리가 정상화되기 이전이라도 연금을 관리하는 기관에서는 수급자관리를 단순히 정부 행정정보망에만 의존할 것이 아니라 보완적인 관리체계를 갖춰야 한다. 제한된 관리 인력으로 매년 실사하는 것은 불가능하겠지만, 노인의 경우 아주 특별한 경우가 아니면 병의원을 자주 다니기 때문에 조사 시점 1년 이내 기간에 건강보험 진료기록이 없거나 과소한 노인을 구분해 현장조사를 하면 상당한 유령연금을 찾아낼 수 있다. 또한 연금 부정 수급에 대한 신고자 보상제도도 효과성을 기대할 수 있을 것이다. 한편 사망을 숨기고 유족이 연금을 대신 수령하는 것은 전형적인 도덕적 해이이고 범죄행위나 다름없기 때문에 사기죄 등으로 엄벌하고 부정 수급한 금액의 몇 배에 해당하는 징벌적 배상금을 부과해 일벌백계하는 방안도 검토되어야 한다.

국민소득만 높다고 해서 선진국가가 되는 것은 아니다. 선진국가는 투명한 국가이고 신뢰가 높은 국가다. 이를 위해서는 국가의 관리 능력도 높아져야겠지만 국민 스스로가 자정할 수 있는 의식 수준의 향상이 긴요하다. 유령연금은 반드시 사라져야 할 우리들의 자화상 중 부끄러운 한 단면이다.

국민연금 의결권, 정치적 이용 안 된다

하이닉스반도체 이사 선임과 관련해 국민연금 의결권 행사가 논란이 되고 있다. 의결권위원회는 '중립' 의견을 냈지만 위원 중 일부가 이에 반발해 사퇴하고, 일부 시민단체는 국민연금의 적극적인 권한 행사를 주문하고 있다.

이번 하이닉스 의결권 행사는 일회성 해프닝으로 그냥 지나칠 문제가 아니다. 주식회사를 근간으로 하는 우리나라 자본주의 시스템 자체가 국민연금으로 인해 대혼란에 빠질 수 있음을 보여주는 증표이기 때문이다. 국민연금은 삼성전자 6%, 현대자동차 5.9%, 한국전력 5%, 포스코 6.8% 등의 지분으로 주요 기업의 최대주주로 부상하고 있다.

국민연금기금 규모는 현재 350조 원이지만 2024년에는 1000조 원, 2041년 1850조 원으로 최고조에 이를 것으로 전망된다. 현 기금 규모로 이 정도의 지배력을 갖는데 기금 규모가 증가하면 사실상 모든 우량 대기업을 지배할 수 있게 된다.

최근 재벌기업에 대한 비판이 일고 있다. 지금까지 엄포와 세무조사 등으로 기업을 압박하기도 했지만 국민연금이 그 역할을 대신하고, 경우에 따라서는 최고경영자도 갈아 치울 수 있게 된다. 우리나라 대기업은 순환출자 등을 통해 기업을 확장해 왔기 때문에 지배구조가 취약하다. 따라서 국민연금의 존재는 더 위협적이다.

그렇다고 대기업 입장에서 국민연금의 주식투자가 부정적인 것만은 아니다. 국민연금의 중립성으로 외국 자본으로부터 경영권을 지켜주는 역할도 하고 있다. 국민연금이 일정 한도 이상 지분을 높이지 않는 것도 한 방법이 될 수 있겠지만, 지금처럼 국제 금융시장이 불안한 상황에서 해외투자를 무작정 확대할 수도 없다. 국·공채 투자비율이 지금도 높다는 평가가 다수다.

노무현 정부 시절 국민연금의 의결권을 활용해 대기업에 영향력을 행사하는 방안을 내부적으로 검토하다가 당시 야당인 한나라당의 반발과 보이지 않는 힘의 작용으로 유야무야됐다는 얘기가 있다. 현 정부도 초기에는 친기업 성향을 보였지만 공정사회 구현 과정에서 국민연금 의결권으로 대기업의 불공정성을 제한하려는 움직임이 있었다. 최근 새누리당·민주통합당 할 것 없이 경제 민주화를 주요 정강 정책으로 내놓고 있다. 우리 사회가 불공정하다고 생각하는 국민이 늘어나자 이를 정치적으로 이용하는 분위기가 팽배하다. 그러나 우리나라가 고도성장을 이루는 데 기여한 대기업의 공(功)을 가볍게 생각할 수 없고, 앞으로도 대기업 외에는 성장을 견인할 주체가 보이지 않는다. 그런 상황에서 기업가 정신을 훼손하거나 기업의 투자 의욕을 감퇴시키는 정치·사회 조건은 우리 경제에 결코 이롭지 않다.

이제 기업과 근로자, 정부가 대한민국 자본주의의 새로운 룰을 만들어가야 할 때다. 무엇보다도 기업이 먼저 변해야 한다. 기업도 100년, 200년을 내다보는 비전을 제시할 필요가 있다. 국민연금의 성장 속에서 투명한 기업윤리로 재무장하지 않으면 생존 자체가 위협받을 수 있다. 지금도 기업을 상속하는 것이 쉽지는 않지만, 상속세 구조와 투명해지는 금융거래 상황으로 볼 때 기업을 후대에 넘기는 것은 갈수록 어려워질 것이다. 스웨덴의 최대 재벌인 발렌베리 가문이 오래 전에 재산을 사회공익재단에 헌납하고 수입금 대부분을 교육·과학·기술 발전에 환원한 것은 창업주의 숭고한 정신도 있었겠지만, 사민당 집권 하에서 기업의 영속성을 위한 배수진을 친 것도 크게 작용했다. 발렌베리 재단과 가문이 100년 넘게 경제적 성과를 거두면서 국민기업으로 존경을 받고 있는 것도 이런 결단이 있었기 때문이다.

이번 하이닉스 이사 선임 문제를 계기로 국민연금도 더욱 엄격하고 구체적인 의결권 행사 기준을 마련해 국민의 입장에서 시장 중립적인 의결권을 행사해야 기업과 국민 모두에게서 질타 받지 않을 수 있다는 것을 명심해야 한다. 그리고 어떤 경우에도 어느 정파도 국민연금을 정치적으로 이용해서는 안 된다. 국민연금은 국민의 노후생활을 책임지는 최후의 보루이자 한국의 자본시장을 받치는 기둥이기 때문이다.

국민연금기금 운용체계 개선 필요하다

　국민연금기금의 최근 5년간 자산운용수익률은 5.9%로 경제협력개발기구(OECD) 국가의 공적연기금 중 두 번째로 높은 것으로 나타났다. 국민연금은 1988년 도입 이후 지금까지는 경상 국내총생산(GDP) 성장률을 상회하는 수익률을 유지하고 있어 국민의 노후소득보장을 책임지는 기금으로서 소임을 다해 왔다. 하지만 기금 규모가 급속히 증가해 2500조 원 이상으로 증가하는 미래에도 문제가 없을 것인지에 대해서는 우려의 목소리가 높다.

　국민연금기금 운용체계 개편과 관련된 논의는 노무현 정부 때부터 제기되어 왔다. 무엇보다도 기금 운용을 좌지우지하는 기금운영위원회의 전문성 부족이 논란이 되어 왔다. 현재 위원회의 구성은 보건복지부 장관이 위원장이고, 기획재정부 등 정부 대표 5인과 가입자 대표(12인), 전문가 등 민간 대표 14인으로 구성되어 있다. 따라서 대표성은 비교적 잘 구현되어 있지만 전문성이 요구되는 투자 결정을 하기에는 취약하다고 할 수 있다.

　그러나 더 근본적인 문제는 국민연금기금의 거대성에 있다. 흔히 '연못 속의 고래'로 지칭되듯, 단일 기금으로서 국민연금의 존재는 아직 덜 성숙된 우리나라 자본시장 규모에 비해서는 너무 크다. 국민연금의 증시 점유율은 지속적으로 높아지고 있다. 2012년에는 5.8%까지 상승했고, 2020년에는 10% 수준에 이를 것으로 예측되고 있다. 주식투자 비중이 20%도 되지 않은 상태인 지금도 여의도 증권가에서는 '슈퍼 갑'으로 통하는 국민연금이 향후 기금 규모가 늘어나고 주식투자 비중도 높아질 때 어떻게 될 것인가? 국민연금 거대성의 문제는 보유 주식에 대한 의결권 행사 문제와 연계되면서 더욱 부각되고 있다. CEO스코어에 따르면 30대 그룹 상장

사 가운데 국민연금이 5% 이상 지분을 가진 87개사의 국민연금 평균 지분은 7.98% 에 이른다. 삼성전자(7.43%), 현대자동차(6.99%), 포스코(7.54%), SK텔레콤(6.10%), KB금융지주(9.96%), LG화학(8.71%) 등 주요 기업의 지분도 꾸준히 증가하고 있다.

국민연금의 지분 증가는 우리나라 대기업의 취약한 기업 지배력 때문에 더욱 문제가 되고 있다. 글로벌 최고 기업인 삼성전자도 이건희 회장 지분은 1%가 안 되고, 일가가 보유한 지분을 합해도 4.7%에 불과하다. 물론 다른 대기업도 대동소이한 문제를 안고 있다. 더욱이 경제 민주화 바람을 타고 국민연금 의결권 행사를 강화해야 한다는 목소리가 높아지고 있어 현재와 같이 국민연금 영향력이 높아지면 대한민국 자본주의가 지속 가능할지도 의문이다.

국민연금 지배구조 문제의 중심에 있는 기금 운용체계를 미래지향적으로 개편할 필요성이 커지고 있다. 기금운용위원회의 위원 구성도 전문성을 높이도록 대폭 전환하고, 기금 운용 본부의 독립성을 더욱 강화하면서 국민연금의 주인인 국민의 이해가 관철될 수 있도록 하는 것이 필요하다. 무엇보다도 국민연금이 금융시장과 국민 경제에 순기능을 할 수 있도록 하는 거대성 문제의 해결이 시급하다. 또한 여전히 높은 채권투자 비중을 줄이기 위해서는 대체투자와 해외투자의 비율도 높여나가야 하지만, 기금 운용을 제약하는 각종 규제로 인해 적정 규모의 전문 인력과 조직도 확충하지 못하고 있는 현실도 해결되어야 한다.

이제 국제 금융시장이 비교적 안정성을 찾고 있는 만큼 새롭게 논의를 시작해야 할 시점이다. 초고령화사회를 이겨나갈 방파제라고 할 수 있는 국민연금기금에 대한 신뢰는 바람직한 기금 운용체계의 개선으로 한층 더 높아질 수 있을 것이다.

국민연금기금 운용체계 개편의 허와 실

　　국민연금공단 내부조직인 기금운용본부를 '공사'로 독립시키는 것을 골자로 하는 개편안이 나왔다. 국책연구기관인 한국보건사회연구원의 제안이라는 형식이지만 보건복지부의 입장이 반영된 것이기 때문에 파장을 가져오고 있다. 이번에 발표된 안은 2008년 글로벌 금융위기 직전에 정부가 추진하다가 폐기됐던 안과 별반 차이는 없다.

　　개편안은 현재의 기금운용위원회의 전문성 부족 문제를 제기하고, 공사화를 통해 수익률을 획기적으로 높일 수 있다고 한다. 국민연금의 2014년 수익률은 5.25%로 국내 63개 기금 중에서 제일 높지만 일본 공적연금(12.3%)과 캐나다 연금(16.5%), 캘리포니아 공무원연금(18.4%) 등과 비교하면 현저하게 낮다. 그렇지만 수익률은 평가기간을 어떻게 잡느냐에 따라서 다르다.

　　공사 독립을 반대하는 국민연금공단은 1999년 이후 15년간 누적 수익률이 해외 주요 연기금 중에서 가장 높다고 주장한다. 위험자산인 주식투자 비중이 높은 해외 연기금은 주식시장 상황에 따라 수익률 등락이 심하기 때문에 단년도로 비교하는 것은 문제가 있다. 국민연금기금이 만들어진 이후 지금까지 누적 평균수익률이 경상 GDP 성장률을 상회하기 때문에 국민연금기금 운용 성과는 적정한 것으로 평가할 수도 있다. 수익률을 높이기 위해서는 이에 상응하는 리스크도 함께 커지기 때문에 온 국민의 노후자산인 국민연금기금을 함부로 굴릴 수는 없는 것이다.

　　그럼에도 불구하고 현재의 국민연금기금 운용체계는 기금이 그리 크지 않았던 1999년에 만들어졌기 때문에 미래지향적으로 개편할 필요성은 있다. 그러나 수익률에 초점을 둔 개편 방안으로는 곤란하다. 국민연금기금의 근본적 문제는 '거대성'에 있기 때문이다. 올해 500조 원을 넘어서는 기금 규모가 이미 국내총생산(GDP)의 30%를 넘고 있고, 이 추세라면 1000조 원, 2000조 원에 달하게 된다. 삼성물산과 제일모직의 합병이 국민연금기금의 찬성 없이는 거의 불가능했다는 것에서 알 수 있듯이, 국민연금기금은 국내 대부분 기업의 1대 주주 내지 2대 주주로 등극하고 있다. 지금은 국민연금이 지분구조가 취약한 기업을 해외자본의 공격으로부터 방어하는 흑기사에 머물고 있지만, 장기적으로는 국내 주요 기업을 모두 실질적으로 지배할 수 있는 위상에 이르게 될 것이 확실하다. 이에 대한 대안으로 위원회와 공사의 정치적 독립을 보장하고, 기금운용위원회 산하에 기금 규모와 운용방법에 따라 특화된 몇 개의 기금으로 나누는 방안도 검토할 수 있을 것이다.

한편, 전문성이 강화될 기금운용위원회와 독립하게 되는 공사와의 관계 정립도 신중하게 검토되어야 한다. 협의를 잘 못하는 한국 상황에서 위원장과 공사 이사장이 상이한 견해를 가질 때 기금 운용이 효율적으로 이루어질지 의문이다. 대안으로 한국은행 총재가 금융통화위원회의 의장을 겸임하는 구조도 참고할 필요가 있다. 또한 외형적으로 독립된다 하더라도 공사 역시 공공기관 범주에 속하기 때문에 예산·조직·인사가 엄격한 규제를 받게 될 때 소신 있는 기금 운용과 탁월한 기금 전문가 스카우트가 어려울 것이다.

공공기관으로서 국회나 감사원 등의 감사는 필요하지만, 예산·조직·인사의 독립성을 공사에 최대한 부여하는 것이 필요하다. 현시점에서 기금 운용 본부가 공사로 독립할 수 있을 것인지는 불투명하지만, 기금 운용의 헤드쿼터가 금융시장의 중심인 서울과 동떨어져 있는 곳에 자리 잡는 것은 바람직하지 않다. 기금 운용 전문가 다수가 떠날 판인데 전문성 제고에 중점을 둔 기금 운용체계 개편이 무슨 의미가 있겠는가. 정치권도 더 이상 눈치만 볼 것이 아니라 국가의 장래를 생각해서 할 말은 하고 결단할 것은 결단해야 한다.

국민연금과 기초연금의 조화

　박근혜 정부가 출범도 되기 전에 기초연금과 국민연금 논란으로 혼란스럽다. 박 당선인은 대선 공약으로 65세 이상 모든 어르신과 중증장애인에게 현재 기초노령연금의 2배 수준인 20만 원 상당의 기초연금을 지급하겠다고 약속했다. 박 당선인이 기초연금 공약을 지키겠다고 명확히 밝힌 것은 국민과의 약속을 이행하겠다는 의지를 표명한 것이기 때문에 적절했다.

　그러나 인수위 주변에서 정제되지 않은 정책이 언론에 유포되면서 문제가 발생했다. 기초연금 재원 중 일부를 국민연금기금 혹은 국민연금보험료로 조달하겠다는 방안은 청장년층을 즉각적으로 격분시켰다. 가입자들이 국민연금기금을 자신의 노후를 위해 적립하고 있는 자금으로 생각하고 있는 상황에서, 이를 소득 대책이 없는 노인을 위해 쓰겠다는 발상은 국민을 납득시키기 어려웠다. 박 당선인이 국민연금을 기초연금 재원으로 사용하지 않겠다고 밝힘으로써 논란은 잠재워졌지만 불씨가 꺼진 것은 아닌 것으로 보인다. 이런 상황에서 기초연금을 모든 노인에게 지급하지 않고 소득 수준이나 국민연금 급여 수급 여부에 따라서 차등 지급겠다는 안이 흘러나왔다. 이번에는 국민연금 가입자나 수급자의 반발이 쏟아졌다. 연금보험료를 내지 않는 사람에게도 20만 원을 지급하면 열심히 낸 사람은 뭐냐는 것이다. 즉 국민연금과 기초연금의 형평성 문제가 불거졌다.

　설상가상으로 인수위 밖에서 국민연금 재정 안정을 위해 국민연금 수급개시연령을 65세에서 68세로 연장시켜야 한다는 연구 결과가 정부의 정책 방향인 것처럼 퍼져나갔다. 61세 혹은 65세에 맞추어 노후 설계를 준비하던 사람들에게 혼란을 주면서 국민연금에 대한 불신이 확대되었고, 일부 시민단체가 국민연금 폐지운동을 펴는 단초를 제공한 셈이 됐다.

최근 논의되고 있는 기초노령연금과 국민연금은 공적소득보장체계라는 점에서 현행과 같이 별도의 제도로 운영되기보다는 상호보완적 기능을 수행하도록 재설계하자는 박 당선인의 공약은 미래지향적임에 틀림없다. 기초노령연금을 기초연금으로 전환할 때 현재의 국민연금제도의 안정성과 신뢰성을 훼손하지 않으면서, 국민연금으로는 취약한 소득보장의 사각지대를 해소하는 기능을 수행한다면 공약대로 행복한 연금제도가 될 수 있을 것으로 판단된다.

그러나 국민연금기금 혹은 보험료의 일부를 기초연금 재원으로 전용하는 것은 대부분의 국민연금 가입자와 수급자의 정서에 반하기 때문에 신중함이 요구된다. 국민연금 등 공적연금을 일정 수준 이상 받는 사람에게도 기초연금을 추가 지급하는 것은 이중적인 공적소득보장이 되기 때문에 적절하지 않지만, 국민연금이 너무 과소한 경우에는 기초연금을 조정해 지급하는 것은 바람직하다.

돌이켜 보면 2007년 제2차 국민연금 개혁 당시 기초노령연금을 2028년까지 현재의 20만 원 가치 수준으로 단계적으로 올리는 것은 여야를 포함해 사회적으로 합의된 사항이었다. 박 당선인의 기초연금 공약은 이를 앞당겨 내년부터 실현하고자 하는 것이기 때문에, 재원 조달의 부담이 있다면 연금 수준을 임기 중에 연차적으로 인상하는 방안은 검토할 필요가 있다.

기초연금, 재원 조달 방안이 중요하다

박근혜 정부는 9월 말 대통령 선거 공약 중 최대 예산이 소요되는 기초연금제도의 시행 계획을 발표했다. 정부의 기초연금안(案)은 1차적으로 소득 및 재산 기준으로 하위 70%의 노인을 지급대상자로 선정한다. 이 중 공적연금이 전혀 없거나 있더라도 적은 노인에게는 20만 원의 기초연금 전액을 지급한다(대상 노인의 90%). 그러나 국민연금이 일정액 이상인 사람에게는 감액해 10만 원에서 20만 원 미만의 기초연금을 지급한다. 정부가 2014년 7월부터 이 제도를 시행한다고 발표하자 "전체 노인에게 지급하겠다던 대선 공약을 어겼다" "국민연금과 연계하면 국민연금 가입자가 불이익을 받는다"는 불만이 터져 나왔다.

노인 눈치 보랴, 국민 눈치 보랴

모든 노인에게 20만 원씩 지급하면 가장 좋겠지만 재정 문제가 암초다. 정부안대로 하위 70% 노인에게만 20만 원씩 지급한다고 해도 박근혜 대통령 임기 중 연평균 10조 원의 재원을 마련해야 한다. 이는 국민 한 사람 당 1년에 20만 원씩 세금을 더 내야 하는 규모다. 모든 노인에게 지급해야 한다면 국민 한 사람 당 30만 원씩 추가 세금을 부담해야 한다.

얼마 전 정부는 사실상의 증세를 추진했다가 곤욕을 치른 바 있다. 이 때문에 국민 한 사람 당 20만 원 증세도 부담스러워 한 듯하다. 결국 마른 행주 짜는 식으로 다른 예산을 줄이고 줄여 노인 70%에게 지급하기로 한 것이다. 대선 공약 불이행 논란은 대통령과 정부가 정치적으로 감수해야 할 것으로 보인다. 다만 민주당의 대선 공약도 80%의 노인에게 지급하는 것이었다. 정부안과 비교하면 대상자 수는

10% 포인트밖에 차이가 나지 않는다. 여야가 재원이 가능한 범위 내에서 합의해 조정할 수 있는 사안인 것 같다.

기초연금안이 국민연금 가입자를 역차별하는 게 아니냐는 주장도 제기됐다. 주무장관이던 진영 전 보건복지부 장관은 국민연금 가입자 다수가 탈퇴할 것이라는 말까지 했다. 국민연금을 많이 받는 사람에게 기초연금이 덜 지급될 수 있기에 당연히 예상될 수 있는 논란이다. 많은 사람이 국민연금과 별도로 기초연금을 20만 원 받는 것으로 생각했기 때문에 섭섭하기도 할 것이다.

그러나 기초연금 도입의 진정한 쟁점은 재원 조달 및 지속 가능성에 있다. 기초연금이 정부안대로 시행되면 2014년에서 2017년까지 무려 39조6000억 원이 소요된다. 2020년에는 한 해에만 17조2000억 원, 2030년에는 49조3000억 원, 2040년에는 99조8000억 원이 소요될 전망이다. 그런데 야권이 대선 공약 축소라고 반발하는 점을 감안할 때 향후 국회의 예산심의 과정에서 기초연금 재원이 이번 정부안보다 증액될 가능성도 있다.

대선 공약 축소라고 하지만, 우리나라의 경제 규모나 정부의 재정 상태로 볼 때, 현재의 정부안조차 감당할 수 있을지 의문이 들기도 한다. 박근혜 대통령 임기 중에 필요한 39조6000억 원에 대해 정부는 '공약가계부'를 통해 "증세 없이 조달이 가능하다"고 밝혔다. 일부 전문가들은 정부 발표를 어디까지 믿어야 할지 모르겠다고 말한다. 기초연금 재원을 마련하느라 정부의 다른 기능이 현저하게 위축될 가능성도 없지 않다. 더구나 노인인구가 현재보다 3배 정도 늘어나는 시기가 곧 다가온다. 이때는 증세 없이 시행하는 게 쉽지 않을 것이다.

정부의 중기재정 5개년 계획에 의하면, 2013년 국민의 조세부담률은 국내총생산(GDP) 대비 19.9%, 사회보장부담률은 6.8%로 이 둘을 합한 국민부담률은 26.7%다. 경제개발협력기구(OECD) 국가의 평균 국민부담률 36%선에 비하면 상대적으로 낮다. 즉 증세의 여력이 없지는 않은 것으로 비칠 수 있다.

'세 마리 토끼' 잡을 수 있을까

정부는 박 대통령 임기 내 세율의 대폭적인 인상과 같은 증세는 없을 것으로 공언했다. 임기 말인 2017년의 국민부담률을 27.5%로 묶어둘 방침이다. 국가 채무도 2013년 GDP 대비 36.2%에서 임기 말인 2017년 35.7%로 오히려 낮출 계획을 가지고 있다.

일부 전문가들은 '기초연금도 주고, 세금도 안 올리고, 국가 채무도 줄이겠다'는 정부의 '세 마리 토끼 잡기' 계획에 회의감을 드러낸다. 그러나 다른 일부 전문가들은 "정부가 '할 수 있다'고 워낙 강하게 주장하므로 일단 믿어보자"고 한다.

한국의 조세구조와 OECD 국가를 비교해 보면, 다양한 세목에서 증세 여지가 있는 점을 발견할 수 있다. 한국이 OECD 국가에 비해 상대적으로 낮은 조세 항목은 개인소득세, 사회보장기여금, 일반소비세다. 개인소득세는 한국이 GDP 대비 4.1%인데 비해 OECD 국가 평균은 8.9%다. 사회보장기여금은 한국이 5.6%인 데 비해 OECD 평균은 9.1%고, 일반소비세는 한국이 4.5%인데 비해 OECD 평균은 6.8%다.

이는 우리 국민의 선입관과는 크게 다른 수치다. 일반 국민은 고소득층에 주로 해당되는 법인소득세와 재산세를 올려야 한다고 생각한다. 그러나 재산세는 우리나라가 OECD 국가의 평균보다 이미 높고, 법인소득세는 거의 비슷하다. 따라서 부자 증세의 대상이 되는 법인소득세와 재산세는 올린다 하더라도 인상 폭이 제한적일 것이다. 우리나라가 상대적으로 비중이 낮은 세목을 중심으로 인상을 검토할 수밖에 없다.

결국 중장기적으로는 국민연금보험료가 현재의 9%에서 15% 수준으로 인상되지 않을까 예상된다. 건강보험료도 노인인구 증가에 비례해 현재의 6%에서 10% 이상 수준까지 높아질 것으로 전망된다. 이렇게 하면 OECD 국가의 평균 수준에 접근할 것으로 판단된다. 개인소득세도 복지 재정 지출이 증가하는데 비례해 인상될 것으로 보인다. 이럴 경우 기초연금 재원 충당 목적으로 인상될 여지가 있는 항목은 부가가치세로 통칭되는 일반소비세 항목밖에 없다.

2014년 기준으로 우리나라 부가가치세 예상 세입액은 60조8000억 원 정도다. 장기적으로 기초연금에 소요될 GDP 2% 규모의 재원을 부가가치세로 조달하자면 부가가치세율을 현재의 10%에서 15% 수준으로 인상해야 한다. 이 규모는 현재의 OECD 평균 수준에 가깝다는 측면에서 현실화할 가능성이 있다.

소비자로부터 세금을 더 거둬 노인에게 기초연금으로 풀면, 노인들의 추가적 구매력이 커지기 때문에 경기 위축이 덜 발생할 수 있다. 그러나 부가가치세 인상의 경우 소득세에 비해 소득 재분배 효과가 적고 저소득층에 상대적으로 불리하다는 비판이 나온다. 일부 연구 결과는 부가가치세가 세금 중에서 경제 왜곡을 가장 적게 심화시킨다고 말한다. 결국 결정은 정부가 해야 하는 것이다.

이번에 정부의 기초연금안이 시행된다고 하더라도 우리나라의 노후소득보장체계가 완전히 정립되는 것은 아니다. 기초연금 20만 원 수준 자체가 2013년 1인 최저생계비 기준 56만 원에 비하면 미흡하다. 따라서 국제적으로 부끄러운 '노인빈곤율 45%' 문제도 획기적으로 해결되기 어렵다.

기초연금과 국민연금의 관계도 역할 부담이 제대로 되었다고 볼 수 없다. '통합'인지 '연계'인지 여전히 많은 사람이 헷갈려 한다. 더욱이 공무원연금, 군인연금, 사학연금 등 특수직역 연금과의 형평성 문제도 그대로 남아 있다. 따라서 장기적으로 공적소득보장체계의 재정립을 위한 포괄적인 사회적 논의가 필요하다.

그럼에도 전체 노인 70%에게 20만 원 상당의 기초연금을 지급한다는 것 자체는 그동안 경제적 어려움에 시달려온 많은 노인에게 적지 않은 도움이 될 것임에 틀림없다.

기초연금, 재정 여건 감안해 선택과 집중 필요

금융보험학기초연금제도는 단기적으로도 8조 원 내외 예산이 소요되는 공적소득보장체계다. 따라서 평가가 필요한 부분은 다음과 같다.

첫째, 본 제도의 취지라고 할 수 있는 노인빈곤율 해소에 얼마나 효과적으로 기여할 수 있는가.

둘째, 국민연금 등 관련 제도와의 형평성에 문제는 없는가.

셋째, 단기적인 재원 조달은 물론 장기적인 지속 가능성이 있는가.

넷째, 행정적으로 실현 가능한가.

먼저 경제협력개발기구(OECD) 국가 중에서 가장 심각한 45%에 이르는 노인빈곤율 측면에서 보면, 이 제도가 실시되더라도 충분하지는 않을 것으로 보인다. 2013년 기준으로 우리나라의 1인 가구 최저생계비는 56만 원 정도다. 노인 중 30% 정도가 소득이 거의 없음을 감안할 때 20만 원의 기초연금을 지급해도 통계적인 노인빈곤율의 획기적인 하락은 기대할 수 없다. 다만, 우리나라 어르신 대부분이 검소하고 절약하는 생활을 해왔기 때문에 월 20만 원의 현금은 실제 생활엔 크게 도움이 될 것으로 판단된다. 예산이 제약되어 있다면 선택과 집중이 필요하다는 점에서 대상자를 70%로 결정한 것은 적정하다.

이번 기초연금안이 국민연금 가입자에게 역차별이 아니냐는 주장이 제기되지만 이것은 본말이 전도된 것이다. 국민연금에는 기초연금 성격이 급여에 포함되어 있다. 예를 들면, 50만 원의 국민연금을 받는 사람은 연금액 중 본인이 불입한 연금보험료의 원리 합계액에 해당하는 것은 절반도 되지 않고, 25만 원 이상의 세대 간, 세대 내 소득 재분배 개념의 기초연금 상당액을 이미 받고 있다.

기초연금은 보험료를 납부할 수 없어 공적연금을 받지 못하거나 받아도 소액인 노인에게 지급되므로, 가난한 어르신을 역차별해 왔던 우리 노후소득보장체계의 문제점을 바로잡는 성격을 가지고 있다는 점에서 정부안은 이 점을 상당히 고려하여 설계된 것으로 평가된다.

다만 정부안은 재원 조달과 지속 가능성 측면에서는 우려되는 부분이 있다. 박근혜 정부 임기 중에도 매년 평균 8조 원 내외의 예산이 소요되고, 2040년께에는 매년 약 100조 원이 소요된다. 이 제도는 재정적으로 부담이 되는 제도임에 틀림없다. 단기적으로는 2014년 예산안 편성에서 보듯이 정부가 다른 정부 예산과의 우선순위 조정을 통해 복지 예산을 적극 편성하려는 의지를 보이고 있는 만큼 어렵지만 재원을 조달할 수 있을 것으로 기대된다. 그렇지만 장기적으로는 초고령 사회에 따른 노인 부양 부담 증가로 당시의 청장년 세대의 세금 부담 증가가 예상되기 때문에 적절한 대응이 필요하다. 한편으로는 재원을 함께 분담해야 하는 지방정부 재정의 취약성이 걸림돌이 될 수 있을 것이다.

마지막으로 기초연금 지급대상에서 상위 30%를 가려내는 것이 문제가 될 수 있지만, 현재의 기초노령연금과 지급대상자가 거의 동일하기 때문에 큰 문제가 없을 것으로 판단된다. 특히 소득이 거의 없는 일부 어르신에 대해 연금액을 차등하는 것이 난제가 될 수 있었는데, 그나마 객관적으로 명확한 국민연금액을 기준으로 식별한다는 점에서 행정상으로 큰 문제가 없을 것이다. 이렇게 볼 때 정부의 기초연금안은 어려운 재정 여건 하에서 생활고에 시달리는 어르신의 경제적 어려움을 해소하고, 형평성 측면에서 문제가 있었던 노후소득보장체계를 개선하는 것이라 평가받을 수 있다.

기초연금 단상

박근혜 대통령의 대선 공약이었던 기초연금 20만 원 시대가 2014년 7월부터 열릴 것으로 전망된다. 우리나라에 기초연금 도입이 처음 언급된 것은 20년 전이다. 당시 국민연금의 농어촌지역 확대 방안을 검토하는 과정에서 1985년부터 시행되었던 일본의 기초연금을 농어민에게 적용하자는 제안이 있었다. 하지만 농어민도 일반 근로자와 함께 국민연금에 가입하는 것으로 결론이 났다.

이후 1997년 국민연금 개혁 논의가 있을 때, 국민연금 시행 이전에 이미 노인이 된 어르신과 도시 지역 자영업자를 위한 소득보장 방안으로 기초연금을 도입하자는 의견이 제시되었으나 관철되지 못하고 일부 어르신에게 경로 연금을 지급하는 것으로 끝났다. 2004년 박근혜 한나라당 대표는 기초연금 도입을 당론으로 채택했고, 2007년 2차 국민연금을 개혁할 때 기초노령연금이라는 이름으로 마침내 빛을 보게 되었다. 그 후 6년이 지난 지금 10만 원 미만이었던 기초노령연금이 20만 원의 기초연금으로 재탄생하게 된 것이다. 따라서 기초연금은 농어촌 어르신의 노후소득보장제도로 시작되었다 해도 과언이 아니다.

2013년 1인 가구 최저생계비가 56만 원 정도임을 감안하면 20만 원은 노인에게 필요한 생계비를 충당하기에는 부족한 금액이다. 그렇지만 현금이 귀한 농어촌 지역에서 20만 원은 아주 긴요하게 쓰일 수 있는 돈이다. 읍내까지 가는 교통비로, 약값이나 병원비로, 동네 어르신들과 함께 떠나는 산천 구경 경비로도 쓸 수 있고, 자주는 아니더라도 정말 드시고 싶은 음식을 사 드실 수도 있다. 몇 년 전, 한 달에 10만 원도 되지 않는 기초노령연금을 지급할 때도 어떤 어르신은 그 돈을 모아두었다가 손자손녀 용돈으로 썼다. 어르신의 씀씀이를 감안하면 젊은 사람의 100만 원에 못지않은 만족을 선사하는 것이라 할 수 있다. 기초연금은 매달 같은 날에 어르신의 통장에 지급된다는 점에서 보기 드문 효자 중의 효자가 될 것으로 확신한다.

현재의 우리나라 어르신들은 그 어려운 일본 강점기 때 태어나 6·25 한국전쟁 시 죽을 고비를 넘기고, 잿더미밖에 남지 않은 폐허 속에서 오늘날의 위대한 대한민국을 건설한 장본인으로 우리 세대가 극진히 모셔야 할 분들이다. 없는 살림에 5~6명 되는 자녀를 교육시키기 위해 허리띠를 졸라매고 모든 것을 바쳐 시골집 한 채와 논밭 몇 마지기만 남았지만, 그래도 새벽부터 해질녘까지 힘 닿는 대로 일하시는 고향 어르신의 모습을 보면서 가슴이 찡했던 적이 한두 번이 아니었을 것이다. 돌아가시고 나서 제사 잘 지내는 것도 중요하겠지만, 살아 계신 동안에 잘 모시는 것이 무엇보다도 중요하다. 부모님이 돌아가시고 난 다음에야 깨달았을 때는 이미 늦은 후다.

가정에서 늙으신 부모님을 잘 봉양하는 것도 자식으로서 당연히 해야 할 도리겠지만, 사회 전체가 합심해서 어르신을 모시는 제도인 기초연금은 현재에 사는 우리 근로 세대가 마땅히 해야 할 반포보은(反哺報恩)의 최소한의 염치라고 생각한다.

기초연금을 둘러싸고 대선 공약의 이행 여부, 전체 어르신 70%에 지급할 것인지 80%에 지급할 것인지, 국민연금 급여에 따라서 차등 지급하는 것이 청장년 세대에게 불리한 것은 아닌지 등에 대한 논란이 거세다. 각각의 주장이 모두 일리 있고 근거가 있을 것이지만 많은 정부 예산이 소요되는 것이기 만큼 신중한 정책 결정이 필요하다. 그렇지만 이러한 논쟁들이 어르신의 마음을 상하게 하는 사나운 모양새를 띠어서는 안 될 것이다. 어르신들이 보고 계신다 생각하고 차분하고 조용하게 최적의 대안을 만들어 가야 할 때다.

국민행복연금이 도입되면?

박근혜 정부가 구상하는 노인소득보장방안의 윤곽이 잡히고 있다. 그 중심에는 현행 기초노령연금을 확대·발전시킨 개념인 국민행복연금 도입이 자리잡고 있다. 국민행복연금은 65세 이상 어르신에게 월 20만 원 상당의 연금을 지급하는 게 골자다. 2013년 현재 기초노령연금은 월 9만6800원이므로 수령액이 두 배 이상 인상되는 것이다. 노인부부가 함께 받으면 월 36만 원이 지급되므로 충분하지는 않지만 농촌 어르신의 소득보장에 한 걸음 더 나아갈 수 있을 것으로 판단된다.

국민연금을 받는 분들은 '국민행복연금이 도입되면 국민연금은 어떻게 될 것인가'를 걱정할 수도 있겠지만, 국민행복연금과 상관없이 기존의 국민연금을 그대로 받을 수 있다. 다만 고액의 국민연금을 수령하거나 국민연금을 받지 않더라도 소득과 재산이 엄청나게 많은 경우는 국민행복연금이 감액될 수 있다. 대다수 농촌 어르신은 국민행복연금을 전액 받을 것으로 판단된다.

그렇지만 국민행복연금을 받더라도 넉넉하지 않을 것으로 예상된다. 국민연금을 동시에 받을 수 있는 어르신 수가 그리 많지 않은 데다 노후를 위한 별도의 준비를 거의 하지 않았기 때문이다. 베이비 붐 세대(1955~1963년생)만 하더라도 국민연금이 상대적으로 두둑한 데다가 개인연금 등 각종 금융상품을 활용한 노후 준비를 한 사람들이 많다. 반면 65세를 훨씬 넘은 세대는 이를 대비할 여력이 없었다.

기댈 수 있는 언덕이 전혀 없는 것은 아니다. 소득이 없는 고령자가 농지를 담보로 매달 연금을 받는 농지연금이 2011년 도입됐다. 가입자가 사망할 때까지 받을 수 있는 연금으로 2012년 말 기준 전년보다 1195명이 늘어난 2202명이 가입했다. 최근 종신형 가입자는 줄고 기간형 가입자가 늘고 있지만, 안정적인 노후소득을 보장하는 역할을 할 것으로 판단된다. 농지연금이 어르신들에게 더 도움이 되려면 연금 수급 조건을 완화하는 등 부분적으로 개선할 과제도 있지만, 무엇보다 어르신들의 농지에 대한 큰 애착심이 제도 정착을 더디게 하고 있다. 길게 보면 농지는 현재 경작할 능력이 있고 경작할 의지를 가진 사람에게 이전되는 것이 어르신 본인의 안정적인 노후소득 측면에서나 농촌의 발전 측면에서 바람직하다.

농촌 어르신들은 근검 절약이 몸에 배어 있고 도시와 비교하면 주거비가 거의 들지 않기 때문에 아프지만 않으면 월 20만 원의 국민행복연금 효용성은 매우 높을 것으로 생각된다.

그러나 몸이 불편하면 일단 병원진료비에다 약값 그리고 교통비가 수월치 않게 들기 때문에 삶이 쪼들릴 수 있다. 게다가 암과 같은 큰 병이라도 걸리면 도저히 그 비용을 감당할 수 없게 되는 상황이 올 수도 있다. 다행인 것은, 박근혜 정부에서는 국민행복연금 도입 외에도 암·뇌혈관질환·심장질환 등 4대 중증질환에 대해서는 의료비 부담을 대폭 감면시키겠다는 정책 방안을 가지고 있다. 특히 의료비 부담 중에서도 급여가 되지 않는 항목을 대폭 축소시킬 방안을 검토하고 있어 의료비 격정도 상당히 해소될 것으로 전망된다. 따라서 국민행복연금 도입을 계기로 농촌 어르신의 삶의 질을 높일 수 있는 기본적 환경이 상당 부분 개선될 것으로 예상된다.

그렇지만 농촌 어르신이 참으로 행복해지려면 도시에 나가 있거나 따로 사는 자녀들의 부모에 대한 관심과 효도하는 마음이 필요하다. 사람이 행복해지기 위해서는 경제적인 문제의 해결이 선결 조건이지만 그것이 필요충분조건은 아니기 때문이다.

이제 기초연금법이 통과될 차례다

기초연금예산안(5조2000억 원)이 마침내 확정됐다. 법안은 아직 본격적인 논의 전이지만, 여야의 극적인 합의 끝에 정부 예산안이 통과된 자체만으로 큰 의미가 있다. 7월부터 65세 이상 어르신 70%에게 기초연금을 월 최대 20만 원씩 지급할 수 있는 재원이 마련되었기 때문이다.

일반적으로 복지는 정책을 만드는 것보다 예산 만드는 것이 어렵다. 기초연금은 반대로 예산은 준비되고 있는데 법안이 확정되지 않은 것이 좀 특이하지만, 법안을 둘러싼 여야의 입장 차가 크지 않음을 반영하는 것이기도 하다. 적어도 7월에 기초연금을 시행하겠다는 것에는 여야가 합의한 것으로 볼 수 있기 때문이다. 지난해 11월 정부는 국회에 법안을 제출했다.

민주당은 전체 노인 80%에게 지급하자던 종전의 입장을 수정해 기초연금 대상자를 전체 노인의 70%로 한정하되 대상자 모두에게 20만 원을 지급하는 방안을 제시했다. 이제 남은 쟁점은 지급대상 노인 중 국민연금을 이미 수급하는 10% 노인에게 기초연금액을 차등할 것인지 여부와 기초연금의 급여 연동방식을 국민연금 전체 가입자 평균 소득 상승률로 할 것인지 여부다.

대상자 중 국민연금 수급자 일부에 대해 10만~20만 원 사이에서 기초연금을 조정해 지급하자는 정부안은 기초연금을 전체 노인 70%에게 균등하게 지급하자는 야권의 주장과 근본적으로 다르지 않다. 다만, 공적연금을 일정액 이상 받는 사람, 즉 공무원연금 등 특수직역 연금 수급자는 70% 대상이라 하더라도 제외하고, 국민연금 수급자 중 국민연금액이 일정액 이상인 사람의 경우는 기초연금의 절반까지는 삭감할 수 있게 한 것이다. 소득 재분배 장치가 있는 노후소득보장제도를 통해 일정한 혜택을 이미 받고 있는 사람에게 기초연금의 지급을 일부 조정하는 것은 야권이 구상하는 기초연금의 지급 원칙에 위배되는 것은 아니라고 생각한다.

기초연금 가치를 유지하기 위한 급여연동장치를 물가상승률로 할 것인지 아니면 국민연금 전체 가입자 평균소득(A값) 상승률로 할 것인지의 문제는 더 단순하다. 정부안은 기초연금액을 매년 전국소비자물가지수 상승률에 따라 연동하지만 5년마다 수급자의 생활 수준, A값의 상승률, 물가상승률 등을 종합 고려해 적정성을 평가하고 반영하여 조정한다고 규정하고 있다. 국민연금 가입자의 소득증가율에 연결되어 있는 A값 상승률이 물가상승률보다 높을 개연성이 존재하는 것이 문제의 핵심이지만 A값이 최근 지체 현상을 보이고 있는 것도 고려할 필요가 있다. 그러나 노인인구가 증가되고 노인빈곤 문제가 근본적으로 해소되지 않는 상황에서 정부가 기초연금의 실질가치를 낮추려는 시도는 현실적으로 거의 불가능하므로 정부 불신에 기초한 논박은 사실상 큰 의미가 없다.

국민연금공단이 발표한 2013년 노후설계 10대 이슈에서 기초연금 도입이 36%의 응답률을 기록해 1위에 올랐다고 한다. 기초연금제도는 단기적으로 매년 10조 원의 예산이 소요되는 초대형 복지제도라고 할 수 있다. 어르신에게 갑오년 새해를 맞이해 기쁨과 희망의 뉴스를 전해주기를 기대한다.

정치 셈법에 멈춰버린 기초연금법

지난 24일은 기초연금 도입 방안을 논의하기 위한 여·야·정 협의체가 잡은 최종 협상 시한이었지만 결국 이견을 좁히지 못했다. 이런 상태라면 기초연금지급에 필요한 예산 5조2000억 원을 확보하고도 여야가 법안을 합의하지 못해 7월부터 연금을 지급하지 못할 판이다. 경제협력개발기구(OECD) 국가 중 노인빈곤율 1위의 국가에서 어느 쪽이 진심으로 어르신을 위해 자신의 고집을 먼저 놓을 것이냐가 초미의 관심사가 되고 있다.

기초연금과 관련해 여야가 견해 차이를 보이고 있는 것은 사실상 단 하나이다. 국민연금과 연계해 기초연금을 차등해서 지급하는 구간을 둘 것이냐의 여부만 남았다. 기초연금 정부안이 처음 발표됐을 때부터 쟁점이 된 사항이기 때문에 여야 모두 한 치도 양보하기 힘든 정치적 여건이 조성되어 있는 상황은 이해되지만, 여야의 대치 국면을 보는 국민의 시각은 차갑다.

최근 일부 언론 보도에 의하면, 새누리당은 국민연금 연계 정부안을 관철시키기 위해 지급대상자를 노인의 70%에서 80%선까지 양보하겠다고 했지만 민주당이 거부했다고 한다. 만약 이 보도가 사실이라면 양당 모두 무엇을 위해서 논쟁을 하고 있는지 의심스럽다.

국민연금 연계안을 주장하는 근거는 국민연금 수급자와의 형평성과 세금으로 조달되는 기초연금 재정 절감이 핵심이라고 할 수 있다. 그런데 지급대상자를 80%로 늘린다면 재정 절감 의지가 사라진 것이 된다. 국민연금 연계 반대 주장 근거는 국민연금 수급자 중 일부가 기초연금을 받지 못하게 된다는 것인데, 지급대상자를 80%로 늘릴 경우 결과적으로 대상자가 10% 포인트나 늘어날 수 있는 데도 이를 거부한 것이 된다. 이 보도의 사실 여부와 관계없이 여야 모두 각각의 명분을 위해서 싸우고 있는 셈이지만 쉽게 납득이 가지 않는다.

정치에는 명분이 중요하다. 정치인은 대의명분을 잃으면 모두를 잃는 것과 같다고 할 정도로 명분은 중요하다. 문제는 기초연금에서의 대의는 무엇인가 하는 것이다. 연금 전문가 입장에서 볼 때 기초연금의 대의는 노인빈곤 문제의 해결에 있다. 한국은 보험료 납입을 전제로 하는 국민연금 도입이 늦어진 탓에 국민연금 도입 이전에 고령이 되었거나 보험료 납입 능력이 없는 노인을 위한 소득보장 대책이 취약하다는 것은 모두가 인정하는 팩트다. 이를 해결하기 위해 2008년 기초노령연금제가 시행됐지만, 연금액이 10만 원도 되지 않아 이를 20만 원 수준으로 높이자는 것이 기초연금법 제안의 기본 취지라고 할 수 있다.

현재 쟁점이 되고 있는 국민연금 연계 여부는 기초연금의 대의와는 다소 거리가 있다. 문제가 되는 지급대상자 70% 중 국민연금을 일정액 이상 받는 차등 대상자 10%는 대부분 빈곤상태에 있는 대상자가 아니다. 이번 기초연금 정부안의 가장 큰 한계는 예산을 두 배가량 늘리지만 노인빈곤율이 크게 해소되지 않는다는 데 있다. 대의가 제대로 통하는 국가라면, 이번 제도가 시행되더라도 빈곤상태를 벗어나지 못하는 하위 40% 계층의 안정된 소득보장 문제의 보완이 쟁점이 되었어야 했을 것이다.

어느 국가에서나 연금은 복지 문제이기도 하지만 정치 문제이다. 여야가 기초연금과 관련한 셈법이 다를 수도 있지만, 궁극적으로 지금 이 순간 빈곤으로 힘들어하는 어르신의 생활고를 외면한 어떤 정치도 정당성을 가질 수 없다. 오는 7월부터 기초연금을 시행하기 위한 행정적 준비를 감안할 때, 이번 2월 임시국회에서 기초연금법이 통과되지 않으면 여러 어려움이 있을 것으로 판단된다. 며칠 남지 않은 회기 내에 기초연금법이 반드시 통과될 수 있도록 여·야·정 협의체가 솔로몬의 지혜를 발휘해 줄 것을 희망한다.

기초연금, 새 술은 새 부대에

기초연금이 난항에 빠졌다. 5조2천억 원이라는 예산을 확보하고도 기초연금법을 합의하지 못해 금년 7월부터 기초연금을 지급하려는 정부 계획이 어려움에 빠져 있다. 최근 여·야·정 협의체를 구성하여 기초연금 실시 방안을 두고 새누리당, 민주당, 정부가 협의하여 왔으나 합의에 실패한 것이다.

국회 보건복지위원회 소속 민주당 의원들은 26일 기자간담회를 열고 새누리당이 기초연금법안의 2월 국회 처리를 요구하고 있는데 대해 "시간에 쫓겨 대충 합의하기에 기초연금법은 너무나도 중차대한 사안"이라며 "국민의 직접적인 판단을 묻고자 (정부·여당에) TV 공개토론을 제안한다"고 밝혔다.

또한 복지위 야당 간사인 이목희 의원은 간담회에서, 기초연금을 국민연금 가입 기간에 연계시킨 정부 여당의 방안에 대해 "정부 시책을 올곧이 믿고 성실히 국민연금을 낸 사람을 역차별하는 법은 세상 어디에도 없다. 현행 기초노령연금법에 따라 내일부터라도 소득 하위 70% 어르신에게 월 20만 원의 기초연금을 일괄 지급할 수 있다. 7월부터 20만 원을 지급하는 데에는 새로운 법이나 별도의 예산이 필요 없다"고 주장했다.

반면, 새누리당 최경환 원내대표는 민주당에 기초연금법의 2월 국회 처리를 위해 협조할 것을 재차 촉구했다. 최 원내대표는 이날 여의도 당사에서 열린 당 최고중진의원·시도당위원장회의에서 "노인을 위한 기초연금법안이 내일 (본회의에서) 불발된다면 민주당은 석고대죄해야 할 것이다. 민주당은 지연 작전을 펴면서 2월을 넘기면 (기초연금과 국민연금의 연계 반대와 시행 계층 확대 등) 본인들의 주장을 관철할 수 있다고 생각하는 것 같은데 어림없다"고 주장했다.

여야 주장의 시비를 가릴 필요는 없지만, 여야의 정치적 대치의 최종 피해자는 누구냐고 묻고 싶다. 여야의 정치인들에게는 지금 이 순간에도 생활고에 시달리고 있는 어르신의 모습이 보이지 않는지 의문시 된다. 더욱 이해할 수 없는 것은 일부 언론에 보도된 것에 따르면, 새누리당은 국민연금 연계 정부안을 관철시키기 위해서 지급대상자를 노인의 70%에서 80%선까지 양보하겠다고 했지만 민주당이 거부하였다고 한다.

국민연금 연계 반대 주장 근거는 국민연금 수급자 중 일부가 기초연금을 지급받지 못하게 된다는 것인데, 지급대상자를 80%로 늘리는 경우 결과적으로 대상자가 10% 포인트나 늘어날 수 있는 데도 이를 거부한 것이 된다. 국민연금 연계안을 주장하는 근거는 국민연금 수급자와의 형평성과 세금으로 조달되는 기초연금 재정 절감이 핵심이라고 할 수 있다. 그런데 지급대상자를 80%로 늘린다면 재정 절감 의지가 사라진 것이 된다. 만약 이 보도가 사실이라면 여야는 겉으로는 국민을 위하고 미래를 위한다고 하지만 정말 그런지가 의아스럽다.

기초연금과 관련하여 여야가 견해 차이를 보이고 있는 것은 사실상 단 하나이다. 국민연금과 연계해서 기초연금을 차등해서 지급하는 구간을 둘 것이냐의 여부만 남았다. 이것은 결단의 문제이지 더 이상 논의한다고 해결되는 사안이 아니다. 야당에서는 현재의 기초노령연금법으로도 할 수 있다고 하지만 예산액만 두 배 이상 늘어난다. 현재 야당이 지금 주장하는 취지가 제대로 된 기초연금을 실시하자고 하면서 공공부조제도 흔적이 다분한 기초노령연금법으로 하자는 것은 선뜻 이해가 되지 않는다.

새 술은 새 부대에 담아야 제 맛이 나듯이, 노인빈곤 문제의 해결을 위한 획기적인 이번 시도 역시 새로운 기초연금법으로 여야의 합의된 뜻을 담는 것이 마땅하다. 올해 7월부터 기초연금을 시행하기 위한 행정적 준비를 감안할 때, 이번 2월 임시국회에 기초연금법이 통과되지 않으면 여러 가지로 어려움이 있다는 것이 대부분 전문가들의 판단이다. 여야의 대승적 양보와 합의를 통하여 어르신과 국민들에게 큰 희망을 주기를 기대한다.

기초연금 확대, 종합적 검토 필요하다

지난해 시행된 기초연금이 1년도 채 되지 않아서 논란이 되고 있다.

엄격한 기여의 원칙이 전제되는 현재의 국민연금 등 공적연금으로는 노후소득보장의 사각지대 발생이 불가피하다는 점에서 기초연금의 필요성은 분명히 존재한다. 특히 우리나라의 경우에는 국민연금을 도입할 당시 이미 노인이 되어 국민연금에 가입할 수 없는 어르신을 위한 무갹출연금제도를 도입하지 않았고, 지금도 오늘 당장 먹고 살기도 힘든 서민들 중 상당수는 9%나 되는 국민연금보험료를 납입할 여력이 없는 상황이기에 향후에도 기초연금의 필요성은 존재할 것으로 판단된다.

박근혜 정부는 생계가 막연한 어르신의 빈곤 문제를 개선하기 위해 월 10만 원이 되지 않았던 기초노령연금을 20만 원 수준의 기초연금으로 발전시켰다. 다만 증세가 어려운 재정 상황을 고려하여, 소득 기준으로 상위 30%에 속하는 사람들은 대상에서 제외했다. 지금 제기되는 주장은 기초연금법의 지급 대상에서 제외되었던 상위 소득 계층의 어르신에게도 기초연금을 지급하자는 것이다.

기초연금은 국민연금과 달리 일반 재정에서 지급된다. 지금 현행 제도를 그대로 유지한다고 하여도, 기초연금 지급에 필요한 2016년도 예산은 중앙정부와 지방자치단체의 부담을 모두 합하여 10조 원 내외가 될 것으로 예상된다. 만약 내년부터 당장 기초연금을 65세 이상 어르신에게 모두 지급한다면, 시행 방안에 따라 다소 다르겠지만 3조 원에서 5조 원의 예산이 추가로 소요될 것으로 전망된다. 그리고 노인인구수가 급속히 증가하고 있기 때문에 필요한 재정도 빠르게 증가될 것으로 전망된다. 따라서 경제가 저성장 국면에 진입하고 있고 재정 상황도 빠듯한 현실에서 기초연금에 돌릴 수 있는 재원 조달방안부터 점검해봐야 할 일이다.

재원 여력만 문제가 되는 것은 아니다. 현행 기초연금의 한계는 소득 상위 30% 어르신에게 연금을 지급하지 못하고 있는 것보다 기초연금을 받아도 최저생계비를 확보하지 못하고 있는 하위 30~40%의 소득보장을 제대로 하지 못하고 있다는 점이다. 더욱이 기초연금과 국민연금의 역할도 아직 정립하지 못하고 있다. 최근 국민연금의 명목소득대체율 인상 문제가 제기되고 있지만, 공적소득보장제도가 제 기능을 하기 위해서는 국민연금은 어느 정도 수준으로 보장하는 것이 바람직할 것인지, 기초연금은 국민연금의 보완적 기능을 할 것인지, 다층적 연금체계에서 1층의 연금제도로 기능할 것인지 등에 대해서 정리되지 않은 어정쩡한 상태로 되어 있기 때문에 보다 심도 있는 검토와 논의가 필요하고 국민적 합의도 필요한 상황이다.

기초연금제도는 공무원연금법 개정안 처리의 대가로 원 포인트로 합의하기에는 너무 비중이 큰 중요한 제도라고 할 수 있다. 40대, 50대 그리고 이미 은퇴한 연령계층 다수가 미래의 삶에 대해서 불안하게 생각하고 있는 것도 사실이다. 노후소득보장체계의 기능 재정립과 지속 가능성 제고를 위해서는 기초연금을 포함한 공적 및 사적연금 제도 전반에 대한 충분한 논의가 필요하다는 것을 부정할 사람은 그리 많지 않을 것이다. 지금은 특정한 방안을 두고 찬반 여부를 결정하기 보다는 선택 가능한 다양한 대안 모두를 회의 석상에 올려 놓고 최적의 해법을 찾아야 할 시점이다.

공무원연금 개혁 특혜는 없어야 한다

공무원연금, 군인연금, 사학연금 등 직역연금이 도마에 올랐다. 3개 직역연금이 현재와 같은 재정 문제를 안게 된 것은 평균수명의 연장과 지속적인 금리 하락 등의 요인이 가중시킨 측면이 있지만 저부담·고급여 구조가 근본 원인이다. 2013년 한 해 공무원연금 적자를 메우기 위해 투입된 국고 보전은 약 2조 원이고, 군인연금도 1조3000억 원이 넘었다. 앞으로 적자 폭이 눈덩이처럼 커질 전망이어서 개혁이 불가피하다.

공무원연금 등의 제도 개선 필요성은 대다수가 공감하고 있지만 개혁 강도와 방법에는 사회적 합의가 쉽지 않을 것으로 보인다. 공무원연금에 비해 급여 수준이 크게 낮은 국민연금에 가입해 있는 국민은 공무원 등에 대한 특혜를 용납할 수 없고, 적자를 국민의 혈세로 메우는 것은 절대 안 된다는 입장이다. 비상시에는 보통 이상의 책무를, 평상시에도 공직자로서의 강한 청렴함을 요구하면서 임용 시 법으로 정해져 있는 근로조건을 일방적으로 악화시키고 철밥통 운운하는 현실에 공무원도 억울한 심정일 것이다.

지난 세 차례의 연금 개혁이 다소 미흡했다는 비판은 있지만 재정적으로는 수입과 지출의 균형을 제고하고 연금구조도 국민연금과 비슷한 형태로 바꿔 왔다. 이번에 네 번째 공무원연금 개혁이 이뤄진다면 그동안의 개혁 방향을 완성하는 것이 되어야 할 것이다. 공무원연금 등을 당장 폐지하고 국민연금과 통합하는 것이 단순하고 명쾌한 방안이지만, 국민연금기금으로 공무원연금 적자를 메우려 한다는 의심을 받을 수 있다. 현 시점에서는 공무원연금 등을 국민연금과 동일한 구조로 전환하되 현재와 같이 독립적으로 운영하는 것이 통합에 따른 문제점을 피하면서 형평성을 제고하는 방책이다. 공무원연금은 민간 근로자의 퇴직금 성격도 일부 있어 국민연금과 평면적인 비교가 힘들다. 때문에 국민연금과 동일한 급여 수준으로 공무원연금도 조정하되 퇴직금은 정상화하는 것이 필요하다.

또 2009년 공무원연금 개혁 때 신규 공무원에게만 이뤄졌던 65세 연금수급개시 연령과 유족연금 인하를 재직 공무원에게도 적용해야 한다. 비교 대상이 되는 국민연금의 급여 수준이 2007년 법 개정으로 2028년을 목표로 인하되고 있으므로, 공무원연금도 이에 맞춰 단계적으로 조정하는 것이 필요할 것이다.

정작 어려운 과제는 연금보험료 조정이다. 공무원연금 보험료는 14% 수준이어서 국민연금의 9%보다 훨씬 높다. 연금 급여를 국민연금과 동일하게 하면 연금보험료도 동일하게 하는 것이 형평에 맞지만, 연금보험료를 인하하면 재정수입이 감소되어 감소분만큼 공무원연금에 대한 국고 보전이 더 늘어나야 한다. 많은 사람이 공무원연금 등이 개혁되면 당장 국고 보전이 없어질 것으로 기대하지만, 지난 50여 년 누적된 연금 충당 부채의 상환을 위해서는 상당 기간 국고 보전은 계속될 수밖에 없다. 따라서 현실적인 대안으로 현재의 공무원연금보험료를 그대로 유지하거나 인상하되, 국민연금보다 더 납입하는 보험료의 원리금 합계만큼 퇴직 시 연금으로 부가해 지급하면 국민연금과의 형평성을 관철하면서 연금 재정은 현재보다 악화하지 않는 방안이 될 수 있다.

한편 그리스와 같은 재정 파탄 국가에서는 기존 수급자의 연금액을 과감하게 삭감하기도 하지만 재정 신뢰가 있는 한국에서 그렇게 하기는 곤란하다. 그러나 국민 감정과 연금 부채 상환에 따른 국가 재정 부담을 낮추기 위해 소비자물가에 연동되는 연금액 인상을 일정기간 제한하는 방안은 검토 가능할 것이다. 공무원연금 등의 개혁은 아무리 급하다 해도 감정적으로 몰아가서는 안 되고, 국가 미래와 국민 통합 차원에서 신중하면서도 지속 가능한 사회적 합의가 중요하다.

투 트랙 공무원연금 개혁의 성공 과제

한국연금학회가 정책토론회를 앞두고 제시한 공무원연금 개혁방안은 현재 재직 중인 공무원에 대해서는 '낸 만큼만 받도록 하는 방안'을, 신규 공무원에게는 국민 연금과 똑같은 구조를 적용하도록 하는 투 트랙 방안을 제시했다는 게 특징이다.

같은 대상 집단에 투 트랙 연금제도를 가져가는 것은 인사행정상으로 문제가 발생할 수 있음에도 고육책을 제시한 이유는 무엇일까? 국민은 공무원연금에 더 이상 특혜가 계속되어서는 안 된다는 생각이 지배적이다. 그런데 기존 공무원에게 신규 공무원과 똑같이 국민연금 산식을 적용하지 않고 연금보험료를 14%에서 20%로 인상하고, 연금 수준은 57%에서 37.5%로(30년 가입 기준) 낮추는 방안을 제시한 것은 공무원연금에 투입되는 정부 보조금을 줄이려는 게 일차적 목적이다.

기존 공무원에게 국민연금 방식을 그대로 적용할 경우 연금보험료를 현재의 14% 에서 9%로 낮춰야 하고 그만큼 정부 보조가 더 투입되어야 한다. 하지만 국민은 더 많이 내고 더 적게 받도록 함으로써 기존 공무원에 대한 연금 특혜는 없애면서 정부 재정 투입도 축소시키는 효과를 기대하고 있다.

또 하나의 질문은 이참에 공무원연금을 아예 국민연금과 통합하지 않느냐 하는 것이다. 통합하는 게 속 시원할 수 있지만, 그렇게 못하는 것은 국민연금과 공무원 연금의 현격한 재정 격차 때문이다. 공무원연금은 이미 곳간이 텅 비었지만, 국민 연금은 현재 440조 원이 넘는 적립기금이 있고, 이 추세라면 2060년까지는 버틸 수 있다. 만약 지금 바로 국민연금과 통합한다면 공무원연금 적자를 국민연금으로 메우려 한다는 비판에 직면하게 될 것이다. 따라서 공무원연금 구조를 국민연금 구조로 전환하고, 국민연금 산식을 적용받는 공무원이 연금수급자가 되는 2050년대에 가서 통합 여부를 검토하는 것이 현실적인 방안이다.

재직기간이 길지 않은 공무원의 경우 신규 공무원보다 오히려 불리할 수 있다는 우려가 나오고 있다. 기존 공무원 중 재직기간이 긴 공무원은 유리했던 과거 가입기간이 길기 때문에 향후 가입기간이 불리해도 상쇄 효과가 있지만, 개혁 시점 이전의 가입기간이 짧은 공무원일수록 불리할 수 있다. 그러나 재직기간이 몇 년 되지 않는 공무원의 경우 국민연금 산식 트랙을 선택할 수 있도록 허용함으로써 이러한 역전현상은 방지될 수 있다. 따라서 가입기간이 짧은 공무원에게 개혁 부담이 가중된다는 비판은 다소 과장된 측면이 있다.

개혁안에 연금수급자가 부담되는 방안이 포함되어 있는 것도 특징적이다. 지난 3차례의 공무원연금 개혁에서 연금수급자는 거의 무풍지대에 있었다. 이번 연금개혁안에는 연금수급자도 재정 안정화 기여금 형태로 연금의 일부를 납입하도록 되어 있다. 여기에 국민연금 수급자보다 오히려 불리하게 물가상승률보다 낮게 연금을 연동하는 방안도 포함되어 있다.

공무원연금 수급자라고 해서 모두 연금을 많이 받는 것이 아니기 때문에 연금액 수준에 따라 차등하는 방안도 검토 가능할 것이다. 한편, 저소득 공무원의 노후소득보장 충격을 완화하기 위해 공무원연금에도 국민연금과 같이 소득 재분배 기제를 포함하자는 주장도 있다. 최종 개혁안을 다듬어가는 과정에서 재정 중립의 전제 아래서 소득 재분배 여부는 공무원 내부의 합의에 맡기면 될 것이다.

지금 당장 공무원연금이 개혁되더라도 지난 50여 년 간 누적된 484조 원에 이르는 연금 충당부채가 하루아침에 사라지진 않는다. 공무원연금 개혁이 격무에 시달리는 공무원에게 충격과 고통을 주는 것도 사실이지만, 저성장의 장기 불황에서 고된 삶을 살아가고 있는 국민을 생각하면 고삐를 늦출 수도 없는 것이 현실이다.

국회에 공무원연금특위 설치해야

　지난 17일, 공무원연금 개혁 정부안(案)이 공개됐다. 2016년 이후 신규 공무원부터는 국민연금 급여와 연금보험료 수준과 똑같이 적용하고, 기존 재직 공무원의 경우 연금은 34% 삭감하고 보험료는 43% 인상하되 퇴직수당은 민간 근로자 퇴직연금으로 맞추고, 고액 연금수급자의 연금은 동결한다는 것이 주요 골자다. 당초 한국연금학회가 국회 정책토론회에서 제시하려 했던 기본구조와 비슷하지만 고액 연금을 제한하는 내용이 추가됐다.

　정부안에 대한 대체적인 평가는 '더 강화된 개혁안'이라는 것이다. 연금 개혁의 주체가 안전행정부로 넘어가면서 이른바 '셀프 개혁'의 우려가 있었지만, 예상을 뒤엎고 강한 개혁 기조가 유지되면서 그동안 안행부 주도의 개혁에 대한 불신을 일소하고 공무원연금 개혁과 관련된 정부의 공식 입장이 처음으로 제시됐다는 점에서 큰 의의가 있다. 이번 안이 정부의 최종안은 아니겠지만, 노동조합 등 공무원 단체와의 줄다리기와 여야가 국회에서 협의를 시작할 수 있는 시발점은 될 수 있을 것이다.

　그렇지만 공무원연금 개혁의 길은 이제 시작됐을 뿐 향후 험난한 길이 예고되고 있다. 일단, 공무원 단체의 반발이 더 거세지고 있다. 투쟁기금을 200억 원 모금하는가 하면, 대규모 인원이 동원되는 항의 집회에 총파업 투쟁까지 불사하겠다는 움직임을 보이고 있다. 이런 와중에 새누리당은 국민 여론과 공무원 사이에 거중 조정에 바쁘고, 새정치민주연합은 수수방관으로 일관하고 있다. 무엇보다도 공무원연금법 개정을 정부 입법으로 할 것인지, 의원 입법으로 할 것인지가 불투명하다. 정부 입법은 안행부와 노동조합 간에 맺어진 단체협상에 근거한 협의체 구성 등 협상과정이 있어야 하고, 이와 별개로 정부안이 입법되려면 최소 70일은 필요하다. 반면에 의원 입법은 이러한 과정 없이 최대 30일 정도면 처리 가능하지만, 어떤 절차를 선택하더라도 여야 합의는 필수적이다.

공무원연금 개혁은 '뜨거운 감자'로 표현된다. 공무원은 우리나라 최대의 이해집단이다. 400만 명을 좌지우지하는 표(票)도 표지만, 보이는 공무원 단체 외에도 입법부·사법부·행정부 그리고 중앙정부 뿐만 아니라 지방정부까지 대부분 국가정책은 공무원 손에 의해 만들어지고 운영된다. 여야를 막론하고 공무원의 입장을 무시하고 법안을 용감하게 처리할 수 있는 국회의원은 많지 않다.

더욱이 진보 시민단체들도 진영 논리에 매몰되어 공무원연금 개혁에 미온적이다. 그나마 현재 나타나는 개혁의 추동력은 공무원연금을 특혜로 인식하는 국민의 분노에서 나온다 할 수 있다. 이러한 상황에서 박근혜 정부의 입장은 난처하다. 개혁을 제대로 하면 상당수 공무원이 정권에 등을 돌릴 것이고, 제대로 하지 않으면 국민의 신뢰를 잃게 된다. 더욱이 시간을 끌면 끌수록 국민과 공무원과의 간극은 더 벌어질 우려가 있고 정부의 포지셔닝은 더욱 어려워진다. 그렇지만 공무원연금 개혁은 현 정부가 아니라 하더라도 미래 어느 정부든 반드시 해결해야 할 과제라는 점에서 박근혜 정부의 단호한 개혁 의지는 높이 평가될 수 있다.

정부 발표안의 미흡한 점에 대해 갑론을박이 있지만, 이는 향후 논의와 협의과정에서 해결될 수 있다. 현시점에서 가장 중요한 일은 공무원연금 개혁을 위한 '아고라의 광장'을 정하는 것이다. 공무원연금 개혁은 국민의 대의기구인 국회에서 이뤄지는 게 바람직하다. 문제는 가능한 한 조속히 여야가 참여하는 공무원연금개혁특별위원회를 국회 내에 설치, 협의를 시작하는 것이다. 특위에서 공무원 단체 의견을 충분히 듣고 공무원연금 재정 상황을 심층적으로 검토해 국민이 동의할 수 있는 수준의 공무원 소득보장 방안을 투명하게 결정하면 된다.

공무원연금 개혁, 더는 실기하지 말라

　공무원·군인연금 충당 부채가 2013년 말 기준으로 596조3000억 원이라는 정부 발표 이후 공무원·군인·사학연금 등 특수직역 연금 개혁이 수면 위로 다시 부상하고 있다. 2012년에 비해 늘어난 부채 159조 원 대부분은 산정 방식을 국제 회계 기준으로 바꾸는 과정에서 나타난 것이다. 하지만 2013년과 똑같은 방식으로 산정한 2012년의 연금 부채와 비교할 때 늘어난 19조2000억 원은 연금제도를 개혁하지 않으면 앞으로도 매년 이만큼씩 늘어날 수 있다는데 연금 부채의 심각성이 있다.

　이번에 공무원·군인 연금 부채가 부각되고 있지만, 사학연금 부채도 마찬가지로 늘어나고 있고, 정부 부채는 아니라 해도 미래 국민이 부담해야 할 국민연금 부채는 국민연금 현재 적립기금액 430조 원의 2배 이상이 될 것으로 추정된다는 점에서 공적연금 부채 전반이 문제가 될 수 있다. 물론 공무원연금 등 특수직역 연금은 원래 너무 후하게 설계되었기 때문에 국민연금과 비교하면 여전히 높다. 국민연금 보험료는 9%인 반면 공무원연금은 14%로 훨씬 높고, 공무원은 민간 근로자와 달리 법정 퇴직금제도가 취약한 것을 감안해도 높은 수준이다. 따라서 공무원 연금 개혁의 기본 방향은 장기적 연금 재정안정화와 함께 국민연금과의 형평성 제고라고 할 수 있다.

　그러나 연금 개혁의 성공을 위해서는 과거의 시행착오를 되풀이하지 않는 게 중요하다. 과거 여러 차례의 연금 개혁이 미흡했던 원인은 당사자인 공무원 등의 반발 때문인 것으로 보는 시각이 우세하다. 하지만 그게 전부는 아니다. 지금처럼 연금 부채가 늘어난 것은 공무원연금이 후해서 발생한 것이기도 하지만, 과거 정부가 마땅히 부담했어야 할 것을 부담하지 않고 미뤄왔던 것이 더 큰 원인이다. 공무원연금은 국민연금 성격과 함께 퇴직금 성격도 함께 가지고 있기 때문에 사용자로서의 정부는 퇴직금만큼의 보험료는 추가적으로 부담해야 했지만 하지 않았다. 만약 과거 정부가 그러한 추가 부담을 해 왔다면 공무원연금제도에도 적립기금이 아직 남아 있었을 것이다.

또한 재정당국이 단기적인 정부 부담을 줄이기 위해 국민연금 개혁과는 아주 다르게 급여 수준 삭감보다는 보험료 인상에 집착한 것도 패착이다. 연금 부채의 증가 속도를 늦추기 위해서는 급여 삭감이 우선임에도 보험료를 인상해서 급한 연금 재정 소요에 사용하다 보니, 보험료는 국민연금보다 이미 5% 포인트나 높게 됐다. 그나마 보험료 인상 효과가 떨어지면 또 추가 개혁을 해야 하는 악순환의 고리가 생긴 것이다. 공무원연금 등을 개혁함에 있어 단순히 '덜 받고 더 내는' 식만으로는 안 되는 이유가 바로 여기에 있다.

제대로 된 연금 개혁이 되자면 급여 수준 조정과 함께 공무원 사용자로서의 정부 부담을 대폭 늘려야 하기 때문에 연금 개혁을 하더라도 정부 부담은 더 늘어날 수밖에 없다. 하지만 현재 정부는 공무원연금 재정 적자 말고도 지출해야 할 곳이 너무 많다는 게 근본적인 한계다. 더욱이 미래로 갈수록 정부 재정은 나빠질 가능성이 크기 때문에 지금 현재 정부가 더 부담하는 것이 바람직하다. 따라서 공무원연금제도를 국민이 납득할 수 있는 수준으로 개혁해야만 과거 연금 부채 상환에 따라 늘어나는 국민의 조세 부담 증가를 용인받을 수 있는 명분이 발생한다.

박근혜 대통령은 경제 혁신 3개년 계획을 발표하면서 이미 공무원연금 등의 제도 개선을 언급한 바 있다. 연금 개혁은 너무 서둘러 졸속으로 해서도 안 되지만, 실기하지 않는 것이 중요하다. 이제 공무원연금 등 특수직역 연금의 지속 가능한 새로운 비전과 마스터 플랜을 마련해야 할 때가 왔다.

공무원연금 개혁 더 미룰 수 없는 이유

공무원연금 개혁이 2015년 국정의 핵심 과제로 부상하고 있다. 정부가 추진 중인 공공·노동·교육·금융 등 4대 개혁은 공공 부문 개혁이 선도할 필요성이 있고, 공무원연금 개혁은 공공 개혁 중에서도 모범이 되어야 하기 때문이다. 4대 개혁과 관련 고령화 저성장 기조가 고착화되고 있는 한국 경제를 회생시키기 위해 필요한 구조 개혁의 당위성은 인정하고 있다. 그러나 이들 개혁은 대부분 그동안 누적되어 왔던 기득권을 양보하지 않으면 해결될 수 없는 지난한 과제라는 점에서 공공 부문이 적극적으로 솔선수범해야 그나마 가능하다.

공무원연금 개혁의 필요성은 최근의 복지 증세 논쟁에서도 잘 나타나고 있다. 최근 JTBC가 여론조사기관인 리얼미터에 의뢰해 조사한 것에 따르면, 증세 없이 복지 축소(46.8%)가 증세 필요(34.5%)보다 높았다. 이는 상당수 국민들이 증세 없는 복지는 괜찮지만 복지를 위해 증세해야 한다면 차라리 복지를 축소하는 쪽을 선택하겠다는 것이다. 국민 여론을 감안할 때 정부가 할 수 있는 것은 증세 없는 복지 옵션 이외는 어려운 현실이고, 이를 위해서는 복지를 확대하되 일단 복지 지출 구조조정으로 예산 절감을 병행하는 것이 불가피하다. 이때 공무원연금 개혁을 통한 정부 부담 축소는 유력한 구체적인 수단이 될 수 있는 것이다.

배경·역할·기능 다르지만 국민연금과 형평성 측면에서도 개선 필요

실제로 복지구조를 개혁한다고 하더라도 재정 효과성이 명확히 나타나는 부문은 공무원연금, 군인연금, 사학연금이기도 하다. 공무원연금만 해도 현행 제도가 그대로 유지될 경우, 정부 총재정부담이 2016~2017년에는 20조 원 상당이고 차기 정부

5년간은 64조 원, 차차기 정부 5년간은 87조 원으로 늘어날 것으로 예상되어 공무원연금 등 개혁 없는 복지구조 개혁은 소위 '앙꼬 없는 찐빵'이 될 가능성이 높다.

공무원연금은 일반 국민이 가입하고 있는 국민연금과의 형평성 측면에서도 개선이 필요하다. 물론 공무원연금과 국민연금은 만들어진 배경도 다르고 그 역할과 기능도 다소 상이하다. 공무원연금은 국민연금과 같은 공적연금 성격 이외에도 공로보상적 성격의 민간퇴직금제도 기능도 함께 수행하고 있기 때문에 단순하게 비교할 수도 없다. 그렇지만 이러한 모든 요소를 감안하더라도 공무원연금이 국민연금 수준보다 높은 것은 사실이다. 공무원은 정치적 중립 및 청렴 의무를 강요받는 등 공무원 직역의 특수성 때문에 공무원연금이 다소 후하게 지급되어야 한다는 논리도 이해되지만, 공무원연금과 국민연금이 비교 가능하도록 제도가 개편되는 과정에서 비로소 논의될 수 있는 것이다.

또한 과거 공무원이 박봉에 시달린 시절이 있었고, 하위직 공무원은 지금도 단신 봉급만으로는 생활이 넉넉하지 않다는 것도 개선되어야 하지만 이것을 공무원연금 만으로 해결할 수는 없다. 공무원의 사용자는 일차적으로 정부이지만, 궁극적으로는 세금을 납입하는 국민이라는 점에서 공무원연금과 국민연금의 형평성을 제고하라는 국민의 정서를 무시할 수는 없다.

일본·미국 등 세계 각국도 공무원연금 개혁 완료했거나 추진 중

이러한 추세는 우리나라에서만 있는 것이 아니라 우리나라 공무원연금이 벤치마킹했던 일본에서도 이미 제기되어 2015년 7월부터는 공무원연금과 후생연금(우리나라의 국민연금)이 완전 통합된다. 미국은 이미 1980년대에 이러한 개혁을 완료했다. 관료제 전통이 강한 프랑스와 독일에서도 공무원연금제도가 독립적으로 운영되고 있지만 그 격차는 축소되고 있다. 복지 선진국이라고 할 수 있는 스웨덴 등 북유럽 국가의 대부분은 공무원도 국민연금에 가입하고 있다.

현재 공무원연금 개혁 논의는 국회를 중심으로 이루어지고 있다. 지난해 연말 공무원연금개혁특별위원회가 어렵사리 만들어졌고, 가입자 단체가 주장했던 국민대타협기구도 발진되었다. 무엇보다도 이러한 협의 절차가 여야 합의로 이루어졌다는 점이 희망적이다. 그렇지만 이 시점에서 우려되는 것은 공무원연금 개혁이 흐지부지하게 졸속으로 처리될 가능성이다. 공무원연금은 지난 3차례의 큰 법 개정이 있었지만 근본적인 문제점이 개선되지 못했다. 물론 연금보험료의 인상으로 단기간의 수지 적자는 완화시키기도 했지만 개혁 효과가 몇 년도 계속되지 못해 공무원연금에 대한 불신만 키워왔다.

이러한 불신이 계속되는 것은 공무원연금제도 측면에서도 바람직하지 않다. 공무원연금 재정수지 적자에 대한 국고 보전만 해도 과거 정부가 부담했어야 할 것을 현재 정부가 부담하는 측면이 있지만, 일반 국민들은 이러한 국고 보전을 '밑 빠진 독에 물 붓기'로 인식한다.

연금개혁안 국민도 납득할 수 있어야

이렇게 된 이유는 공무원연금에 대한 국민의 이해 부족도 원인이지만, 현재의 공무원연금 급여 수준에 대해 국민이 납득하지 못하고 있기 때문이다. 따라서 공무원연금 개혁의 요체는 공무원연금 급여와 부담 수준 그리고 공무원연금의 궁극적인 미래상에 대한 대다수 국민의 동의라고 할 수 있는 것이다. 최근 일련의 정책 혼선으로 공무원연금 개혁의 동력이 상실되고 있지 않느냐는 우려도 불식될 필요가 있다. 몇 차례의 공무원연금 개혁이 미진했던 이유가 정부의 추진 의지 부족에 기인한다는 지적도 있기 때문에 이러한 주장이 설득력을 얻고 있는 것도 사실이다.

그렇지만 이번 연금 개혁이 과거의 연금 개혁과 다른 점은 '국민의 시선'이 존재한다는 것이다. 과거에는 당사자인 공무원만 설득하면 되었지만 이제는 공무원연금 개혁안에 대하여 국민도 납득할 수 있어야 한다. 다시 말하면, 정부 정책의 추진력은 정부 의지가 중요하지만 국민의 지지에 기반한다는 점에서 공무원연금 개혁에 대한 국민의 강한 열망이 계속되는 한 개혁 동력은 상실되지 않을 것으로 생각된다.

그럼에도 불구하고 국회에 맡겨진 공무원연금 개혁 논의가 제대로 잘 마무리 될지 여부에 대해서는 긍정적 시각과 함께 부정적 시각이 공존하고 있다. 우리나라와 같이 역동적인 국가에서 공무원연금 개혁과 같이 중차대한 사안이 어떻게 될 것인지 누가 장담할 수 있겠는가. 최근 정부가 새누리당의 공무원연금법 개정안과 다소 차이가 있는 개혁방안을 밝혀서 논란이 되고 있지만, 제시된 안이 공무원연금 가입자 단체가 주장하는 방향으로 한 발 더 다가서 있다는 점에서 의미가 있는 것으로 판단된다.

공공 부문 개혁의 시금석이자 정부가 추진하는 4대 개혁의 원동력

이제는 야당과 가입자 단체도 내심에 있는 개혁방안을 내놓을 시점이 되었다. 가진 '패'를 늦게 내놓을수록 개혁은 지체되고, 막판 협상이 급박하게 진행될수록 부실한 결과를 가져올 가능성이 높기 때문에 보다 밀도 있는 개혁을 위해서는 협상의 당사자가 자신의 입장을 내놓는 것이 바람직하다. 개혁의 정도에 있어서는 차이가 있겠지만 그 차이에 대해 국민의 이해를 구하는 것이 정도이기 때문이다.

공무원연금 개혁은 공무원 직역 종사자의 문제만이 아닌 것이 되었다. 공무원연금 개혁의 성공 여부는 공공 부문 개혁의 시금석이 될 뿐만 아니라 정부가 추진 중인 4대 개혁의 원동력이 된다는 점에서 공무원연금 개혁에 대한 국민의 열망이 그 어느 때보다 높다. 공무원연금 개혁이 어차피 가야 할 길이라면 공무원 스스로가 주도하는 모습을 보이는 것이 공무원연금의 미래를 위해서, 그리고 이제까지 국가 발전을 이끌어 온 공무원의 책임감과 위상을 드높이는 길이 될 것으로 생각한다.

野도 공무원연금 개혁안 내놔야 한다

　최근 정부의 국정 장악력이 약해지는 듯하자 공무원연금 개혁의 동력도 상실되고 있지 않느냐 하는 우려가 나온다. 공무원연금은 1995년 이래 몇 차례 재정안정화를 위한 법 개정에도 불구하고 또다시 수술대에 올랐다. 공무원의 기여금 인상 등으로 수지 적자를 어느 정도 줄이기도 했지만, 공무원연금의 불균형한 재정구조는 근본적으로 해결되지 못했기 때문에 이번 개혁도 흐지부지되지 않을까 걱정하는 것이다.

　공무원연금의 재정 수지 적자분에 대한 국고 보전은 과거 정부가 부담했어야 할 것을 현 정부가 부담하는 측면이 있지만, 국민은 '밑 빠진 독에 물 붓기' 식 국고 보전을 언제까지 계속 해야 하는지 불만이다. 경제가 성장 국면이고 조세가 잘 거둬지던 시기에는 공무원연금 등 특수직역 연금에 대한 재정 부담을 심각하게 생각하지 않았다. 복지 지출 등이 급속히 증가함에 따라 중앙정부나 지방정부나 모두 재정에 적신호등이 켜지자 증세 논쟁이 일어나는 것이다. 국민은 '증세 없는 복지'는 괜찮지만, 복지를 위해 증세를 해야 한다면 차라리 복지를 축소하는 쪽을 택하겠다고 한다. 담뱃값 인상이나 연말정산이 논란이 되는 것도 우리 국민의 조세에 대한 인식을 보여준다.

　이러한 상황에서 국민은 증세 논의에 앞서 각종 정부 지출에 대한 절감 노력이 선행되어야 한다고 생각한다. 따라서 공무원연금에 대한 정부의 총재정부담이 2016년과 2017년에는 20조 원이 되고, 2018년부터 5년간은 64조 원, 그 다음 5년간은 87조 원으로 증가할 것으로 예상되는 공무원연금을 고운 시선으로만 볼 수는 없는 것이다.

현재 공무원연금이 다소 후한 것은 과거 개발연대의 박봉에 대한 보상과 무한봉사와 무한책임을 강요받는 공무원 직역의 특수성을 반영하는 측면이 있다. 하지만 1997년 경제위기 이후 불안해진 직장생활과 사업 부진 등으로 지친 국민을 이해시키기에는 역부족이다. 이번 공무원연금 개혁이 과거의 연금 개혁과 다른 점을 꼽는다면 이러한 국민의 따가운 시선이 있다는 것이다. 과거에는 당사자인 공무원만 설득하면 됐지만 이제는 국민도 이해할 수 있어야 한다.

현재 공무원연금 개혁 논의는 국회가 중심이 되어 이뤄지고 있다. 지난 연말 공무원연금개혁특별위원회가 구성되고, 가입자 단체가 요구했던 국민대타협기구도 만들어졌다. 이러한 협의 절차가 여야 합의로 이뤄졌다는 점이 희망적이지만, 국회에 맡겨진 공무원연금 개혁 논의가 잘 마무리될지는 불투명하다.

최근 인사혁신처가 여당인 새누리당의 공무원연금법 개정안과는 다소 차별성이 있는 개혁방안을 제시해서 논란이 되고 있지만, 공무원연금 가입자 단체가 주장하는 방향으로 한 발 더 다가서 있다는 점에서 마냥 비판받을 일은 아니다.

이처럼 여당과 정부가 개혁안을 제시하고 있지만, 야당인 새정치민주연합과 가입자 단체의 개혁 대안은 나오지 않았다. 성공적인 연금 개혁을 위해서는 협상의 당사자 모두가 자기 입장을 내놓을 때가 됐다. 개혁의 강도는 다르겠지만, 그 차이의 당위성에 대해 국민의 동의를 구할 시점이다. 공무원연금 개혁에 있어서 정부의 의지와 추진력이 중요하다. 개혁에 대한 국민의 높은 관심과 열망이 지금처럼 계속되는 한 개혁 동력도 그리 쉽게 상실되지 않을 것이다. 그런 의미에서 이번 공무원연금 개혁의 성공 가능성은 그 어느 때보다 높다.

공무원연금 개혁은 제로섬 게임

여야가 합의한 공무원연금 개혁의 시한이 한 달 정도 남았다. 지난 3개월 동안 국민대타협기구는 명시적인 성과는 없었지만 적어도 각 당사자의 입장 차이를 충분히 확인하고, 공무원연금 개혁을 최종 담판지을 여야 국회의원으로 구성된 특별위원회와의 브리지 역할을 할 실무기구를 구성한 것도 성과라고 할 수 있다. 공무원 단체·정부·전문가가 참여하는 실무기구가 합의안을 도출할 수 있을지에 대해서는 회의론이 있지만, 공무원연금 개혁에서 반드시 고려되어야 할 주요 쟁점 사안에 대한 실질적이고 구체적인 논의가 이루어질 수 있다면 그 자체로도 의미를 부여할 수 있다.

현시점에서 핵심 쟁점은 연금지급률과 기여율을 정하는 것이라 할 수 있다. 공무원 단체의 입장은 기여율을 어느 정도 높이더라도 연금지급률은 가능한 한 유지하기를 희망하고 있다. 수지 균형의 관점에서 보면 현재의 연금지급률에 상응하는 기여율을 부과한다면 마찬가지일 수 있다. 그러나 현재의 공무원연금지급률은 1년 가입당 1.9%로 되어 있어 이에 상응하는 기여율은 12%(퇴직금 상당분 제외)가 되어 부담하기에는 너무 과중하다. 설사 공무원이 부담 가능하다 하더라도 정부가 그만큼의 부담을 져야 하기 때문에 형평성 문제가 제기될 수 있다. 지급률을 삭감한다고 하더라도 공무원의 노후소득 안정을 전제로 이루어져야 한다. 30년 가입 기준으로 소득대체율이 대체로 50% 수준이 보장된다면 국제노동기구(ILO)의 권고에 부합한다고 할 수 있다. 따라서 소득대체율 50%와 이에 상응하는 기여율과 부담률을 정하는 것이 바람직할 것으로 판단된다.

이번 개혁에서는 2009년 연금 개혁 당시 2010년 이후 입직한 공무원에게만 부담시켰던 것을 2010년 이전 공무원에게도 적용하는 것이 필요하다. 연금수급개시연령을 65세로 한 것과 유족연금지급률을 70%에서 60%로 인하한 것이 대표적인 것이다. 현재 공무원의 연금수급개시연령은 58세로 2년에 1세씩 높아지고 있지만 60세까지만 조정되고 중단된다. 이를 65세까지 연장하여 조정시켜 연금 재정의 악화를 완화하고 공무원 간 형평성을 제고해야 할 것이다.

그동안 연금 개혁과 관련해 구조 개혁이냐 모수 개혁이냐를 두고 상당 기간 논쟁이 있었지만, 이제는 더 이상 큰 틀을 두고 논박하는 것은 큰 의미가 없을 것으로 판단된다. 그렇지만 공무원연금제도 내에서도 소득 재분배 기능을 포함하는 것은 적극적으로 검토하는 것이 필요하다.

이번 연금 개혁으로 소득대체율이 낮아지게 되면 하위직 공무원의 충격이 다소 더 클 수 있기 때문에 재분배 기제를 통해 이를 보완하는 것이 합리적이다. 따라서 소득 재분배는 하위 공무원에게는 유리한 것이므로 공무원노동조합 등 가입자 단체가 굳이 반대할 사안은 아니다. 그럼에도 불구하고 이에 반대하는 것은 가입자 단체 내부의 이견도 이견이지만 국민연금과 같은 소득 재분배 구조를 포함할 경우 장래에 공무원연금이 국민연금에 통합될 것에 대한 우려가 이유라고 한다. 그렇지만 이러한 걱정은 기우에 불과하다. 국민연금은 현재 적립기금이 500조 원에 이르고, 기금의 소진 예상연도가 2060년이다. 따라서 국민연금에서도 공무원연금 통합을 환영하지 않을 것이다.

공무원연금 개혁은 제로섬 게임에 가깝다. 공무원이 더 부담하는 만큼 국민 부담은 감소되고, 현재 공무원이 더 부담하는 만큼 미래 공무원의 안정성은 높아진다. 연금 개혁이 성공적으로 이루어진다면 공무원과 국민 간의 신뢰를 회복하고 공무원연금의 장기적 지속 가능성을 높이는 계기가 될 것으로 확신한다.

공무원연금 개혁, 재정 건전성 양보 안 된다

지난해 9월 시작된 공무원연금 개혁 논의가 종착점을 향하고 있다. 올해 초 국회 차원에서의 공무원개혁특별위원회(특위)와 국민대타협기구가 우여곡절 끝에 구성되었으나 아직 뚜렷한 성과를 내지 못하고 있다.

국민대타협기구는 지난달 29일 빈손으로 활동을 종료했으나 가입자 단체 의견을 수렴하기 위한 실무기구가 구성되어 대타협의 불씨를 남겨뒀다. 특위는 지난 21일 실무기구로부터 논의 결과를 보고받았다. 법안심사소위에서 공무원연금법 개정안을 만들어 본회의에 제출할 계획이다. 공무원연금 개혁 논의는 최종 합의에 도달할 수 있을까. 공무원연금 개혁방안은 지난해 10월 새누리당이 공무원연금법 개정안을 소속 의원 전원 명의로 발의한 뒤 국민대타협기구 논의 과정에서 정부가 새누리당 안과 비슷하지만 기존 공무원에 대해서는 현재의 공무원연금제도 틀을 그대로 유지하는 방안을 정부 기초안이라는 이름으로 제시한 바 있다.

대타협기구 참여 전문가로서 김태일 고려대 교수가 새누리당 안을 보완하는 차원에서 신규 공무원에게 저축 계정을 신설하는 방안을 제안했다. 필자는 현재 공무원연금제도의 틀 위에서 재정안정화에 초점을 맞춘 수지 균형 안을 제시했다. 야당인 새정치민주연합은 기여율과 지급률 등 구체적인 수치를 밝히지 않았지만 모수적(母數的) 구조 개혁방안을 제시했다. 공무원 가입자 단체는 기여율 인상에는 동의하되 지급률 인하는 반대한다는 입장을 발표하기도 했다.

새누리당이 내놓은 안은 공무원연금제도에 내재된 공적연금 성격과 직역연금 성격을 명확하게 구분해 공적연금 부문은 국민연금제도에 준해 설계하고, 직역연금 부문은 민간퇴직연금제도에 준해 지급하는 구조 개혁 방안이다. 정부기초제시안은 신규 공무원에게는 구조 개혁방안을 적용하되 기존 공무원에게는 지금의 틀을 유지하면서 수급부담률만 조정하자는 것이다.

야당인 새정치연합과 공무원 단체는 구조 개혁 방안 및 신·구 공무원 분리 적용을 전면 반대하고 있다. 현재의 공무원연금제도 틀을 그대로 유지해야 한다는 의견이다. 필자가 내놓은 '김용하 안'은 타협안으로 모수적 개혁 방향으로 가되 재정 수지를 균형화하는 방안을 제시했다. 현시점에서 구조 개혁 방안을 그대로 관철하기는 쉽지 않지만 재정안정화와 형평성 제고에 초점을 맞춘 취지를 살리는 것은 필요할 것이다.

공무원 기여율 및 정부 부담률은 새누리당, 정부기초제시안, 김태일 안 모두 기존 재직 공무원에게는 각각 현재의 7%에서 10%로 인상해 20%로 상향 조정하고, 신규 공무원에게는 현재의 국민연금보험료인 9%(노사 각각 4.5%)를 부과하자는 것이다. 김용하 안은 신규 공무원에게도 기존 공무원과 동일한 20% 기여부담률을 부과하자고 제안하고 있다. 야당과 공무원 단체는 기여율과 부담률의 합을 20% 수준으로 인상하는 것은 가능하다는 입장이지만 정부가 공무원보다 더 부담하는 '차등 인상 방안'을 제시하고 있다.

연금지급률은 새누리당, 김태일 안이 기존 재직 공무원에 대해서는 현재의 1.9%에서 1.25%로 대폭 하향 조정하는 대신 퇴직수당을 '일반 근로자에게 적용되는 퇴직연금' 수준으로 현실화하자는 입장인 반면, 정부기초제시안의 경우 퇴직수당은 그대로 두고 1.5%로 하향 조정하자는 것이다. 김용하 안은 퇴직수당은 그대로 두되 1.65%로 하향 조정하자는 주장이다. 신규 공무원에게는 새누리당, 정부기초제시안, 김태일 안 모두 국민연금지급률인 1.0%로 조정하자는 입장인 반면 김용하 안은 기존 공무원과 동일하게 1.65%로 조정하자고 주장하고 있다.

공무원 단체는 지급률 인하에 원칙적으로 반대하는 반면 야당은 적정 수준의 인하 필요성에 공감하고 있다. 그러나 구체적인 수치 제시는 유보하고 있다. 기여율 및 부담률, 연금지급률은 상호 연동되어 있기 때문에 적정 수준으로 일괄 합의하는 것이 필요하다. 이때 국고보전금 및 국가 재정 총부담을 어느 정도 낮출 수 있을 것이냐가 관건이다.

연금수급개시연령은 2009년 공무원연금법 개정 때 '2010년 이후 가입 신규 공무원에게 65세를 적용'하기로 했기 때문에, 이를 2010년 이전 가입 공무원에게도 적용할 것이냐의 문제다.

이에 대해서는 여당·야당·정부 모두 공감하고 있는 것으로 판단되지만, 공무원 단체는 이를 정년 연장과 연동하지 않는 한 불가하다는 것이 기본적 입장이다. 국민연금 가입자는 1999년 법 개정 때 2033년까지 65세로 단계적으로 이행하도록 하고 있으므로 제도 개선이 필요한 부분이다. 다만 연금수급개시연령을 65세로 상향 조정하는 과정에서 정년퇴직했으나 노령연금을 받을 수 있는 소득 공백 문제 해결 방안에 대해서는 공무원연금뿐만 아니라 국민연금 가입자에게도 별도의 대책 수립이 필요하다.

소득 재분배 여부는 가장 미묘한 부분이다. 공무원연금은 전통적으로 소득비례 연금 형태를 유지해 왔다. 가입자 간 소득 재분배 요소는 없었다. 그러나 공무원연금지급률이 하향 조정되면 하위직 공무원의 노후소득보장성이 가능한 한 덜 줄어들어야 한다는 입장에서 소득 재분배 필요성이 커지게 된다. 여당·야당·정부 모두 소득 재분배 필요성을 공감하는 방향이지만 공무원 단체가 오히려 이에 반대하는 입장이다. 재분배에 대한 공무원 단체 내부 이견도 원인이지만 국민연금과 비슷한 형태로 가는 것에 대한 부담이 있는 것으로 판단된다.

소득 재분배를 할 경우 유리한 위치에 있는 하위직 공무원이 중심인 공무원 단체가 오히려 반대하는 현실은 역설적인 측면이 있다. 소득 재분배 여부는 전체 재정 측면에서는 중립적이기 때문에 국민 부담 증가 여부와는 상관 없이 공무원 단체가 반대 입장을 고수할 경우 이를 설득하기는 쉽지 않아 보인다.

최근 예상치 못한 정국 탓에 공무원연금 개혁도 직간접적으로 영향을 받고 있는 상황이지만, 공무원연금 개혁은 현재의 정치적인 사안과 관계없이 선결해야 할 이 시대의 숙제다. 공무원 단체와 야당의 동의를 끌어내기 위해서는 인내와 결단이 필요하지만, 이번 개혁이 임시방편적이 아닌 중장기적으로 지속 가능한 틀을 구축하는 근본적인 개혁이 될 수 있도록 하는 것이 무엇보다 중요하다.

공무원연금 개혁 시늉만 해서는 안 돼

국회에 설치됐던 공무원연금개혁특별위원회 시한이 이제 이틀 남았다. 그동안 국민대타협기구와 실무기구 등을 통해 가입자 단체 등의 의견을 수렴해 왔으나 아직은 합의 수준에 이르지 못한 상태이고, 기한 내 법안 처리 여부도 불투명하지만 대타협의 여지는 충분히 있다.

현시점에서 가장 큰 쟁점이 되고 있는 것은 연금지급률과 기여부담률이다. 정부는 1.7% 연금지급률과 9.5%의 기여부담률을 제시하고 있는 반면, 공무원 단체는 1.79% 연금지급률과 9.0(8.5)%의 기여부담률을 주장하고 있다. 양자 간의 거리는 많이 좁아졌지만 여전히 간격은 있고, 게다가 미처 예상하지 못했던 또 다른 암초가 노출되고 있다. 야당인 새정치민주연합과 공무원 단체가 공무원연금 개혁에 따른 절감분 일부를 공적연금 기능 강화와 사각지대 해소에 사용한다는 보장을 하지 않으면 공무원연금법 개정안을 받아들일 수 없다고 주장하는 것이다.

공무원연금 개혁을 반대하는 입장에서, 공무원연금 지출 증가에 따른 부담을 안아야 하는 국민에 대해 명분을 확보하고자 하는 뜻은 이해된다. 그러나 공무원연금 개혁의 이유는 국가 재정이 넉넉하지 않은 상황에서 공무원연금에 대한 국고 보전을 가능한 한 축소하는데 있다. 공무원연금 개혁을 국민연금 기능 강화와 직접 연계하는 주장은 자칫 연금 개혁을 반대하고 지연시키려는 공무원 단체의 전술로 오해받을 소지가 있다.

연금 개혁은 궁극적으로 공무원연금의 지속 가능성을 제고하는데 있다. 너무 늦은 개혁으로 인해 공무원연금 수준을 대폭 삭감했음에도 공무원에 대한 연금은 물론 봉급도 주지 못할 수 있는 재정위기에 빠진 그리스 사태를 강 건너 불구경하듯이 볼 일은 아니다. 평균수명은 선진국 수준이나 심각한 저출산으로 일본을 제치고 세계 제일의 초고령 국가 진입이 거의 확실한 우리나라는 이미 저성장 국면에 들어가고 있다. 이러한 미래에 대비해 국민연금은 1998년과 2007년 두 차례의 개혁으로 연금급여 수준이 이미 43%나 삭감됐다. 소득보장 대책이 충분하지 않은 노인 어르신을 위해 지난해 만들어진 기초연금도 월 20만 원 수준에 머물 수밖에 없는 재정적 현실이 있다.

현재보다 더 많이 부담하고 더 적게 받는 연금 개혁은 공무원 입장에서 볼 때, 노후생활 설계를 다시 해야 함은 물론 씀씀이도 줄여야 하는 불안감이 분명히 있다. 더욱이 이번 개혁에는 연금수급개시연령을 단계적으로 65세로 전환하는 내용도 포함되어 있고, 이미 연금을 수급하는 사람에게도 부담이 되는 내용이 있다는 점에서 희생을 강요받는 공무원에 대한 이해와 함께 적절한 보완책도 필요하다. 공무원이라는 이유로 오히려 지나치게 불리한 제약은 없는지도 세심하게 따져보고 개선할 것은 개선해야 한다.

그렇지만 공무원의 반대를 너무 지나치게 의식해 연금 개혁을 시늉만 하고 끝내는 것은 공무원에게도 바람직하지 않다. 이번 개혁 과정에서의 갈등과 불신으로 국민과 공무원 모두 상처를 입었다. 다시는 이러한 전철을 밟지 않도록 하기 위해서도 최소한 향후 30년 이상은 큰 손질 없이 공무원연금제도가 안정적으로 유지될 수 있는 정도로 개혁해야 한다. 이번 개혁이 성공한다면, 공무원 단체가 참여하는 대타협기구를 통해 갈등을 조정하는 사회적 합의 모델이 우리나라에서도 가능함을 보여주는 전례가 된다는 데 큰 의의가 있다. 여야가 약속한 남은 이틀 동안 대승적 차원에서 양보와 이해가 필요하다.

공무원연금 개혁 합의안 의미와 전망

국회 공무원연금개혁특별위원회가 지난 2일 공무원연금법 개정안 등을 심의하고 통과함으로써 공무원연금 개혁은 6일의 국회 의결 절차만 남겨두고 있다.

공무원연금법 개정안의 주요 내용을 살펴보면 기여 및 부담률은 현재의 14%에서 18%로 상향하고, 연금지급율은 1.9%에서 1.7%로 하향 조정되며, 유족연금급여율도 퇴직연금의 70% 수준에서 60% 수준으로 낮춰졌다. 연금수급개시연령은 현재의 60세에서 65세로 단계적으로 조정되어 2016년부터 5년간 퇴직연금과 유족연금액이 물가 수준과 관계없이 동결된다.

재정 효과 측면에서 상당한 성과 있는 것으로 평가

또 소득 재분배 구조가 도입되어 국민연금 수준만큼의 소득 재분배가 이뤄지고 연금불입기준소득액의 상한도 평균 소득액의 1.8배에서 1.6배로 낮춰진다. 연금 수급요건도 완화되어 10년 이상만 가입해도 공무원연금을 수급할 수 있으며, 비공상 장해연금제도가 신설되고 이혼시 연금분할제도도 도입된다. 그 외에도 소득심사 제도가 강화되어 공공 부문에 재취업한 경우에는 현재의 50% 감액에서 연금액 전액 감액하도록 바뀐다. 공무원연금법이 이와 같이 개정될 경우, 공무원연금 국고보전액은 향후 70년간 497조 원이 절감되고 총재정부담은 333조 원이 감소된다. 이는 공무원연금 개혁 과정에서 제시되었던 소위 김용하 안(기여부담률 20%, 연금지급율 1.65 : 414조 원 감소)보다는 총재정부담액으로는 82조 원이 덜 삭감된 것이지만, 지난해 새누리당이 제출한 공무원연금법 개정안(309조 원)보다는 24조 원이 더 절감된 것이다. 재정 효과 측면에서도 상당한 성과가 있는 것으로 평가된다.

대화·양보로 이뤄낸 대타협…갈등구조 내재된 사회 문제 해결의 모범 사례

다만, 당초 다수의 국민이 기대했던 공무원연금구조를 국민연금과 동일한 구조로 전환하는 내용을 담고 있던 새누리당 안이 관철되지 못하였다는 점에서 다소 아쉬운 점이 존재한다. 그럼에도 불구하고 국민연금에 준하는 소득 재분배 구조의 도입, 연금수급개시연령도 국민연금과 동일하게 바뀌고 유족연금지급률도 국민연금과 동일하게 변경됨으로써 공무원연금제도에서는 민간 퇴직연금 성격의 일부가 퇴직연금에 포함되어 있다는 점을 제외하면 사실상 외형상으로는 국민연금과 유사한 구조가 되었다고 할 수 있다.

이번 공무원연금 개혁은 국회에서 공무원연금 가입자, 시민단체, 전문가 등이 참여하는 국민대타협기구와 그 연장선에서 만들어진 실무기구에서 합의가 이루어졌다는 점에서 큰 의미가 있다. 대화와 양보로 이루어낸 우리나라에서는 최초의 대타협이라는 점에서 노동 개혁, 공공 개혁, 교육 개혁, 금융 개혁 등 갈등구조가 내재된 사회 문제를 해결하는 모범 사례라고 볼 수 있다. 특히 공무원단체의 동의와 양보가 없었다면 이번 합의는 불가능했다는 점에서 공무원과 국민 사이에 쌓였던 불신이 말끔히 해소되는 계기가 될 것으로 기대된다. 다만, 공무원연금법 관련 합의 과정에서 국민연금 명목 소득대체율을 50%로 한 것과 공무원연금 개혁에 따른 총재정 절감분의 20%에 대해서는 공적연금 기능 강화에 사용하고, 이를 구체적으로 논의하기 위한 사회적 기구를 구성해 국회에서 8월 말까지 논의해서 9월 국회 본회의에서 처리하기로 한 부분과 관련해서 논란이 있을 수 있을 것으로 판단된다.

우리나라 노후소득보장체계, 초고령사회 감안해 재구조화할 필요성 분명

우리나라의 노후소득보장체계는 국민연금, 공무원연금 등 특수직역 연금, 기초연금으로 분립되어 소득보장은 취약하고 사각지대가 여전히 높은 현실을 감안하면 초고령사회로 진전되는 우리나라에 적합한 소득보장체계를 보장성·형평성·지속 가능성 측면에서 재구조화할 필요성이 분명히 존재한다. 따라서 이러한 문제들을 종합적으로 해결할 수 있는 생산적 협의가 이루어진다면 동상이몽의 논란이 아닌 큰 진전도 이룰 수 있을 것으로 판단된다.

퇴직연금 활성화, 이대로는 어렵다

국민연금만으로 부족한 노후소득보장의 구원투수라고 할 수 있는 퇴직연금이 기대에 못 미치고 있어 우려가 커지고 있다. 퇴직연금은 2005년에 도입된 이래 빠른 속도로 성장해 현재 적립금 규모가 85조 원을 넘어서고 있다. 177조 원으로 추정되는 퇴직금 시장의 48% 정도가 퇴직연금에 가입하고 있다는 점에서 성공적이지만, '속 빈 강정'이라는 비판이 제기되는 것은 무엇 때문일까.

무엇보다도 퇴직연금이 노후 준비 자산으로 자리를 잡지 못하고 있다는 것이 문제다. 지난 1/4분기 중 연금 수급 요건을 갖춘 55세 이상 퇴직자의 98%가 퇴직급여를 일시금으로 수령하고 2%만 연금을 선택했다. 정부는 중도에 일시금으로 찾아 쓰지 못하도록 규제를 강화하고 개인형 퇴직연금제도(IRP)를 활성화하는 등 노력을 하고 있지만 역부족이다. 퇴직하는 근로자들이 당장의 목돈자금 수요에 밀려 자신의 노후를 위해 비축할 만한 여유가 없기 때문으로 판단되지만, 지금과 같이 일시금을 주로 선택한다면 퇴직연금제도는 퇴직금의 사외적립제도 이상의 의미를 갖지 못한다.

퇴직연금제도가 부익부 빈익빈을 촉진시키고 있는 것도 문제다. 퇴직연금가입률은 48.2%로 높아지고 있지만 300인 이상 대기업 퇴직연금도입률은 77.3%인 반면 중소기업도입률은 15.3%에 불과하다. 특히 의무 가입하도록 되어 있는 국민연금도 해결하지 못하고 있는 소규모 기업 근로자 입장에서는 퇴직연금은 '그림의 떡'일 수도 있다. 근로복지공단에서 영세기업 근로자를 위한 퇴직연금사업을 한다고 하지만 아직은 미미한 수준에 그치고 있다. 퇴직연금 운용수익률이 저조한 것도 문제다. 운용수익률이 낮은 원인은 자산 중 92.6%를 원리금 보장상품에 투자하고 5.9%

만을 실적배당형에 투자하는 편중된 운용구조 때문이다. 주식 등 적극적 투자 비중이 50%를 넘는 호주의 2013년 퇴직연금수익률이 평균 17.5% 수익을 기록했다는 점은 시사하는 바가 크다.

퇴직연금을 호주와 같이 투자하는 것이 바람직한가는 신중함이 필요하지만 안정적 투자의 필요성이 사적연금인 퇴직연금보다는 좀 더 강조되는 우리나라 국민연금의 주식 및 해외 투자 등의 비율이 이미 30%를 상회하고 있다는 점에서 퇴직연금의 투자 패턴은 과대하게 소극적이라 할 수 있다. 안전 위주 투자는 일차적으로 퇴직연금 자산 운용에 대한 강한 규제 탓이라 할 수 있다. 현재 확정급여형 퇴직연금은 적립금의 30%까지 주식에 투자 가능하고, 확정기여형 퇴직연금은 주식이나 파생상품에 직접 투자할 수 없고 주식형 펀드 등에 40%까지만 투자할 수 있도록 되어있다. 퇴직연금 가입자의 귀중한 자산을 보호하려는 정부 취지는 충분히 이해할 수 있지만 과잉보호에 가깝다.

퇴직연금의 성장 속도가 둔화되고 있는 것도 경계할 필요가 있다. 가입률이 저조한 중소기업 근로자를 퇴직연금시장으로 유인하기 위해서는 개인연금과 합해 400만 원 수준에 묶여 있는 세제 지원을 대폭 확대하는 방안을 검토해야 할 것이다. 울타리만 치고 방목만 하는 기존의 정부 입장에서 벗어나 적극적인 육성 노력이 이뤄질 때 퇴직연금이 노후 보장 수단의 하나로 제자리를 잡을 수 있을 것이다.

기금형 퇴직연금제에 거는 기대

정부가 사적연금 활성화 대책을 발표한 후 2개월이 지나가고 있지만 퇴직연금을 바라보는 국민의 시선은 아직 냉랭하기만 하다. 자본시장연구원은 이 대책이 시행되면 2030년에는 퇴직연금 시장 규모가 현재의 87조5000억 원 규모에서 1000조 원 규모로 확대될 것으로 전망했지만 과연 제대로 될지는 미지수다.

정부 대책의 핵심은 2016년부터 근로자 300인 이상 기업부터 퇴직연금제도 도입을 의무화해 2022년에는 10인 미만 사업장까지 확대하는 데 있다. 그러나 계획에 따라 강제적으로 퇴직연금에 가입한 기업과 근로자의 메리트는 무엇이냐가 관건이다. 정부는 퇴직연금에 대한 세제 혜택을 강화해 유인을 강화할 계획이지만 중요한 것은 수익률이다. 지난 2/4분기 퇴직연금을 판매하는 금융사 퇴직연금 적립금 운용수익률은 대부분 0%대에 머물렀다.

수익률이 낮은 것이 최근의 저금리 때문이라면 다행이지만, 저금리가 장기적 경향성을 띤다면 심각성이 크다. 퇴직금 사외 적립이 의미를 가지기 위해서는 퇴직연금 운용수익률이 임금상승률보다 높아야 한다. 그렇지 못하면 기업이나 근로자 입장에서 비싼 운용수수료까지 지급하면서 퇴직금을 굳이 사외 적립할 이유가 없다. 기업은 퇴직금을 사외 적립하면 이에 따른 내부 운용자금 부족분을 금융기관에 대출해야 할 판이고, 확정기여형을 가입한 근로자는 사외 적립으로 기업 부도에 대비해 퇴직금 채권을 확보하는 의미 외에는 오히려 손해가 날 수도 있는 것이다.

정부가 퇴직연금을 활성화하고자 하는 궁극적인 목적은 국민연금 등 공적연금으로 부족한 노후 생활자금을 보충하기 위한 것이다. 그러나 지난 2/4분기 중 연금 수급 요건을 갖춘 55세 이상 퇴직자의 대부분은 퇴직급여를 일시금으로 수령하고 있고 연금을 선택한 비율은 2.9%에 불과한 것도 문제다. 퇴직연금제도는 단순히 사외 적립 수단을 통해 근로자 퇴직금을 보호하기 위한 제도가 아니다. 퇴직금 채권 확보는 기존의 임금채권보장법 등을 통해 어느 정도 가능하기 때문이다.

따라서 현행 퇴직연금제도 수익률 측면에서나 노후 보장 기능에서나 본래 기능을 수행하지 못하고 있는 것으로 평가된다. 정부 대책 중 특히 기대가 되는 부분은 기금형 퇴직연금제 도입이다. 우리나라는 당초 계약형만 허용하고 기금형은 배제했다. 퇴직연금이 활성화된 호주 등 외국 사례를 보면, 기금형이 기금 간 경쟁 구도를 통해 수익률을 상대적으로 높게 유지하는 것으로 평가된다. 기금형 장점은 산업별·직역별 다양한 유형의 기금 선택으로 근로자의 잦은 직장 이동에도 퇴직연금에 탈퇴하지 않고 계속 가입이 가능하다는 점에 있다.

이러한 측면에서 중소기업 근로자 대상의 근로복지공단이 운영하는 퇴직연금은 기금형으로 발전할 수 있는 모범적인 틀이 될 수 있다. 하지만 현재 인원 및 조직 규모와 외부 위탁에 의존하는 자산운용 형태로는 한계가 있으므로, 국민연금 초기 자산운용구조를 벤치마킹한 적극적인 체제 정비와 과감한 변신 노력이 요구된다. 금융기관들도 기금형을 부정적으로만 볼 것이 아니라 도전을 새로운 기회로 승화시키는 노력이 필요하다. 기금형 퇴직연금제는 민간 금융사가 단기적인 수익 확보에만 올인하지 않도록 하는 시장환경 조성에 도움이 될 것으로 판단된다.

농지연금의 전망과 과제

2011년부터 농지가 있지만 소득이 없는 고령 농업인이 농지를 담보로 매달 연금을 받을 수 있는 농지연금제가 시행될 예정이다. 농촌의 65세 이상 노인인구비율은 34%로 전국 평균 11%보다 세 배나 높고, 생활이 어려운 고령노인이 많아 고무적인 소식이다.

우리나라의 노인빈곤율은 40% 이상으로 경제협력개발기구(OECD) 국가 중 가장 높은 상태다. 이는 1995년에 농어촌 지역으로 확대된 국민연금이 아직 뿌리를 내리지 못한 것이 가장 큰 요인이라 할 수 있다. 2008년부터 기초노령연금제가 만들어져 대부분의 저소득 노인들이 월 9만 원 상당의 연금을 받을 수 있지만 충분치 않은 것이 현실이다. 이러한 상황에서 농지를 계속 이용하며 부족한 소득을 메울 수 있는 새로운 선택 대안이 만들어졌다는데 큰 의미가 있다.

농지연금은 만 65세 이상의 노인이 신청할 수 있고, 영농 경력도 5년 있어야 한다. 소유 농지면적도 3만㎡(9090평) 이하여야 하는 제약이 있다. 잠정적으로 계산해 보면, 70세의 농민이 2억 원 상당의 농지를 담보로 평생 동안 매월 76만 원 정도의 연금을 받을 수 있다. 물론 담보 농지로 농사를 계속할 수도 있고 임대도 할 수 있다. 그리고 본인이 사망하면 배우자에게 연금이 지급된다. 사망 후에도 남은 금액이 있으면 상속인에게 돌려주고, 오래 살아 부족해도 농지은행이 책임지고 연금을 지급한다. 또 한국농어촌공사 등에서 쉽게 가입할 수 있고, 영리 목적이 아니기에 농업인이 손해 볼 것은 없다는 것이 큰 장점이다.

농지연금제에 얼마나 많은 사람이 호응할지는 미지수이지만, 유사한 제도로 몇 년 전에 시행된 주택연금제를 보면 농지연금의 미래도 예측 가능하다. 주택연금제도가 2007년 7월에 시행되었을 때 첫 6개월간 가입자 수는 515명에 불과했다. 최근까지의 가입자 수는 3500명이며 증가 추세를 보이고 있다고 한다.

주택연금제의 사례에서 보듯 농지연금 확산의 가장 큰 장애요소는 노인들이 자산을 자식에게 남겨주고 싶어하는 경향이다. 농지의 경우 주택보다 이러한 성향이 더 높다. 오랫동안 간직해 온 농지를 노인 본인이 편안하기 위해 소모한다는 생각을 쉽게 하기는 힘들 것이다. 부모의 토지를 넘기는 것을 반대하는 자녀도 있을 수 있다. 부모의 주택연금 가입 사실을 자녀가 뒤늦게 알고 취소한 사례도 있다.

농지연금은 중장기적으로 보면 분명히 의미가 있을 것으로 판단된다. 무엇보다 최근 부동산 경기가 침체하면서 투자자산으로서의 부동산가치가 퇴색되는 기미를 보이고 있다. 자식에 대한 부모들의 기대가 변하고 자녀의 의식도 변해 갈 것이기에 농지연금에 대한 수요는 점차 강해질 것으로 예상된다.

농지연금 활성화를 위해서는 농지연금 가입 조건을 완화할 필요가 있다. 연령·영농 경력 등의 제약 요건이 너무 보수적으로 만들어진 경향이 있다. 연령은 국민연금수급개시연령에 맞춰 일단 60세로 시작하되 점차 65세로 바꿔 나가도 무방하다. 영농 경력도 다소 느슨해져도 될 것이다. 농지라는 관점보다는 노후소득보장이라는 관점에 초점을 맞추는 것이 본연의 목적에 충실한 효과를 보일 것으로 예상된다. 두둑하지 못한 농촌 어르신들의 주머니 사정을 생각해 보면 농지연금이라는 선택 대안이 또 하나 늘었다는 것 자체만 해도 큰 의미가 있다.

Chapter 6

100세 **사회**의 **건강** 국민

인생 100세 시대를 맞이하는 법

100세 시대가 화두다. 각종 언론에서 100세 관련 특집기사가 쏟아지고 국민의 관심도 고조되고 있다. 100세까지 사는 것은 인류의 오랜 꿈이기도 하지만 마냥 축복으로만 받아들여지고 있는 것은 아니다. 오래 사는 것은 당연히 비용 부담을 수반하기 때문에 이에 대한 대비가 충분히 없으면 오히려 재앙이 될 수 있기 때문이다.

100세 시대라고 해서 우리나라 평균수명이 현재의 80세에서 갑자기 100세로 연장됐다는 것은 아니다. 평균수명 개념과 구분되어야 할 개념으로 최빈사망연령 개념이 있다. 최빈사망연령은 0세부터 100세까지 사람이 가장 많이 사망하는 연령 개념으로 평균수명보다 더 길다. 우리나라 평균수명은 80세이지만 최빈사망연령은 80대 중후반에 위치한다. 이렇게 볼 때 인생 100세 시대의 개념은 평균수명이 100세가 된다기 보다는 최빈사망연령이 90대로 높아져 점차적으로 100세에 가깝게 되면서 초장수를 누리는 사람의 수와 비중이 높아지는 현상이라고 할 수 있다.

인생 100세 시대는 여러 가지 의미를 지닌다. 단순한 시간 개념으로 보아도 노년기의 비중이 크게 높아지는 것을 의미하지만, 후기 노령기에 접어들면 신체적으로 노약화 현상이 두드러지게 된다. 100세 시대는 후기 노령기의 연장을 의미하기 때문에 건강한 노년의 문제가 핵심 의제로 대두되게 된다. 따라서 이와 관련된 건강 관련 각종 서비스와 재화들의 수요가 폭발적으로 증가할 가능성이 높아 고령친화 산업이 더욱 주목받게 될 것이다.

소득보장의 문제도 이슈다. 보장성 측면에서 보면 국민연금 급여의 경우 연금 수급 시작 이후에는 물가상승률에 연동해 실질가치를 유지하도록 하고 있다. 이 제도는 연금 재정의 안정성 측면에서는 매우 유용한 수단이지만 80세 넘어서 90세, 100

세까지 사는 사람의 경우 연금 구매력 감소에 의해 고통받게 된다. 비슷한 기간 근로하고 소득이 같다고 하더라도 연금 수급 초년도와 30년이 경과한 시점 간에 연금 격차는 소득증가율과 물가상승률 차이만큼 누적적으로 격차가 발생하게 된다.

그렇지만 반대로 재정 안정성 측면에서는 문제가 더 심각하다. 평균수명을 80세로 가정한 현재의 공적연금 수급 부담구조가 평균수명 90세가 넘으면 전면적으로 재설계 되어야 한다. 이 문제는 국민연금뿐 아니라 공무원연금 등 3개 특수직역 연금도 해결해야 할 과제다. 공적연금 수급권이 없는 노인에게 지급되는 기초노령연금도 지출이 증가될 것은 자명하다. 이러한 공적 영역의 재정 부담 증가는 연금 이외에도 건강보험과 노인장기요양보험에서는 더욱 심각하게 나타날 것으로 전망된다.

보통 이러한 사회 재정 문제를 제기하면 민영화가 대안인 것처럼 주장하기도 하지만 민영보험 역시 100세 시대에는 비상이 걸린다. 퇴직연금과 개인연금들도 80세를 가정해 상품이 설계되어 있는데 수명이 10년 이상 늘어난다면 수급기간 제한이 있는 유기연금은 별문제가 없지만 사망할 때까지 지급되는 종신연금은 모두 적자가 된다. 또한 요즘 잘 팔린다는 민영 의료보험 상품도 지금은 보험료 수입이 많이 들어와 좋겠지만 지급이 본격화되는 초고령화사회에서는 재정 수지상으로 타격받을 가능성이 높다.

노인이 되는 개개인은 더 심각하다. 80세를 전제로 하는 생애 재무설계와 100세를 전제로 하는 설계는 근본적으로 다르다. 대부분의 개인은 길어진 장수 리스크를 감당하기 쉽지 않다. 고령화는 소득 및 재산 격차를 확대시킨다는 점을 감안할 때 분배 문제는 세대 간·세대 내 갈등을 증폭시킬 가능성이 높다. 더욱 심각한 것은 우리 경제사회는 인생 80세 시대의 고령화 대책도 충분히 세우고 있지 못한 상황이라는 점이다. 노인인구비율이 38%를 넘는 2050년에 대한 대비도 불완전한 상태로 100세 대비 이전에 80세 대책부터 공고히 하는 것이 순서이다.

인생 80세에서 100세로의 이동은 삶의 패러다임도 대전환을 요구한다. 청년기에 있는 사람 중에는 '짧고 굵게 살겠다'고 공언하는 사람도 있지만 이제는 '길고 가늘게' 사는 지혜를 찾아야 하고, 국가도 물질 중심의 고소비사회에서 정신문화 중심의 저소비사회로의 이행을 고민해야 할 때다.

수명 100세가 축복이 되려면?

한국보건사회연구원이 30~69세 남녀 1000명을 대상으로 '평균수명 100세 시대에 따른 국민인식'을 조사한 결과 응답자의 43.3%는 90~100세 이상까지 사는 것이 축복이 아니라고 답했다. 축복이라는 답변은 28.7%에 그쳤다. 청장년층을 중심으로 조사한 것이어서 현재 노인들의 삶에 대한 부담감보다는 청장년층이 느끼는 생활의 어려움과 노령에 대한 부정적인 인식이 반영된 것으로 보인다.

노년에 빈곤·질병·고독의 '3고' 직면

노령이 되면 일반적으로 빈곤·질병·고독이라는 삼고(三苦)에 직면하게 된다. 경제적 안정은 사람마다 원하는 정도가 다르겠지만 최소한 인간다운 생활을 할 수 있는 수준이 되어야 하고, 건강은 사망하기 직전까지 자립적인 일상생활을 하는데 지장을 받지 않을 정도로 관리 가능해야 하며, 자존감이 상실될 정도의 외로운 상태로 방치되어서는 안 된다.

대부분이 90세 넘게 살 수 있는 장수사회는 인류가 경험하지 못한 새로운 세계라고 할 수 있다. 복지 선진국조차 고령사회에 진입한 것이 몇십 년에 불과하고, 이웃나라 일본은 세계 최장수 사회이지만 고독사·무연사회 등 부족한 소득과 부실한 건강 그리고 외로움 속에서 노년 삶을 이어가고 있다는 기사는 우리를 슬프게 한다.

우리의 현실은 더 심각하다. 일단 노후소득이 불안하다. 사회보장제도로 국민연금이 있지만 충실하게 가입해도 100만 원 받기가 쉽지 않다. 일하고 싶지만 일자리도 만만치 않다. 젊었을 때 피땀 흘려 모아놓았다고 해도 집 한 채가 전 재산이고 변변한 금융자산도 없다. 자녀들 학비와 결혼비용을 대느라 미처 자신의 노후는 제대로 준비하지 못한 경우가 대다수다.

건강한 노후도 자신할 수 없다. 노인 중 적어도 한 가지 이상의 질병을 가진 사람의 비율은 80%를 넘는다. 고령화사회가 되면서 암과 같은 중대 질환도 증가하지만 고혈압·당뇨병·관절염 등 만성질환도 급속히 늘어난다. 오래 사는 것을 두렵게 만드는 치매·중풍과 같은 노인성질환도 꾸준히 증가하고 있다.

평균수명 연장을 축복으로 생각하지 않는 것보다 그 이면에 존재하는, 인생을 행복하지 않게 생각하는 팍팍한 삶 자체가 근본적 문제다. 이는 단순한 물질적 만족의 문제는 아닌 것으로 판단된다. 우리 사회는 괄목할 경제성장으로 절대적 빈곤은 극복했다. 그러나 지나친 경쟁 속에서 일등이 아니면 불행한 사회가 조성되고 패자를 보듬어 줄 사회적 시스템도 충분하지 않다. 게다가 고령사회 진행과정에서 세대 간 갈등 양상마저 보이고 있다.

복지 시스템 촘촘하게 재설계해야

장수사회가 축복이 되기 위해서는 기본적으로 소득과 건강을 보장하는 복지 시스템부터 촘촘하게 재설계해야 한다. 일단 노후가 되면 최소한의 노후소득은 보장받을 수 있도록 해야 한다. 보험료를 내야만 연금을 받을 수 있는 국민연금 사각지대를 기초노령연금제가 보완 기능을 할 수 있도록 다져나가야 하고, 건강한 노후생활이 가능하도록 예방적 건강증진 대책의 강화와 함께 노인성 만성질환을 효과적으로 관리하는 체계를 구축해야 한다. 노인이 활력 있는 삶을 살도록 근로와 봉사 등 사회 참여와 네트워크를 넓혀나가야 한다. 그리고 물질적 만족보다는 정신적·내면적·문화적 추구가 행복이 되는 삶의 철학의 전환도 중요하다.

한층 더 근본적으로는 우리 경제사회 패러다임이 인간 중심으로 한 단계 더 진화하는 것이 필요하다. 성장 자체가 목적이 아니라 인간의 행복이 목적이 되고, 그러한 행복이 지속 가능하도록 국가와 사회 시스템을 안정적으로 재구축해야 미래가 막연한 불안이 아니라 구체적인 설렘으로 다가올 수 있을 것이다.

건강보험 비급여 축소 필요하다

의료기관에서 진료를 받고 계산서를 받으면 이해하기 어려운 것이 한두 가지가 아니다. 특히 께름칙한 것이 비급여라는 용어다. 비급여는 진료비 중에서 건강보험에서 보장되지 않는 부분을 말한다. 우리나라는 비급여 부문이 비교적 광범위한 나라에 속한다. 그나마 급여되는 항목도 비용의 일정 비율을 본인이 부담해야 하기 때문에 건강보험보장률은 60% 초반 수준에 불과해 사회적 문제가 되고 있다.

박근혜 정부는 대선과정에서 심장질환, 암, 뇌혈관질환, 희귀난치성질환 등 4대 중증질환에 대한 보장을 100% 수준에 가깝게 하겠다고 공약했다. 정부는 지난 6월 이미 4대 중증질환 개선 대책을 내놓았지만 선택진료비, 상급병실료, 간병비 등 3대 비급여 부문도 100% 보장의 개념에 포함되는지 등에 대한 논란이 있다.

물론 건강보험에서 급여되지 않는 것이 3대 비급여만 있는 것은 아니다. 새롭게 개발된 신약이나 의료기기도 급여화되기 이전까지는 비급여 상태로 남아 있고, 새로운 수술방법이 개발되어도 바로 급여가 되는 것은 아니다. 신기술은 한시라도 새로운 처치를 받고 싶은 환자나 가족의 애를 태우기도 하지만 기술의 유효성에 대한 평가 없이 함부로 급여화하기 힘든 측면이 있다. 따라서 이들 항목은 평가 절차의 투명성·경제성·신속성 등이 문제가 될 뿐이다.

그러나 선택진료비, 상급병실료, 간병비 등 3대 비급여는 경우가 좀 다르다. 이들 3개 비급여 부문은 보험구조적으로 전액 환자가 비용을 부담해야 하고, 3대 비급여의 가격이 의료기관별로 천차만별이어서 환자 입장에서는 부담하는 비용이 적정한지를 판단하기 어렵다는 문제가 있다. 선택진료비는 환자가 진료받기 원하는 의사를 선택할 때 부담하는 추가 비용인데, 대형 종합병원에서는 대부분의 의사가 특진

의여서 특진의 아닌 의사를 선택해야 하는 상황이다. 상급병실료는 급여가 되지 않는 상급병실에 입원할 경우 추가적으로 부담하는 비용으로 더 좋은 병실에 입원할 경우 비용을 추가 부담하는 것은 당연할 수도 있지만, 입원이 급한 환자가 1, 2인 병실에 불가피하게 입원해 많은 비용을 부담하는 경우가 문제된다. 간병비가 비급여 항목인지 여부에 대해서는 논란이 있지만, 간병이 필요한 환자를 가족이 직접 간병할 수 없는 경우 비용 부담이 만만치 않은 것이 현실이다.

3대 비급여 문제는 4대 중증질환에만 있는 것이 아니기 때문에 포괄적인 대책이 필요하다. 정부는 국민행복의료기획단을 구성해 비급여 문제의 개선방안을 논의하고 있지만, 3대 비급여의 소요비용이 4조~5조 원에 이르고 있어 일시에 해결하기는 쉽지 않다. 비급여를 급여로 바꾸어 건강보험에서 일정 부분 부담한다고 하더라도 일부 대형 종합병원에 대한 환자 쏠림 현상이 더욱 심화될 수 있는 가능성도 걸림돌이다. 또한 병원 입장에서는 낮은 건강보험수가에 대응해 비급여를 원가 보전 수단으로 활용해 왔기 때문에 정책 변화에 예민할 수밖에 없다.

보장성 확대로 연결되는 비급여 문제의 해법은 건강보험료 상승을 수반할 수도 있고, 새로운 제도로의 이행은 기존에 얽혀 있는 경제적 이해관계의 재편성을 요구하기 때문에 반발과 갈등이 발생할 수도 있다. 우리 경제·사회의 제도적 모순과 비효율성을 방치하고는 창조경제도 어렵고 복지국가도 요원하다. 3대 비급여 문제는 시간이 걸리고 돌아가는 한이 있더라도, 환자의 의료비 부담 완화와 보건의료제도의 정상적 발전을 위해서 반드시 해결되어야 할 정책 과제임에 틀림없다. 또한 문제 해결을 위해서는 이해 당사자 모두가 역지사지(易地思之)하는 마음으로 양보와 타협이 필요할 것이다.

건강보험, 재정 안정의 딜레마

2012년 상반기 건강보험 재정은 경제불황으로 인한 의료급여 지출 증가의 일시적 둔화로 흑자 수준을 유지하고 있지만 중장기적인 재정 전망은 암울하다. 우리나라의 2011년 건강보험 재정 지출은 37조 원이다. 하지만 한국보건사회연구원의 건강보험 재정 지출 전망에 따르면 2020년에는 86조 원(4.0%), 2030년 181조 원(5.3%), 2050년 511조 원(7.6%) 등으로 눈덩이처럼 늘어날 것으로 예상된다.

건강보험 재정 지출이 이처럼 빠르게 늘어나는 가장 큰 원인은 인구고령화라고 할 수 있다. 65세 이상 노인진료비는 1990년 2403억 원에서 2011년에는 15조4000억 원으로 급증했다. 전체 진료비 가운데 노인진료비 비율은 1990년 8.2%에서 2011년 33.3%로 높아졌다. 인구고령화는 인구구조가 근본적으로 바뀌지 않는 한 어찌할 도리가 없지만, 인구고령화에 편승해 급여 지출 상승을 부추기는 제도적 요소, 의료 기술적 요소, 의료 이용 행태적 요소는 어느 정도 통제가 가능하다.

먼저 제도적인 요소로 꼽히는 것이 진료비 지불방식이 행위별수가제 중심으로 되어 있다는 점이다. 의사의 치료 행위 하나하나에 대해 가격을 정해 보상하는 현행 방식은 의료 공급자의 과잉 진료를 유발한다는 지적이 있다. 올 7월 1일부터 시행하고 있는 경증질환 중심의 7개 수술에 대한 진료량과 관계없이 건당 일정액을 지불하는 제도인 포괄수가제 적용은 행위별수가제의 문제점을 완화시키려는 차원에서 이뤄졌지만, 병원협회 등 의료 공급자 단체의 심한 반발에 부딪힌 바 있어 포괄수가제를 단계적으로 확대하는 것이 지극히 어려운 과제임을 알 수 있다.

포괄수가제는 과잉 진료를 감소시키는 효과가 있다고 하지만 새로운 의료기술의 발전을 저해한다는 단점이 있는 것으로 평가된다. 사실 보건의료 부문에 있어 딜레마 중의 하나는 신의료기술의 관리다. 정보기술(IT) 분야 등 대부분의 제조업 부문은 신기술 도입은 원가 절감과 가격 인하를 가져온다. PC만 하더라도 현재의 PC는 과거 20년 전의 XT컴퓨터에 비해 성능이 수백 배 향상되었지만 가격은 낮아졌다. 그런데 의료기술은 다르다. 신약 개발, 신의료기기 등 의료기술의 발전은 의료비 상승을 유발한다. 지난 30년간 평균수명이 15세, 암환자 5년 생존율이 약 20% 포인트 높아진 것은 신의료기술의 발전이 기여했지만 의료비를 함께 상승시켰다.

신의료기술은 건강보장률과도 관계가 있다. 최근 몇 년간 건강보험 재정 지출의 확대에도 불구하고 건강보장률은 제자리걸음이거나 오히려 떨어졌다. 신의료기술에 대한 보험급여 적용 문제라 할 수 있는 건강보험 비급여 부문의 확대가 가장 큰 원인이다. 어려운 것은 비급여를 급여로 바꾸면 건강보험 재정이 악화될 수 있다는 점이다. 반대로 비급여를 그대로 두면 의료 이용자의 비용 부담이 증가한다. 보장률을 높이면서 건강보험 재정 수지를 맞추려면 건강보험료를 인상하거나 정부의 국고 지원을 높이면 되지만, 결국은 건강보험 가입자의 보험료와 세금 부담의 가중으로 귀결된다.

의료 이용 행태도 문제다. 스스로 치유하는 것이 좋은 경증에도 병의원을 찾고, 의료 쇼핑, 약물 남용에다 원가가 높은 대형병원 쏠림 현상, 비싼 오리지널 약 선호 등의 의료 이용 행태가 의료비 상승을 유발한다. 의료를 이용할 때 환자가 부담하는 건강보험의 본인부담금은 의료 이용의 남용을 억제하는 최후의 장치이지만, 개개인의 의료비 부담을 완화시키는 목적의 민영보험사 실손의료보험의 존재가 국민건강보험과 민영의료보험의 재정 문제를 오히려 심화시키고 있는 실정이다.

이러한 건강보험을 중심으로 한 보건의료시스템은 노인인구비율이 40%까지 이르는 미래사회에는 지속 가능하지 않다. 궁극적으로 비용 절감을 유인하는 시스템으로의 전환이 필요하지만, 지금의 자유로운 의료시장 관행에 익숙한 의료 공급자나 이용자를 설득시키는 것이 쉽지 않다는 것이 최대의 딜레마다. 의료 수요의 폭발적인 증가에 대처할 수 있는 지속 가능한 새로운 보건의료시스템에 대한 극적인 사회적 합의가 요구되는 시점이다.

보험 재정위기 해결 위해 특위 구성 필요

지난 8월 말 현재 건강보험 재정 적자가 2965억 원 발생하였다고 한다. 이 추세가 계속된다면 금년 말에는 1조3천억 원의 적자를 기록하여 재정 적자가 심각했던 2001년 이후 최대 위기에 직면하게 될 전망이다. 건강보험의 재정위기는 사실 예상된 것이었다. 노인인구 증가와 보장성 확대 등으로 지출은 빠르게 증가되었지만 보험료는 경제 침체로 인상이 억제되었기 때문이다.

2008년과 2009년에는 개별 가계 여건이 좋지 않아 의료 이용량이 저조하여 그나마 유지되었다. 하지만 경기가 좋아지면서 2010년에는 급여 지출이 예년의 증가세로 돌아서게 된 것이다. 건강보험은 매년 지출 예상액 만큼 보험료와 정부 지원 등으로 조달하면 되기 때문에 재정 전망을 잘못한 것이 아니면 적자나 위기라는 표현은 불필요하다. 금년도의 경우도 당국은 지출 증가를 예상하였겠지만, 1조 원 가량의 당기적자가 발생하여도 기존의 2조 원이 넘는 적립기금을 사용해서 넘어갈 수 있기 때문에 국민에게 부담이 되는 보험료 인상을 자제할 수 있었다.

따라서 건강보험 재정위기는 2010년의 문제라기보다는 2011년 이후 건강보험의 지속 가능성 측면에서 판단하는 것이 바람직하다. 고령화 추세를 볼 때, 급여 지출 억제를 위한 대책이 따로 시행되지 않는다면, 2011년 이후에도 10%를 넘는 급여 지출이 계속된다고 본다. 이럴 때 보험료와 정부 재정 지원을 이에 상응하게 인상시킬 수 있느냐가 관건이다. 혹자는 정부 지원만 늘리면 된다고 하지만 정부 지원 역시 국민 세금으로 조달되는 것이어서 보험료와 다른 특별한 주머니가 있다고 생각할 필요는 없다고 판단된다. 현시점의 우리나라 잠재적인 경제성장율을 4~5%, 물가상승율을 3%로 잡았을 때 7~8%의 경상 GDP의 증가가 가능하다.

그런데 건강보험 급여 지출이 금년과 같이 12%씩 늘어난다면 우리 국민들은 건강보험 유지를 위하여 4~5% 포인트의 추가 부담이 불가피하다. 이는 보험료와 세금 인상으로 이어질 수밖에 없다는 계산이 나온다. 국민들이 건강보험료 부담 증가를 용인할 것인지 여부는 불확실하지만 건강보험 인상 이외에 대안이 없는 것이 현실이다. 재정위기에 처한 건강보험을 살리기 위해서는 급여 지출의 억제를 위한 노력이 절실하다. 고령화에 따른 급여 증가는 불가피한 측면이 있지만, 환자는 환자대로 의료기관 등 공급자는 공급자대로 자기의 근시안적 이익을 극대화하는 과정에서 필요 이상으로 지출이 증가하는 측면이 분명히 존재한다.

의료 이용량의 증가가 급여 지출의 증가를 낳고, 급여 지출의 증가는 보험료 인상을 가져오고, 보험료를 더 많이 낸 이용자는 더 많은 의료 이용을 만드는 악순환 과정에서 보험 재정은 눈덩이처럼 불어나 마침내 파국에 이르게 될 수도 있다. 최근에는 대폭적인 보장성 확대가 필요하다는 주장도 나오고 있어 더욱 혼미스럽다. 그러나 보험 가입자와 의료 공급자의 선량한 마음에만 호소하는 정책은 성공할 수 없다. 현재와 같은 서로 빼먹기 구조를 탈피할 수 있는 보건의료시스템의 개혁이 함께 이루어져야 한다. 현재의 행위별수가제 하에서는 비용 억제 유인은 의료 수요자나 공급자 모두에게 존재하지 않는다.

수요자와 공급자 모두 의료 이용을 줄이는 인센티브가 있는 시스템으로 전환해야 한다. 그러나 다른 시스템으로의 변화는 쉽지 않다. 이해관계자의 이익이 극단적으로 대립하기 때문이다. 그리고 각각의 주장에는 30년이 넘도록 건강보험제도가 만들어낸 억울한 이유가 있어 더욱 어렵다. 건강보험을 살리기 위한 선택의 여지는 많지 않다. 길은 없는 것이 아니지만 합의의 길은 지난하다. 이제 정부가 나선다고 해결되는 시대도 아니기 때문에 의료 수요자와 공급자가 책임감을 가지고 직접 전면에 나서야 한다. 정부와 보험자인 국민건강보험공단은 건강보험과 관련된 모든 정보를 공개하고 국민이 판단하게 해야 한다. 공생의 방향을 두고 머리를 맞대고 함께 고민해야 할 시점이고, 국민 모두의 이해가 참여할 수 있는 특별위원회의 구성을 검토할 필요가 있다.

장밋빛 무상의료는 지속 불가능하다

중앙선거관리위원회가 유력 대선 후보들을 대상으로 10개 정책 이슈에 대한 의견을 조사한 결과가 최근 보도됐다. 그 중 무상의료와 관련해서는 새누리당 박근혜 후보는 반대, 민주통합당 문재인 후보는 찬성, 무소속 안철수 후보는 입원시 무상의료 찬성 의견을 내놓아 가장 극명한 대립을 보였다.

무상의료는 민주당이 지난 4월 총선 때 이미 당론으로 채택한 무상급식·무상보육과 함께 무상 시리즈의 대표 브랜드다. 입원비에서 본인부담금을 소득 수준에 따라 연간 100만~200만 원 이하로 제한해 건강보험보장률을 2017년까지 단계적(입원 90%, 외래 60~70%)으로 늘린다는 것이다. 말 그대로 '무상'을 주장하는 건 아니고, 입원에 한정하는 안 후보의 무상의료 의견과 결과적으로 큰 차이가 없다.

정치권에서는 '무상'이란 용어를 두고 원거리 포격전을 벌이고 있지만, 민주당의 무상의료 공약의 실제 내용은 무상이 아니다. 새누리당이 가족행복 5대 약속에서 제시했던 4대 중증질환(암, 심장질환, 뇌혈관질환, 희귀난치성질환)을 대상으로 2016년까지 진료비를 국가가 100% 책임지겠다는 것이 보장 영역은 제한적이지만 오히려 무상의료에 가깝다.

문 후보와 안 후보의 무상의료 정책 취지에는 충분히 공감한다. 김대중·노무현 정부뿐 아니라 이명박 정부에서도 60%대에 불과한 의료 보장성을 제고하기 위한 노력은 지속적으로 이뤄져 왔지만 의료 현실을 눈에 띄게 개선하지는 못했기 때문이다. 보장성 측면에서 앞서 나가는 선진국과 비교할 때 높은 본인부담금과 보험 처리가 되지 않는 비급여 항목 때문에 중대 질환에 한 번 걸리면 가정이 파탄나는 현실은 국가가 해결해야 할 과제임에 틀림없다. 하지만 문제가 있다. 고령사회 초입 단계에서 이미 국내총생산(GDP)의 7%에 이르는 국민의료비를 감당해야 한다는 점이다.

노인인구비율이 12%에 불과한 지금도 5.8%까지 상승한 건강보험료가 노인인구 비율이 40%에 육박하는 2050년에는 어느 정도까지 높아질지 상상조차 하기 힘들다. 더욱이 의료는 PC 등 정보기술(IT) 영역과는 다르게 기술발전이 의료비를 더 증가시키고 있어 현재의 보장성을 그대로 유지하더라도 재원 조달이 쉽지 않다는 게 전문가들의 대체적인 의견이다.

지난 6월 말 기준으로 국민건강보험이 1조9436억 원의 흑자를 보이자 건강보험 재정에 문제가 없는 듯한 주장이 오가고 있다. 하지만 이는 지난 상반기 경기 침체로 인한 의료 이용 감소가 가장 큰 요인으로 일시적인 현상에 불과하다. 따라서 이를 두고 보장성을 대폭 높일 수 있다는 공약은 현실성이 부족하다. 더욱이 영국이나 스웨덴처럼 국가의료시스템으로 전환하더라도 치료받기 위해 3개월 이상 기다려야 하는 문제라든지 의료기술 발전이 지연될 수 있는 가능성도 충분히 염두에 둬야 한다.

따라서 무상의료 여부 등의 이념적 논쟁보다는 제한된 재원을 전제로 실현 가능한 대안을 중심으로 국민의 보건의료 수요를 줄이려는 노력이 절실하다. 무엇보다도 건강보장성을 높이기 위해서는 비효율적인 의료 서비스 공급체계를 전면적으로 개혁하는 것이 우선이다. 대선 후보들은 과잉 진료를 유발할 수 있는 행위별 수가제 같은 진료비 지불체계를 비롯해 복잡한 의약품 유통구조, 건강보험과 민영보험의 역할 조정 등이 반드시 해결되어야 함에도 이해관계가 복잡해 논란이 되고 있는 과제에 대해 분명한 정책 대안을 제시하고 구체적으로 논쟁하는 것이 바람직하다.

국민은 허무한 구호성 장밋빛 공약보다는 우리의 미래에 예상되는 보건의료 관련 위기요소를 정확히 진단하고 이를 해소할 수 있는 지속 가능한 보건의료 비전과 대책을 희망한다.

건강보험료, 소득 중심 부과체계로 전환 필요

건강보험료 부과체계 개편을 더 이상 미룰 필요는 없다. 근로소득 외에도 다양한 소득과 재산을 갖고 있는 직장가입자에겐 근로소득만을 중심으로 보험료를 부과하면서 지역가입자에게는 소득 외에도 재산이나 자동차, 전·월세 금액 등을 기준으로 부과하는 현행 체계는 저소득 지역가입자에게 불리하다는 지적이 많다.

직장가입자가 퇴직 후 소득이 없어졌는데도 보험료는 역으로 더 높아졌다든지, 주거용 집이나 생계용 자동차를 소유하고 있다는 이유로 보험료가 무겁게 부과되는 사례는 현행 체계의 대표적인 문제점이라고 할 수 있다. 고액 자산가가 보험료 부담을 회피하기 위해 직장가입자로 위장해 사회적 물의를 일으킨 배경도 형평성이 결여된 이원화된 보험료 부과체계에 기인하는 것이다.

따라서 직장가입자, 지역가입자 구분 없이 소득을 중심으로 보험료 부과체계의 단일화가 시급한 과제다. 2012년 국민들이 국민건강보험공단에 제기한 보험료 관련 민원은 5800만 건으로 전체 민원의 81%다. 또 부과 기준이 직장가입자, 지역가입자, 피부양자, 지역가입 가구원 등 서로 달라 생긴 자격 변경 건수가 연 5215만 건에 달한다. 이는 현재 이원화된 건강보험 부과체계에 대한 국민들의 불만을 단적으로 보여주는 동시에 보험료 부과체계가 소득 중심으로 개편될 경우 보험료 부과와 관련된 불필요한 행정업무가 획기적으로 감소할 수 있다는 사실을 보여준다.

직장가입자와 지역가입자로 이원화된 건강보험료 부과체계는 25년 전 자영업자 등의 소득 파악이 어려웠던 상황에서 차선책으로 만들어진 것이다. 1989년 10%에 불과했던 자영업자 소득 파악률이 신용카드 사용 확대와 현금영수증제도 도입 등으로 2013년엔 80.8%로 높아졌고, 분리 과세되는 금융소득 등 다양한 소득 자료까지 포함하면 95% 수준이 됐다. 소득 중심 단일 보험료 부과체계로 전환할 수 있는 여건이 충분히 조성된 것이다.

그럼에도 불구하고 제도 개선이 지연되는 것은 무엇보다 제도 변경에 따른 불안 때문이다. 재정 중립적으로 제도를 개편할 때 현재보다 보험료가 올라가는 가입자는 620만 가구, 보험료가 내려가는 가입자는 1593만 가구로 예상된다. 전체적으로 인상되는 가구보다 인하되는 가구가 훨씬 많지만, 인상되는 사람들이 불만을 제기할 것이란 사실은 틀림없다. 하지만 제도를 정상화하는 과정에서 생겨날 수밖에 없는 민원을 두려워할 필요는 없다. 보험료의 급격한 변화가 있을 수 있는 가구에 한해서는 연차적인 조정과정을 둬 충격을 최소화하는 등 충분히 극복할 수 있다.

소득 중심 보험료 부과체계 이행에 대한 또 다른 우려의 목소리는 소득은 없지만 재산은 있는 지역가입 가구주가 311만 명에 이르기 때문에 소득이 없는 고액 자산가에게 이득이 갈 수 있다는 것이다. 그러나 이 문제는 누락된 임대소득에 대한 관리 강화 등으로 보완할 수 있다. 8240원의 기본보험료가 부과될 때 이보다 적게 보험료를 납입해왔던 저소득가구(전체 가입자 중 약 5% 추정)의 보험료가 인상될 수 있다는 우려에 대해서도 현재 보험료와 기본보험료의 차액만큼을 한시적으로 정부가 지원하는 방안을 검토할 수 있다. 건강보험료 부과체계를 바로 세우는 것은 국가 개조의 기반 작업이기 때문에 다소 어려움이 있더라도 반드시 넘어서야 할 우리 세대의 숙제다.

'소득 기준 건보료 부과' 성공의 조건

보건복지부가 지난해 기획단을 구성해 검토를 시작한 이후 약 1년이 되는 시점에 건강보험료 부과체계를 소득 중심으로 개편하는 방안이 제시됐다.

현재 직장가입자는 근로소득에만 보험료가 부과되는 반면, 지역가입자는 소득 이외의 재산인 자동차, 전월세 등에 보험료가 부과되던 것을 일정 소득이 있는 모든 피부양자 및 직장·지역 가입자 구분 없이 근로소득 사업·금융(이자·배당)·연금·기타·일용근로소득 등 모든 소득에 보험료를 부과하는 방향으로 단일화하는 방안이다. '소득이 있는 곳에 건보료가 있다'는 식의 공평 부과의 원칙이 관철되고 있다는 점에서 건보료의 소득세 성격이 한층 더 강화되는 방향이다.

대부분의 선진국과 달리 우리나라만 건보료 부과가 큰 논란거리가 되는 것은, 우리 건보료가 소득 분배를 목적으로 하는 소득세 성격을 가지고 있는 데다 비정규직과 자영업자 비율이 상대적으로 높고 소득 파악이 쉬운 봉급 생활자와 단일 제도로 통합관리하기 때문에 보험료의 형평성 문제가 수시로 제기되어 왔다. 그럼에도 이번에 소득 파악이 어려운 지역가입자에게도 자동차·재산 등에 대한 부과 기준을 없애려는 것은 자영자에 대한 소득파악률이 과거에 비해 크게 높아졌기 때문이다.

더욱이 과거와는 달리 지금은 소득 파악보다도 부과되는 소득의 범위가 문제다. 현재도 매년 5월에 신고되는 종합소득세를 기준으로 건보료를 추가적으로 징수하기는 하지만, 이제는 보다 체계적으로 바꿀 때가 됐다. 가입자 분류 기준도 정비할 필요가 있다. 지역가입자는 개개인이 피보험자로 관리되지만 직장가입자의 경우 피부양자 개념이 있다. 가족 중심의 보험료 부과체계가 가지는 의의는 있지만 광범위한 피부양자 정의와 소득이 있는 피부양자에 대한 보험료 부과 여부 등 자영자와의 형평성 문제가 있다.

이번에 발표된 대안들에는 이러한 문제점에 대한 개선방안이 제시되어 있다는 점에서 의의가 크다. 다만, 일시적인 소득이라고 할 수 있는 양도소득 50%, 퇴직소득 25%에도 건보료를 부과한다는 것은 이들 소득이 종합소득세 합산 대상에 포함되어 있지 않는 만큼 재검토가 필요해 보인다. 최근에 문제가 되는 임대소득에 대한 보험료 부과도 신중한 접근이 필요하다. 임대소득에 대한 건보료 부과는 부동산 시장에도 영향을 줄 정도로 건보료의 파급 효과는 막대하기 때문이다.

대부분 피부양자 자격으로 보험료를 내지 않고 있는 노인에 대한 건보료도 근로세대보다 부담이 덜 가는 방향으로 검토되어야 한다. 연금소득이 아직은 낮은 상태임을 감안하면 일정액 이하의 연금소득에는 보험료가 부과되지 않는 것이 바람직하다. 이번 소득 중심 보험료 부과체계 개편을 계기로 건강보험공단이 해왔던 자영자에 대한 소득 파악도 국세청에 전적으로 일임하고, 공단은 국세청에서 넘겨받은 소득을 기준으로 부과하는 것이 바람직하다.

건보료 부과체계 개편은 1988년 지역가입자에게 의료보험을 적용 확대한 이후 숙원사업이었고, 박근혜 정부의 공약 중 하나라는 점에서 중차대한 과제다. 건보료 부과체계는 중장기적 관점에서 미래 지향적으로 개편할 때가 됐다. 그러나 부과체계를 완벽하게 만든다 해도 현재 보험료와 새 보험료는 차이가 날 수밖에 없다. 보험료가 인하되는 사람은 별말이 없겠지만 인상되는 사람들이 불만을 제기하는 것은 불가피하다. 단계적 이행기간을 설정하는 등 개편에 따른 충격을 최소화하고, 사소한 정책 오차도 발생하지 않도록 해야 한다. 정책의 큰 방향이 바람직해도 시행과정의 작은 실수가 오히려 정책의 성패를 가를 수 있다

건보재정 안정, 소득 중심 건보료 일원화에 달렸다

보건복지부가 건강보험료 부과체계 개편 초안을 최근 마련했다. 월급 외에 고소득 직장인에게 추가 건보료를 부과하고, 고액의 재산과 소득이 있는데도 직장인 자녀에게 얹혀 무임승차하는 피부양자를 제한하며, 저소득층 지역가입자에게는 최저 보험료를 일률 부과하는 방안으로 여론 수렴과정을 거쳐 내년 7월 시행할 계획이다. 건강보험료 부과체계 개편은 해묵은 과제였다. 국민건강보험공단의 2013년 보험료 관련 민원은 5730만 건으로 전체 민원의 80%에 이른다. 직장가입자·지역가입자·피부양자·지역가입 가구원 등의 부과 기준이 달라 생기는 자격변경 건수는 연 5215만 건에 달한다.

직장과 지역조합으로 운영하던 의료보험을 국민건강보험으로 통합한 이후 보험료 형평성 문제는 끊임없이 제기되어 왔다. 초기에는 지역가입자 소득 파악의 어려움에 따른 직장·지역 가입자 간 보험료 형평성이 쟁점이었는데, 지역가입자의 소득 파악률이 높아지고 지역가입자 비중이 상대적으로 줄면서 논란의 초점은 직장·지역 가입자로 나뉜 현재의 이원화된 부과체계에 따른 문제점으로 이동했다.

주로 자영업에 종사하는 지역가입자 소득을 파악하기 힘들다는 문제점을 해결하기 위해 만든 소득 이외 재산 등에 대한 보험료 부과 방안은 여러 부작용을 낳고 있다. 즉 근로소득 외에도 다양한 소득과 재산을 가진 직장가입자에겐 근로소득을 중심으로 보험료를 부과하면서 지역가입자에게는 소득 외 재산이나 자동차, 전·월세 금액 등을 기준으로 부과하는 현행 체계는 저소득 지역가입자에게 불리하다는 것이다. 직장가입자가 퇴직 후 소득이 없는 데도 보험료는 더 높아졌다든지, 주거용 집이나 생계용 자동차가 있다는 이유로 보험료를 무겁게 물리는 사례는 현행 체계의 문제점으로 꼽을 수 있다.

고액 자산가가 보험료 부담을 회피하기 위해 직장가입자로 위장해 사회적 물의를 일으킨 배경도 이원화된 보험료 부과체계에 기인한다. 따라서 직장·지역 가입자 구분 없이 소득을 중심으로 보험료 부과체계를 단일화하는 것이 시급하다. 건강보험료 부과체계를 소득 중심으로 일원화해야 한다는 데에는 이론이 없다. 문제는 지역가입자의 보험료 부과를 어떻게 소득 중심으로 전환할 것이냐다.

1989년 10%에 불과하던 자영업자 소득파악률이 신용카드 사용 확대와 현금영수증제도 도입 등으로 2013년 80.8%로 높아졌고, 분리과세하는 금융소득 등 다양한 소득 자료까지 포함하면 95% 수준이 됐다. 소득 중심 단일보험료 부과체계로 전환할 수 있는 여건이 조성된 게 사실이다. 그러나 소득 중심으로 전환할 때 소득이 노출되지 않는 일부 거액 자산가와 여전히 소득 자료가 거의 없는 저소득 자영업자에 대한 보험료 부과 방안이 필요하다. 더욱이 직장가입자는 광범위한 피부양자 개념이 존재해 소득이 있는 한 사람만 보험료를 납입하면 되지만, 지역가입자에게는 피부양자 개념이 존재하지 않는다. 이런 부과체계의 차별은 보험료를 회피하려는 여러 부작용을 낳고 있다.

2013년 7월 구성된 건강보험료부과체계 개선기획단은 박근혜 대통령의 선거공약인 소득 중심 보험료 부과체계의 단계적 개편을 실현하기 위한 것으로 지난해 9월 개선방안을 어렵사리 도출했다. 소득 중심으로 부과체계를 개편하고, 수입 측면에서 보험 재정 중립을 유지하며, 무임승차자를 최대한 축소하는 기본 방향 아래 문제가 되고 있는 피부양자 기준 소득금액, 피부양자의 지역가입자 전환 여부, 지역가입자 소득보험료 등급 조정방법 등에 따라 7개의 안을 제시했다.

7개 안 중에서 대표적인 안(재정 중립 전제)을 기준으로 개편한다고 할 때 현재보다 보험료가 올라가는 가입자는 620만 가구, 보험료가 내려가는 가입자는 1593만 가구로 예상된다. 전체적으로 보면 적게 내는 가구가 훨씬 많지만 많이 내는 사람들은 불만을 제기할 수도 있다. 그러나 어떤 안을 따르더라도 불만과 민원은 존재하기 마련이고 이를 감수할 용기가 없으면 개편은 불가능하다.

건강보험료 부과체계 개편은 지역가입자 보험료 부과 방안, 피부양자 제도 개선,

직장가입자 보수 외 소득에 부과하는 방안, 부과체계 개선에 따른 재정 문제 등을 어떻게 할 것이냐에 있다. 한국의 건강보험료는 보험료와 의료 서비스 간에 연결고리가 없는 부담 능력에 비례한 조세 성격에 가깝다. 소득이 있는 사람에게 소득에 비례한 보험료를 거두면 된다. 직장가입자도 근로소득 외에 사업소득·재산소득·금융소득·연금소득 등이 있다면 보험료를 추가적으로 부담하도록 하면 된다.

이때 어느 정도 이상의 소득에 보험료를 부과할지에 대한 기준을 정하는 것이 가장 민감한 문제이다. 지역가입자의 자동차·재산 등에 대한 보험료 부과는 없애되 소득 중심 보험료 부과 기준을 직장가입자와 동일하게 개선하고, 일부 소득이 없는 거액 자산가에 대해서는 별도의 과도기적 보험료 부과 방안을 마련하면 된다. 소득이 일정액 이상인 사람은 과감하게 피부양자에서 제외하되, 일정한 직장이 없는 경우에는 매년 건강보험료 정산시에 보험료를 추가로 부과하면 된다.

직장과 지역의 구분은 직장에 부과할 것인가, 주거지에 부과할 것이냐의 차이 외에는 원칙적으로 없도록 해야 한다. 최저보험료도 소득이 있는 것으로 추정되는 사람(노인, 전업주부, 학생, 미취학 아동 등 제외)에게 부과하되 현재의 최저보험료 수준에서 과도하게 높아지지 않도록 하고, 소득이 명확히 없는 가구에는 보험료를 부과하지 않는 방안도 검토해야 한다. 직장가입자에게만 존재하던 피부양자 개념도 자연스럽게 없어지도록 하는 것이 바람직하다.

한국의 건강보험료는 사업장 가입자 기준으로 6.07%로 유럽(12~15%)이나 대만(8.5%), 일본(8.2%)보다 낮은데, 2014년 사회보장위원회의 장기재정추계 결과를 보면. 보건의료 지출은 2013년 국내총생산(GDP)의 4.2%였으나 2060년이면 13.6% 수준으로 늘어난다. 이렇게 되면 건강보험료 수준이 20%대를 훨씬 넘게 되어 지속 가능한 범주를 벗어난다. 건강보험료가 이렇게 높은 수준으로 올라가지 않도록 다양한 정책 수단을 동원해야 하겠지만, 일정 수준까지 보험료가 인상되는 것은 불가피하다. 이때 보험료 부과의 기반이 되는 보험료 부과체계가 똑바로 서지 않으면 건강보험제도가 안정적으로 운영될 수 없다는 점에서, 논란에도 불구하고 개편의 언덕을 넘어야 한다.

'인생 100세' 시대와 농촌의 건강 보장

인생 100세 시대가 열리고 있다. 과거에도 100세 넘게 사는 분이 있었지만 많은 사람들이 100세에 이르기까지 사는 세상은 일찍이 없었다. 환갑까지도 살기 어려워 61세가 되는 해에는 잔치까지 했지만 요즘은 칠순잔치도 겸연쩍어 하는 경우가 많다. 장수는 분명 축복이다. 그렇지만 중요한 것은 건강하게 오래 사는 것이다.

그런데 최근 한국보건사회연구원 연구에 따르면 우리나라의 건강수명은 남성 69.7세, 여성 74.2세로 평균수명과 비교할 때 거의 생애기간 동안 8~9년을 병마에 시달리는 것으로 나타났다.

평균수명이 세계 최고 수준인 일본도 건강수명과의 격차가 5년 미만으로 나온 것에 비하면, 우리나라의 경우 건강수명이 이에 상응한 발전을 하지 못한 것으로 평가된다. 이렇다 보니 국민 1인당 평생 지출하는 의료비는 남성 약 7415만 원, 여성 약 8787만 원으로 이 중 절반을 남성의 경우 64세 이후, 여성은 66세 이후에 지출하는 것으로 분석됐다. 남녀 모두 나이가 들면서 고혈압·당뇨 등 만성질환자가 늘어나고 중환자실 연명 치료비용이 많이 들기 때문에 생애 마지막 시기의 진료비가 급증하고 있는 것이다.

실제로 농촌 어르신 대다수가 한 가지 이상의 질병으로 고통 받는 모습을 쉽게 볼 수 있다. 각종 약봉지가 한 보퉁이를 이루는가 하면 약을 거의 한웅큼씩 드시는 분도 있다. 읍내 병·의원 가는 것이 일상사다. 평생 자식을 잘 키우려 밤낮으로 일하다 보니 남은 것은 관절염·신경통에 위장과 간장이 상한 어르신이 허다하다.

그렇지만 농촌 지역의 병·의원 등 보건의료 현실은 국가의 지속적인 투자에도 불구하고 만족스럽지 못하다. 무엇보다 믿고 갈만한 의료기관이 부족하다. 지방 의료기관의 부실은 수도권 큰 병원으로의 과도한 집중 문제를 만드는 것도 문제지만 농촌 어르신의 장거리 이동에 따른 불편이 더 큰 문제다. 광역시·도별로 보면 농촌 지역의 의사 1인당 인구 수나 외형적인 병원의 개수 등은 도시 지역에 비해 그렇게 열악하지는 않다. 문제는 농촌의 경우 넓은 지역에 적은 인구가 분산되어 있기 때문에 의료 공급자 입장에서는 규모의 경제 문제를 고민할 수밖에 없고, 의료 수요자 입장에서도 거리에 따른 불편이 발생한다는 점이다.

따라서 농촌 보건의료 문제를 민간에 그냥 맡겨둬서는 해결할 수 없다. 똑같은 건강보험제도를 적용해도 도시에 비해 농촌 지역은 불편하고 불안해질 수밖에 없다. 이러한 문제를 해결하기 위해서는 무엇보다도 민간의료시장의 농촌 지역 유인 시스템 개선이 필요하다. 특히 농촌 지역에 있는 것이 도시 지역에 있는 것보다 훨씬 유리하도록 여건을 조성하면 우수한 의료기관과 인력들이 농촌 지역으로 들어갈 것이다.

이와 함께 농촌 지역 공공보건시스템을 개선해 공중보건의에 의존하기보다는 우수한 의료 인력이 상주할 수 있도록 보상체계도 강화해야 한다. 또 농촌 지역에 대한 응급의료시스템도 재점검해 보다 신속한 진료를 받을 수 있도록 해야 한다. 아울러 만성질환 고령자의 편안한 진료를 위한 이동방문간호서비스 강화와 독거노인의 건강돌봄을 위한 U-헬스시스템 시범사업 실시 및 확대도 중요한 과제다.

농촌은 우리가 맞이하게 될 고령사회의 미래다. 보다 나은 선제적인 건강관리시스템은 비용을 증가시키는 것이 아니라 궁극적으로는 비용을 절감하는 것임을 인식하고 인생 100세 시대에 적극적으로 대응하는 노력이 필요하다.

농어촌 보건복지 기본 계획은?

최근 농어촌의 보건복지증진을 위한 기본 계획이 발표됐다. 이번 계획은 2004년에 수립됐던 1차 계획에 이어 2010년부터 2014년까지 진행되는 2차 5개년 계획이다. 2차 계획의 비전은 '더불어 행복한 농어촌' '건강하고 활력 있는 농어촌'이며, 농어촌 주민의 기본생활 보장과 사회 통합, 보건의료 기반 개선 및 건강증진 등이 주요 목표로 잡혔다.

2차 계획은 1차 계획의 연장선이지만 1차 계획보다 보건복지증진을 심화하도록 구상되어 있다는 점에서 의미가 있다. 이 중 주목을 끄는 것은 연령 세대 사회 통합 개념이다. 농어촌 지역은 고령화가 가장 빠르게 진척되는 지역으로, 노인인구비율이 20%를 초과하는 초고령사회에 진입한 지역이 늘고 있다. 따라서 연령 세대 통합은 매우 중요한 의미가 있는 정책 방향이라고 할 수 있다.

문제는 농어촌 지역에서의 연령 세대 통합의 의미는 특수하다는 점이다. 먼저, 농어촌 지역에서의 결혼과 출산의 증가는 다문화 가족에 의해 주도되고 있다. 단순한 연령 세대 통합만으로는 안되고 다문화 통합 개념이 포괄되어야 하는 이유다. 농어촌 지역에서, 해외에서 온 배우자나 이들 자녀의 한국사회 적응은 매우 중요한 정책 과제가 될 것으로 판단된다.

다음으로는 농어촌 지역 노인의 자녀는 도시 지역에 거주할 확률이 높다는 점이 고려되어야 한다. 따라서 농어촌 지역의 연령 세대 통합의 의미는 농어촌과 도시 지역을 잇는 범 공간적 의미를 가져야 효과가 높아질 수 있다.

또 2차 계획에서는 건강증진 부분이 많이 포괄되어 있다. 도서벽지에 대한 응급 의료 확충과 조기 건강검진 강화, 정신보건과 한방 기능 강화 등도 포함되어 있다.

하지만 건강증진 서비스를 효과적으로 제공할 방법에 대한 논의가 분명하지 않다는 문제가 있다. 허브 보건소 개념의 확대가 포함되어 있지만 우수한 의료 인력을 확보할 수 있을지가 우려되는 대목이다. 최근 선진국에서도 이러한 문제가 심각하게 대두해 '압축도시' 논의가 진행되고 있다. 한마디로 말하면 흩어져 있는 주민을 한 지역으로 모으는 작업이다. 쉽지는 않겠지만 농어촌 지역의 압축 계획이 추진되지 않으면 높은 질의 서비스를 효과적으로 제공하기가 쉽지 않을 것이다.

계획이 의미를 갖기 위해서는 사업 집행을 위한 재원 확보가 관건이다. 중장기적으로 농어촌 지역의 보건복지증진을 위한 재정 확충 방안이 있어야 하지만 현실은 열악하다. 이런 점에서 농어촌 출신의 도시민이 낸 세금 중 일부를 농어촌 지역으로 환류하는 것은 세대 간·지역 간·계층 간 소득 재분배의 의미를 가진다. 도시민이 내는 세금 중 일부를 자신의 고향이나 원하는 지역에 지정해 보낼 수 있도록 하는 방안이 모 정당에서 제안된 적이 있는데, 이를 적극 검토할 필요가 있다.

미래의 농촌은 농업인이 아니라 사람이 살기 위한 정책 재설계가 필요하다. 보건·의료·복지 3자가 맞닥뜨려 도시보다 나은 환경을 조성한다. 현재는 농업인 삶의 문제 해결이 우선되어야 하지만, 앞으로는 농촌이라는 공간 문제가 쟁점이 될 것이다. 물론 농업·농촌·농업인의 문제는 병렬적으로 동시에 존재하지만 문제의 중심은 이동될 수 있다. 농업인 삶의 격이 높아지도록 하는 한편 도시민이 광활한 농촌으로 들어가 행복하게 살 수 있도록 적극적인 투자와 함께 농촌 보건복지 모형을 획기적으로 개발할 때다.

노인돌봄문화도 동방예의지국답게

치매·중풍 등으로 거동이 어려운 노인을 돌보기 위한 노인장기요양보험이 시행 4년을 맞았다. 2008년 21만4000여 명이던 대상자가 2011년 32만4000여 명으로 50% 넘게 증가했다. 이에 따라 2008년 전체 노인인구 대비 4.2%이던 대상자가 2011년에는 5.7%로 늘었다. 노인장기요양보험은 만족도가 86.9%나 되는 등 정부의 어떤 복지사업보다 성공적인 것으로 평가되고 있다.

보건복지부는 최근 노인장기요양보험의 개선을 위한 기본 계획을 확정했다. 가장 눈에 띄는 것은 경증의 치매, 즉 간헐적 인지장애의 경우에도 요양 서비스의 필요도를 감안하여 보험 혜택을 받을 수 있도록 대상자 선정 기준을 낮췄다. 이렇게 되면 현재 33만 명인 보험 수급자가 2017년 50만 명으로 늘어나게 된다. 또 다양한 재가 서비스 개발, 요양보호자의 처우 개선, 서비스 인프라 확충, 요양기관 및 수급자 불법 행위에 대한 감독 강화 등이 계획에 포함되었다. 이번 정부의 개선 계획은 필요한 정책을 시의적절하게 제시했다는 점에서 의의가 크지만 적극적인 개선 노력이 필요할 것으로 판단된다. 무엇보다 장기적인 재정 안정성에 대한 고려가 필요하다. 2011년 노인장기요양보험 총지출액은 2조7878억 원, 총수입액은 3조2631억 원으로 4753억 원의 흑자를 기록했다.

2008년부터 2011년까지 보험급여비 지출액 증가율은 연평균 38.4%로 보험료·국고지원금 등으로 이뤄진 수입액 증가율 23.8%보다 14.6% 포인트 높다. 2012년 현재는 노인인구비율이 11.8%이지만 2026년에는 20%, 2050년이 되면 38.4%가 된다. 특히 돌봄이 필요할 가능성이 높은 75세 이상 노인도 빠르게 증가할 것으로 예상되어 지출 계획을 보수적으로 가져갈 필요가 있다.

다음으로 요양기관과 수급자의 도덕적 해이에 대한 근본 대책이 필요하다. 국회 국정감사에 제출된 노인장기요양보험 부당청구 및 환수 실적 자료에 따르면, 제도 시행 이후 올해 7월까지 17만4450건의 부당청구가 적발됐고, 금액으로는 526억 원에 이른다. 적발 건수도 매년 증가하고 있다.

유럽과 달리 우리나라는 요양 서비스 공급의 대부분을 민간이 담당, 초기의 시설 및 인력 인프라 구축은 용이했지만 서비스기관의 과당 경쟁과 부적절한 영리 추구로 난맥상을 보이고 있다. 국민건강보험공단이 급여비용을 거짓으로 청구하는 자를 색출하고 탐지하기 위한 부당청구감지기술을 도입한다고 하지만, 현재와 같이 경쟁구조 하에서는 부정 수급 행위를 근절하기 어려울 것으로 보인다.

요양 서비스를 주고받는 문화의 성숙도 요구된다. 인지 능력이 떨어지는 어르신을 극진히 모셔도 자녀들 입장에서는 심적으로 부담이 있는데, 어르신을 물건 다루듯 대하는 뉴스 장면이 심심찮게 나온다.

재가 서비스도 요양보호사를 파출부처럼 부리는가 하면 성추행까지 발생하는 경우도 있다고 한다. 요양 서비스를 제공하는 사람이나 받는 사람 모두 상호 존중과 신뢰 관계가 형성되지 않으면, 모처럼 만들어진 사회적 돌봄 서비스가 모두 꺼리는 기피 대상이 될 수 있다. 그런 점에서 동방예의지국답게 아름다우면서도 엄격한 예의범절이 지켜지는 돌봄문화가 자리 잡혀야 한다.

노인장기요양보험은 제5의 사회보험이라고 부를 정도로 향후 그 중요성이 더 커질 것으로 예상된다. 그런만큼 한국의 토양에 맞게 효율적이면서도 인간적으로 발전되어 가기를 희망한다.

건강보험이 하는 국민 효도 '틀니보험 적용'

치아는 오복에 직접 들어가지는 않지만 치아가 없으면 맛있는 음식을 먹는데 불편함을 느낀다. 때문에 건강에 영향을 주어 오래 살 수도 없으니 건강한 치아는 복 중의 복이라고 할 만하다. 옛날에는 환갑까지만 살아도 오래 살았다는 말을 들었으니 치아가 없더라도 그 불편함을 그냥 견디기도 했다. 하지만 평균수명이 80세를 넘어 100세를 향해 가는 이 시대에 치아 건강은 삶의 질을 좌우한다고 할 수 있다.

우리나라는 최근 1인당 국민소득이 2만 달러를 넘어섰지만 치아를 잃어 음식물 섭취라는 최소한의 기본적인 욕구도 충족하지 못하고 있는 노인들이 많다. 2010년 국민구강건강실태 조사에 따르면, 75세 이상 노인의 평균 잔존 치아는 11개에 불과하고, 빠진 치아로 인해 입에 넣고 씹는 것이 불편한 어르신이 53%나 된다. 치아나 잇몸질환으로 치료를 받은 환자가 2010년 한해 동안 1803만 명에 이를 정도다.

보건복지부는 올해 7월부터 75세 이상 노인의 완전 틀니에 국민건강보험을 적용하겠다고 16일 발표했다. 그동안 한쪽 틀니를 하자면 100만 원 넘게 들었던 것을 50만 원이면 할 수 있게 된 것이다. 노인 틀니 공약은 대통령이나 국회의원 선거가 있을 때면 약방의 감초처럼 나왔지만 번번이 지켜지지 못하다 마침내 실현된 것이다. 친자식도 하기 힘든 틀니 효도를 정부가 국민건강보험으로 하겠다는 점에서 그 의의가 크다.

물론 아직까지는 모든 노인이 혜택을 보는 것도 아니고 부분 틀니는 적용되지 않는다. 또 저소득층 노인의 입장에서는 50만 원도 큰돈이기 때문에 그림의 떡이 될 우려가 있다는 지적도 있다. 하지만 어찌 첫술에 배부르겠는가. 제한적으로나마 틀니 건강보험을 적용하는데 재정 소요가 연간 2308억~3212억 원으로 추산되고 있는 것만 봐도 틀니에 대한 건강보험 적용이 얼마나 어려운 과제였는지 짐작이 간다.

앞으로 노인 틀니 건강보험은 75세 이상에서 65세까지로, 완전 틀니에서 부분 틀니로 단계적으로 확대해 나가야 하는 정책 과제를 안고 있다. 더욱이 최근에는 틀니보다 많은 돈이 소요되는 임플란트를 선호하는 경향이 높아지고 있어 틀니보험의 앞날이 순탄치만은 않다. 보험이 확대되면 좋기는 하지만 무엇보다도 재정 소요가 문제되기 때문이다. 현재 노인인구비율은 11%를 넘어섰지만 2050년이 되면 40% 수준에 육박한다. 따라서 노인과 관련된 복지는 현재 재정으로 해결할 수 있다 해도 미래의 재정 소요를 예측해 적정 수준으로 조정하는 것이 반드시 필요하다.

틀니건강보험 적용이 늦어졌던 또 하나의 이유는 틀니에 대한 건강보험 수가의 책정 문제였다. 틀니 시술에 소요되는 비용 계산이 어렵다는 것은 얼핏 생각하면 이해하기 어렵지만 실제로 한참 동안 논란이 됐었다. 치과 시술에는 장비와 재료비가 차지하는 비율이 높은데, 이들의 원가가 베일에 싸여 있기 때문이다. 임플란트 가격을 반값으로 낮추었던 한 치과병원과 기존 가격을 유지하려는 치과의사협회가 한참 동안 분쟁을 벌이고 있는 것도 따져 보면 원가구조의 불투명성 때문이다.

실제로 임플란트 시술비가 병원마다 큰 차이가 나는 것은 단순히 재료의 질적 수준 차이로만 설명하기는 어렵다. 따라서 노인 틀니보험을 얼마나 빨리 적용 확대할 수 있는가는 치과 관련 시술의 원가구조가 얼마나 빨리 투명화될 수 있느냐에 달려 있다고 할 수 있다.

20~30대 생활습관병 심각하다

미래 한국의 건강에 적신호가 켜졌다. 최근 국민건강보험공단이 발표한 '2012년 건강검진 통계연보'에 따르면, 30대 남성은 다른 성·연령대에 비해 가장 많이 담배를 피우고, 가장 뚱뚱하면서도 가장 운동을 하지 않는다고 한다. 보건복지부 질병관리본부가 발표한 국민건강영양 조사에서는 20대 여성의 과다한 흡연과 음주 행태가 문제로 드러났다. 흡연과 음주 등 유해한 생활습관은 힘이 넘치는 젊을 때는 잘 나타나지 않지만, 고혈압·당뇨병 등 만성질환을 유발하고, 확률적으로 국민의 3분의 1이 걸릴 수 있다는 암의 발병 원인이 되기도 한다.

음주·흡연·운동 부족 등으로 나타나는 생활습관병(病)은 100세 시대를 사는 현대인에게 큰 걱정거리다. 의료기술이 발달해도 오랜 기간 누적된 유해요소에 따른 질병은 무병장수의 가장 큰 위협 요인이 된다. 때문에 젊었을 때부터 건강을 챙기는 습관을 길러야 한다. 그렇지만 사회적으로 만연한 나쁜 건강습관을 개인 탓으로만 돌리는 것은 옳지 않다. 건강에 나쁜 습관 대부분은 과도한 스트레스와 관련이 있다. 특히 10대는 입시 지옥, 20대는 취업전쟁, 30대는 직장 생존경쟁으로 인한 스트레스가 많다. 치열한 경쟁에 더해 과도한 흡연과 음주까지 덧보태진 결과 우리나라는 20대 청년자살률과 40대 남성사망률이 가장 높은 나라다.

무엇보다 필요 이상으로 높은 우리 사회의 스트레스를 완화할 수 있는 방책이 나와야 한다. 1인당 국민소득이 1000달러도 되지 않던 절대 빈곤 시대를 벗어나 2만 5000달러 시대에 접어들고 있지만, 국민행복은 경제협력개발기구(OECD) 회원국 중 꼴찌 수준이다. 1등은 한 자리밖에 없는데 누구나 1등이 되기 위해 동분서주하고, 2등도 자살하는 세태는 분명 문제가 있다. 이제는 1등이 목표가 되기보다는 행복한 자아 완성이 중심이 되는 사회로 나아갈 때다.

음주와 흡연만큼이나 국민건강을 위협하는 요인은 비만이다. 비만율은 남성이 38.1%, 여성이 25.9%로 전체 인구 32.6%가 비만인 것으로 나타났다. 특히 30~40대 남성비만율이 41.1%로 가장 높다. 근시·비만·당뇨 등 현대사회에 들어 자주 나타나는 질병 원인을 1만 년 전의 환경에 맞춰진 인체의 진화 속도가 문명의 발전 속도를 따라잡지 못하는 미스매치 때문에 발생한다는 학설도 있다. 과거 추위와 배고픔에 익숙한 인간이 물질적 풍요에 적응하지 못하고, 결혼과 출산이 늦어지면서 사용되지 않은 에너지가 비만으로 이어질 수 있다는 주장도 일리가 있다.

한편, 이번에 건보공단이 발표한 자료가 공단이 수행하고 있는 건강검진사업 관련 데이터를 분석한 결과라는 점을 주목할 필요가 있다. 그야말로 빅데이터라고 할 수 있는 정보의 유용성을 실감하기에 충분했다. 공단은 건강보험에 가입해 있는 모든 국민의 방대한 질환과 진료 관련 기록을 보유하고 있다.

이번에 발표된 형식의 집계된 통계 분석에서 한 발 더 나아가 원하는 국민 개개인을 위한 맞춤형 건강관리 서비스의 기초 데이터로 활용할 수 있을 것이다. 더욱이 건강검진 자료와 연결되어 분석된다면 그 파괴력은 상상 이상일 수 있다. 이번 기회에 빅데이터를 이용하는데 장해가 되는 정부 규제 등은 없는지 검토해 '정부 3.0' 시대를 열어가는 모범이 되도록 해야 한다.

담배 피우고 술 마시고 비만한 모습은 결코 우리가 희망하는 선진국 모습이 아니다. 국민건강은 국가와 사회 그리고 각 개인이 함께 노력해야 지켜질 수 있다. 세계에서 가장 빠른 고령화사회에서 국가 경쟁력을 유지하기 위해서도, 행복하게 장수하기 위해서도 건강이 중요하다. 건강을 잃고 나면 권력도 돈도 명예도 사랑도 무용지물이다. 20~30대의 좋은 건강 습관이 노년의 건강과 행복을 약속한다.

담뱃값의 경제학

담뱃값 인상 논쟁이 뜨겁다. 지난 2004년 담뱃값이 500원 인상된 이후 금연 정책 수단으로 가격 인상방안이 몇 차례 제기됐다. 그러나 물가와 여론 부담에 밀려오다가 최근 국회에서 담뱃값 인상안이 발의되자 찬반 논란이 불거지고 있는 것이다.

담배가 건강에 해롭다는 사실을 부정하는 사람은 거의 없다. 다른 경제협력개발기구(OECD) 국가와 비교할 때 우리나라 담뱃값은 크게 낮은 반면 흡연율은 거의 두 배 수준이다. 담뱃값의 흡연율에 대한 효과에 대해서는 논란이 있지만, 가격 정책이 흡연율 감소에 가장 큰 효과가 있다는 것은 이론적으로 이미 검증된 사실이다. 과거 담뱃값을 500원 인상한 후 성인 남성흡연율이 2004년 57.8%에서 2006년 44.1%로 급격히 하락한 사례에 비추어 볼 때 담뱃값을 인상하면 흡연율을 하락시킬 수 있을 것으로 판단된다.

그럼에도 불구하고 담뱃값 인상은 강한 반대에 직면해 있다. 무엇보다도 담뱃값 인상의 진짜 목적이 무엇이냐이다. 현재 시판 중인 담배가격 2500원의 62%인 1549.77원은 사실상 세금이다. 담배소비세(641원), 지방교육세(320.50원), 부가가치세(227.27원) 등 세금 1188.77원이 붙어 있고 국민건강증진부담금(354원), 폐기물부담금(7원) 등 부담금 361원이 있다. 한 해 담배에 붙는 세금 총액은 부담금을 포함해 약 7조 원으로, 담배가격을 2000원 인상하면 세수가 향후 5년 동안 약 40조 원 내외 늘어난다. 따라서 담뱃값 인상의 목적은 국민건강증진 그 자체보다는 세수를 확보하는데 있는 것으로 의심받고 있는 것이다.

담뱃값에 붙여진 세금의 사용처도 공격받고 있다. 각종 세금으로 부과된 것은 말할 것도 없고, 건강증진부담금도 대부분 금연사업에 사용되는 것이 아니고 국민건강보험 재정에 투입되고 있는 것이 사실이다. 2007년 기준 우리나라에서 흡연으로 인해 발생한 직접 의료비용이 연간 1조6000억 원이나 소요된다는 점에서 그나마 건강보험 재정 투입의 명분이 있지만 다소 옹색하다. 흡연인구 중 상당수가 일반 서민이기 때문에 담뱃값 인상은 서민들만 더 힘들게 한다는 주장도 있다.

OECD 국가에서 1, 2위를 다투는 흡연율을 낮추기 위해서는 8년 동안 묶어 놓았던 담뱃값을 인상하는 것은 필요할 것으로 판단된다. 세수 확보 목적이 의심된다지만, 담뱃값이 인상되더라도 흡연율 저하로 실제 세수 증가는 그리 크지 않을 것으로 예상된다. 설사 세수가 증대된다 하더라도 그만큼 세금을 덜 걷게 되면 국민부담은 감소될 것이기 때문이다.

그렇지만 새누리당 의원 발의안과 같이 2000원을 한 번에 인상하는 것은 무리수로 판단된다. 그렇다고 500원을 인상해서는 금연 효과를 보기 어렵기 때문에 1000원 정도 인상하는 것이 적정할 것으로 보인다. 가격 인상 효과 지속을 위해서는 향후 소득증가율 이상으로 담뱃값을 꾸준히 올리는 것이 필요하다.

담뱃값 인상은 반서민인가, 친서민인가?

한국보건사회연구원 연구에 따르면, 40세 남성 중 흡연자와 비흡연자의 기대수명은 6.3년이나 차이가 난다. 코미디언 이주일 씨가 폐암으로 사망하면서 국민에게 경각심을 주었던 것이 엊그제 같은데 벌써 8년이 넘게 흘렀다.

성인 남성의 흡연율은 2001년 69.9%였으나 2009년에는 42.1%로 지속적인 감소추세를 보이고 있다. 이상한 것은 담배 판매량이 흡연율 감소만큼 줄어들지 않고 있다는 점이다. 2001년에 989억 개비에서 2009년에는 948억 개비로 4.1%가 감소했을 뿐이다. 이는 여성과 청소년의 흡연이 오히려 늘었기 때문으로 추정된다. 담배는 누구에게나 해롭지만 청소년이나 가임기 여성에겐 특히 심각하다.

이러한 상황에서 흡연율을 낮추기 위해서는 담뱃값 인상이 필요하다는 주장이 나오고 있다. 2004년 말 담뱃값이 인상되자 2004년에 1065억 개비 소비되던 것이 2005년에는 823억 개비로 급격히 감소했다. 그 이후 담뱃값을 6년째 고정하자 담배 판매량은 다시 15.1%나 늘었다. 같은 기간 소비자 물가상승률이 12.8%였으니 실질 담배 가격은 내린 것이다. 결국 담뱃값이 내린 만큼 판매량이 늘어난 것이다. 담배 가격이 담배 수요에 미치는 영향은 학술적으로도 밝혀져 있다. 미국·일본 등에서도 흡연율을 낮추는 가장 효과적인 수단이 담배가격 정책임이 입증되고 있다.

담뱃값 인상에 가장 큰 장애는 서민 생계에 부담을 준다는 것이다. 담배는 서민들의 정신적 스트레스를 해소하는데 도움을 주기 때문에 올려서는 안 된다는 주장까지 있다. 이러한 주장은 담배를 피우지 않으면 그만큼 지출이 줄어든다는 점과 건강해진다는 점을 간과하고 있다. 서민이 담배를 더 많이 피우기 때문에 가격을 올려서는 안 된다는 주장을 뒤집어 놓으면 서민은 담배에 돈 쓰고 건강이 나빠져도

되고, 서민들의 스트레스는 담배 피우기로 해소시켜야 한다는 말이 된다.

정부가 담뱃값 인상으로 재정 부족분을 메우려 한다는 반대도 있다. 실제로 2500원짜리 담배 한 갑에는 담배소비세 641원, 지방교육세 320.5원, 국민건강증진부담금 354원, 연초안정화부담금 15원, 폐기물부담금 7원, 부가세 227원 등 총 1564.5원이 붙는다. 담뱃값을 인상하면 중앙정부나 지방정부의 재정에 도움이 되는 것은 사실이다. 이런 측면에서 보면 국가가 해로운 담배로 장사를 하고 있는 셈이다. 그러나 국가는 담배뿐만 아니라 주류와 경마 등 사행성사업에서도 막대한 수입을 거두고 있다. 그럼에도 불구하고 이러한 정부 행위가 인정될 수 있는 것은 정부가 개입하는 것이 민간에 방치하는 것보다 행위를 억제하는데 도움이 되기 때문이다.

이 과정에서 거두어지는 세금과 각종 부담금 수입을 공익사업에 사용함으로써 그만큼의 다른 세금을 거두지 않아도 된다는 이유도 있다. 세수 확보를 목적으로 담뱃값을 올려서는 안 되겠지만, 금연 정책의 파생 효과로 정부수입이 증가되는 것을 무조건 죄악시하는 것은 본말이 전도된 비판이라 할 수 있다.

좋은 약은 입에 쓰나 몸에 좋다는 말이 있다. 선진국 어느 국가도 담뱃값을 올리자는데 여론이 들썩이지 않았던 경우는 거의 없다. 그럼에도 불구하고 선진국에서 담뱃값을 올려왔던 것은 국민건강이 우선이라는 당연한 원칙을 지켰기 때문이다.

금연 유도 위한 비가격 정책의 중요성

담뱃값이 내년 1월 1일부터 KT&G의 '에세' 기준 4500원으로 인상된다. 국회가 2015년 정부예산안 부수법안으로 담뱃값 관련 법안을 지난 2일 통과시킨 것이다. 정부는 담뱃값 인상에 따른 세수 증대 총액을 2조7775억 원 내외로 산정하고 있지만, 국회 예산정책처는 5조 원 정도 세수 증대가 있을 것으로 전망했다. 담뱃값 인상에 따른 세수(稅收)는 흡연율에 미치는 영향에 따라 좌우된다.

보건복지부는 이번 담뱃값 인상으로 2016년까지 성인 남성 흡연율이 35%까지 낮아질 것으로 추정한다. 2004년 말 담뱃값이 500원 인상된 이후 성인 남성 흡연율이 57.8%에서 2006년 44.1%로 급격히 떨어졌고, 담뱃값이 비싼 나라일수록 흡연율이 낮은 것으로 분석되고 있다는 점에서, 이번 담뱃값 인상으로 흡연율은 상당히 억제될 것으로 보인다.

우리나라 남성흡연율은 경제협력개발기구(OECD) 회원국 중 단연 1위다. 흡연에 의한 건강보험 재정 손실은 연간 1조7000억 원에 이르고, 연간 사회·경제적 비용은 3조2000억 원에 이르는 것으로 한국보건사회연구원은 추정한다. 보건복지부는 남성흡연율을 29%까지 낮추는 것을 목표로 담배 경고 그림 부착 등 비(非)가격 정책과 담뱃값에 대한 물가연동제 등을 함께 추진할 계획이다.

그러나 정부가 발의한 국민건강증진법 일부 개정 법률안에서는 담뱃갑 포장지와 광고에 유해성과 폐해를 시각적으로 전달하는 경고 그림을 표기하는 것을 의무화하도록 했지만, 이번에 통과된 예산안 부수법안에는 빠졌다. 국회는 별도로 심의해 의결하겠다지만 담배 경고 그림 도입 관련 법안이 2002년 이후 9차례 발의됐다가 폐기 무산된 과거 사례를 보면 의혹이 가시지 않는 것은 사실이다. 담배 경고 그림은 이미 세계 70개국이 도입하고 있고, 캐나다는 담배 유해성을 알려주는 그림을 담뱃갑에 넣어 흡연율을 22%에서 18%로 떨어뜨리고, 특히 청소년흡연율은 9% 포인트 낮추겠다고 한다.

담뱃값 인상을 통해 금연을 유도하려면 늘어난 세수의 사용처도 중요하다. 담뱃값이 4500원으로 인상됨에 따라 국민건강증진기금의 수입은 9447억 원 증가한 3조 2762억 원으로 예상된다. 그러나 이중 국가 금연 지원 서비스 등 금연 관련 사업에 들어가는 것은 2060억 원으로 7.6%에 불과하고, 그나마 상당 부분은 비금연 정책 사업에 사용된다.

정부는 이번 담뱃값 인상이 증세가 아닌 국민 건강증진에 목적이 있다고 공언하고 있고, 국회도 이에 동조해 담뱃값 대폭 인상안을 통과시켰다. 담뱃값 인상 목적이 건강증진에 있다면 금연 확산으로 흡연율이 급격하게 떨어져야 한다. 그러나 담배 경고 그림 부착 법안이 무산되거나 금연사업에 대한 예산 증액이 생색내기용에 머문다면 국민은 담뱃값 인상의 진정성을 의심하게 될 것이다.

담뱃값 인상의 파생 효과로 중앙정부나 지방정부의 재정에도 얼마간 도움이 될 것이다. 인상된 담뱃값이 건강증진 등 공익사업에 제대로 쓰인다면 이를 무조건 죄악시해선 안 된다. 그렇다고 본말이 전도되어서도 안 된다. 담뱃값 인상에 따른 재정 효과 유지를 위해 지나친 흡연을 우려하는 담배 경고 그림 부착 등 비가격 정책을 소홀히해선 안 된다. 흡연율이 낮은 선진국도 담뱃값 인상 시기에 여론이 들썩이지 않은 경우는 거의 없다. 그럼에도 선진국에서 담뱃값을 크게 올릴 수 있었던 것은 국민 건강이 우선이라는 당연한 원칙이 지켜졌기 때문이다.

숲과 건강

요즘 편백나무 숲이 인기다. 여름 휴가철에는 자연휴양림으로 가려는 차들로 장사진이 만들어지고 있다. 우리나라의 편백나무 숲은 대부분 자연적으로 형성된 것이 아니라 인공적으로 조림한 것이다. 1950년대 말부터 임종국 선생이 20여 년간에 걸쳐 전남 장성 축령산에 식목한 250만 그루의 편백나무와 삼나무 숲은 상상만 해도 감격스럽다. 이런 자연휴양림이 전국적으로 조성되고 있다 하니 반가운 일이 아닐 수 없다.

숲이 건강에 좋다는 것은 꼭 이론적으로 검증하지 않아도 숲을 걸어 본 사람이면 모두 느낄 수 있다. 피톤치드가 천식과 아토피에 효과가 있다는 것은 숲이 주는 많은 혜택 중 일부일 뿐이다. 숲을 걷다 보면 스트레스가 바람에 실려 가고 육신을 짓누르는 사악한 기운이 모두 없어지는 느낌을 갖게 된다.

숲 가꾸기의 모범 국가인 독일은 자연환경을 이용한 치료요법도 발전시키고 있다. 뇌졸중 환자나 심장수술 환자를 수술 직후 숲속에 있는 병의원에 입원시켜 재활을 도모한다고 한다. 숲 치료는 환자가 복용하는 약의 개수를 줄임으로써 약물 남용을 줄이는 환자 입장에서의 치료 개념이며, 숲을 활용한 자연치유요법은 궁극적으로 몸의 면역력을 강화시켜 환자의 건강증진을 돕게 된다.

우리나라의 숲은 이미 세계의 자랑거리가 되고 있다. 해방 이후 6·25 한국전쟁을 거치면서 우리나라의 산은 거의 벌거숭이가 되었지만, 국가 주도의 녹화사업으로 한반도 남쪽에 대규모 숲이 조성됐다. 지구 온난화의 주범인 이산화탄소를 묶어 두는 것이 나무이고 숲이라는 점을 모르는 사람은 거의 없다. 산이 70%나 된다고 우리 국토를 한탄했던 때가 엊그제 같은데, 이제는 산과 숲이 우리에게 축복으로 바꾸고 있다.

이렇다 보니 숲은 경제적 부가가치를 창출하는 원천이 되고 있다. 옛날에는 목재나 나무열매·한약재 등이 주요 임산자원이었지만, 지금은 산림이 이산화탄소 배출권을 사고파는 대상이 되고 있다.

관광객들도 주마간산 식으로 둘러보는 유형에서 한 곳에서 조용히 머물면서 걷거나 쉬는 유형으로 바뀌고 있다. 제주도 올레길이 최고 히트상품이 된 것이 단적인 예다. 각 지자체도 숲의 상품화에 열을 올리고 있다. 숲 가꾸기를 통해 산림을 최적으로 조성하고, 임산물을 부산물로 얻으면서 일자리도 만드는 산림복합경영이라는 조어가 나오고 있다.

농촌생활은 이러한 측면에서 숲 속의 생활이라고 할 수 있다. 산으로 숲으로 둘러싸인 농촌 마을에서의 생활은 자연 속의 삶으로 규정할 수 있다. 농촌이 단순히 농산물을 생산하는 공간이 아닌 자연생활의 공간으로 탈바꿈한다면 더 이상 인구 감소 지역이 되지 않을 것이다. 이를 위해서는 도시에 살던 사람이 농촌에서 편안할 수 있도록 생활 인프라를 구축하는 것이 전제조건이고, 이것은 국가와 지자체가 서둘러 검토해야 할 과제다.

다만, 걱정되는 것은 산이 묘지로 훼손되고 있다는 점이다. 화장률이 높아지고 있지만 아직 70%에 불과해 90% 이상인 선진국 수준에 크게 못 미치고 있으며, 매년 서울 여의도의 다섯 배 면적이 묘지화되고 있다. 장례법에 대한 국민의 의식 전환이 절실히 요구되는 대목이다. 이미 돌아가신 조상님의 묘는 잘 보살펴 드려야 하겠지만, 아직 살아 있는 사람들은 숲을 없애는 것이 아니라 숲 속으로 들어가는 자연장이나 수목장에 대해 깊이 고민할 때가 됐다. 자연으로 숲으로 돌아가자.

일반의약품 약국 외 판매 해법은?

일반의약품 판매를 두고 논란이 격렬해지고 있다. 약사의 도움 없이 복용할 수 있는 가정상비약의 약국 외 판매를 허용하라는 주장과 감기약·소화제·해열진통제 같은 일반의약품은 현행 약사법상 약국 외에서 판매할 수 없다는 주장이 격돌하고 있다.

의약품 분류 체계 개정이 먼저

보건복지부는 현재 약국에서만 팔 수 있는 일반의약품 가운데 까스활명수 같은 액상소화제류와 마데카솔·안티프라민 등 외용제, 박카스 등 자양강장 드링크류 등 20~28개 품목을 의약외품으로 분류해 약국 외에서 팔 수 있도록 추진하고 있다. 하지만 통상 가정상비용으로 지칭되는 약들을 포괄적으로 약국 외에서 파는 것은 약사법 개정을 거쳐야 한다는 입장이다.

이에 대해 의사회나 시민단체들은 복지부가 지나치게 약사회 편을 든다고 비판한다. 외형적으로 복지부 입장은 잘못된 것이 없어 보이는 데도 궁지에 몰리는 것은 복지부가 이 문제에 대해 전향적인 태도를 보이지 않았기 때문으로 판단된다. 일반의약품의 약국 외 판매 문제는 이를 허용하면 접근성과 편의성은 높아지지만 안전성은 위협받을 수 있기 때문에 국민보건 관점에서 철저하게 분석해 합리적으로 판단하면 되는 전문성이 중시되는 영역이다. 그런데도 약사와 의사의 '밥그릇 싸움'으로 비치는 것은 국민 시각에서 의아할 뿐이다.

일부는 국민 80%가 가정상비약에 대해 약국 외 판매를 찬성한다는 여론조사 결과를 가지고 약국 외 판매를 주장하지만 이는 참고사항일 뿐이다. 국민이 원한다고 위험한 데도 무조건 허용할 수 있는 것은 아니다. 기준이 되어야 할 것은 특정 의약품이 약사의 복약 지도 없이도 오·남용될 우려가 적고 안전성과 유효성을 기대할 수 있느냐에 대한 전문가의 판단이다.

외국 사례를 살펴보면 영국·독일·스위스·캐나다·미국 등 선진국은 3, 4분류 구분을 통해 기준에서 문제 없는 의약품은 약국 외 판매를 허용하고 있다. 우리나라는 전문의약품과 일반의약품, 의약외품으로 분류해 외형상으로는 3개 분류이지만, 현재 문제가 되는 일반의약품 중에서 약사의 복약 지도가 필요한 품목과 그렇지 않은 품목으로 분류할 수 없기 때문에 혼선을 초래하고 있다. 따라서 선진국 사례로 볼 때 우리나라의 현재 분류 체계로는 국민의 편의성과 안전성을 평가해 판단할 수 있는 여지가 거의 없으므로 의약품 분류 체계의 적합성부터 재검토해야 한다.

현행법은 그대로 두고 편법으로 통상 가정상비약으로 불리는 약품들을 의약외품으로 분류한다든가, 약국 외 장소에서 판매할 수 있도록 하는 것은 중장기적으로 바람직하지 않다. 심야와 휴일 등 취약 시간대에 약국의 당번근무를 강화하겠다는 약사회의 고뇌 어린 언약은 단기적으로는 몰라도 근본적 대안은 아니다. 의약품 분류는 약사법 규정 사항이므로 정부는 의약품 분류체계 개정안을 우선 국회에 제출해 심의를 받는 것이 원칙이다. 그리고 새로운 분류체계가 의결되면 정부는 그 기준에 따라 국민의 시각에서 전문성에 기초한 의약품 재분류를 하면 되는 된다.

안전성 검증된 것부터 단계적 허용을

물론 정부의 공정한 업무처리과정이 특정 이해단체에 불리하게 될 수도 있다는 측면을 무시할 수도 없다. 이때 필요한 것이 단계적인 접근이다. 안전성이 입증된 의약품부터 국민 편익에 맞춰 단계적으로 허용하면 된다. 오얏나무 밑에서는 갓끈을 매지 말라는 속담이 있다. 정부는 이렇게 민감한 사안일수록 보다 투명하고 공정하게 그리고 의연한 대처가 필요하다. 국민도 조급하게 서둘러서는 안 된다. 이 문제가 비록 해묵은 난제이지만 한 번에 풀려고 하면 더욱 엉키는 실타래라는 생각을 잊어서는 안 된다. 조금은 더 정부를 신뢰하고 지켜보자.

의약 리베이트가 근절되지 않는 이유

　새해 벽두부터 의약품 리베이트 사건이 연거푸 터지고 있다. 지난 10일 동아제약의 전·현직 임직원이 구매 대행업체를 끼고 전국 1000여 병원에 48억 원대의 리베이트를 제공하다 적발된 데 이어, 27일에는 CJ제일제당이 266명 의사에게 43억 원가량의 리베이트를 시행한 것이 경찰에 적발됐다. 소비자시민모임과 환자단체연합회는 동아제약과 녹십자·대웅제약 등 유명 제약사 6곳을 상대로 의약품 리베이트 환급 소송을 제기할 것이라고 발표하는 등 리베이트 논란이 가열될 조짐을 보인다.

　의약품 리베이트는 새삼스러운 일도 아니지만, 이번에 적발된 리베이트 사건은 빙산의 일각에 불과하다. 감사원이 지난해 발표한 '건강보험 약제관리실태 보고서'에, 보건복지부·식품의약품안전청·공정거래위원회·검찰 등은 2007~2011년 무려 1조1418억 원에 이르는 리베이트를 제공한 제약사와 도매상을 적발했다. 또 공정위는 2007년 11월 제약사 리베이트 관련 조사 결과에서 국내 제약사의 판매관리비 비율은 매출액의 35%로 판매수익의 약 20%가 리베이트로 사용된 것으로 추정했다. 이 경우 소비자 손해액은 연간 약 2조1800억 원에 달할 것이라고 발표한 바 있다.

　리베이트가 불가피한 거래 관행이라는 인식을 없애고 분명히 범죄라는 점을 명확히하기 위해 정부의 일벌백계(一罰百戒) 의지를 보이는 것이 중요하다. 2010년부터 리베이트 제공자 뿐 아니라 받는 쪽도 처벌하는 쌍벌제를 시행한 이후 리베이트가 눈에 띄게 줄어들고 있다. 하지만 여전히 음성적으로 존재하는 것은 공권력이 기강을 잡지 못하고 있음을 의미한다. 2011~2012년간 리베이트를 받은 혐의로 검찰이 면허자격 정지 등 처벌해 달라고 보건복지부에 통보한 의사는 3000명이 넘지만 이 중 자격정지를 당한 의사는 200명도 되지 않는다.

이웃 일본도 리베이트가 사회 문제가 되자 1990년대 초 관련 병원 의사 구속, 의사면허 취소, 실명과 얼굴의 언론 공개 등 극단적인 조치로 오랜 악습을 바로잡았다. 리베이트 관행을 감시·감독하는 보건복지부와 공정거래위 등 관련 기관 사이에 공조가 제대로 이뤄지지 않고 있다는 지적도 유의할 필요가 있다.

그렇지만 리베이트 근절을 위해서는 제재 강화 외에도 리베이트가 일어나는 보건의료산업의 환경을 건전하게 바꾸는 작업을 병행해야 한다. 국내 제약산업은 약 500개 기업이 20조 원 안팎에 불과한 좁은 국내시장을 두고 경쟁하고 있고, 오리지널 신약으로 세계시장을 주무르는 다국적 제약회사와는 달리 국내 제약사는 제너릭이라고 불리는 복제약 판촉 경쟁에 치중하다 보니 현재와 같은 리베이트가 판치게 되는 것이다.

최근 몇 차례 이뤄진 약값 인하로 인한 제약사의 매출 타격과 리베이트 혐의 적발을 통한 과징금 부과에 따른 피해 규모가 비슷해, 리베이트를 제공하지 않을 수 없다는 의약업계 주변의 말이나 건강보험 수가가 너무 낮아 진료수입만 가지고는 병원 운영을 할 수 없다는 의료계의 주장도 경청할 필요가 있다.

보건복지부는 혁신형 제약기업에 대한 지원 예산 책정, 정부 연구·개발(R&D) 사업 참여권과 정책자금 융자 혜택 등 제약산업의 선진화를 위해 노력하고 있지만, 리베이트 관행을 막는 유인책으로는 역부족이다. 더욱이 이들 지원도 대부분 대형 제약사 중심으로 이뤄질 가능성이 높아 중소 제약사의 도태는 불가피할 전망이다. 거래의 투명화도 좋지만 이대로 가다가는 대부분의 동남아시아 국가들과 유사하게 다국적 제약기업만 살아남을 것이라는 업계 일각의 경고도 있다. 보다 적극적인 제약산업 진흥과 의료시장 개혁안이 병행되어야 의약품 리베이트 문제가 근원적으로 해결될 수 있다.

보건의료, 私益보다 公益을 우선해야

집단 폐업, 환자들의 아우성, 전공의 파업 참여…. 현재 진행되고 있는 집단 휴진 사태를 보면서 14년 전 의약분업 때문에 발생한 의료 대란이 그대로 데자뷔되고 있다. 당장 시급한 집단 휴진에 따른 의료 공백도 문제지만, 14년 전 의사들의 집단 행동 이후 있었던 대폭적인 건강보험 수가 인상 그리고 이에 따른 건강보험 재정 파탄, 건강보험료의 대폭 인상과 국민 부담 증가까지 연결되는 파노라마가 더 걱정되는 것은 단순한 기우일까.

의사협회가 주도하고 있는 이번 집단 행동은 전반적으로 의협에 유리한 방향으로 전개되고 있다. 최근에 이뤄진 '의협 집단 휴진'에 대한 인터넷 포털 다음의 네티즌 투표에서 누리꾼의 87%가 지지하는 것으로 나왔다. 게다가 치과의사, 한의사, 간호협회와 약사회, 전국보건의료산업노조 등 5개 보건의료 관련 단체, 참여연대 등 시민단체와 야당인 민주당도 이번 의협의 주장에 동조하는 방향으로 성명을 발표했다. 비교적 진보적인 시민단체들조차도 의사협회의 입장을 지지하고 있는 것은 14년 전과 완전히 대조적인 모습이라 할 수 있다.

의협이 여론전에서 유리한 고지를 차지한 것은 무엇보다도 투쟁 전략에 따른 것으로 보인다. 의협은 직접적인 이해관계가 있는 원격진료 반대 이외에도 영리 의료법인 반대와 저수가 건강보험제도 개혁을 들고 나와 전통적으로(?) 의협과는 각을 세워 왔던 진보 진영을 자기편으로 만드는데 성공했다.

이번 사태의 단초가 되었던 정부가 추진하는 원격의료와 의료법인의 영리자법인 허용은 의료기술의 발전과 보건의료시장의 현실에서 볼 때 전혀 무리한 정책은 아닌 것으로 판단된다. 그리고 두 사안 모두 14년 전 의료 대란을 일으킨 의약분업과 같이 의사 직역의 사활이 걸린 중차대한 것이 아님에도 현재와 같이 극단적인 대치 상황까지 온 것은 1차적으로 의협의 필요 이상의 과도한 집단 행동 선동에 있다. 하지만 정부의 과민한 대응이 사태 악화를 부채질한 측면이 없지 않다.

이제 와서 지나간 일의 시시비비를 논하는 것은 의미가 없다. 지금부터가 더 중요하다. 정책은 정치에 휘둘려서는 안 되지만 정치를 무시하고 정책을 펼 수는 없다. 세종대왕이 한글을 창제하고 반포하는 과정이 새삼스럽게 높이 보이는 이유는, 아무리 훌륭한 정책도 현실적인 반대의 높은 벽을 넘기 위해서는 옆에서 보는 사람이 답답할 정도로 설득하고 또 설득하면서 한 걸음 한 걸음 나아가는 것이 필요하다는 것을 가르쳐 주고 있기 때문이다.

창조경제를 위한 규제 개혁 등 정부의 조바심을 이해 못하는 것은 아니지만, 원격 의료와 의료법인의 영리자법인 허용 추진을 일단 연기해서라도 대치 국면을 끝내는 것이 필요하다. 더욱이 지금 상황이라면 정부가 국무회의에서 본 법안을 의결하더라도 최근 현안이 되고 있는 기초연금법안과 같이 국회에서 야당에 발목이 잡힐 것이 거의 확실하기 때문이다.

그렇다고 의협과 밀실 협상으로 끝내려 해서는 안 된다. 14년 전과 같이 작은 것을 얻기 위해서 더 큰 국민 부담을 만드는 타협을 절대로 해서는 안 된다. 이번 정책이 정말 국민을 위한 것이라면 의협이 아니라 국민을 차분하게 설득해야 한다. 그리고 차제에 의협이 주장하는 대로 건강보험을 포함한 의료시스템 정상화를 위한 개혁에 착수하는 것이 바람직하다. 현재 의료시스템이 정말 무엇이 문제인지 그리고 이대로 지속 가능한지, 누가 얼마나 어떻게 이익을 보고 있는지를 파헤쳐 미래지향적이고 궁극적으로 국민에 이익이 되는 의료시스템으로 바꾸어서 공급자 위주의 관치 의료 오명을 벗어던지는 계기로 삼아야 할 것이다.

美 광우병… 성숙한 국민의식 보여야

미국발 광우병 뉴스로 여론이 들썩거리고 있다. 이미 수입되고 소비된 쇠고기에 이상은 없었는지, 수입을 바로 중단해야 하는 건 아닌지, 한미 자유무역협정(FTA) 체결로 수입을 중단하려 해도 할 수 없는 건 아닌지 등 벌써부터 근거가 명확하지 않은 주장들이 난무하고 있다. 그러나 광우병 쇠고기는 미국산 쇠고기 소비에만 타격을 주는 게 아니라 국내산에도 영향을 줄 수 있다. 더욱이 국민의 건강과 관련된 문제이기 때문에 냉철하고 신중하게 대응하는 것이 중요하다.

시급한 것은 이번에 미국에서 발견된 광우병 소의 발병 원인과 국내에서 수입하고 있는 쇠고기와의 관련성을 정확하게 파악하는 일이다. 미국 농무부 발표에 따르면, 문제의 소는 캘리포니아 주(州) 소재 농장에서 사육된 30개월령이 넘은 젖소로, 미국의 광우병 집중 감시 프로그램에 따른 정기검사과정에서 발견됐다고 한다. 따라서 우유는 광우병을 옮기지 않기 때문에 사람에게는 해가 없다는 게 미국 정부 당국의 주장이다.

전문가들은 이번 미국 광우병이 '비정형성'이라는 점에 주시하고 있다. 주요 발병 원인이 오염된 사료로 인한 광우병이 아니라 개별 개체에서 발생한 특이한 경우로 다른 소들에게 확산됐을 가능성이 적다는 판단이다. 특히 젖소에서 발병했다는 점에서 국내 유입은 없었을 것으로 판단하고 있다. 따라서 당장 미국산 쇠고기에 대한 수입 제한조치는 필요하지 않다는 게 정부의 입장이다.

이와 관련 유럽연합(EU) 집행위원회는 "새로운 소해면양뇌증(BSE) 감염 사례가 미국 정부의 광우병 감독체계 틀 안에서 확인되어 이 젖소가 식품으로 유통되지 않은 것에 만족한다"고 발표하고, 세계동물보건기구(OIE)가 미국을 광우병 위험 통제

국가로 분류하고 있다면서 광우병 발병과 관련해 집행위는 어떠한 특별 조치도 취할 계획이 없다고 밝혔다. 일본 정부 역시 미국의 광우병과 관련해 쇠고기 수입 규제를 강화하지 않겠다고 밝혔다. 일본 관방장관은 감염 소의 월령이 일본의 수입 대상이 아니기 때문에 "수입과 관련해 특별한 조치가 필요하지 않다"고 밝혔다. 현재까지 각국의 입장은 대체로 문제가 없다는 것으로 요약된다.

그러나 국내에서는 미국산 쇠고기에 대해 특별한 트라우마 같은 것이 존재한다. 4년 전 나라 전체를 마비 지경까지 몰고간 광우병 파동은 지금 생각해도 끔찍하다. 실체도 없는 괴담을 가지고 요란스럽게 왈가왈부하는 과정에 정작 국내 축산농가와 정육점이 큰 피해를 봤다. 구제역 상처가 채 아물지도 않은 현시점에서 그때와 유사한 상황이 전개되어서는 절대로 안 된다. 따라서 이번 사안을 정치적으로 이용하려는 것은 더더욱 안된다. 미국산 쇠고기 수입 중지 촛불시위 소식은 4년 전 모습을 그대로 데자뷔하는 것 같아 우려된다.

광우병과 같이 국민이 불안해하는 사안일수록 정부는 엄정하면서도 의연하게 대응해야 한다. 농림수산식품부에서는 처음에 검역 강화 방침을, 그 뒤로는 여론 동향에 밀리듯이 검사비율을 10, 30, 50%로 높이겠다고 한다. 그러다가 반대 여론이 더 거세지면 과학적으로는 아무 영향이 없다 해도 수입 중단까지 할 것인가?

그리고 민·관 합동 광우병조사단을 파견할 것이었으면 선(先) 조사 후(後) 조치의 수순을 밟았어야 옳다. 정부는 국민건강과 축산농가 및 관련 사업자 보호, 미국 등 수출국과의 이해관계 등 다양한 측면을 충분히 검토해 정책을 결정해야 한다. 일부 정치권의 무책임한 선동을 저울질하거나 여론에 떠밀려 오락가락해서는 안 된다. 국민의 입장에서 원칙과 기준을 가지고 투명하고 책임 있으며 과학을 바탕으로 한 행정으로 신뢰를 받아야 한다.

보건의료 분야 한미 FTA의 추진방향

한미 FTA 비준동의안이 국회에서 통과됐음에도 불구하고 여전히 논란이 뜨겁다. 소셜네트워크서비스(SNS) 통신에서는 FTA 괴담이 판을 치고 있다. 특히 의료와 관련된 것은 압권이다. FTA가 발효되면 우리나라 건강보험이 민영화되고 의료비가 급등하며 약값이 폭등한다는 식이다. 참으로 허무맹랑하기 끝이 없다.

명명백백한 것은 이번 한미 FTA 협정에는 의료 서비스와 관련된 조항은 없다는 사실이다. 그럼에도 불구하고 이러한 주장을 펴는 것은 주로 투자자·국가소송제도(ISD)가 일방적으로 악용할 가능성에 근거를 두고 있다. 이들의 논리에 의하면 의료뿐만 아니라 전기·수도 등 모든 공공 서비스가 유사한 위험에 빠질 수 있다는 것이 된다. 그러나 이러한 근심 걱정은 기우에 불과하다.

제약산업의 경우 시장 개방으로 다소 타격을 받을 수 있지만, 이미 5년 전에 이에 대한 분석을 끝내고 충분히 대응 가능한 것으로 결론 내려진 것이다. 다국적 제약회사의 오리지널 약에 밀려 국내 복제약이 위축될 수는 있다. 하지만 특허 전 복제약 자체가 극히 일부에 지나지 않고, 보건복지부는 이미 약가 인하와 리베이트 근절 등 제약산업의 선진화와 건강보험의 약가 부담 완화 정책을 추진하고 있다. 보험약가를 국가가 정하고 있는 우리나라에서 약시장 개방으로 약값이 폭등한다는 논리는 어불성설이다.

FTA는 개방과 수출에 의존해 먹고 살고 있는 대한민국의 불가피한 선택이라는 점에서 기우에 불과할 수 있는 조항을 두고 극단적으로 반대하고 수많은 괴담을 만들어내는 것은 이해하기 어렵다. 무엇보다도 한미 FTA 협정은 한국과 미국 두 나라 사이에 맺어진 쌍무협정이다. 백 번 양보해 ISD가 독소조항이라 해도 ISD를 미국이 행사할 수 있으면 한국도 마찬가지로 행사할 수 있다. 1980년대 전반에 국내 대학가에서 한때 유행했던 종속이론은 이미 폐기된 지 오래다. 한국 상품의 경쟁력은 미국뿐 아니라 세계 곳곳에서 성과를 올리고 있다. 최근 케이팝(K-POP)에서 보듯이 대한민국의 노래와 춤 등 문화까지도 미국을 포함해 세계 곳곳에서 유행하는 것을 보면, 과거 미국 팝송에 젖어 있는 국내 7080세대 입장에서 미처 상상도 못했던 일이다.

이와 관련해 한때 복지 지출을 많이 한다 하여 우리나라에서 망국론의 전형이었던 스웨덴이 최근 언론에서 재평가받고 있어 주목된다. 스웨덴은 고복지 국가이긴 하지만 재정 개혁 등으로 정부 적자를 축소하는 등 국가 경쟁력을 높인 국가로 남유럽의 실패한 복지국가와 비교되기도 한다. 하지만 현재의 스웨덴이 있게 한 것은 스웨덴의 좌파라고 할 수 있는 사민당 정권의 공을 무시할 수 없다. 스웨덴의 사민당 정권은 기존의 통념을 깨고 자유시장 경제체제를 인정하고 과감하게 시장개방 정책을 시행했다. 경제 규제를 과감히 철폐하고 자유로운 무역을 장려해 북유럽의 소국임에도 전투기까지 생산할 수 있는 제조업 경쟁력을 확보하고, 늘어난 부가가치를 국민 복지로 환류해 성장과 복지를 모두 잡는데 성공했다.

스웨덴과 같은 복지 모델 도입을 주장하는 사람들이 스웨덴 복지의 밑바탕을 받치고 있는 자유시장 정책을 부정하고 경제 개방을 반대하는 것은 선뜻 납득하기 어렵다. 남유럽의 일부 국가뿐만 아니라 잘 나가던 독일까지도 어려워지고 있는 글로벌 국면에서 세계 각국은 살아남기 위한 경제 영토전쟁이 치열하다. 새로운 강대국으로 부상하고 있는 수출대국 중국조차도 더 넓은 시장을 위해 한·중·일 FTA를 주장하는 판국이다. 경제 발전과 복지 확대를 동시에 이뤄야 하는 대한민국호의 항로 결정에 스웨덴 사민당 정권의 오래 전 선택은 분명히 시사하는 바가 크다.

스웨덴 환자보호법과 의료 서비스 특성

최근 스웨덴 정부는 환자보호법을 제정하여 여러 가지 시사점을 주고 있다. 2010년 7월부터 시행된 환자보호법은 발병 당일 의사와의 상담, 7일 이내에 의사 진찰, 90일 이내 전문의 상담, 90일 이내 수술 등의 의료조치를 주요 골자로 한다. 이러한 환자보호법이 제정된 배경에는 스웨덴 보건의료제도가 90년대 이후 환자 대기시간이 길어지면서 환자의 불만이 증폭된 것에 따른 것이다.

환자 적체현상은 여성클리닉 및 당료 환자 서비스를 제외한 모든 분야에서 2000년대 내내 발생된 것으로 보고되고 있다. 특히 심장질환수술 등은 90%가 세 달 이상 지연된 것으로 나타나 이에 대한 대안으로 제안된 것이다. 그러나 환자보호법은 법적 구속력이 있는 것이 아니라 시행 책임을 가진 광역지방자치에게 권고하는 정도의 효력이 있다. 때문에 단시간에 강제적으로 해결될 수 있는 문제가 아니라는 것이 전문가의 평가이다. 실제로 달라나(Dalarna) 지역에서 24%, 스톡홀름 지역에서 18%, 전국 기준으로 13%의 환자가 아직도 90일 이상 의료조치를 받지 못하고 대기하고 있는 상태라고 한다.

또한 응급실 대기시간도 큰 문제점으로 부각되고 있다. 신속한 조치가 필요한 응급실의 경우도 대기시간이 길어지자 보건사회부 장관은 2010년 6월, 응급실 4시간 이내 의사 진료 보장을 내놓았으나 전문의 부족이라는 근본적인 문제를 해결하지 못하고는 쉽게 해결될 수 있는 성격이 아니라는 것이 대체적인 평가이다.

스웨덴의 환자 적체 원인은 전문의 부족이다. 1994년 집권에 성공한 사민당이 재정 적자를 해소하기 위해 보건소 통폐합, 병동 축소 등 의사 및 간호사를 대량 해고하여 의사의 30% 이상이 빠져나갔다. 간호사는 교육기간이 짧아 단기 수급에 문제가 없으나 의사는 단기 대량 수급이 어려워 이웃 폴란드 등의 의사를 언어교육을 시켜 투입을 하고 있으나 한계가 있다고 한다.

한편 우익정권이 집권한 이후에 1차 기초진료기관인 보드센트랄(보건소)의 민영화에 박차를 가하고, 개인병원 설립을 허가제에서 신고제로 전환하여 공립의사가 개인병원으로 직장을 옮기면서 공립병원의 비효율성이 증폭되었고, 공립의료시설과 민영개인병원과의 경쟁체제로 들어가면서 공립의료기관이 현재 일시적으로 환자의 대기시간이 더욱 늘어나고 있다 한다.

이에 스웨덴 정부는 의료 부문의 효율성 제고, 의대의 규모 확대, 의료기관 민영화 확대 등의 근본적 중장기 대안을 세우고 있다. 그러나 스웨덴 의사 1인당 환자수가 주변 국가들보다 낮아 효율성 제고 노력도 필요하고, 대형병원 중심의 비효율성도 해결되어야 한다는 지적이다. 요람에서 무덤까지 복지의 대명사로 거론되는 스웨덴의 의료 현실은 우리와는 다른 보건의료 환경이지만, 결과적으로는 우리와 비슷한 고충을 겪고 있어 시사점을 던져주고 있다.

우리나라는 스웨덴과 달리 공공의료기관의 비율이 낮고 민영의료기관 중심으로 의료가 공급되고 있으나 대형병원에서의 환자의 적체 문제는 비슷하게 연출되고 있다. 최근 건강보험 재정의 악화로 행위별 수가제 문제점이 지적되는 등 우리나라 보건의료의 문제점에 대한 논의가 활성화되고 있다. 하지만 보건의료 문제는 단순히 외형적인 시스템을 바꾼다고 해결되는 것은 아니라는 점을 인식할 필요가 있다.

의료에 대한 수요와 공급으로 이루어지는 의료시장은 단순한 재화(goods)를 거래하는 시장이 아닌 사람이 하는 서비스 시장이다. 때문에 외형적으로 동일하게 보이는 서비스도 질적으로 크게 다를 수 있는 개연성은 항상 존재한다. 따라서 일반적 재화에 적용될 수 있는 통제 수단이 서비스 시장인 의료시장에는 효과가 없을 수 있다는 점을 인식하는 것이 중요하다. 단순한 효율성 제고 차원에서 만들어진 공급 통제가 중장기적 시장 왜곡을 가져오고 있는 스웨덴 사례는 우리나라의 보건의료 선진화 과정에서 많은 시사점을 던져주고 있다.

산재보험, 전 국민 재해보장보험으로

국가 전반적으로 복지가 확대되는 가운데 여전히 사각지대에 머물고 있는 계층이 있다. 보험설계사와 골프장 캐디, 학습지 교사, 레미콘 자차 기사, 택배 기사, 퀵서비스 기사 등의 직종에 종사하는 분들은 근로자도 아니고 완전한 자영업자라 하기도 애매해 법적으로는 특수 행태 근로 종사자(이하 특고 종사자)라 칭하지만 복지 사각지대에 있는 대표적인 계층이다.

우리나라의 복지제도는 주로 사회보험을 중심으로 급속히 발전해 왔다. 선진국도 그렇지만 사회보험은 주로 근로자를 중심으로 설계되고 도입된 후 점차 그 영역을 확대하고 있다. 이에 따라 산재보험도 특고 종사자에 대해 사회적으로 보호할 필요성이 있는 직종 중심으로 산재보험을 당연히 적용하는 특례 제도를 두고 있다.

그러나 이 제도는 특고 종사자가 희망하는 경우 아무런 제한 없이 산재보험 적용에서 제외될 수 있도록 해 10%도 안 되는 특고 종사자만 적용되고 대다수는 여전히 산재보험의 사각지대에 남겨져 있다. 이에 국회에서는 휴업 등 합리적인 사유가 있는 경우에만 산재보험 적용 제외를 허용하는 내용의 산재보험법 개정안이 발의되어 대다수 여야 의원의 합치된 의견으로 환경노동위원회를 통과했다. 그러나 법제사법위원회 논의과정에서 민간보험과 산재보험 간의 선택권 인정 여부가 논란이 되어 입법이 보류된 상태다.

논란이 된 사항은 보험설계사의 경우 업무 특성상 재해 위험이 낮고 상당수가 이미 회사가 제공하는 단체보험 또는 개인 상해보험에 가입하고 있어 산재보험을 의무적으로 적용하기보다는 민간보험과의 선택권을 허용할 필요가 있다는 것이다. 그러나 보험설계사 등 특고 종사자에 대한 산재보험 특례제도를 도입한 취지 등을 감안할 때 민간보험과의 선택권 허용은 바람직하지 않다고 본다.

그 이유는 첫째, 산재보험은 근로자가 업무 수행과정에서 발생할 수 있는 재해 위험에 대비하기 위한 기본적인 사회안전망으로서 우선적으로 적용되어야 한다는 점이다. 이는 보험설계사 등 특고 종사자의 경우에도 근로자는 아니지만 업무상 재해 위험에 취약하다는 점에서 마찬가지다. 실제로 산재보험은 장해유족연금과 요양급여, 요양 중 휴업급여, 재활·복지 서비스 등 각종 보상제도를 통해 재해 근로자와 그 가족의 생활 안정 및 사회 복귀를 보장해 주고 있다.

둘째, 보험설계사의 경우도 각종 업무상 재해 위험에 노출되어 있다는 점이다. 출장 중 교통사고를 비롯해 근골격계질환 등 각종 직업병 발병도 증가하고 있고, 실제로 2012년에는 출장 중 교통사고로 사망한 보험설계사를 포함해 23명이 업무상 재해로 산재보상을 받은 것으로 나타났다. 또 다른 직종에 비해 업무상 재해 위험이 낮다 하더라도, 이는 보험료율에 반영하면 되는 것으로 산재보험 적용을 배제할 사유는 되지 못한다.

셋째, 보험설계사가 비록 민간보험에 가입되어 있다 하더라도 업무상 재해에 대한 보상으로는 충분하지 못하다는 점이다. 가입 여부와 보상 수준이 선택적이다 보니 중소보험사 및 대리점 소속 보험설계사의 경우 민간보험에 가입되어 있지 않은 경우도 많고, 보상 측면에서도 일시금 위주의 한정된 보상에 그치고 있을 뿐 아니라 과실 비율에 따라 보상액이 감소하는 방식이라는 점에서 업무상 재해로 인한 소득 상실 및 각종 비용 지출에 대한 충분한 보상을 제공하지 못한다.

마지막으로 민간보험과의 선택권 인정은 사회보험의 근간을 크게 훼손할 우려가 있다는 점이다. 보험설계사에게 민간보험과 산재보험 간에 선택권을 부여하는 것은 사회적 연대와 강제 적용을 원칙으로 하는 사회보험의 원리에 맞지 않다. 만일 건강보험이나 국민연금 등 사회보험이 민간보험 가입을 이유로 적용 제외할 수 있도록 한다면, 사회보험제도의 존립이 원천적으로 불가능할 것이다. 실제로 이러한 이유로 민간보험과 선택권을 인정해 주는 사례는 전 세계적으로 찾아보기 힘들다.

이와 같이 산재보험은 보험설계사 등 특고 종사자에 대한 기본적인 사회안전망으로서 당연히 적용되어야 하므로 민간보험은 산재보험을 대체하는 개념이 아닌 보완적인 역할을 하는 개념으로 접근해야 한다.

　최근 언론에 보도된 골프장 캐디의 사례와 같이 업무상 재해로 뇌사상태에 빠졌음에도 사업주의 회유나 종용 등으로 산재보험 적용 제외 신청을 하는 바람에 산재보상을 받지 못하는 안타까운 사례가 많다. 이들이 하루빨리 국가의 사회안전망 안으로 들어올 수 있도록 관련 법제도를 정비할 필요가 있다. 이는 박근혜 대통령의 대선 공약이자 현 정부의 국정 과제이기도 하다는 점에서 현재 국회에 계류되어 있는 법안에 대한 신속한 논의와 입법이 필요한 시점이다.

농촌·농민의 안전을 생각할 때

사고·매연·소음 등 각종 위험에 노출된 채 살아가는 도시 사람들에게 있어 농촌은 편안하고 쾌적한 아름다운 자연을 연상시키는 가고 싶은 마음의 고향이다. 하지만 농촌의 현실은 반드시 안전하다고 할 수 없다.

우리나라의 10만 명 당 연간 농업인 사망재해율은 125.7명으로 미국(25.1명)·인도(22명)·캐나다(13.7명)·이탈리아(11명)·호주(10.9명)·영국(8명)·프랑스(5.8명)에 비해 훨씬 심각하다. 2012년 교통사고 통계를 보면, 농기계 교통사고 사망자수는 83명으로 2011년의 45명 대비 2배 가까이 늘어났다. 일반 교통사고 사망자가 감소 추세인 것과는 대조된다. 농업인들은 농기계 사고 외에도 고된 농작업으로 인한 근골격계질환이나 농약 중독의 위험에 노출되어 있고 호흡기질환과 알레르기 등으로 시름하고 있다.

노인인구의 증가로 고혈압과 당뇨병 등 만성질환이 늘어나고 뇌졸중이나 심근경색과 같은 응급환자의 발생 가능성도 높아지고 있다. 그렇지만 응급환자를 위한 농촌 지역의 대응체계는 열악하기 짝이 없다.

도서벽지가 많은 강원도·충청도·경상북도·전라북도 등의 지역에서는 응급환자가 발생할 경우 골든 타임이라고 할 수 있는 30분 이내 긴급 의료 서비스를 받을 수 없는 곳이 허다하다. 산부인과가 없는 시·군·구가 전국적으로 58개이고, 이 중 산부인과 전문의가 없는 지역도 14곳에 달한다는 통계도 어제 오늘의 일이 아니다. 장수사회로 진입하면서 전원생활을 꿈꾸고 더 나아가 귀농·귀촌에 대한 희망이 커지고 있지만, 이를 주저하게 만드는 가장 큰 장해요인은 안심하고 믿을 만한 의료시설이 부족하다는 점이라는 지적을 흘려들어서는 안 된다.

정부는 산재보험에 준하는 농업인재해보상제도를 도입하겠다고 약속했지만 국회 논의과정에서 지리멸렬한 상태이고, 보건복지부와 지자체 등에서는 취약한 보건시스템을 보완하기 위해 애쓰고 있다지만 예산 부족 등으로 대응은 여전히 하세월이다. 건강보험은 전 국민에 대해 적용하고 있지만 인구가 밀집되지 않은 지역은 봉사하는 마음이 아니라면 민간 의료기관을 운영하기가 사실상 어렵다. 정부가 보건소 및 보건지소 역량 강화와 건강보험 수가 조정 등을 통한 유인책을 쓰고 있기는 하지만 이 정도 수준으로는 턱없이 부족하다.

이제 농촌을 사람 살기에 안전하고 좋은 곳으로 만들기 위한 종합 계획 수립이 필요한 시점이다. 환경·보건·안전·복지 부문으로 나눠 농민의 입장에서 꼼꼼한 점검과 대책이 만들어져야 할 것이다.

그동안 가장 큰 문제점은 각 대책이 분절적이었다는 점이다. 농림축산식품부 홀로 해결할 수 있는 일이 아니기 때문에 보건복지부 등과 연계한 범부처적 협력도 필요할 것이다. 그리고 산업적 관점이 아닌 생활적 관점의 통합적 접근이 필요하다. 생산과 생활이 동일 지역에서 이뤄지는 농촌은 산업의 터전인 동시에 삶의 터전이기 때문이다.

또한 현재 제기되는 문제점에 대한 임기응변적 대책보다는 농촌과 농민의 미래상을 먼저 구상하고, 이를 실현할 수 있는 비전과 구체적인 방안을 제시하는 것이 중요하다. 인근 도시 지역과 연계해 광역생활권 중심으로 삶의 질 개선을 구축하는 방안도 필요하다. 고령화 과정에서 늘어나고 있는 홀로 사는 노인을 위한 의료 대책도 긴요하다.

그렇지만 무엇보다 중요한 것은 이를 추진하는데 필요한 재원의 마련이다. 새로운 예산을 추가적으로 확보하는 것도 필요하겠지만, 경제성이 낮은 도로 포장과 같은 마구잡이식 개발 예산을 자연친화적인 생활 공간 조성 예산으로 전환하는 방안도 적극 검토해야 한다. 그러나 이런 모든 것들이 성공적으로 이뤄지기 위해서는 농업인들의 마인드가 성장 중심에서 행복 중심으로 바뀌는 것이 관건이다.

농업인 안전재해보장제도, 산재보험과 차별화가 중요

농림축산식품부가 박근혜 정부 국정 과제 중 하나인 산재보험 수준의 농업인 안전재해보장제도 도입을 위한 법안을 마련중이라고 한다. 농기계 사고, 농약 중독 등 농업인이 처해 있는 열악한 작업환경은 농업인의 안전을 위협하고, 젊은 청년들이 농업을 꺼리게 하는 요인 중의 하나라는 점에서 농업인 안전재해보장제도는 매우 큰 의의가 있는 정책으로 생각된다.

이번 국정 과제는 그동안 농협에서 취급해 왔던 농업인안전보험이 일반근로자에게 적용하는 산재보험에 비해 보장성 측면에서 크게 낮은 점을 바로잡는 것이 정책 목표로 판단된다. 농업인안전보험은 산재보험과 달리 치료비가 충분히 지급되지 않고, 병원 입원기간 동안 생활비 보장 기능도 거의 없으며, 사망 혹은 후유장애 시에도 연금이 아닌 일시금 중심으로 보상이 이루어진다는 점이 한계로 지적되어 왔다.

농업인 안전재해보장제도를 제대로 시행하고자 한다면 재해를 입은 농업인의 입장에서 정말 필요한 것이 무엇인가를 살피는 것에서 출발해야 한다. 단순히 외양만 산재보험을 따르면 한복이 어울리는 농업인에게 억지로 양복을 입히는 결과를 가져올 우려와 재원도 낭비할 수 있기 때문이다.

농업인 안전재해보장제도의 설계는 복잡한 측면이 많다. 농업인의 범주 설정부터 쉽지 않다. 농업을 주업으로 하는 청장년 농업인과 세대주가 아닌 가족 농업인, 농업을 부업으로 하는 농업인 혹은 간헐적으로 일하는 노년의 농업인을 구분할 것인지를 결정해야 한다. 또한 농업의 특성상 업무상 재해의 정의도 어렵다. 농작업과 농업과 관련된 일과 일상생활을 구분하기 모호하다.

농업인 상당수가 건강보험과 국민연금에 가입했다는 점도 감안해야 한다. 건강보험에 의해 치료비가 상당 부분 처리되고, 국민연금에 의해 유족연금과 장해연금을 받을 수 있기 때문에 전체 비용을 책임지는 산재보험에 비해 비용이 적게 들 수 있다. 따라서 새로운 제도는 건강보험과 국민연금에 의한 보장에서 부족한 부분 중심으로 보상이 이루어져야 비용 효과적으로 재해 농업인의 욕구를 충족시킬 수 있다. 입원 중의 생활비, 건강보험에서 해결되지 않는 본인부담과 선택진료비, 간병비 등 비급여 부분을 중심으로 보장하면 되고, 국민연금의 유족연금과 장해연금이 과소하기 때문에 이에 더해 추가적·보완적인 급여 장치를 마련하면 연금 형식으로 지급하면서 관리운영비를 절감할 수 있다.

재원이 가장 큰 난제다. 현재도 상당수 농업인이 정부 지원 등으로 보험료를 감면받고 있기 때문에 늘어날 것으로 예상되는 사업비를 충당하려고 보험료를 올리기는 쉽지 않다. 그렇지만 새로운 제도가 참 의미를 가지려면 모든 농업인을 보장하는 것이 중요하다. 때문에 농업인 삶의 질 개선과 농업 진흥에서 필요 비용 전액을 국가가 책임지는 것도 고려할 필요가 있다. 부당한 급여 청구 등 도덕적 해이의 가능성을 효과적으로 차단하는 등 효율적으로 설계하면 걱정할 만큼의 재원이 소요되지 않을 것으로 판단된다. 기존 농협보험 가입에 지원되던 돈을 한곳으로 모으고, 농업에 대한 다양한 지원 예산 일부도 우선순위를 조정할 수 있을 것으로 생각된다.

농업인 이외에도 임업·축산업·어업 등에 종사하는 분들도 각종 재해에 노출되어 있으므로 유사 업종 종사자를 포괄하는 부처와 부처 내 실·국 간의 벽을 넘는 재해보장제도를 설계하는 것도 검토할 필요가 있다. 이는 보험의 기본 원칙인 대수의 법칙이나 규모의 경제 측면에서 중요하고, 나아가 예방이나 재활사업도 효과적으로 추진할 수 있기 때문이다.

AI 등 가축전염병 피해보험제도 도입 필요

새해 초부터 조류인플루엔자(AI)가 농가를 어렵게 만들고 있다. 지금까지 가금류 300만 여 마리가 살처분됐고, 그 대상은 더욱 늘어날 것으로 보인다.

현대경제연구원이 1월 30일 내놓은 'AI 발생의 직간접 기회 손실 추정 보고서'에 따르면, AI 감염률이 15%에 달하면 직간접 기회 손실 규모가 1조203억 원에 달하는 것으로 추산됐다. 농가와 정부 부문의 직접 손실액이 각각 2510억 원과 6138억 원이며, 사료산업(23억 원), 육류 및 육가공업(1380억 원), 음식업(153억 원) 등의 간접 피해액도 1556억 원에 이를 것이라는 전망이다. 이렇게 되면 2008년의 피해를 넘어 사상 최대 규모가 될 가능성도 있다.

최근 10년 동안 국내에서는 네 차례의 AI가 발생해 평균 1501억 원의 손해가 발생했다. 가장 큰 피해가 발생했던 것은 2008년 4월에 발생한 3차 파동으로 1020만 여 마리의 가금류가 살처분되어 피해액이 3070억 원에 이르렀다. 여기에 2003·2006·2010년 피해를 합하면 지난 10년간 약 6005억 원의 피해액을 기록했다. 여기에 닭과 오리 등을 판매하는 상인들의 영업 손실까지 감안하면 직접적인 피해액 규모는 배가 될 것이다.

AI의 발생 추이를 보면 거의 3~4년에 한 번씩 꾸준히 발생하고 있고 피해액도 갈수록 커지고 있다. 이번에 발생한 AI와 같이 거의 통제가 불가능한 철새에 의해 전염됐다는 것이 큰 문제다. AI뿐만 아니다. 소·돼지에서 발생하는 구제역도 심각하다. 구제역 역시 2000·2002년에 발생한 바 있고, 2010년에는 그 피해액이 3조 원에 달했다. 이 정도면 대재난 수준이라 할 수 있다.

AI와 같은 큰 전염병이 발생하면 국고에서 거의 전액 보상해 왔다. 그런데 이번에 발생한 AI 피해에 대해서는 지방비에서 20%를 부담하는 방침을 놓고 논란이 일고 있다. 지자체의 예방 노력을 강조해야 한다는 점에서 지자체가 일부 부담하는 취지가 전혀 근거가 없는 것은 아니지만, 현실적으로 재난 지역의 지자체가 부담 능력이 있느냐는 별개의 문제이다. 피해 보상방법을 놓고 문제가 제기되는 이때 주기적으로 발생하는 가축전염병에 의한 피해를 보상하는 보험제도 도입을 검토할 필요가 있다.

일시적으로 발생하는 것이면 정부가 현재처럼 피해가 발생할 때마다 예산으로 보상하는 것이 불가피할 것이다. 하지만 최근 10여 년간 가축전염병의 발생 추이를 보면 이제 피해 보상을 위한 재난보험을 검토할 때가 됐다고 판단된다.

자연재해에 따른 농작물재해보상제도는 이미 도입되어 운영되고 있다. 현재 발생하는 가축전염병도 자연재해와 다를 바가 거의 없다. 이제 재난이 발생할 때마다 피해보상책을 급조하는 시기는 지났다. 최근 10여 년간의 발생 추이를 근거해 보험료율 산정의 근거도 만들 수 있을 것으로 판단된다. 다만 보험료 전액을 농가가 부담하는 것은 경제적으로 어렵기 때문에 보험료의 50% 내외는 정부가 부담하는 방안이 함께 검토되어야 할 것이다. 또한 가축의 재난피해보상보험은 민간보험사가 위험을 감당하기 어려운 측면이 있으므로 정책 보험 형태로 도입하는 것이 바람직할 것이다.

피해보상보험제도의 도입 검토를 계기로 현재와 같은 가축전염병방역시스템의 적절성 여부를 검토하고, 가축전염병에 대해 포괄적으로 대처할 수 있는 중장기적인 종합 대책의 수립이 필요하다. 발생할 때는 떠들썩했다가 지나가고 나면 싹 잊어버리는 식의 대응방법으로는 세계적으로 만연하고 있는 가축전염병에 효과적으로 대응하기 어렵다.

'메르스 사후약방문' 이렇게 해야 한다

지난 50일간, 온 나라를 공포로 내몰았던 중동호흡기증후군(MERS, 메르스) 사태가 공식 종료 국면으로 가고 있다. 신규 환자 발생이 2주일 이상 나오지 않고, 치료 중인 환자도 10명대로 줄었다. 세계보건기구(WHO)가 권고하는 종식 선언 기준인 최종 환자 완치일로부터 28일 후까지는 아직 기간이 더 필요하지만, 국민의 메르스에 대한 두려움은 거의 사라졌다. 하지만 메르스로 인해 관광·의료·음식·숙박업 등과 같이 직접적인 손실을 본 부문 외에도 국가 전반적으로도 경제성장률이 떨어질 정도의 타격을 입었다. 무형의 신뢰도 손상까지 고려하면 국가적 손해는 엄청나다.

이렇게 큰 비용을 치르고 지불한 비용 이상의 미래가치를 찾아내지 않고 그냥 망각한다면 우리는 정말 장래가 없는 국가와 국민이 되고 말 것이다. 따라서 다시는 이러한 전철을 밟지 않도록 하는 일이 중요하다. 대다수 전문가가 지적하는 초동 대처 미흡, 중동에서 감염된 첫 환자를 제외한 185명 모두(큰 범주에서) 병원 내 감염, 물리적인 직접적 손실보다 수백 배 더 큰 심리적·간접적 손실 등이다.

초동 대처에 실패한 원인은 다른 데 있다. 그동안 우리는 해외에서 유행했던 중증급성호흡기증후군(SARS, 사스)이나 신종인플루엔자A(H1N1) 등을 성공적으로 극복한 경험이 있다. 그 때문에 중동 지역에서 발생하는 메르스에 대해 경계를 제대로 하지 않았다. 물론 이번 메르스 종식에는 보건 당국의 밤낮 없는 헌신적인 노력과 체계적인 대응이 있었다. 여기에 대한 격려는 있어야 한다. 그렇지만 결과적으로 사후약방문(死後藥方文)이 된 것은 대응 시스템의 부실이 근본 문제임을 보여준다.

'2014년 감염병 감시 연보'에 따르면, 해외 감염병 환자는 2009년까지 연간 200명 이하였다. 그러나 2013년 494명, 2014년 388명으로 늘었다. 대외 교류가 빈번하고 기후 변화에 직면한 우리나라는 이제 지구촌에서 발생하고 있는 모든 질병에 대응할 수 있도록 WHO와 미국·일본 등 선진국들과 적극 협력하고, 치밀한 정보관리체계와 능동적인 대응 능력을 재정비해야 한다.

정말 뼈아픈 대목은 병원 내 감염이다. 보건의료의 선진국으로 해외에 의료 시스템을 수출하는 대한민국이 그리고 최고 리딩 병원의 하나로 꼽히던 한 대형병원이 메르스 앞에서 무너지는 모습은 황당한 충격이었다. 일각에서는 이번 상황을 특정 병원의 문제로 돌리기도 한다. 하지만 우리나라 보건의료시스템의 고질이 메르스를 통해 발현됐다고 봐야 할 것이다. 시장통보다 더 붐비는 아비규환 응급실과 응급체계, 가족 소풍 장소 같은 병실과 간병제도, 만연해 있는 병원 내 감염 등의 문제점은 오래전부터 지적되었지만 사실상 방치되어 왔다.

응급실과 입원실 문제의 공통점은 억제되어 온 낮은 건강보험 수가에 있다. 그동안 중증질환에 대한 본인비용부담 경감 등 의료보장성 강화를 위한 노력은 있었지만, 지금과 같은 낮은 건강보험료 수준에서는 응급 및 간병체계 등의 획기적인 개선을 위한 예산 배분은 엄두도 못 낸다. 응급 및 간병체계를 선진국 수준으로 개혁하고, 대형병원 쏠림 현상을 완화하기 위한 지역거점병원 육성과 중소병원의 의료질 개선과 대형·중소 병원 간 협업체계 강화 등이 필요하다. 이를 위해선 왜곡된 건보 수가부터 미래 지향적으로 전면 개편해야 한다. 나눠먹기식 재원 배분으로는 결국 공멸할 수밖에 없다. 이제 국민도 싼 보험료만 좋아해선 안 된다. 의료 서비스의질을 개선하기 위한 추가적인 부담 증가에 대한 공감대가 필요하다.

또 하나, 이번 메르스 쇼크에서 보듯이 사태가 발생하기만 하면 이를 경제 쇼크나국가위기 국면으로 몰아가는 건 결코 바람직하지 않다. 국민의 과민 반응을 증폭시키고, 심지어 문제 해결보다는 이를 정치적으로 이용하고 책임 공방만 난무하는 것은 참으로 안타깝다. 그렇지만 사고가 있을 때마다 이런 현상이 반복되는 것은 집권 세력에 대한 신뢰 부족 탓이 크다. 지역 및 계층 갈등이 심한 우리나라에서는 누가 집권하더라도 다른 편을 포용하는 국민 통합 노력이 반드시 필요하다. 힘 있는쪽, 가진 자가 먼저 따뜻한 마음으로 손을 내밀고 함께 가려는 노력이 있어야 비로소 국민이 하나 될 수 있다. 이것이 갈등 해결의 시작이다.

미래 성장동력 헬스케어, 규제 혁파가 시급

헬스케어는 의료 서비스, 제약, 의료기기, 정보기술(IT) 등 6조1500억 달러(2013년 기준)의 거대 산업이자 시장으로 인공장기, 수술로봇, 나노로봇, 줄기세포치료 등 신기술이 분자의학, 나노의학, 시스템의학 등과 결합하면서 빠른 속도로 발전하고 있다.

인체 DNA지도에 이어 뇌기능지도가 완성된 것도 과거의 의료기술만으로는 불가능했던 것으로 융합과학기술의 작품이다. 최근 영화 〈트랜센던스〉에서 PC에 업로드된 인간의 뇌가 인터넷에 연결됨으로써 무한능력을 발휘한다는 줄거리는 반드시 불가능할 것 같지 않은 미래다.

헬스케어 발전은 그동안 고령화 문제를 일으키는 주요 원인인 산업으로 지목됐지만, 최근엔 고령화 문제를 해결할 수 있는 주목받는 산업으로 바뀌고 있다.

모바일 헬스케어를 중심으로 삼성·애플·구글 등 글로벌 기업들이 시장 선점을 위한 경쟁을 하고 있고, 각국 정부들도 헬스케어 산업 진흥을 위한 기반 조성에 힘쓰고 있다.

우리나라 정부도 헬스케어산업 지원을 위한 각종 대책을 마련하고 있지만 각종 법적 제도적 제약으로 발목이 잡혀 있어 안타깝다.

SK텔레콤이 서울대병원과 합작해 만든 헬스커넥트가 대표적인 사례다. 반대하는 측은 스마트폰과 활동량 측정기를 활용한 개인 맞춤형 건강관리 서비스인 헬스온 사업을 현행 법상 허용되지 않는 의료법인의 영리 자회사로 규정하고, SK텔레콤이 병원환자 정보를 무단 수집할 수 있다고 주장하고 있다. 또한 원거리에서 환자를 진단할 수 있는 원격진료는 더 많은 사람에게 질 좋은 헬스케어 서비스를 제공할 수 있는 장점에도 불구, 현행 의료법상 의사가 온라인으로 환자를 진단 및 진료하는 것을 엄격하게 금한다는 이유로 제동이 걸려 있다.

모바일 헬스케어 기기에 대한 의료기기 분류 문제도 그렇다. 기기에서 수집된 정보를 전송받아 사용하는 모바일 앱과 가정용 체지방계 등도 의료기기 인허가 등이 필요한 관리대상으로 분류되어 논란이 되기도 했다. 문제의 심각성은 원격진료 등은 빙산의 일각일 뿐 풀어야 할 규제가 산적해 있다는 점이다.

헬스케어 산업은 환자의 생명과 직간접적으로 연결되어 있는 만큼 안전이 전제되어야 한다. 기술이 아무리 발달해도 의료기기의 오작동 등 리스크는 상존하며, 신기술 발전이 기존 의료시장의 질서를 훼손할 수도 있다. 예상되는 각종 위험에 대한 철저한 분석과 사전 대비로 이러한 리스크는 충분히 통제할 수 있는 데도 불구, 막연한 반대를 위한 반대로 아무것도 할 수 없다면 문제다.

헬스케어산업은 정보통신기술(ICT), 의생명, 화학 및 나노바이오 분야의 전문 인력도 중요하지만, 보건의료기술이 중심이 되어야 높은 경쟁력을 가질 수 있다. 헬스케어산업을 선도해야 할 보건의료인이 헬스케어 발전의 걸림돌이 되어서는 헬스케어의 미래도 의료인의 장래도 없다. 뛰어난 의료 인력이 있어 우리나라의 의료기술이 세계적으로 높이 평가받고 있듯이, 헬스케어산업의 기적도 의료인이 중심이 될 때 가능하다. 새로운 부가가치와 좋은 일자리 창출이 기대되는 헬스케어는 초고령화 굴레에 빠져들고 있는 우리나라에 숨통을 터줄 수 있는 원동력임에 틀림없다.

☐ 기고 지면 및 게재 일자

제　　목	기고 지면 및 게재 일자
Chapter1_ 초고령사회의 적정 인구	
세계 인구 70억의 경고	파이낸셜뉴스 (2011. 11. 14)
인구 5000만 시대의 도전	파이낸셜뉴스 (2012. 6. 25)
인구 문제, 희망이 보인다	파이낸셜뉴스 (2011. 6. 20)
저출산 대책 논란의 명암	내일신문 (2010. 9. 24)
30년 전 남초현상, 결혼 대란 가져오나?	대전일보 (2012. 10. 8)
농촌인구 환류 위한 생활 인프라 강화 필요	농민신문 (2010. 12. 20)
인구구조 변화와 전세 대책	파이낸셜뉴스 (2013. 8. 28)
가족 형태의 변화 너무 빠르다	파이낸셜뉴스 (2011. 7. 18)
위기의 가족, 국가가 나서야 할 때다	이코노믹리뷰 (2011. 5. 11)
거대 인구 집단 40대의 불안과 희망	동아일보 (2012. 7. 6)
베이비 부머보다 에코 세대가 행복하다	동아일보 (2012. 8. 31)
청년 일자리 희망은 있다	문화일보 (2015. 8. 6)
베이비 붐 세대 대책이 필요하다	보건복지포럼 (2011. 4. 1)
농촌 50대 '어모털족'을 위하여	농민신문 (2015. 3. 6)
노인연령 기준 상향, 아직 이르다	서울경제 (2012. 9. 18)
아버지 정년 연장이냐, 아들 취업이냐?	조선일보 (2010. 1. 28)
누가 내 부모를 부양할 것인가?	동아일보 (2012. 1. 20)
고령화 시대 대비 정답은?	Weekly 공감 (2011. 1. 25)
Chapter 2_ 글로벌 위기와 경제 해법	
하이 리스크 월드 대책 필요하다	파이낸셜뉴스 (2103. 12. 19)

보험 재정위기 해결 위해 특위 구성 필요	약사공론 (2010. 10. 25)
장밋빛 무상의료는 지속 불가능하다	문화일보 (2012. 10. 24)
건강보험료, 소득 중심 부과체계로 전환해야 한다	한국경제신문 (2014. 7. 5)
소득 기준 건보료 부과' 성공의 조건	문화일보 (2014. 6. 17)
건보 재정 안정, 소득 중심 건보료 일원화에 달렸다	한국경제신문 (2015. 8. 10)
'인생 100세' 시대와 농촌의 건강 보장	농민신문 (2011. 2. 21)
농어촌 보건복지 기본 계획은?	농민신문 (2010. 7. 16)
노인돌봄 문화도 동방예의지국답게	농민신문 (2012. 10. 12)
건강보험이 하는 국민 효도 '틀니보험 적용'	농민신문 (2012. 5. 25)
20~30대 생활습관병 심각하다	문화일보 포럼 (2013. 12. 27)
담뱃값의 경제학	파이낸셜뉴스 (2013. 3. 21)
담뱃값 인상은 반서민인가, 친서민인가?	조선일보 (2010. 10. 18)
금연 유도 위한 비가격 정책의 중요성	문화일보 포럼 (2014. 12. 4)
숲과 건강	농민신문 (2010. 9. 1)
일반의약품 약국 외 판매 해법은?	동아일보 (2011. 6. 10)
의약 리베이트가 근절되지 않는 이유	문화일보 (2013. 1. 29)
보건의료, 私益보다 公益을 우선해야	파이낸셜뉴스 (2014. 3. 14)
美 광우병… 성숙한 국민의식 보여야 한다	문화일보 (2012. 5. 1)
보건의료 분야 한미 FTA의 추진방향	문화일보 (2011. 11. 28)
스웨덴 환자보호법과 의료 서비스 특성	약사공론 (2010. 12. 20)
산재보험, 전 국민 재해보장보험으로	서울경제 (2014. 4. 9)
농촌·농민의 안전을 생각할 때	농민신문 2014. 6. 11)
농업인 안전재해보장제도, 산재보험과 차별화가 중요	농민신문 (2013. 8. 14)
AI 등 가축전염병 피해보험제도 만들어야	농민신문 (2013. 2. 12)
'메르스 사후약방문(死後藥方文)' 이렇게 해야 한다	문화일보 (2015. 7. 23)
미래 성장동력 헬스케어, 규제 혁파가 시급	파이낸셜뉴스 (2014. 8. 7)

저성장 시대의
경제 정의와 복지 정책(Economic Justice and Welfare Policy)
ⓒ 김용하, 2015

1판 1쇄 인쇄 | 2015년 08월 20일
1판 1쇄 발행 | 2015년 08월 25일
지 은 이 | 김용하
펴 낸 이 | 이영희
펴 낸 곳 | 이미지북
출판등록 | 제2-2795호(1999. 4. 10)
주　　소 | 서울 강남구 논현로113길 13(논현동) 우창빌딩 202호
대표전화 | 02-483-7025, 팩시밀리 : 02-483-3213
e - m a i l | ibook99@naver.com

ISBN 978-89-89224-31-0　　03330

이 도서의 국립중앙도서관 출판예정도서목록(CIP)은 서지정보유통지원시스템 홈페이지(http://seoji.nl.go.kr)와 국가자료
공동목록시스템(http://www.nl.go.kr/kolisnet)에서 이용하실 수 있습니다. (CIP제어번호 : CIP2015023108)